Diamond
金刚石译丛

# 宪则经济学
## 人类集体行动机制探索

Explorations into Constitutional Economics

[美] 詹姆斯·M.布坎南（James M. Buchanan） 著

韩朝华 译

中国社会科学出版社

图字：01-2004-4160
图书在版编目（CIP）数据

宪则经济学：人类集体行动机制探索 /（美）詹姆斯·M. 布坎南著；韩朝华译. —北京：中国社会科学出版社，2017.3（2020.5 重印）
书名原文：Explorations into Constitutional Economics
ISBN 978-7-5161-9216-0

Ⅰ.①宪… Ⅱ.①詹… ②韩… Ⅲ.①经济学－文集
Ⅳ.①F0-53

中国版本图书馆CIP数据核字(2016)第266529号

Original English language edition Copyright © 1989 James M.Buchanan. Authorized translation from the English language edition published by Texas A&M University Press. Simplified Chinese edition Copyright © 2017 by China Social Sciences Press. All rights reserved.

| 出 版 人 | 赵剑英 |
|---|---|
| 项目统筹 | 侯苗苗 |
| 责任编辑 | 郭晓娟　车文娇 |
| 责任校对 | 周晓东 |
| 责任印制 | 王　超 |

| 出　　版 | 中国社会科学出版社 |
|---|---|
| 社　　址 | 北京鼓楼西大街甲 158 号 |
| 邮　　编 | 100720 |
| 网　　址 | http://www.csspw.cn |
| 发 行 部 | 010-84083685 |
| 门 市 部 | 010-84029450 |
| 经　　销 | 新华书店及其他书店 |
| 印刷装订 | 北京君升印刷有限公司 |
| 版　　次 | 2017 年 3 月第 1 版 |
| 印　　次 | 2020 年 5 月第 2 次印刷 |
| 开　　本 | 880×1230　1/32 |
| 印　　张 | 17 |
| 字　　数 | 508 千字 |
| 定　　价 | 98.00 元 |

凡购买中国社会科学出版社图书，如有质量问题请与本社营销中心联系调换
电话：010-84083683
版权所有　侵权必究

**詹姆斯·M. 布坎南**（James M. Buchanan）

公共选择学派创始人，公共选择学派最具影响力、最有代表性的经济学家，代表性著作有《同意的计算》《财政理论与政治经济学》《民主过程中的公共财政》《自由的限度》等。他将政治决策的分析同经济理论结合起来，使经济分析扩大和应用到社会—政治法规的选择，并因此在1986年获得诺贝尔经济学奖。

# 目 录

译者序 ................................................................ 1
序言 .................................................................. 1

**第一部分　理论基础：宪则的范式** ............................ 1

 第一章　预测力和体制选择 ................................... 3
 第二章　诊断政府失灵和建设性改革奠基：公共选择论的
     成就和局限 ........................................... 27
 第三章　社会科学中的理性选择模型 ...................... 43
 第四章　个人与国家 ............................................ 61
 第五章　宪则经济学 ............................................ 69

**第二部分　应用** .................................................. 83

*表决活动*

 第六章　是—否表决活动理论 ................................ 85
 第七章　若无多数赞成的动议将如何？ ................. 105
 第八章　投票者的选择：估价政治性替代项 ........... 123
 第九章　典型情境中的选票收买 .......................... 141

## 货币宪则和财政宪则

第十章 可预测性：货币宪则的标准 ......................... 157

第十一章 一个圈外经济学家对佩塞克和塞弗英的辩护 ......... 181

第十二章 政策能动主义能成功吗？ ......................... 186

第十三章 观念、制度和政治性经济：吁请撤建制 ............. 200

## 公共品供给

第十四章 对政府服务的估价 ............................... 213

第十五章 关于公共品供给的笔记 ........................... 234

第十六章 布雷顿和威尔登论公共品 ......................... 249

第十七章 理论上和实践上的公共品 ......................... 255

第十八章 公共品理论中的凸性约束 ......................... 261

## 税收和政府债务

第十九章 跨期的税种选择：赞成间接税的一种依据？ ......... 273

第二十章 财税流动性的效率边界 ........................... 293

第二十一章 约束政府岁入配置的税收工具 ................... 314

第二十二章 关于财政信仰的对话 ........................... 336

第二十三章 效用最大化政府的比例所得税和累进所得税 ....... 350

第二十四章 宪则性契约中的强制征税 ....................... 367

第二十五章 组织理论和财税经济学：社会、国家和政府债务 ... 391

## 财产权和外部效应

第二十六章 私人所有权和设施共用 ......................... 408

第二十七章 关于帕累托非相干外部效应、强制履行成本和产权萎缩的笔记 ......................... 424

第二十八章 外部效应的制度结构 ............... 438

第二十九章 科斯定理与国家理论 ............... 455

第三十章 企业家活动与外部效应内部化 ............... 474

第三十一章 市场失灵和政治失灵 ............... 494

**索引** ............... 508

# 译者序

## 一 布坎南理论中的两个基本概念

在理解詹姆斯·布坎南的理论上，有两个基本概念需要特别注意。

第一个概念，政治。布坎南声言，自己的理论属于政治经济学范畴，但他所注重的"政治"与中国人通常理解的政治在概念上是有差异的。撇开种种意蒂牢结（ideology[①]）和权争倾向，中国人对政治这个概念的通常理解都指向与国家和政府有关的事务。但是，布坎南心目中的政治概念并不仅限于这一层面，要宽泛得多。

众所周知，西方经济学以市场经济为主要研究对象，在西方经济学所理解的市场交易中，独立的个人按效用最大化原则行事，自主选择、自负其责，但这只反映了市场运行中的一个方面。因为，以个体决策为主的纯市场过程并不能解决人类在经济和社会发展中面临的所有问题。在经济活动和社会运行中，还有许多事务超出了个体决策和个人负责的范围，需要人们联合起来，共同行动，集体选择。而在布坎南眼中，这样的集体选择和集体决策都是政治，而各种国家行动或政府行为只是人类"集体行动"中的一种。因此，在布坎南的术语中，集体决策、公众选择和政治决策常被用

---

[①] 据说是台湾林毓生先生首创对 ideology 作如此中译，未及确证。但无论此译何出，其音意俱佳，乃传神之笔，无以他裁，唯有随从。

来表示同一类现象。在有些场合，布坎南不加区分地使用着"集体性""政治性"甚至"政府性"之类的形容词。总之，只要不是个人单独决策并单独承担决策后果的群体性人类活动，都被布坎南视为政治性活动，从而都可以成为其理论分析的对象。而且，在个人行动和集体行动之间，布坎南并不笼统地崇尚个人，贬抑集体。相反，布坎南肯定集体行动、集体选择在市场经济中的必要性，他甚至认为，人类生产活动所创造的全部价值都应被视为"社会租"（social rents），因为它们是社会合作的集体产物。（第二十四章）

第二个概念，宪则经济学（constitutional economics）。对这个概念，国内学术界已有几种译法，如"宪法经济学""立宪经济学"和"宪政经济学"。但细品布坎南对"constitutions"或"constitutional"的运用，可以发现，这些中译与布坎南的本意都有明显的偏离。

宪法属于法律范畴，在法治国家中，宪法是统率一切具体法律和规章的根本大法。宪法的规定一般只体现一个社会或国家在组织和运行上的基本原则，并不涉及具体领域中的专属制度和规范。然而，布坎南的研究并不仅仅聚焦于这个层面，而是指向了各种具体领域中的行为规则和体制选择，如财政政策、金融体制、转移支付、收入分配、选举制度、环境保护等。

近年来，"constitutions"这个英语单词还被国内学界越来越多地解作"宪政"，从而对"constitutional economics"的诠释也从"宪法经济学"或"立宪经济学"转变为"宪政经济学"。这可能是因为，布坎南身处西方民主国家，他的研究多有涉及宪政国家政治体制的问题，因而其理论很容易被认为是在研究宪政体制。但实际上，布坎南并非宪法学专家，也不主攻国家政体问题。与布坎南的研究层面相比，中文语境中的"宪政"概念太大、太笼统了，而布坎南所关注的问题则具体得多。

要理解这一点，关键在于准确理解布坎南心目中的"集体"。

实际上，布坎南所理解的"集体"相当宽泛，它可以是一个小组、委员会、企事业机构、社团、社区，也可以是一个地域、国家乃至国家联盟，从而布坎南所关注的集体决策和集体选择并不仅限于国家层面上的政体选择。在布坎南的心目中，任何一个人类群体，在面临集体选择和集体决策时，都会遇到如何决策和如何选择的问题，从而无论自觉与否，都要面临对集体决策机制和选择程序的比较和优选，而这正是布坎南所理解和强调的宪则选择问题。

因此，布坎南心目中的"宪则"（constitutions）不限于国家的根本大法，它同时也涵盖了各种具体的集体性选择程序和决策规则。它们可以是法律（如宪法），也可以不是法律（如组织原则、公司章程、团体议决程序等）。在布坎南的观念中，税收制度里有宪则，金融领域中有宪则，转移支付方式上也有宪则，而一个群体的内部议事决策程序就更是宪则了。并且，民主的决策体制代表着一种宪则，而独裁的决策体制则代表着另一种宪则。显然，这样一种含义宽泛的宪则概念可以适用于任何形式的人类群体行为。

在问题意识上，布坎南特别强调，集体决策或集体选择可分为两大类：一是对规则本身的选择（choice of constraints 或者 choice among constraints）；二是在一定规则的约束框架内对具体事物或目标的选择（choice within constraints）。他所关注的是前者。这种研究的目的在于探讨怎样的制度结构和决策程序才是有效的集体行动机制。因此，"宪法""立宪"和"宪政"这些中文概念都未明确地传达出布坎南通过"constitutions"（或"constitutional"）一词所表达的本意。

另外，当前中文语境中的"宪政"话语源于近代中国反专制、求民主的变革思潮，其核心内涵是依靠法治限制政府、约束官员。但是，将布坎南的宪则经济学诠释为关于宪政的经济学，难免忽略了他理论中一个很重要的方面。因为，在布坎南的宪则研究中，如何限制政府权力只是其中的一个方面（当然是一个很重要的方面），除此之外，布坎南还关注如何恰当地选择民主决策程序的问题，这是布坎南宪则研究中的又一重要方面。这方面的规则选择所要解决的不是专制问题，而是民主问题，即如何解决民主制度中多数票决机制所可能带来的种种弊端，而这显然与当下中国语境中强调"限制政府"的宪政话语大异其趣。无视这一点，将布坎南的理论诠释为关于"宪政"的经济学，其实限制和缩小了布坎南理论中"constitutions"一词的内涵和外延，不利于准确解读布坎南的理论。

但布坎南的宪则概念与一般的宪法概念在一点上是相通的，即它们都是在一定范围内的统率性规则。不同的是，宪法是整个国家范围内的统率性规则，而宪则是种种具体领域中的统率性规则。前者是政治学中的专属名词，后者则是布坎南研究的特有对象。

长期研究和介绍布坎南学说的冯兴元教授对国内迄今关于"constitutional economics"的中译早有异议。他认为："采用'立宪经济学'或'宪政经济学'的译法并非全无道理。……但是，这里的'宪'或'宪政'，绝对不是单指政治学上明确定义的'宪政'。……德国学者把它译为'秩序经济学'，其传神程度远远好于'立宪经济学'或'宪政经济学'。"冯兴元的观点是，对于布坎南的"constitutions"概念，中译上最恰当的用词是中国古典中的"宪则"。①

我赞同兴元的这一主张，对于布坎南理论中的这个独特概念，应该有一个独到的专有中文名词与之对应，否则不利于准确理解和传播布坎南的理论。尽管兴元自己表示，不坚持自己的主张，愿仍沿用"宪政经济学"这一既有的中文译法，但我在翻译本书的过程中还是与他商量，表示准备采用他主张的"宪则"一词。对此兴

---

① 冯兴元：《〈宪政经济学〉编校序》，载布伦南、布坎南《宪政经济学》，冯克利等译，冯克利、冯兴元统校，中国社会科学出版社2012年版。

元表示支持。因此，本书中译本通篇对布坎南的这一概念都改译为"宪则经济学"。这样，就在术语上对布坎南关注的人类集体行动制度与当前中文语境中的法治化国家政体做出了区分，前者较抽象，更具普适性；后者较具体，专属某一专门的人类集体行动层面。

外文学术著作的中译殊非易事，由于中外文化和思维方式的巨大差异，许多重要理论概念的迻译难以一步到位，需要深入研究，反复琢磨。而高深理论著作的中译，更需要有一个不断逼近、渐进完善的过程。随着理解的深入，适当地调整或修改对关键术语和核心概念的中文诠释，不仅必要，而且难免。我不奢望我们目前这种处理就是最佳的定论，但希望这一改动能有助于国内学界在准确理解布坎南的理论和方法上更进一步。

## 二　布坎南的自由主义立场

对人类集体行为和集体选择的重视，使布坎南的理论思维与新古典经济学有了质的不同。在新古典经济学中，核心假设依托于独立的个人，在整个市场经济系统不过是这种独立个人的简单加总。在这样的市场经济模型中，没有任何集体决策和公共选择的存在余地，集体性的政府是外加的、非本质的。而布坎南的理论思维则与之相反，他认为，市场体系的有效运行需要依靠种种集体决策和集体选择，这种集体行动过程有效与否、效果如何，直接决定着单独个人在选择和行动上的成效和结果。在布坎南的市场经济模型中，各种政治性、集体性的决策和选择过程是必要的内生组成部分。因此，布坎南明确拒绝无政府主义的自由观，高度重视"政治"在市场经济中的作用。他指出："人类并不，或许也不可能，存在于孤立状态中，且我们所看重的绝大多数事物都严重依赖文明秩序的存在，而这种秩序只有集体性的组织来确保。人并非国家，但与国家对立的人是一种同样不恰当的说法。人类有赖于国家。"（第二十四章）他还认为，必须认识到，"归根结底，'个人即国家'。因为，国家展现为一套制度，借由这套制度，我们将自己政治地、集体地组织起来，去实现一些靠其他方法显然绝无可能有效搞定的目的"。（第四章）

但是，布坎南对政府和集体选择的重视，又与传统的福利经济学视角有本质的不同。传统的福利经济学从"市场失灵"的判断出发，主张由政府来取代市场，直接进行资源配置。而布坎南则认为，在实现资源配置效率上，不仅市场可能失灵，政府也会失灵，且政府失灵的后果并不比市场失灵的后果更可取。因此，布坎南在政策取向上，并非简单地主张用政治性或曰集体性的"有形之手"来取代市场的"无形之手"，而是要求把市场和政府视为市场体系中两个相辅相成的组成部分，探讨该如何恰当地定位这两种调节机制的作用空间，使之适当配合。因此，布坎南主张，在政府干预和市场调节的关系上，需要对不同领域的具体问题做个案分析，避免笼统地推断要市场还是要政府。（第二章）

布坎南明确将自己的理论归入20世纪80年代兴起的自由主义经济学。这一脉自由主义理论的一个突出特点是注重制度因素和政治因素对经济发展的重要影响，而它所引发的经济学范式革命则将政治体制、政府模式和种种公共选择机制纳入了关于资源配置机制的分析之中，并视其为市场经济体系的内在组成部分，从而革命性地拓展了经济学关于市场制度的分析视野，构建了更为全面的市场经济观。这样的经济学范式革命复兴了古典经济学重视制度和政治因素的传统，但不是古典自由主义经济学的简单重复，而是融入了人类20世纪中叶在经济制度选择上的全部经验和教训。布坎南的理论作为其中的一个重要分支，对这一历史性的理论发展做出了建设性的独到贡献。

## 三　布坎南的理论方法

布坎南研究的宪则选择问题在传统上是政治学的论题，布坎南的贡献在于将经济学思维导入了政治领域的制度研究。那么，被布坎南用于宪则选择分析的经济学思维究竟是什么呢？这可以从两个方面来理解：一是分析的对象；二是分析中运用的理论工具。

从分析对象来看，布坎南研究的是各种政策体制，目的在于评估各种既存体制或政策的绩效，以探讨改进制度、增强公共选择效能的途径。在有实验经济学的尝试之前，研究制度多倚重比较，而制度比较有两种：一是对实际存在的制度作比较；二是对概念上的制度作比较，布坎南从事的主要是后一种比较。

从本书各章来看，布坎南的分析多依托精心构思的例示（example）。这些例示并非现实中存在的事实，而是概念性的抽象设定。一个例示代表着一种典型化的制度情境，它们在分析中不是被用来作为论据，以支持或否定某个理论判断，而是提供理论推导借以在其中展开的背景框架。布坎南的这本书提供了一批很有特色的情境例示，展现了情境比较在制度分析中的重要性和有效性。

例如，在关于负外部经济效应问题的分析上，布坎南着眼于负外部效应产生者和承受者双方卷入人数的多少以及初始的产权安排状况（哪一方拥有排他性产权）这两个维度，列出了八种可能的情境例示，并逐一比较了在每一种例示中的可取制度安排。这使布坎南在这个问题上的讨论大大深入和细化，也更加贴近现实。如他发现的那样，在负外部效应的产生者和承受者都是多人群体的情况下，如这两个群体内部都不存在集体行动问题，则科斯的自愿交易解是可行的；但在这两个群体内有集体行动问题时，科斯注重的自愿交易机制就会失灵，那时，为解决负外部效应问题，需要诉诸一定形式的集体行动或曰政治性干预。但这种集体行动未必就是覆盖全社会的整体性政治干预，完全可以是由当事方（如某种负外部效应承受者）成员们在自愿基础上形成的有限集体行动。（第二十八章）

又如，在讨论政府向私人厂商免费供应中间投入时，不同的研究者对于这种投入的价值是否应被纳入国民收入核算的认识不一。为了分析这个问题，布坎南设计了政府向面包生产商免费供应面粉、某市政当局向居民免费供水这样两种情境例示。在后一种例示中，又根据政府供水有无数量限制分为两种情形。在此基础上，布坎南再根据政府所供中间品的使用者之间有无竞争，比较了每一种情境中使用者对政府所供中间品的估价。布坎南的结论是，只要政府免费供应的中间品可被无限量地使用，使用者就会将其用至边际价值等于零的程度，那时该政府所供投入的价值就不应被计入国民收入统计；但如果政府所供投入的数量有限，不能无限量地使用，则对于使用者来讲，它的边际价值为正，这样的正边际价值应被计入国民收入，但如此计入的价值与政府所供投入的成本价值无关；在任何情况下，政府免费供给物的成本价值都不应被计入国民收入。（第十四章）

不难看出，例示是分析得以展开的"舞台"，例示设计得当与否，取决于分析者对政治现实的理解以及在社会经验上的积淀。而真正的分析则体现为各种"演员"（想象中的个人）在这些"舞台"上的表演，而这是作为"总导演"的分析者依据例示情境进行理论推导的结果，它反映着分析者的理论思考是否到位和准确，取决于分析者对经济学理论工具的掌握。布坎南在分析中所倚重的经济学方法，概括起来，核心要点有三点：第一，分析对象上的个人主义；第二，效用最大化的个人行为倾向；第三，经济人理性假设。

把单独个人作为分析的基本单位是自由主义经济学在方法论上的

共同特点，其实质在于强调，真正做决策的是个人，不是集体，而常见的种种集体选择现象，其实是一批个人在一定制度约束下分别行动所导致的总合性后果（如一批人按多数票决规则做出一项决议）。因此，要想解释集体行动的逻辑及其后果，必须着眼于集体行动中的个人动机以及影响个人动机的制度约束。（第三章和第五章）强调这一点，是注重制度分析的必然要求。因为，集体是由多个人借助一定制度整合而成的，评估集体行动的效能及其原因，其实是考察制度在整合个人行为上是否有效。所以，只有以个人为分析的基本单元，着眼于个人的动机和目的，才能凸显制度功效的重要性。

对于个人在行为上追求效用最大化的假说，历来不乏诟病者。布坎南指出，批评者们往往将其狭隘地理解为追求财富（经济价值）的最大化，而现代经济学所理解的效用最大化其实是高度抽象和广义的，即只要某人视某事物为一种"利"（good），他对该事物就会追求更多，而不是更少。这并未限定这样的利究竟是什么。不同的个人所追求的最大化效用完全可以不同，且同一个人在不同的时期也可能追求不同的最大化目标，这些不同效用之间并不存在统一的"公分母"。（第三章）

这两点合在一起，支撑着布坎南经济学思维的第三个核心要点——经济人假设。布坎南承认："严格意义上的经济人并非对行为的恰当描述。"（第二章）但他认为，在制度分析中所以需要以经济人假设为前提，是因为它设定了一种"底线"条件或曰最差情境，以此为前提推导出来的制度模式或政策措施在运行上将遇到的实际环境只会比预想得更好，不会更差，这就为保障制度和政策的有效性奠定了基础。因此，布坎南解释说："采用经济人架构所以可能是适宜的，完全是因为它（在政治情境和市场情境中）所指示的结果要比平均来看多半会出现的状态更糟糕。"（第一章）他认为，这是在制度选择上遵循最小最大化原则（minimax principle of choice）的体现。（第二章）所以，立足于最坏的可能状况，争取尽可能好的选择结果,就是经济人理性假设在制度分析中所具有的方法论价值。

总之,依托精心设计的制度情境,依据经济学思维的基本假设,通过严格的成本—获益推导,来判断各种制度(规则)的作用逻辑及其可能导致的集体选择后果,并由此形成对不同制度(宪则)选项的褒贬取舍,是布坎南在制度分析上的基本"套路"。

布坎南的研究直接涉及什么样的制度是合理的、有效率的或者最优的,因而带有很强的规范性。但是,布坎南的研究方法决定了他对制度的规范判断不是纯思辨性的,而是有着很强的实证色彩。他所采用的情境例示与实际生活有着严格的逻辑对应性,他对各例示及其结论的有效性和适用性都有审慎的条件限定,不允许作任意延伸和拓展。另外,将分析单元定位于个人,并假设个人都是"经济人",决定了他在分析和判断上必然会注重利益和激励视角,并据此来推断各类主体的行为倾向,评判制度的效率绩效,从而避免泛道德化的简单裁判。这样的制度褒贬和政策取舍,有学术研究所崇尚的严谨和缜密,无公众论战中难免的意蒂牢结式武断。

这一点在布坎南对民主政体的分析中有明显的表现。布坎南对民主政体的最重要批评集中于两点。第一,在大人数的多数票决表决中,单个投票者的意向与表决结果间的关联几乎可以忽略不计,这导致普通选民没有投票积极性;他们即使去投票,也没有深入了解诸选项优劣的动力,而且也未必就会认真地从自身的利益出发去投票。因而,在反映选民对各种选举后果的偏好上,多数票决式的决策过程不是一种令人完全满意的方法。(第八章)第二,在多选项的多数票决表决过程中存在着"循环多数票"的问题,这意味着遵循多数票决制的民主过程得不出唯一的最优结果。(第七章)另外,在第九章中,布坎南通过多种情景例示,细致地阐释了选票收买的可能性和条件,以及选票收买对表决结果的可能影响。而在第十二章中,布坎南指出,在选举制民主政体中，由于官员任期的有限性，以及选民中主导性群体倾向的可变性，权力机构出于迎合选民心态的考虑，在政策取向上往往趋于短期化。因此，布坎南认为："过去两个世纪中的重大蠢举是曾经推定，只要国家按那些民主程序（自由和定期的选举，普遍选举权，开放的党派、候选人和利益集团，多数票决或相对多数票决的表决规则）运行，则除了任何可用的退出选项外，个人就确实事实上享有了免予盘剥的保障。在民主过程的托词下，现代国家已获准侵入了日益增多的'私人空间'领域。"（第四章）

布坎南以分析西方政治体制为己任，他对西方民主政体有所批评实属正常，这并不意味着他在根本上否定这套体制。但布坎南的这些分析展现了民主决策机制中固有的非理性因素，这有助于我们理解民主政体有效性的具体内涵，以及确保这种有效性的前提条件。它提醒我们，脱离具体条件谈论"民主"的好坏，难免陷入盲目。研究民主、弘扬民主，必须对保障民主体制有效性的前提条件有清醒和全面的把握。

制度判断和政策选择过程很容易与各种主义之争搅和在一起，但对于制度分析来讲，简单化的主义之争并不具有建设性。因为，任何制度或政策的产生和更替都植根于复杂的历史条件和现实环境，不是简单的道德判断、主义裁定就能决定制度和政策兴衰的。正面临深刻制度转型和体制创新的中国学界，在研究上也须警戒这一点，避免笼统的主义之争和泛泛的道德清谈，应多注重扎实、细致、全面的利益分析和激励研究。在这方面，布坎南的这部文集确实提供了一套很好的样板。细品其中的分析手法，能领略公共选择论分析制度问题的独特视角，也可以对经济学思维在制度研究上的具体运用有一个感性的了解。这或许是布坎南此书最能对我们有所启示之处吧。

最后顺便提一句，布坎南此书各篇所讨论的问题及其结论多数与中国现实相去甚远，为急用先学而读此书，难免失望。但若想观摩实际的制度分析，抱着面壁修行、十年磨剑的心态精读细究，则在分析方法上当能有所裨益。心浮气躁入不得布氏堂奥，唯潜心研读方能由表及里，触类旁通。谨以此与开卷诸君共勉。

韩朝华

2015年5月，北京

# 序　言

《宪则经济学》是《经济学：介于预测学和道德哲学间》（得克萨斯农业与机械大学出版社1987年版）的姊妹篇。后者是一部选集，它收录了詹姆斯·M.布坎南的主要论文，涵盖了他在20世纪50年代关于政府财政的早期文献至他关于契约论社会哲学的较近出版物。恰如我们在那一本书的序言中所说的，可以将那一本书中收录的论文视为展现了布坎南所能建立的那种独特研究范式，这个范式已有了一个得到广泛接受的名称——"宪则政治经济学"或者"宪则经济学"。收录在本书中的论文属于同一个标题，但它们还代表着一批重要的实例，反映出布坎南在奠基和构建宪则经济学这套现代经济学中的独特方法上所做出的开拓性贡献。这一本与前一本的不同之处在于，这里收录的文章有许多初次发表于不易获得的出处上，甚至对于专业读者来讲它们也很难获得（事实上，有一些文章先前从未公开发表过）。正是由于这一点，而不是它们在哪方面不"重要"，此处收录的这些文章流传得不够广泛，结果它们得到的关注也少于前一本书中收录的文章，起码是少于我们觉得它们应该得到的关注。本书的目的就是要为这些在30年中写成的文章提供一个更方便的渠道，从而更广泛地展示一套论点和理念，它们构成了布坎南宪则经济学范式构建过程中的重要阶段。

和上本书一样，我们再次成为这个选集的编选者和组织者。对这方面的批评，矛头指向应该是我们，不是布坎南。但是，我们相信，我们对作者及其工作有充分的了解，足以为本书恰当地选择论文并将它们切实组织好。

在为《经济学：介于预测学和道德哲学间》一书所写的序言中，我们将布坎南研究的谱系上溯至古典政治经济学家们的关注点。这种关注点超出了规范经济学的志业，即理解既定经济体或经济过程是如何运行的。詹姆斯·布坎南的当代宪则经济学，恰如亚当·斯密的古典政治经济学一样，促使着经济学家去探究政治秩序和其他制度约束是如何影响经济过程的，因为经济体正是在种种政治秩序和制度约束下运行的。在布坎南的宪则政治经济学中，核心是这样一种不变的告诫，即我们在分析中应仔细区分两个层面，**规则**和**那些规则范围内**的行动，并分清与这两个层面相关的选择种类。

在经济学专业中，这种立足于规则的研究范式吸引了广泛的注意。并且，在一组以"新制度经济学"而著称的、相互关联的研究兴趣当中，它有着相当重要的影响。对于这一领域的兴起来讲，布坎南的贡献之重要反映在其1986年获得的诺贝尔经济学奖中。而且，布坎南的重要贡献，还以另一种毫不逊色的方式反映在这样一个事实当中，即在法学、哲学、经济学、政治学、社会学及其他领域中，已出现了越来越多的年轻学者，开始依赖布坎南所创根基的构建过程。恰如本书所阐明的，这些根基是深厚和多样的。它们超出了经济学中的琐碎细节，直达政治经济学中的根本问题。这种问题，不是我们的$M_1$增速该是多少，而是一个货币宪则的轮廓该是怎样的；不是财政赤字应保持在什么水平上，而是该用什么样的宪则性规则来约束政府的财政行为；不是总统是否应否决一项保护主义法案，而是应否改变政治决策程序以便限制关税追求者向立法机构提出诉求的潜能。通过将注意力从经济和政治决策制定活动的**运行性**层面转向**宪则性**层面，宪则经济学为我们对政治经济学以及未来合乎繁荣而自由的社会进行理性探讨提供了希望。

本书中的许多文章以前曾经印发过，而那些首发者们已慷慨应允我们将这些文章收录在本书之中。《预测力和对体制的选择》

（与G. 布伦南合著）选自 *Economic Journal* 93（March, 1983），pp.89-105，在此重印得到了巴齐尔·布莱克韦尔的允许。《公共选择论的成就和局限》，初次发表在霍斯特·哈努士奇主编的 *Anatomy of Government Deficiencies*（Berlin: Springer-Verlag, 1983）, pp.15-26。《宪则经济学》是从《帕尔格雷夫经济学词典》（*Palgrave*, London: Macmillan and Co., 1987）中重印的。《是—否表决活动理论》（与罗杰·L. 费思合著）首发于 *Public Choice* 37，No.2(1981);pp.231-246。而《若无多数赞成的动议该如何？》选自戈登·塔洛克主编的 *Toward a Science of Politics: Papers in Honor of Duncan Black* (Blacksburg, Va.: Center for Study of Public Choice, 1981), pp.79-90。《投票者的选择：估价政治性替代项》（与G. 布伦南合著）出自 *American Behavioral Scientist* 28, No.2 (November-December, 1984)，pp.185-201。而《典型情境中的选票收买》（与德怀特·R. 李合著）出自 *Public Choice* 49 (1986), pp.3-16。

《可预测性：货币体制的标准》出自利兰·B. 耶格尔主编的《寻找货币宪则》（*In Search of a Monetary Constitution*, Cambridge, Mass.: Harvard University Press, 1962），获准重印。美国经济学协会允许我们使用《一个圈外经济学家对佩塞克和塞弗英的辩护》，出自 *Journal of Economic Literature* 7 (September 1969), pp.812-814。《政策能动主义能成功吗？》发表于R. W. 哈弗主编的 *The Monetary versus Fiscal Policy Debate*（Totowa, N.J.: Roman and Allanheld, 1986）。《观念、制度和政治性经济：撤机构吁请》出自 *Carnegie-Rochester Conference Series on Public Policy* 25 (1986), pp. 245-258。

芝加哥大学出版社允许我们重印《对政府服务的估价》（与弗朗西斯科·福特合著），出自 *Journal of Political Economy* 69 (April, 1961), pp.107-121。而《关于公共品供给的笔记》（与密尔顿·卡福格里斯合著），出自 *American Economic Review* 53 (June, 1963)，pp.403-414，由美国经济学协会提供。《布雷顿和威尔登论公共品》出自 *Canadian Journal of Economics and Political Science* 33 (February, 1967)，pp.111-115，以及《理论上和实践上的公共品》出自 *Journal of Law and Economics* 10 (1967)，pp.193-197，由芝加哥大学出版社提供。《公共品理论中的凸性约束》（与安东尼奥·S.平托·巴博萨合著），出自 *Kyklos* (Fasc. 1, 1980)，pp.63-75。

《跨期的税种选择：赞成间接税的一种依据？》（与弗朗西斯科·福特合著），首发于 *National Tax Journal* 17 (June, 1964)，pp.144-157，由全国税收协会—美国税收研究所（the National Tax Association-Tax Institute of America）提供。Elsevier科学出版公司允许我们使用《财税流动性的效率边界》（与查尔斯·J.戈茨合著），出自 *Journal of Public Economics* 1 (1972)，pp.25-43，以及《约束政府岁入配置的税收工具》（与杰弗里·布伦南合著），出自 *Journal of Public Economics* 9 (June, 1978)，pp.301-318，还有《关于财政信仰的对话》（与理查德·E.瓦格纳合著），出自 Journal of Monetary Economics 4 (July, 1978)，pp. 627-636。《效用最大化政府的比例所得税和累进所得税》（与罗杰·康格尔顿合著）首发于 *Public Choice* 34 (1979)，pp.217-230，以及《组织理论和财税经济学：社会、国家和政府债务》（与维克托·范伯格合著），出自 *Journal of Law, Economics, and Organization* 2 (1986)，pp.35-47。

《私人所有权和设施共用》的重印得到了 *Southern Economic Journal* 22 (January, 1956)，pp.305-316的允许。《关于帕累托非相干外部效应、强制履行成本和产权萎缩的笔记》出自戈登·塔洛克主编的 *Explorations in the Theory of Anarchy* （Blacksburg, Va.: Center for Study of Public Choice, 1972），pp.78-86，以及《外部

效应的制度结构》，出自 *Public Choice* 14 (Spring, 1973)，pp.69-82。《科斯定理与政府理论》，首发于 *Natural Resources Journal* 13 (October, 1973)，pp.579-594，还有《企业家精神与外部效应内部化》（与罗杰·L. 费思合著），出自 *Journal of Law and Economics* 24, No.1 (April, 1981)，pp.95-111，因芝加哥大学出版社的允许而得以重印。最后，我们感谢获准采用《市场失灵和政治失灵》，首发于由彼得·克斯罗斯基（Tübingen: J. C. B. Mohr [Paul Siebeck], 1987）主编的 *Individual Liberty and Democratic Decision-Making* 中的第41—52页。

罗伯特·D. 托尔森

维克多·J. 凡伯格

乔治·梅森大学公共选择研究中心

费尔法克斯，弗吉尼亚州

# 第一部分
## 理论基础：宪则的范式

# 第一章 预测力和体制选择[*]

## 与杰弗里·布伦南合著

  在约束任何政府系统并巩固宪法中若干制衡和监控上，应当将每一个人都设想为无赖，在其所有的行为中，除了私利，别无他图。

——大卫·休谟

  宪政政府的特有原则要求假定，政治权力会被滥用于增进当权者的特殊目的。这倒并非因为其总是如此，而是因为，在防范对自由制度作法外运用的事物中，如此假定是其天然倾向。

——J.S. 穆勒

  在经济学家的工具包中，一种基本的分析工具是他们所运用的人类行为模型——这个模型事实上就是从该沉闷学科中得名的。在其最抽象的（或许是最空洞的）系统阐述中，**经济人**（Homo economicus）模型假设的不过是这样一个命题，即所有个人在追求自己的特定目标上都会有意而为；至少就某些意图而言，其目标可以是始终未被言明的。然而，如果这个行为模型被

---

[*] 我们感激詹姆斯·海因斯、丹尼斯·米勒、乔纳森·平卡斯、罗伯特·托利森和匿名审稿人的有益评论。

用来就世界基本状态变化的效果做出预测，或者被用来解释这个世界何以会是现在这个样子，就需要对该模型作进一步的具体说明。在这方面，标准的专业惯例是将"**经济人**"构想成一个财富最大化追求者，并基于其简洁性和解释力证明，作这样的简化是合理的。

在它的市场情境中，这种行为模式极为常见，几乎不值得加以评论。但将它用于较少传统性的情境中，如被用于以经济学方法和分析技术来研究各种**政治性**过程的当代"公共选择"理论中，依然是有争议的。看上去，大部分经济学家都更钟情于有关政府的"仁慈君主"模型。在这个模型中，握有政治权力的人是根据（经适当诠释的）"公共利益"来运用权力的。政策建议也是在这样的基础上提出来的，并且各种政策主张通常都预设，这正是各种政治代理人将由以运行的方式。要是像公共选择论学者所做的那样，主张在建模上把在某种流行政治秩序下握有任意裁量权力的人规定为一个简单的财富最大化追求者将是有益的，显然会使许多政策建议者陷入不利境地；在最好的情况下会使他们显得幼稚，而在最糟的情况下则使他们显得有意蒂牢结式的（ideologically）偏执。这样的批评家通常会声称，"政治并非完全如此"，并援引一些实例来证明政府代理人中一些明显合乎公共利益的行为。他们会坚持说，对于那些扮演政治代理角色的人来讲，各种内在的道德考虑在约束其行为上**是有重要作用的**。对于这样的批评，很难以完全令人信服的方式做出回应。因为，客观地讲，将**经济人**模型用于政治行为上，他们的反对看似确有某些实质内容的。

然而，正如开篇的引文所表明的，当代公共选择论的学者们有着一批卓越的同道。那些古典政治经济学家坚持认为，对政治代理人的建模应当以私利为基础——如穆勒所承认的，这不是因为这样的代理人总是如此行事，而是因为古典政治经济学所体现的那种特殊操作的本性。在本文和其他地方，我们的论点都是，如果要把公共选择理论解释为实质上接纳了那些与古典政治经济学相同的**意图**，则古典政治经济学的模型就是完全适用的，那些批评从根本上来讲是误解。

古典政治经济学，从其18世纪的源头起，主要关注对不同社会秩序或曰制度秩序的比较。其主要目的不是为其自己预测经济行为。相反，它的主要目的是就不同制度的运行开发适宜的模型，从而较好地展现出在那些制度之间的选择。现代经济学，因其趋于经验主义和预测的导向，被普遍定位于实证主义，已在一定程度上偏离了这一古典焦点，并在这一过程中模糊了这一焦点。其盛行的方法论强烈地趋向于就一个界定较为充分的制度结构（或约束体系）**范围内**的选择作预测分析而不是在不同的社会制度**之间**的选择作预测性分析。

这样的焦点转移对于分析所借以展开的方式具有重要的影响。这些影响之一涉及对模型的选择。所以如此，是因为适用的模型完全取决于这种分析被用于的目的。

具体来讲，在后面的论证中，我们尝试证明下列命题：

（1）从总体上讲，就比较制度分析的目的而言，就市场价格和产出水平提供最佳**预测**的行为模型**不是**最好的模型；

（2）在比较制度分析上，有关人类行为的**经济人**模型可能优于从传统预测意义上来看更为"精确的"人类行为模型；

（3）对于将**经济人**模型运用于任何制度情境，各种仅靠直接诉诸观察的抨击无足轻重，它基本上是误解。

我们将借助经济学里面最简单和最熟悉的制度比较——垄断和其他市场组织形式间的比较——来例证这些命题。这样的例证本身就令人感兴趣，因为它对衡量总合数据（aggregated data）中的福利损失具有重要意义。但我们在此处的整个意图要更具普适性得多。我们希望论证，对垄断的诠释实际上能被普适化地运用于所有的制度形式，具体来讲，包括成为公共选择论主题的各种政治性制度。

这一分析所依赖的核心观察是，契合于任何制度比较的福利损失都是数量（或曰价格）扭曲程度的凸函数。换言之，均衡点偏离那个理想状态越远，则由偏离该效率理想的变动所引起的新增福利损失就**越大**。或者，同样地，对理想状态的较大偏离所引起的损害将大得不成比例。由于这一原因，在平均或曰"期望"[①]行为的基础上来衡量福利损失将永远导致低估；要想从单一行为模型中恰当地测度期望福利损失，必然需要这样一种模型，它所产生的后果，与普通观察似乎证明为合理的水平相比，要更远一点地偏离理想状态。

从始至终，我们的讨论都被置于尽可能最简单的图形解说中。在第一节，我们提供了一个简单的垄断例示。在第二节，我们就核心结果给出了一个更普适的表述。在第三节，普适性地导出了在垄断例示和其他制度比较之间的类比。而在第四节，这种类比被置入有关政治过程的某些简单模型的背景之中。在第五节，提供了相关结论。

## 一　一个简单的例示

这里所要展现的命题是，就与其他不同体制作比较的目的而言，一般来说，能给出最佳经验"拟合"的垄断行为理论，**不是那些就垄断制度的成本给出最佳估计值的垄断行为理论**。

我们引入一个高度简化的假说性例示，设计它只是为了证明我们的结论，不是为了给出任何实用性建议。请考虑某个单一的自

---

[①] 这篇论文中的"期望"或"期望的"（expected）一词的含义都出自统计学意义上的期望（平均）值概念。——译者

治市,最近刚刚建立。该自治市的居民们正试图直接地或通过当选代表做出一项决策,即就某一特定公共服务的供给,比如说垃圾处理,设立一套恰当的制度安排①。这种情况存在两个基本的选项:该自治市可以向某个私人企业发授垄断的特许经营权(该企业的所有者都是该自治市的常住市民),**或者**,该自治市可以建立一个地方性政府机构,对该服务以按成本定价的方式来收费,并使其服从地方政府部门的规制性监控。这两种安排都可以在毗邻的城市中得到遵循以投入运行。该新政区的市民们很想知道哪一种体制运行得"更好":他们需要估计这两种安排的预期成本和获益,以便做出明智的制度选择。

为了有助于这一计算,让我们假设,有一位职业经济学家(H博士)受雇为顾问。H博士收集了一个城市样本,它包含200个自治市:100个自治市采用垄断特许经营制度,另100个自治市采用受规制的政府机构制度。在所有可从外部观察到的相关方面(规模、收入水平、趣味等)上,样本中的自治市实质上都是相同的(或者可以被标准化为相同的)。对每一个自治市,H博士都收集了有关垃圾处理的需求条件和成本条件信息,并估计了每一种情境中通行的价格和产量政策。

对于那些受规制的政府执行机构来讲,后果是完全因它而出现的。这位顾问发现,这些机构确实是按边际成本定价并提供了最佳产出量——几乎没有例外。然而,由规制机构承担的监控并非没有成本——平均而言,每个自治市在这方面耗费了价值为*A*美元的资源量。这是一种固定成本,与垃圾处理上定价和产量决策的最优性无关。但是,在将该规制性安排与私人特许经营安排选

---

① 选择这个例示是任意的。事实上,确有某些证据证明,在垃圾处理上,私人垄断特许经营比市政府做得更好。但是,这一证明有点离题。实际上,那个证明中的很大一部分很容易受这里所作论证的影响。因为,它聚焦于两种制度形式下的平均价格比较。

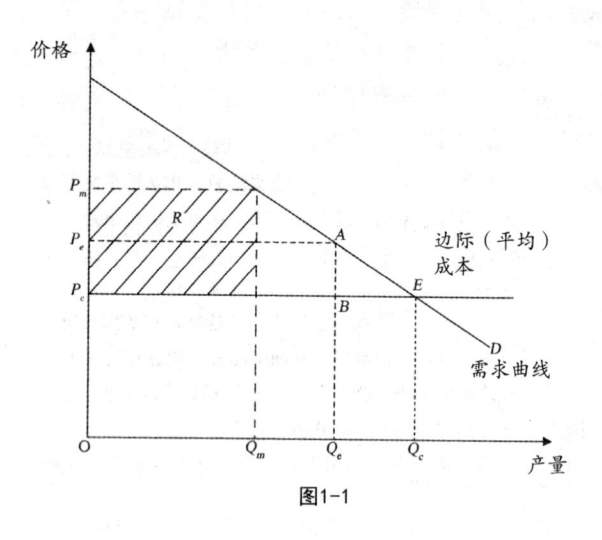

项作比较时，这一点必须被考虑进来。①

对于获得经营特许权的私人垄断者来讲，其后果较为复杂。那位顾问能够在垃圾处理的成本曲线和需求曲线上得出一个"最佳拟合"，这个最佳拟合展现了，如图1-1中所显示的各种特性，即需求曲线的直线性和固定的成本。具备了这些最初的结果，当然，这位顾问就能运用初级教材中那些关于垄断厂商的解说，并导出相应的利润最大化价格和产量。

然而，赋予H博士的任务是获得"最佳拟合"的垄断行为模型。不能简单地**采用**为教科书上的垄断模型；这个模型必须从经验上证明是成立的。随着H博士继续深入调查，他发现，并非所有的垄断厂商都谋求利润最大化。有些厂商是销售最大化的追求者；有些则是"适度满意者"（satisficers）；还有一些——或者是出于

---

① 在这里假定这些市政部门运营得很有效率，且该体制的全部成本都出自监控费用，与产量无关。这仅仅是为了简化阐述，如果我们允许在这些部门的运行中存在一定的无效率，仍会产生同样的结论，但表达上会变得凌乱。

利他性动机，或者也许是因为他们害怕规制——似乎在索取某种接近边际成本的价格。对垄断行为做出最佳**预测**的模型——在使观测值方差最小化这一传统意义上能给出最佳"拟合"的模型——是这样一种模型，即它能产生出一个如图1-1所示的期望价格—产出均衡点（$P_e$, $Q_e$）。为了便于阐述，我们设想，这个均衡点位于教科书垄断分析所预言的产量与完全竞争产量（垄断行为方面纯公共利益模型中的产量）之间的正中央。

或许应当强调，在任何解释性意义上，产生这一结果的垄断模型都优于简单的教科书模型。它在预测上将系统地超越传统的利润最大化模型：后者在价格和产量上只能产生出明显错误的预测。

现在，H博士将向该共同体的常住居民提交结论、收取咨询费，并赶紧离去以便为学术期刊写一篇简短的笔记，证明教科书中的垄断模型在经验方面是如何有缺陷的。接着，该共同体的居民们就拿这个最佳的垄断模型——现已被经验证明是成立的——来计算垄断组织的净期望成本。这种净成本由图1-1当中的$ABE$三角形区域来衡量。这个三角形，在直线的场合下，等于1/8R。而R（图1-1中的阴影区域）是从该特许经营权所能得到的最大利润。既然根据假定，那些特许经营权的持有者还是实施私人特许经营的城市里的市民，他们拥有的利润就当然不属于垄断中的"社会成本"。①

这一成本将被拿来与受规制市政机构条件下的期望成本作比较，后者已被估计为A美元。让我们设想，按上面的定义，A为1/6R。既然私人特许垄断安排的成本更小，它就是该共同体暂时接受的安排。

然而，现在设想，在该共同体内，存在着某种消费者导向的群

---

① 我们将忽略那些用于搞定特许经营权的成本，即各种寻租成本。之所以这么做，并非因为我们认为这些成本与此无关，而是因为我们在此处的目的不在于这种简单的建构是否贴切，而是要提出一个方法论上的问题，即指出在制度比较上各种经验估算的局限。有关寻租方面的相关论文，参见J. 布坎南、R. 托里森和G. 塔洛克的《寻租社会理论》（J. Buchanan, R. Tollison, and G. Tullock, **Toward a Theory of the Rent-seeking Society**, College Station: Texas A&M University Press, 1980）。

体，他们不愿欣然默认这个暂时性决策。他们进一步聘请了第二位顾问，并赋予他一个任务，即设法证明基于第一位顾问的报告所做出的决策是错误的。

　　基于仔细审查，第二位顾问发现，那些经验性估算没有错误。尽管如此，他仍能报告说，从这些估算结果中做出的推断完全错了；而恰当地运用成本—获益计算则建议，应当设置处于规制之下的市政部门。他这样做的根据是，证明由第一位顾问导出的模型，若被直接用于估算，将产生不正确的**福利损失估计值**。第二位顾问采用不同的方法来测定源于垄断的期望福利损失。他考虑了**每一种**情境中的价格—产出均衡，在此基础上来确定福利损失，然后将所有情境中的福利损失直接加总。他并不像那个共同体在计算源于该预测性模型的福利损失中所做的那样，假定所有的垄断者都严格运营于那个平均（最佳估计）的价格—产出均衡点上。第二个顾问就垄断导出了某种不同的和更大的"期望"福利损失——分别测得的福利损失的算术均值。

　　毫无疑义，第二位顾问导出的期望福利损失量将大于第一位顾问的测算量。我们可以通过一个简单的例示来说明这一点。为了分析上的方便，假定那些厂商的行为不会因时点而异。这一假设允许我们在考虑那些分立厂商中的定位分布上，只考察某个单一时点。设想我们发现了一个非常简单的分布。有一半的厂商确实大体上在所预言的价格—产出组合点上运营，即位于$(P_e, Q_e)$。但对于还有的那50个垄断厂商，我们指出，其中的25个如利润最大化垄断者那样运营，即位于$(P_m, Q_m)$。但另外一半，即剩下的那25个特许经营者，就像在完全竞争情境之中运营，即处于$(P_c, Q_c)$。

　　在这种分布情况下，对该时点上这组厂商的平均福利损失，恰当的测定量是什么呢？

　　对运营于$(P_e, Q_e)$上的那50家厂商，总福利损失是$50R/8$。对运营于$(P_m, Q_m)$上的那25家厂商，福利损失是$25R/2$；对运营

于竞争均衡点上的那25家厂商,没有净福利损失。因此,这100个垄断性安排的总福利损失就是:

50$R$/8+25$R$/2=150$R$/8

由此,私人特许经营权方案的平均或曰期望福利损失就是3/2($R$/8)。显然,这超过了$R$/8,即超过了第一位顾问所测算的超额负担(excess burden)量。不仅如此,它还超过了实施规制体制的成本,$R$/6。结果,看似从第一位顾问的报告中自然产生出来的结论应当被推翻了:那个自治市应当采纳使用受规制市政机构的安排。

为什么在期望福利损失的测算中会有这样的歧异?答案很简单。随着价格从$P_e$上升,总福利损失会以递增的速率上升。也就是说,在我们的线性需求和线性成本建构既定的情况下,边际福利损失会随着价格在$P_e$以上的上升而增长。由此而来的是,以垄断运营条件下关于预期位置的单一最佳预言(毫无疑问,它必然处于价格尺度上某个高于$P_e$的位置)为界,在实际运营位置高于该预期点时发生的福利损失与实际运营位置低于该预期点时发生的福利获益之间,存在不对称。也就是说,价格在$P_e$点以上的上升,伴随着产量的相应下降,所增加的总福利损失将大于价格在$P_e$点以下的同幅度下降所减少的总福利损失。①

---

① 在对垄断福利损失作经验测算的大量文献中,这方面的一个总体性要点似乎要么被广泛忽略了,要么至今仍未得到清晰的表达。迪安·伍斯特("New Estimates of the Welfare Losses Due to Monopoly", *Southern Economic Journal* 40 [October, 1973]: 234-45)提到,在从较精细的产业定义转向较粗的产业定义时将出现"总合"问题(aggregation problem),这样的转换往往会使福利损失的估计值存在向下偏误。但他不解释是如何得出这一结论的。在任何情况下,他都相信,这样的变化相对而言是不重要的。基斯·考林和丹尼斯·米勒("The Social Costs of Monopoly Power", *Economic Journal* 88 [December, 1978]: 727-48)摆脱了各种总合难题,因为他们**假定利润最大化**,并直接按利润的一半来计算福利损失(适用线性情况)。然而,阿诺德·哈伯格在其开创性论文("Monopoly and Resource Allocation", *American Economic Review* 44 [May, 1954]: 77-87)中证明,在对产业中所有厂商的利润率作平均计算以便为每一行业获得一个"平均的"价格扭曲 $d$ 时,显然犯了总合偏误的错误。我们无法确定这样的偏误在经验上有多显著,这个问题显然要取决于行业内所有厂商的利润率方差。但是,应当强调,我们在本文中所关注的,**不是**要对如何恰当测算垄断所致福利损失的争议讨论做出贡献。我们对这一讨论的介入,意在例证我们所强调的一个更普

## 二 一个普适判断

上一节建立的垄断例示运用了经济学中一个更普适得多的结果——各种福利损失（或者在公共财政圈内的较普遍称谓，"超额负担"）都源于扭曲，是这类扭曲的某种凸函数。总的来看，这些福利损失的测算都是靠引用"哈伯格三角"（或其一般均衡对等物[①]）来测算的，典型的测算是这样的：

(1) $W = \frac{1}{2}Sd^2$

其中，$W$ 是福利损失，$S$ 是需求曲线的斜率，$dp/dq$，而 $d$ 是产量扭曲，$d=(q-q^*)$。

实际上，这个公式的隐性含义假设了需求曲线的直线性；而有一种涉及弹性而不是斜率的测算福利损失的类似方法假设了对数线性（loglinearity）。但是，有一点是完全普适的，即如果福利损失是由收入校正需求曲线（income-compensated demand curve）以下整个相关范围的区域来测度的话，则：

(2) $W = F(d)$

---

适观点。

当然，就"最佳预测"模型所完全适用的情景而言，存在着许多选择。举个例子，假设与在受规制的垄断和不受规制的垄断之间作某种制度比较不同，而是这样一种选择，即在一个选择了在垃圾处理上建立不受规制垄断的城市里，哪一种安排会面对，比如说，一个向该城市提供垃圾袋的供应者。该供应者，在这个情境中，可以对出自各种可比较运营方式的数据作最佳"拟合"，得出关于价格—产量的预测，然后充分地运用这类预测结果。如果源于错误预测的可能损失是系统地关于错误的程度，他就将如此行事。我们论点的核心要点在于，在对不同制度进行比较上，"误差"成本中的这种非对称性并非普遍存在的。

① 参见 A. 哈伯格的《应用福利经济学的三个基本预设》[A. Harberger, "Three Basic Postulates for Applied Welfare Economics: An Interpretive Essay", *Journal of Economic Literature* 9, No.3 (September, 1971): 785–797]。

第一部分　理论基础：宪则的范式

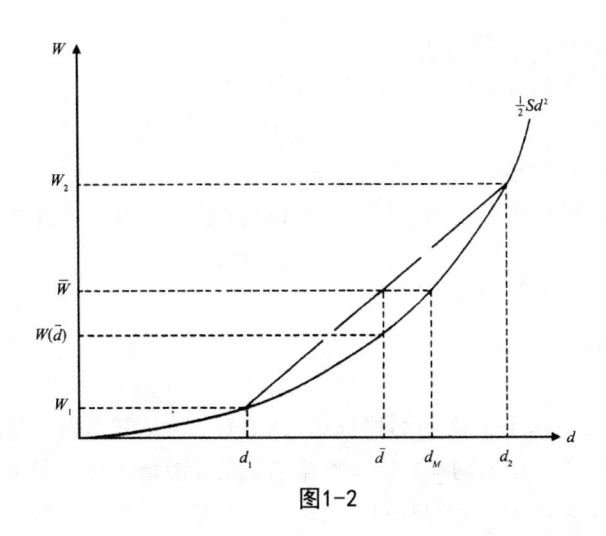

图1-2

其中，$f'' > 0$，即福利损失是这样一种量，当$d$增长时，它以某种更快的速率递增。这一点只取决于该校正需求曲线向下倾斜这样一个前提（见附录）。

在任何场合，我们都可以遵循专业惯例，并按总体满意近似法（totally satisfactory approx imation）来对待(1)。在此基础上，支撑垄断例示的那些命题可以方便地描述在图1-2中。图中，数量扭曲沿横轴来描绘，福利损失沿纵轴来描绘。先考虑这样一个命题，即$W$的平均值超过了源于平均扭曲的福利损失，即：

(3) $\overline{W} > W(\overline{d})$

有一个简单的例示就够了。让$d_1$和$d_2$是$d$的两个值，且$\overline{d}$为这两个值的均值。在图1-2中，横向距离$d_1\overline{d}$和$\overline{d}d_2$是相等的。与$d_1$和$d_2$相关的福利损失是$W_1$和$W_2$，而$\overline{W}$是这两个福利损失量的均值，即$W_1\overline{W}$等于$\overline{W}W_2$。通过审视可以看出，$W(\overline{d})$少于$\overline{W}$〔如式(3)中所表达的〕。

而且，有一点很清楚，即确实存在一个反映扭曲的值$d_M$，它使$W(d_M)=\overline{W}$。$d$的这个值是这样一个值,即如果一个单一模型精确地反映了那种制度的真实期望福利成本,它就必然会在该制度的单一模型中产生出来。显然,$d_M$超过了$\overline{d}$,并且,如果$W$曲线是凸的,这一点就必然永远为真。

请注意,这个垄断者行为单一模型对预测价格和产量均衡点来讲是最优的,它产生出的$\overline{d}$是符合预期结果的。这个最适于预测福利损失垄断者行为的单一模型——契合于将垄断作为一种制度形式来进行评价的模型——是一个"预言"$d_M$的模型,而$d_M$这个后果则系统地劣于平均或曰最佳预期结果。

当然,这个讨论并不能证明可以将教科书中的利润最大化垄断者模型作为预测均衡价格—产量决策的工具或者作为测度福利损失的模型来使用。但它所明确启示我们的是,就制度比较的目的而言,那种"最佳拟合"或曰"最现实的"模型是不够的,需要在某种程度上**偏向**利润最大化模型。①

在这里展现这个简单的垄断例示时,我们已隐含地假设,作观察的经济学家是自己能够使用全套分解数据的,由此能够精确地测度垄断的种种福利成本。如果这样的数据确实存在,那位普通的经济学家似乎就没有什么理由在其对各种福利成本的估算中诉诸任何单一"最佳预言者"模型了。他可以测度每一种情境中的福利损失,并直接导出它们的平均值。但是,当这位经济学家面对的是已被总合在一起的数据时,问题就必然会出现。如果他对观察值围绕期望值的分布一无所知,就没有办法导出对福利成本的精确测度。至少在这样的情形中,期望值运用中固有的低估偏误能得到承认。一种更优越的方法或许可以是"猜测"后果的某些基础性分布,并在此基础上重新计算福利损失。但是,同样地,在垄断行为模型比

---

① 请注意,我们已隐含地假定,在此例示中面对制度选择的个人是完全风险中性的,即对于一个在赢得 $2x$ 美元上有 50% 的胜算机会,他最多会支付 $x$ 美元。而引入风险厌恶性,当然,意味着恰当的福利损失估计值会进一步偏离关于垄断均衡的最佳拟合经验模型中导出的那些估计值。

经验证据所表明的更接近于利润最大化模型时，任何人都不可能排除公然使用垄断行为模型。换言之，在垄断背景中使用**经济人**漫画（caricature），即使其价格/产量预测不如另一些垄断行为模型更好，仍**可以**证明是合理的。

## 三 经济人与公共选择

当然，对经济学家们来讲，垄断问题本身就是相当有趣味的。但在目前，根据针对产业组织论中粗疏经验主义的警告，且或许根据某种经验研究的目录（其中测度福利损失的方法似乎都是最不恰当的），我们有可能离开这一讨论了。这个世界上，没什么事情会使经济学们格外的好争论或担心。

但是，我们在这里的诉求要更普适得多：垄断情形是作为一个更广命题的**例示**而被提出来的，这个命题与在所有各类比较制度分析中运用**经济人**建构有关。尤其是，我们相信，依据实质上与在垄断背景中使用**经济人**建构的那些理由相类似的论据，各类政治代理人将运用它们所拥有的任何裁量性权力来增进自己的特殊私利这样一个假定，即使在看似存有大量相反经验证据的情况下，仍能被证明是合理的。

我们从这样一个命题开始，它对于多数经济学家和其他那些秉承古典传统的社会科学家来讲或许是无懈可击的，即各种政治制度，只有当其向公民们提供了他们认为有价值的物品和服务时，才能在规范上被证明是合理的。这样的物品和服务可以是各种传统的商品，很像在市场中销售的物品和服务（如统计数据、天气预报、电力、娱乐性公园，等等），并可以具有也可以不具有萨缪尔森式公共品的特征。同样，在所提供的服务中，也完全可以是更抽象的事物，诸如法治（无此则霍布斯式的乱世就会盛行）或者"正义"

（按某种方式界定的）。然而，在所有这样的情形中，对所考虑服务和物品的估价方式，本质上与经济学家更经常地在市场情境中处理物品的方式相同。对于所有这样的服务或物品来讲，都有可能在概念上认为或多或少地拥有它们，并对增加的单位给予更高或更低的估价。在这样一种宽泛的概念中，可以就所考虑物品或服务假设一种需求曲线，并合理地推测，该需求曲线会展现出常规的特征。具体而言，它将反映出递减的相对边际效用法则。

而且，给定世界的普遍趣味及具体而言对什么可行、什么不可行的感觉后，就有可能来设想这些政治所供物品的某种"最佳"产出水平，或设想，在某种其他意义上代表"公众利益"而产生的后果。如果发生了对这种"最佳"产出水平的背离，就有必要只假定那条需求曲线是"向下倾斜"的，以便维持这样一个断言，即产出水平离最佳点越远，强加的边际损失就越大，由此，任何一个历史时期中将被强加于一个社会的损失就会大于靠评估该时期的"平均"后果而得出的损失估计值。

恰如我们所见到的，证明这一判断正确的诸必要假设是极弱的。但是，它们确实建立了一种情境，**以防止**在分析政治制度的运行上太轻易地拒绝**经济人**假设。支持这类拒绝的常见理由基于一种"广义实在论的观点"（argument of general realism）。批评者观察到，许多公共事务官员看上去是在致力于增进其心目中的"公共利益"，并且至少在某些场合及许多时候，道德考虑似乎的确约束着各种政治代理人。在此基础上，那位批评者得出结论说，**经济人**模型不切实际，因而是不适用的。我们回应这一意见的核心观点是，这个模型可能是很不现实，但对于实现政治制度的比较分析来讲却依然是适用的。

在这个意义上，垄断构想和对政治制度的公共选择分析是类似的。但是，在一个很重要的方面，研究市场制度不同于研究政治制度：由于在市场背景中，一个人可能经常有办法获得数据，从而允许他直接计算需求曲线、价格加成、弹性值等，而在政治所供物品上，与之类似的信息极少，至少极少能直接获得。因此，在垄断例示中，解决这个问题的一个明显办法是只分别计算每种情境里的福利损失，然后据此来决定其期望福利损失，完全无须努力靠某种被适当漫画了的垄断行为单一模型来容忍总合偏误（aggregation bias）。这样，从该垄断例示导出的基本寓意可以被解释为，一个人应恰当地测度总合的超额负担。但是，在分析政治过程上，直接测算各种福利损失极少可能。分析者不得不在相当程度上依赖很粗疏的信息来源——泛泛的历史记录、一般的经验和因果观察、源于相似情境的外推，等等。在这点上，我们不可能真去"测算"全部情境中的超额负担，并由此就不同政治制度的规范性特征形成某种看法。我们所**能够**做的是，就超额负担对偏离"**最佳**"产量做出响应的方式形成总体性理解，并运用这种理解来揭示在行为模式上的选择。恰如我们对此做法的看法，这完全是古典政治经济学家们所做的事：他们选择适于某种政治代理人的**经济人**模型，该模型被精心地定型于汲取大众感兴趣的行为，这种选择包含着一种适当的方法，旨在完成他们自己亦卷入其中的宪则设计任务。

## 四　若干政治性例示

为了指明垄断例示的直接契合性，简要地考察某些就最类似于市场的政治过程所构建的简单模型是有帮助的。在下面考察的这些特殊情境中，我们设想每个情境都有一个政府部门，负责向共同体的居民供应某种单一的物品或服务。

### 标准的官僚无效率：高成本的公共服务

首先，请考虑无意于控制其预算分配额的官僚部门。它们提供了所需的服务，但却（或可以）使这么做的成本高于"必要的"机会成本。官僚们可以利用职位来成功地确保各种净租金，无论那些租金在形式上是货币性获益还是非货币性获益。

在这个模型中，从上述垄断例示中派生出来的分析无须实质性改变即可适用。出于解说的目的，假设有三个这样的官僚部门。其中，第一个官僚部门的运营成本高达图1-1中的$P_m$，第二个官僚部门的运营成本位于$P_e$，而第三个官僚部门的运营成本与真实机会成本一致。能对官僚行为做最佳预测的模型包含成本$P_e$以及产出$Q_e$。但是，恰如垄断例示所证明的，这个模型不适于测度官僚无效率的福利成本。

### 尼斯卡宁[①]官僚模型

第二种情形，请考虑这样一种设定情境，即官僚代理人握有较多的自由裁量性决策制定权。他们通过面对共同体立法机构的恰当行为，能够操控部门的预算配额规模。我们设想，在一半的时间里（或半数的情境中），这些代理人要受内在道德考虑的约束而追求"公众利益"，并且（更大胆地）假设，他们所计算的"公众利益"后果精确地对应于熟知的帕累托意义上的最优。再进一步设想，在余下的情境当中，官僚们会如尼斯卡宁式官僚那样行事，即

---

① 威廉·阿瑟·尼斯卡宁（William Author Niskanen, 1933年3月13日生于美国俄勒冈州本得市，2011年10月26日逝世于华盛顿D.C.），美国经济学家，因成为里根总统经济规划的设计者及其对公共选择理论的贡献而闻名。他还曾是自由派加图研究所（the libertarian Cato Institute）的长期主席。（引自维基百科）——译者

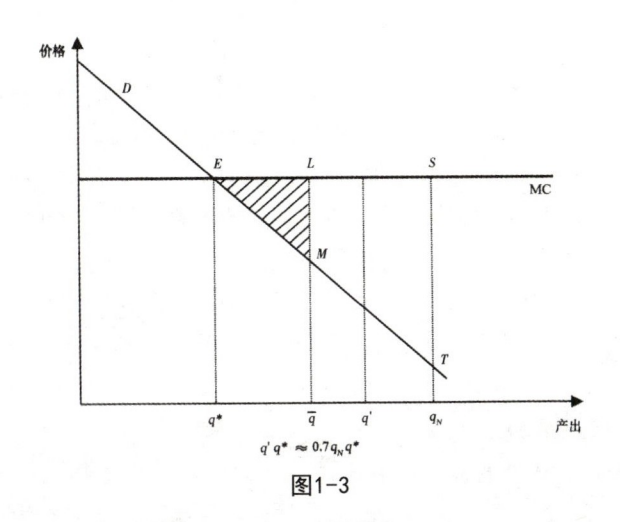

第一部分 理论基础：宪则的范式　　19

图1-3

$q'q^* \approx 0.7q_Nq^*$

他们设法使其部门预算的规模最大化。[①]这种"尼斯卡宁"产出对应于这样一种产出水平，即在那个产出水平上总的净消费者盈余为零。这样，一个官僚部门的期望（平均）产出将恰好位于"最优产量"和"尼斯卡宁产量"的正中间。这个期望福利损失测度量是对应于期望产出水平上的福利损失吗？一般而言，显然不会如此——理由与上面的分析完全相同。

对这种情景的图解本质上与图1-1类似。在图1-3中，曲线$D$描述了共同体对某种政府供给品$G$的需求。让我们设定，它由$n$个完全同质的消费者的**垂直合计**（the vertical sum）构成，他们面临着通常的所得税，且为了方便，该曲线被画成了直线。对该共同体来讲，$G$的最优水平被设定为$q^*$，即位于$E$点的产量水平，在这一点上，曲线$D$分割了水平的平均（和边际）成本线。当官僚们按公众利益行事时，这一产量水平占优。根据假设，他们在一半的时间中

---

① 关于对此基本模型的全面解释，可参阅威廉·尼斯卡宁的《官僚制和代议制政府》中的第三部分（William Niskanen, *Bureaucracy and Representative Government* (Chicago: Aldine Press, 1977), part Ⅲ）。

如此行事。①

然而，在其余的时间，官僚们会选择位于水平$q_n$的产量，这将消去由$G$产生的净盈余。在直线的情况下，这一产量水平将正好是产量水平$q^*$的两倍。由此，期望产量就是$\bar{q}$，正好在$q^*$和$q_N$的中间。然而，如果我们的标准计算以该"期望的"行为模式为基础，我们将犯系统性错误。由于与$\bar{q}$相连的福利损失（图1-3中被绘成阴影的$ELT$三角）少于期望福利损失，后者是$EST$区域的一半。在直线的场合，$EST$是$ELT$区域的**四倍**。能恰当测度期望福利损失的单一行为模型是一个能产生产量$q'$的模型。在那一点上，$q^*q_N$与$q^*q'$的比率是$\sqrt{2}$（不是2）。

因此，恰如垄断情境中那样，能就**产量**产生最佳估计值的行为模型将不会产生福利损失的最佳估计值。所以，如果在为官僚制建模上我们的兴趣是源于对体制比较的规范性考虑，诉诸"观察到的"官僚行为就是找错对象了。例如，请设想，在某些据信市场无法产生最优性的情形中，我们要就政府是否"应当"对市场过程实施干预做出选择。再进一步设想，归咎于该市场失灵的配置损失恰好等于$EST$区域的1/3。要想基于平均的或曰"被最佳预测到的"官僚行为来对市场体制和政治体制做恰当的比较，将导致这样一种结论，即政府干预是正当的（因为1/3$EST$>1/4$EST$）。然而，恰当地计算归咎于官僚行为的福利损失将导致完全相反的结论（因为1/2$EST$>1/3$EST$）。因此，如果要求将关于官僚行为的单一模型用于这样的目的，它将更接近于"愤世嫉俗的"（cynical）尼斯卡宁模式，而不是随意观察所指示的那种模式。

---

① 对可能性作这种选择仅仅是为了分析上的方便。只需设定变差非零，则相同的普适观点对于其他行为分布来讲也是完全成立的。

## 普适化的"政治失灵"模型

也许有人会(也确曾有某些批评者提出)反驳说[1],有关部门预算最大化的官僚无效率模型和尼斯卡宁模型都是极端情形,而专业人士的意见则在这样一个问题上分成两派(虽非必然均等),即政治机制所导致的究竟是较高的总成本还是过大的预算[2],且派生于这些模型的任何结论都染有特定的意蒂牢结"偏误"。

因此,我们应当强调,普适性论点的力量不以任何方式有赖于这些特殊模型,而只依赖于这种情景的固有凸性(convexity)。例如,请设想,某人认为,从通过特定政府机构提供的所有公共产出量来看,在任何给定情形中,过度扩张的可能性都几乎与扩张不足的可能性一样大。在意识形态上,这肯定是一种不偏不倚的立场,且似乎符合对双方理论观点的承认。讲得更具体一点的话,请设想,如图1-4所描绘的那样,$q_e$是政府所供物品$G$的所见产量,而针对$G$的需求曲线成为$D_1$或$D_2$的机会是相等的,即$q_1$或$q_2$有同等的机会成为"最优的"产量。那么我们可以结论说,那些政府部门结果的最佳估计值就是处于最优点上的产量吗?

就有些目的而言,答案显然是"可以"的。例如,如果我们想要计算产量变化的效率效应,适宜的假定就恰好是$q_e$为最优。也就

---

[1] 最引人注意的有理查德·马斯格雷夫(Richard Musgrave, "Leviathen Cometh—or Does He?" in H. Lada and N. Tideman, Tax and Expenditure Limitations [Washington, D. C.: Urban Institute Press, 1981], pp.77-117)。

[2] 对于尼斯卡宁模型中的过度扩张结果,或布坎南和塔洛克(*The Calculus of Consent* [Ann Arthor: University of Michigan Press, 1962])勾勒的不同模型所得出的相同结果,作为一种平衡,可参见安东尼·唐斯的《民主制中的政府何以太小了?》[Anthony Downs, "Why the Government Is Too Small in a Democracy", *World Politics* 13 (1960): 541-563],或者约翰·加尔布雷斯更具新闻性的断言。瑞安·阿玛彻、R. 托里森和T. 维利特在《民主制中的预算规模:论点回顾》["Budget Size in a Democracy: A Review of the Arguments", *Public Finance Quarterly* 3 (1975): 99-120]中提供了对相关文献的综述。

图1-4

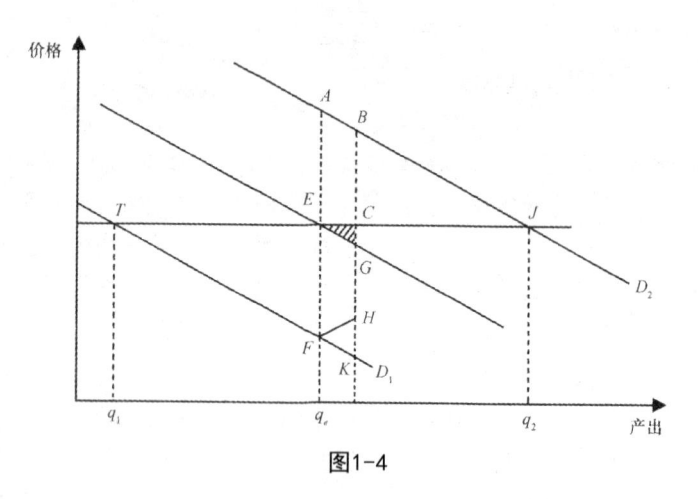

是说，在我们的直线需求情形中，产量的扩张（或收缩）所带来的期望福利损失就等于当$q_e$被认为是最优时的福利损失。[①]产量从$q_e$到$q'_e$的扩张所产生的期望福利损失是：

$E(W)$=1/2（当$D_2$适用时的福利获益）－1/2（当$D_1$适用时的福利损失）

=1/2ABCE－1/2ECFK

令H为这样的一点从而BC=CH。既然EF=EA，那么ABCE就等于EFHC。所以，$E(W)$=1/2FHK=ECG。

但是，对于比较制度分析来讲，政府部门将产生出最优后果的假定是完全不可接受的。与这种制度相关联的期望福利损失并非派生于某类普适性的"最佳预期"官僚行为。就我们所知，源于官僚供给的期望福利损失是区域EAJ（或等于TEF），且不为零。在这种特殊情形中，我们用来估计福利损失的是扩张不足模型还是过度扩张模型并不重要。这两种模型中的任何一种都将做到。但是，

---

[①] 这一观点在另一语境中由G. 布伦南和汤姆·麦圭尔提出（G. Brennan and Tom McGuire, "Optimal Policy Choice under Uncertainty", *Journal of Public Economics* 4 [February, 1975]: 205–209）。

以对该政治机制作"最佳拟合"的模型为基础进行制度比较的方法将产生出零福利损失的测度结果，因此该方法恰如在其他模型中一样，系统性地产生错误的估计结果。

## 五　结论

现代的公共选择理论家们追随那些古典政治经济学家，根据那些被普遍用于各类市场情境中的、有关人类行为的相同"私利"模型，为扮演种种政治角色的个人建模。这一方法经常受到批评，理由是它没有注意到政治环境中道德考虑在约束个人行为上的明显契合性。

但是，即使这样的经验性主张成立，**要是公共选择分析的目的被视作对不同制度的比较评价，而不是要创立有关政治行为的纯预测性理论**，则这一批评思路就怎么说也不具有决定性。我们在这一点上的主张是，总体上，适合做比较制度分析的人类行为模型将是这样一种模型，即它产生的结果会比那些经验记录将予以肯定的结果更差（即更远地偏离某种概念上的最优点）。由于这个原因，采用**经济人**架构所以可能是适宜的，完全是**因为**它（在政治情境和市场情境中）所指示的结果都要比平均来看多半会出现的状态更糟糕。我们曾尝试先诉诸一种极其简单和熟悉的情形——在受规制垄断和不受规制垄断间进行选择的问题——来说明我们这种原则性推理的**本性**。在这一背景中，我们的论点意味着，在某种情形中，即使在有利于满足和销售最大化的经验证据看似很强的场合，**如果分析是为了有助于把垄断作为一种制度形式来评价**，仍适于保留像教科书中利润最大化模型那样的东西。尽管利润最大化模型是一种抽象，它极大地违背了"预测性"现实。但与实证预测学中那个真正"现实的"模型相比，利润最大化模型仍可以在测度福利损失方面产生更好的结果。我们已将得自简要垄断例示的结果延伸至了若干官僚供应公共品的情形之中。

我们相信,我们的更普适论点与古典"政治经济学家们"完全意气相投。这种论点认为,那个垄断例示的诸普适特征普遍适用于所有的政治背景和社会背景,且尤其是,**确实有**下倾需求曲线的普适化类似物内含于种种政治制度和社会制度之中。看来,要否定这一点就要否定这样一种概念,即由政治家或官僚作为供给者所提供的是全体公民认为有价值的服务。对这些政府服务的估价,即使它们不是被直接定价,仍与对在市场中所购服务的估价无实质性不同。因此,如果我们将任何一种定义好的"公众利益"行为模型作为一个理想化的参照点,并使由这种行为所产生出来的服务产出概念化,就会明显地看到,限制(或扩大)受重视的产出,使之偏离该理想化的参照点,将使公民遭受递增的边际福利损失。

对事物的这一看法一旦被接受,随之而来的就是,为了实现立宪性对话的目的,那种体现着**所有**政治家方面自我服务行为的模型有可能优于那种在传统概率意义上精确预测行为的模型。

还有最后一项观察要做。**经济人**绝非代表了社会活剧中最差的可想象角色。自然垄断者,其倾向于"小即美好"哲学的嗜好导致他生产的产量少于利润最大化追求者,它使共同体遭受的边际损失甚至会大于其追求财富最大化的贪婪对手。那些凭借自我牺牲的较真劲追求某种意蒂牢结性目标——诸如人种净化,或者为伊斯兰教而夺得全世界——的政治狂徒所引发的损害能比单纯的预算最大化追求者大得多。也许,这样的预算最大化追求者在某种程度上是比平均的或曰代表性的政治—经济代理人"差";但是,恰如我们已努力证明的,这也许是我们学科方法中的一个**优点**,而不是其一个弱点。

## 附录

我们要提醒读者注意一个事实,即只有在福利损失被表达为**数量扭曲**的某种函数时,这个条件才足以确保式(2)中的 $f$ 是凸的(即 $f'' > 0$)。如果相反,我们将福利损失表达为**价格扭曲**的某种函数,则校正需求曲线负地下倾这样一个假设**就不**足以确保,扭曲越大,福利损失的增长速度越快。

要证明这一点,请考虑在不损失普适性情况下数量扭曲为正的情形。在这种情况下,$d^+ = q - q^* > 0$ 且

(1) $\dfrac{dd^+}{dq} = 1$

这样,如果在 $q$ 点 $W = f(q)$ 是凸的,则在 $d$ 点 $W = f(d)$ 也是凸的。注意

(2) $W = -\left[\int_{q^*}^{q} g(q) - \int_{q^*}^{q} c'(q)\right] dq$

其中,$g(q)$ 是校正需求曲线,$c(q)$ 是成本函数,为方便,我们假设其是直线的。

(3) $\dfrac{dW}{dq} = [g(q^*) - c'(q^*)] - [g(q) - c'(q)]$

既然 $q^*$ 定义了最优性,等号右边第一个括号项就是零,而 $c'(q)$ 就是一个常数。因此,

$\dfrac{d^2 W}{dq^2} = g'(q) > 0$ 当且仅当 $g'(q) < 0$ 证明完毕。

与上面不同,如果我们将福利损失定义为**价格扭曲**的函数,即

(4) $W = h(v)$

其中,

(5) $v = p - p^*$

那么，$W = f(q)$为凸是否足以确保$h$是凸的？显然不能。因为

(6) $W = h(v) = f[k(v)]$

其中，$d = k(v)$

且　(7) $h' = f'[k(v)]k'$

且　(8) $h'' = f''[k(v)](k')^2 + k''f'[k(v)]$

现在，在式(8)中，我们知道，$f''$、$(k')^2$、$f' > 0$。但是，$k''$的符号是不确定的。请注意，$k'$是$-dq/dp$且$k''$是$-d^2q/dp^2$。这样，如果$d^2q/dp^2$为正且足够大，可以想象，式(8)**有可能**为负。

有人可能反驳说，需求曲线足够下凹（自上面）以确保$h''$为负的情形极其少见，以致可以忽略：即存在着一个很强的**推断**，价格扭曲加倍的情况将多于福利损失加倍的情况。这个结论看上去是合理的。但推断不是确切的事实，且对于需求曲线，存在着种种听上去很合理的系统阐述，但却是违背该推断的（我们感谢大卫·奥斯丁-斯密斯让我们注意到了一些例子）。

为了在文章中避免这样的说明，我们只从**数量**角度来定义扭曲。这样，纯逻辑就从标准的需求理论中产生出了这些结论。

当然，在估计福利损失的经验文献中，假定了一定形式的直线性。在这样的情形中，$k''$为零，$h''$为正。每当我们用平均价格和平均数量数据来决定福利损失估计值的参照点时，也要假定直线性：一般而言，$(\bar{p}, \bar{q})$不会位于需求曲线上。要假定，它就意味着直线性。

# 第二章 诊断政府失灵和建设性改革奠基：公共选择论的成就和局限[*]

## 一 引言

曾有人要我就公共选择论把握政府缺陷的方法提供一篇论文，我想借此机会超出正统分析的范围，讨论一些在公共选择论的分析中至少被部分忽略了的问题。

在开始时回顾一下正统理论是有益的，第二节的目的即在于此。第三节概括了标准讨论中可能导出的推断。有一种思考方法在某种意义上是"超越公共选择论"的，在第四、第五、第六节，我探讨从这样的视角来进行讨论时的方法论问题。在第七节，我着眼于市场和政治这两种情境中的个人行为，挑战了**经济人**的适用范围。在第八节，我讨论了制度改革设计方面的最小最大化原则，在第九节，我将这一原则与公共选择分析联系起来。结论则包含在第十节当中。

## 二 作为政府失灵理论的公共选择论

理论福利经济学可被恰当地标注为"市场失灵理论"。在20世纪30年代、40年代和50年代，理论福利经济学的基本元素得到了清

---

[*] 感谢我的同事杰弗里·布伦南提供的有益评论。

晰的表述。那些年代中的分析性发展首先表现为一组严格的命题，说明一个经济体要在资源配置上实现效率所需的种种必要条件和充分条件；其次，对无法满足这类所需条件的经济变量，界定出它们之间的关系。如此一来，在这种福利经济学中，制度方面的内容，相对而言，极为稀少。但是，根据通常的公认观点，在资本主义经济中观察到的那些关系被认为表明了实现配置效率上的"失败"。

根据几乎无处不在的暗示以及许多实例的说明，理论福利经济学中这些对"市场失灵"的证明被人们抓住，为靠政治性—政府性手段来执行的各种矫治措施提供了一种初看可以成立的依据（prima facie case）。没有人去考虑这类理想化的矫治措施将要发生于其中的制度结构。对于理论福利经济学家来讲，市场在资源配置过程中"失灵了"，"理想的"政府被设定为替代项。

我曾在若干场合提到过公共选择论，它主要在20世纪六七十年代得到了广义的界定和发展，并作为"政府失灵理论"，与出自理论福利经济学的"市场失灵理论"对垒。恰如后者的内容所证明的，观察到的市场过程无法产生能满足实现配置效率所需条件的结果，公共选择理论（曾一度被保罗·萨缪尔森标注为"福利政治学"）则含有这样的证明，即观察到的政治性—政府性过程亦无法满足在执行矫治措施上确保效率的那些前提条件。

就分析的基本层面来看，公共选择理论所做的不过是戳破了"仁慈君主"幻象，或者说打破了理论福利经济学关于政府和政治的模型，这种模型已被福利经济学采纳为其制度比较的标准。而在一个更深奥的层面上，公共选择理论包含着其自己有关政治决策过程的模型，在这方面，它依托于经济学家们的方法论个人主义（methodological individualism）假设，以及在不同公共选择角色中追求效用最大化的行动者。

几乎是出于必然，与理论福利经济学相比，公共选择理论在内容上更偏实证性一点，或至少在一定程度上更少规范性。如我所指出过的，福利经济学的要旨在于证明，一种特殊的制度形式，市场，不灵。根据何在？相对于什么而言？基本上，通过对替代性制度结构作初步但实证性的分析，就能使理论福利经济学规范性结论中的这一缺陷暴露出来。一旦如此，就会较少强调"失灵"。也就是说，公共选择理论家们没有复制理论福利经济学家们的错误或曰疏忽，他们没有拿现实与理想作对比。"政府失灵"是相对于某种理想概念而言的，但有谁曾期待过任何相反的发现吗？公共选择理论家们从未坚持以某种理想化的市场作为对政治活动的有效制度替代。

## 三　制度比较

公共选择理论家们能有一定的理由声称，他们推进了对那些可比制度替代项的讨论。如果我们承认，对照理想化的运行标准，不论目标是配置效率、维护个人自由、分配公正还是其他必需之物，市场和政府**都是**失灵的，则关于组织结构该说什么呢？在一个社会中，应如何使个人间的相互依存制度化呢？

在针对具体指明的部门或曰"产业"进行不同组织形式比较的层面上，其内含的要求是，这样一种比较最好能且实际上必须依托于个案分析来进行。对某些"产业"来讲，这样的比较可以产生相当直截了当的结果。比如，在鞋子或管道设施这类可分割物品或服务的生产—分销上，自由开放市场的那些效率创造特性可以压倒任何赞同政治化的论点，因为后者在有效地实现激励上是先天低能的。在另一极端，比如说国防努力中的"公共性"或曰"共同性"可能使政治化的组织结构，尽管有激励效率上的欠缺，仍可以超过类市场性（market-like）"私有化"方面的认真考虑。

人们会预期，在任何这样的个案比较中，将有大量"产业"处于某种近似于无差异范围的位置上，因为，在这类产业中，类市场性组织和政治性组织在利弊上大体相互抵消。这组"产业"可称为"公用事业"。对这类产业，我们可以预期，在不同的社会中，会见到不同的组织结构。

福利经济学在制度比较中揭示和彰显了失衡，而公共选择理论针对这种失衡的矫治措施，可以说，使钟摆"向右"摆了。如果对市场性选项和政府性选项的比较，在考察上不掩饰缺陷，也不戴有"仁慈君主"的眼罩，将必然产生出这样一种民间部门和政府部门的混合体，其中，与比如在说20世纪五六十年代的流行观念基础上所可能生发出来的混合体相比，政府部门的主导程度会更低。比较结果上的这样一种变化，无涉公共选择论中基本意识形态或非意识形态的转变或任何其他事情。这里提到的变化完全源于对相关制度选项进行了信息更充分的比较。

但是，单纯依赖对组织性结构做实用的或曰个案分析的比较，不去注意在边际上的扩展，不是可接受的方法。在总的组织结构范围内，可以出现种种溢出效应或曰外部效应，这些效应在任何个案比较或产业比较中往往会变得模糊。在市场部门中，个人要适应民间价格，而在政府部门中，民间价格不会激发个人的行为调整。因此，在对任何单一"产业"进行恰当构想的比较评价时，市场部门所创价值与政府部门所创价值的总比率，作为一种投入，可以具有关键的意义。对配置效率、经济增长、个人自由、政治参与以及分配公正各赋予不同的权重，会影响社会秩序政治化的受偏好程度或范围。在比较的这一层面上，规范性原则会进入讨论，而公共选择理论本身，除了阐明这种比较所面对的相应权衡外，不提供任何东西。

## 四　作为一种选择逻辑的效用最大化

在本文的余下部分，我要讨论某些正在发展的顾虑。这些顾虑，在某种意义上，至少就其某些隐含的结论来看，似乎是"反公共选择论"的。我所要考察的不是"政府失灵"，甚至也不是"市场失灵"，而是另一种失灵，我们可称之为经济学家们尤其是公共选择经济学家们在分析上和方法论上的失灵。

"市场失灵"或者"政府失灵"，被我们用来指称制度—组织结构。我们分析制度或规则、约束的预期运行特征，并通过引入"失灵"一词，隐含地认为，如果能改变规则，"更好的"结果将会到来。这一制度焦点忽略或回避了活动于规则范围内的人所具有的种种特征，而人是根据那些规则所定义的约束来行动的。这样的全套分析，如我曾指出过的，始于追求效用最大化的个人。

如果我们一直处于一种严格的选择逻辑层面上，该效用最大化预设就不会产生任何问题。也就是说，如果我们不去设定和定义个人效用函数中的自变量，我们就能够在分析互动过程上运用该效用最大化建构。但是，即使是在概念上，我们都不可能运行该分析以形成可检验的假说或推断。为了能够形成这类可检验的推断，就必须界定个人效用函数中的自变量。但正是在定义的这一阶段上，重大的困难出现了。

## 五　经济人与市场失灵

在对各种市场关系的分析中，经济学家们曾长期依赖**经济人**，老式的经济性人类，它的效用函数中确有定义完好的自变量。在其最少限定性的阐述中，该**经济人**建构所需要的仅仅是，可客观度量且用货币单位标明的经济价值，作为**一个**自变量，进入这个样板人的效用函数。在这一版本中，这个建构并不要求经济价值是该偏好函数中的唯一自变量，甚至也不要求这个自变量在影响行为上占主导地位。但是，配备着这一最低限度且被广泛接受的行为模型，经济学家们就能够做出运行方面的种种预测。需求量随价格下跌而增长，供给量随价格上升而提高。在做出适当条件限定的情况下，这些预测得到了大量经验证据的支持。

这是经济学理论在**经济人**的实用化上所做出的最低限度阐释。然而，准确地考察一下这一阐释是如何影响出自理论福利经济学的市场失灵假说，将是有益的。让我们来考虑一个断言市场无法产生有效率的结果，即存在外部效应（溢出效应或曰邻里效应）的标准例示。举一个经典例子，某工厂的排烟烟囱弄脏了邻近家庭主妇的洗净衣物。庇古式的推理思路为人所熟知。伴有烟尘排放生产的"真实社会成本"中应包括对那些洗净衣物的损害。工厂主的私人成本是进入其生产决策的，但他没有将那些溢出损害作为其私人成本的一部分计算进来。市场是失灵的；理想化的效率规范会要求做出某种调整，以便在一定程度上减少烟尘排放。

为了此处讨论的需要，我要回避与科斯相关联的各种可能性，即在工厂主和家庭主妇之间完全可以插入种种讨价还价，以排除任何的无效率。① 即使处于严格的庇古式设定情境中，为实现效率而有必要采取某种矫治行动的结论也完全依赖于这样一种假定，且是一种极少得到表述的假定，即该工厂主毫不顾忌地强加给那个家庭主妇的成本，只是独自行动并只按其自己狭隘界定的经济利益行事，且在此意义上，他实现了货币利润的最大化。但是请注意，这一假定所体现的**经济人**建构，与我在前面关于市场关系运行的讨论中所原则性地勾勒出来的那个版本相比，要受限制和狭隘得多。要想在存有外部效应的设定情境中评估市场失灵，我们需要这么一种假定，即经济价值要么是效用函数中的仅有自变量，要么这个自变量主宰着影响行为的所有其他自变量。如果我们不做出这样一种限

---

① 请参照 R. H. 科斯的《社会成本问题》[R. H. Coase, "The Problem of Social Cost", *Journal of Law and Economics* 3 (1960): 1–44]。

制性假定，我们就不能确定工厂主不会在其自己的决策算计中把强加的损害成本纳入考虑。在那样的场合，也许就没有根据说，市场在产生有效率结果上是失灵的。并且，在经验上，没有任何手段来确定是否或在何种程度上，这些外部成本可以普遍地被置身于市场关系中的人们纳入实际决策过程中的考虑。这种市场失灵诊断是没有清晰经验支持的。[1]

请注意，我不是在主张，工厂主和家庭主妇间的互动关系所提供的经济情境中没有任何经验性内容。例如，我们可以预见，对烟尘排放征税会减少这样的排放。这个预测只要求经济价值是工厂主偏好函数中的**一个**自变量，而且这项预测是可被检验的。得不到检验的是，在含有工厂和家庭主妇的经济体中，这样的征税（即使是理想地测度了强加于家庭主妇的成本后的征税）是改善还是恶化了整个经济体的资源配置效率。

## 六 经济人与政府失灵

我提出上述观点并不是主张或暗示市场不会如福利经济学中所刻画的那样失灵。我也不是在主张，在经济交易中，当人们的行为给予他们无直接关联的第三方造成影响时，人们应将这些效应全部纳入考虑之中。我提出上一节中的观点，仅仅是作为一个中继站或桥梁，以便进一步讨论公共选择论中对"政府失灵"的诊断。

如我们所知，公共选择论在方法论上的核心要旨是将直截了当的效用最大化概念加以延伸，来解释那些公共选择角色扮演者的行为。选民、官僚、法官、立法者——充任这些角色的人与所有其

---

[1] 在《成本和选择：经济理论上的探讨》[*Cost and Choice: An Inquiry in Economic Theory* (Chicago: Markham Publishing, 1969)] 一书中，我曾详尽阐述了这一段中的观点。

他设法使其自身效用最大化的人极其相似，他们都服从自己活动于其中的种种约束（规则）。但是，让我们来考察一下当尝试将运行性内容置入正式的逻辑模型时会出现的一些问题。让我们试着运用我们的老朋友——**经济人**，并设想，扮演公共选择角色的人在行动时好像主要是受经济价值左右的。也就是说，让我们采用强形式的（in its strong form）**经济人**模型，它允许我们根据种种外部效应的存在来诊断市场失灵的存在。

当我们考察个体选民的行为时，我们的努力立刻搁浅。在大人数群体中，任何单一选票对由多数票决定的结果产生影响的概率是极小的。因此，如果投票行动竟然涉及任何成本，则在**经济上**，理性的个人将不去投票。当然，这一被广泛讨论的悖论是可以被化解的，办法是放弃**经济人**的这一受限定形式，并在选民的效用函数中引入净财富变量之外的其他自变量。而所见到事实是，个人确实是去投票的，这意味着，严格意义上的**经济人**并非对行为的恰当描述。

如果这一点在很大程度上得到承认，也就必然要承认，同样的问题会随"信息失灵"假说出现。信息失灵假说附属于选民悖论，并经常被引证为"政府失灵"的基本根源之一。信息失灵假说指出，在一个大选区中，即使是就那些确实去投票的人而言，仍没有经济上的激励来使他们投入资源去更好地了解该群体所面对的各种选择替代项。既然他们不是个人承担成本或收取获益，他们对于做这种选择就不负有任何私己化的责任。但是，这一假说再次断定，严格的**经济人**模型说明了行为。如果这一预设被放弃，如果净财富之外的自变量被引入个人的效用函数，我们如何才能得出结论说，将会存在"信息失灵"？恰如排烟烟囱例示中的"市场失灵"情形一样，对于该假说也没有直接的经验支持。

必须再次指出的是，我并没有在主张这一分析排除了所有经验性内容。只要将**经济人**建构保留在其限定较多且肯定更可接受的意义上，我们就依然可以预测，如果投票的成本减少了，更多的人将会投票；如果获取信息的成本减少了，个人就有可能去更多地了解诸选择替代项；还可以预测其他的可能命题。这些都提供了经验上可检验的假说，但它们都不依赖于将**经济人**限定于专一的领域。

我们可以将分析扩展到其他公共选择角色扮演者的行为上去。考虑一个普通的官僚，他受雇于政府，并承担着一组需要履行的职责。看来，用与我们为私人企业雇员的行为建模的同样方法来为该官僚的行为建模，是合理的。在这两种设定情境中，严格遵循限定较多的**经济人**建构都意味着，雇员在其所面对的约束范围内，只要有可能，都会寻求使令人不快的工作努力最小化。然而，对于私人部门的雇员来讲，这些约束有可能是更具约束性的，因为企业利润的剩余索取者更可能对雇员行为实施仔细的监控。与之相反，在政府的等级制体系中，官僚雇员们的上级领导在严密监控雇员的努力上并无直接的经济激励，除非这样的努力对上级领导的报偿产生了不利影响。监控角色中不存在任何剩余索取者。而且，如果原则上官僚的报偿依赖于机构的规模，而机构的规模又有赖于机构预算的规模，则官僚机构的领导人将寻求使预算规模最大化，全然不顾对其实际所供服务的任何"需求"。不像民间企业的所有者，官僚们没有能力直接捕获租金或利润。因此，他们就寻求扩大机构规模，使之超出有意义的效率边界。

存在于市场中和政府组织中的激励结构是不同的；这些不同的结构允许我们预测行为上的差异，且这些假说可以在经验上得到验证。但是，确证这些假说并不会使关于官僚行为的**经济人**模型得到认可，因为，该模型是按照一种被限定的意义来定义的，即它赋予净财富最大化以主导性作用。没有任何"证据"证明各种官僚制在下面这样的意义上是"失灵的"，即单个官僚努力实现预算规模最大化、雇员只寻求私人利益，以及回避他们在更传统的构想中作为"公共利益"促进者的种种角色。

当我们将这样的分析扩展到当选政治家、立法者的行为上去时，会将他们都建模为几乎只在意维护职位特权。每一个立法者都努力"收买"选民的欢心，其手段是花钱提供各种直接迎合特定选民联盟的服务和转移支付，而那样的选民联盟都是完全按选举方面的理由挑选出来的。毫不奇怪的是，**经济人**的这个强版本，纳入了选民、官僚和立法者方面的净财富最大化，应该能证明"政府失灵"。实际上，如果我们接受了这一模型，也许会奇怪，政府居然还在运转。在我们的观察中，某些公民所向往的物品和服务的确是靠政府来供给的，税收也并未处于其严格的岁入最大化极限上，其中存在的悖论是不言而喻的。

## 七　经济人的适宜领域

我建议，对于市场中的人**或**在公共选择行为中的人，我们都不再将其建模为只寻求或主要寻求其净财富价值最大化的任何尝试。我建议，我们在方法上将自己限定于限制较多的那种**经济人**模型。这个模型允许代表经济价值的自变量进入处于市场中或在公共选择行为中的个人的效用函数，但仅仅是作为若干自变量中的一个变量而进入，且在许多情形中并不必然成为关键性的影响因素。毫无疑问，我们中的每一个人身上都存在着老式经济性人类的某种元素，且平均而言，这对于我们的许多日常行为来讲也许是很重要的。但是，永远会有其他元素与"老亚当"[①]（Old Adam）共同运行。有若干种"非经济性"人类（"noneconomic"men）与**经济人**共生着，因它们难以量化而忽略它们的存在及缓和作用是愚蠢的。

---

[①] "老亚当"在基督教神学中指未加修饰的人性，或者尚未获得拯救的人。现一般指人类天性中固有的作恶倾向。——译者

如已指出的，如果我们将经济人用作包罗万象的解释模型，确实就很容易诊断出"政府失灵"。然而，在这样一个模型中，选民不会投票；而对那些投票的人则无法做出解释；官僚们总在逃避其职责，并运用其自由裁量权来操控预算规模和预算结构，使之有利于自己；当选政治家寻求保留其职位特权，并为实现连任，迎合最低量必需选民基础的种种需求；法官们享受着宁静的生活，很少在其职责上耗时费力。对"公共利益"的考虑根本不进入分析。

毫不奇怪，这个模型看上去是一幅漫画，它反映了正统政治学家的视野中"政治"和"政府"究竟是什么。尽管如此，它等价于那个关于市场行为的模型。对于那个市场行为模型，同一个正统政治学家，当他接受了源于理论福利经济学的"市场失灵"诊断并用这个诊断来证明将政治控制延伸至各类市场是合理的时候，是相当愿意采用的。

我在这里主张的是，在这种对**经济人**建构的绝对化阐释中，市场**或**政治**都不**可能得到恰当的建模。在市场交易和政治交易中，我们都必须指望个人效用函数中包含的那些**非经济性**自变量。但我们也必须记住，在个人行为、市场及政治活动中，经济性变量永远会作为一个重要的适宜变量存留于效用函数之中。我想，在某种谦恭但肯定站得住脚的意义上，我们可以说，从公共选择论中得出的全部方法论教益不过是这么一个忠告。

## 八　制度设计中的最小最大化原则

然而，对于制度设计来讲，普世性的（ecumenical）效用函数方法中仍包含着重要的启示。我认为，必须采纳它们，以便在诊断制度绩效和谋求改善这两方面都取得有意义的进步。正是18世纪哲学家中的天才人物，特别是曼德维尔、休谟和斯密，认识到了，在市场制度中，人类的行为即使完全由狭隘的私利追求所引导，仍可以，同时也间接地和无意识地，增进可被称为"公共利益"的事物。但是，这些哲学家并没有把人类定型为关注面如此狭隘。他们的兴趣在于制度设计。他们寻求证明，即使狭隘的经济利益应该主宰行为，可取的结果仍可以随之而来。因此，根据其寓意，按照选择上真正的最小最大化原则[①]（a genuine minimax principle of choice），只要可能，类市场的（market-like）而非类政府的（government-like）组织会受到偏爱。在政治活动中，由于与市场截然相反，似乎不存在任何能在个人经济利益和"公共利益"之间创造出一致性的内在结构纽带。与亚当·斯密一样，如果知道我们的肉贩被允许去追求其自己的利润，我们就会感觉较好。因为，只有以这样的方式，我们才能肯定，他将为我们提供晚餐的肉食。但与此截然相反，当想到我们的官僚还可能在追求其自己的经济利益时，我们会相当不快，因为我们觉得，他这么做只能损害我们，而不是改善我们。

至少对我来讲，对那些出自古典政治经济学诸多发现（关于市场协调功效的发现）纯智识兴奋点（the genuine intellectual excitement）是很容易理解的。看来，人类对其伙伴的道德和伦理戒律的全面的、决定性的依赖至少是部分地得到了缓解。只要市场设计良好，并能在某种宪则—法律秩序中发挥作用，只要人类可以在自由和开放的相互竞争中顺从天然性自由体制（the system of natural liberty），就很少有必要去顾虑人不能达到其主教所要求的行为标准。

本世纪的许多社会科学家和哲学家似乎并不理解，也不欣赏古典政治经济学在其中发展起来的那种环境。亚当·斯密构建其市场秩序体系并未以**经济人**主宰人类行为所有方面的任何预设为基础。

---

① 使最大的可能风险、损失、伤害等最小化的策略原则。——译者

人们按法律行事，并处于习俗的约束之中，或许人们相互表现出的"道德感"（moral sentiments），其中包含着同感共鸣和伙伴情谊。某种法律秩序是可行市场经济环境中的必要组成部分。但对于斯密来讲，市场确实提供了一个独一无二的环境，在其中，人类，为其自己的私利而行动，却不会与其伙伴的相似利益直接冲突。在这方面，看来不存在任何政治性—政府性的配对物。只要我们的事务受制于身居政治职位者的决策，不论他们是官僚、立法者还是法官，我们就必然要依赖他们将其自己的私利至少在一定程度上升华至更贴近"整体利益"的意愿和倾向。古典政治经济学被人们理解为是对市场和市场过程的一种捍卫，或被其批评者斥为对资本主义制度的一种辩护，是毫不奇怪的。

## 九　公共选择论与制度改革

　　为什么古典政治经济学的规范原则会在19世纪末20世纪初被人遗忘？从什么方面来讲，公共选择论相当于对这些原则的间接"再发现"这样一种说法是准确的？在这一点上，了解一点历史是有益的。而重温这样一段历史尤其有益，即19世纪末20世纪初也被描述为"民主理想"实践成真的时代，具体而言，被描述为投票选举权迅速扩张的时代。那时，对选举参与有着新的浪漫气氛，并伴随着一种隐含的信念，即选举控制本身就足以使政府行为和政府当权者总是处于约束之中。这些都提供了一种有益的氛围，使针对几乎所有可想见社会"疾病"的政治性—政府性江湖处方得以传播和扩散。在这种氛围中，在干预执行上所需的动机结构或多或少被完全忽略了。

　　实质上，是在经历了几乎整个世纪的错觉之后，公共选择论才将该动机结构问题展现在了光天化日之下。但是，如我所强调过的，如果公共选择经济学家们在发展其解释性模型上，将其作为关于公共选择角色扮演者行为的"纯实证性"理论，就会降低其自己种种努力的规范性影响。公共选择经济学家们也应当从古典政治经济学家那里汲取教益。他们应当提供这样一类模型，即与亚当·斯密就市场中的人类行为所提供的模型一样，将各类公共选择当事人（public choosers）体现为经济利益最大化的追求者。不必寓意这样的模型能充分地或哪怕是初步地描绘了实际的行为。相反，这些模型应被规范性地运用，成为按前已提及的最小最大化原则进行制度设计的基础。其目标应当是，设计出来的制度能做到，如果参与者确实将追求经济利益看得高于一切，使其对社会构造的损害最小化。

在政治性—政府性组织的结构范围内，可以做很多事情，以促进在个人利益和整体利益之间形成至少大体的一致性。在政治和政府领域内可以在激励结构上做出剧烈的改变。可以施加各种宪则约束，将各种极端的行为模式置于界限之内。

当然，政治性—政府性部门中的激励结构不可能变得类似于市场部门中的激励结构。如我曾已指出过的，有一种论点主张，市场秩序确实引导个人私利趋向与整体利益一致的方向，因而在组织我们的种种相互依存关系上，要允许市场秩序尽可能多地发挥作用。在1980年，绝大多数西方经济体中能存在相当多的"私有化"正是这样的情形。这个结果直接出自先前讨论的那类细致的、逐行业的比较评估。美国趋向解除管制的运动至少反映了这种实现建设性改革的途径所具有的某些特色。

永远不应忽略在决策制定当局各种职位上行动的人在提高其行为的道德—伦理水平上所具有的潜能。丹尼斯·罗伯逊爵士说过，我们永远都应努力去有效地利用爱，并努力在制度上找到这么做的途径。但这并不等于说，在那些必须依赖他人"好意相助"（good offices）的情境中，贪欲优于爱。当然，在这一点上，平衡可能过头了。处于政治权力职位上的道德狂徒有可能远不如民间利己主义者那么可取，因为后者的伺机攫取多少是公开的。但在宽泛的容忍限度内，拥有一个专注于其自己"公共利益"概念的职业官僚比拥有一个使其努力最小化的混日子懒汉要好。经济学家尤其可能忽略，不论是在市场情境中还是在非市场情境中，伦理性满足（content）在相当平常行为中的重要性。道德教师，"传道士"，在社会中确实能发挥生产性作用。

## 十 结论

但是，我们能否将炒鸡蛋还原为生鸡蛋？我们能否使覆水再收？[①]这对我们的时代提出了挑战。人们在同等约束公民和政府的法律系统中始终享有自由、繁荣和宽容是一种社会秩序理想。关于这种社会秩序的规范性理论、模型或概念是无懈可击的。当然，这种理想秩序从未实现过。但是，在18世纪和19世纪初，希望这样的实现正在到来似乎是合理的。在那时，进步显而易见，且十分迅速，人们也相信进步的可能性。但是，西方人迷路了，他丧失了其祖先的智慧，他不经意地允许进步的果实趋于挥霍这种理想秩序。物质安康上的推进遮蔽了两个方面的退化，一个是在公共哲学上，另一个是在全面理解社会工程的种种局限性上。18世纪中健康的怀疑主义缓慢但确实地变成了20世纪初的完美主义天真。

如何靠"私人"来生产"公共品"？这个18世纪的问题依然伴随着我们。但是，在80年代，对"公共品"的界定肯定要部分地依靠拆除一些制度结构，因它们现在仿佛无时不在阻挠我们的努力和自由。但是，"公共品"究竟是如何被生产出来的？19世纪的世界

---

[①] 原文是"Can we get Humpty-Dumpty back together?"意思是说，我们能否还原无法恢复的事物。——译者

是如何从重商主义时代中产生出来的？历史学家们并没有为我们提供一套完整的、令人信服的叙述。我们的同事中，有些人坚持说，"公共品"和"好社会"的想法不可能有结果，历史进程是由民间自利力量的决定性作用来设定的。他们这样说只是表示了对我们未来命运的绝望。然而，恰如哈耶克教授曾说过的，没有任何事情是不可避免的，除了思考使其如此。就我自己而言，我要使"公共选择论"与"公共哲学"结合并发展成"公共哲学"，成为一套关于社会秩序基础的整全理念，送我们重返大道。

# 第三章 社会科学中的理性选择模型[*]

## 一 引言

按专业和学科来讲，我是一名经济学家。并且，我的某些工作曾涉及将经济学家关于理性选择行为的模型扩展至市场外的、被广义界定的人类互动领域。我将首先讨论这个基本模型中的若干元素：（1）方法论个人主义；（2）效用最大化；（3）约束结构；（4）选择的层次。当然，这些元素是相互关联的，但它们能为组织本文提供一个体系。在处理了这些元素之后，我将在第六节考察整个分析事业的目的。最后，在第七节，我将从我关于理性选择的讨论中分离出一个触目的疏漏，并指出这一疏漏的某些隐含后果。

## 二 方法论个人主义

任何乃至所有的理性选择模型，包括经济学家的那些模型，其核心的预设前提都必然是界定作为个体之人而存在的选择行为主体，即一个配备有某些预设能力、能对各种选项和替代项进行评价，并在它们当中做出选择的基础单位。许多就选择中的理性所做的高深分析简单地将此预设前提视为既定，但应当强调这一前提所

---

[*] 感谢彼得·伯恩霍尔兹、弗兰克·福曼、大卫·利维、罗伯特·托利森及维克托·凡伯格的有益评论。

具有的核心重要性。只有个人在进行选择,只有个人在行动。对任何社会互动过程的理解都必须立足于分析该过程参与者的选择行为。那些被预测到的或可在社会互动过程中观察到的结果,都必须通过因子分解,被解析成由个人做出的分立选择。在常规的论述中,因做不到这一步而使混乱叠出。例如,一个股份公司并不在若干替代项之间做"选择";个人,作为该公司的代表,所做的选择,才是有意义探索的贴切主题。

这是一个基础性的前提预设,但对它必须设置若干条件限定。首先,方法论个人主义并不意味着或并不要求个人选择行为不随制度情境的变化而变化,从而人们在选择上永远"像是"处于社会隔离状态之中,互不相干。接受亚里士多德学派"人是社会动物"的经典命题,绝不意味着对这种个人主义预设的批评。人,在不同的社会互动关系中行为各异,这些差异很重要(见后面的第五节)。个人主义假定只是主张,无论在什么社会情境中,所有的选择行为最终都是个人性的。

第二个告诫是,方法论个人主义,作为一种有助于社会科学的框架,绝不牵涉选择者所追求的任何目标。说只有个人在不同替代项之间做选择,并未提到这些替代项是什么或个人如何罗列、排序这些替代项的问题。对这些选择是否为"狭义自利的",没有任何隐含的推断。理性的利他主义者和理性的利己主义者能同样地适合于该模型的结构。个人主义的预设只是认定了将理性准则用于其选择的那个单位,而对于这些选择的目的则始终未置一词。

对第三个推论涉及必须澄清的两个方面的区分:其一,个人参与者所面对的那组选择替代项;其二,由多人参与的选择过程所产生的种种结果。这两者间的关系,若要让非经济学家来理解,也许是最困难的"原则"。并且,实际上,我们可以说,透彻地理解这一"原则",是经济学家自身最与众不同的特色。发现和精心阐释这一原则是18世纪道德哲学家的顶级成就,正是从他们的著作中,经济学作为一个学科兴起了。这个理念经常被概括为"意外后果"（unintended consequences）这一短语。经济交易网络，许多人以各种各样的角色参与其中，产生出可从"配置"及/或"分配"这些角度来描述的种种结果。这些结果可由观察者来估价，尽管同时人们也承认，这些结果不是被任何人"选定"的。在一个运行着的市场经济体中，并不存在任何真正的"配置性选择"。个人，不是在各种资源配置或分配状态中做选择，而是在每个人独自面对的诸替代项中做选择。作为个人，我选择来讲这堂课，在今天，是一项只在极小程度上影响经济资源配置的选择。

在这一点上，有一个重要的方法论原则浮现出来。由于不是做配置性—分配性选择，所以，对那些总合结果本身，也不适合按照从理性选择模型中发展出来的标准来进行评价。因为那样的评价标准，如已指出的，只适用于个人在不同选项中的选择。尽管在评价个人选择过程的结果上使用"有效率的"和"最佳的"这类词也许是合理的（见后面第三节），但必须认识到，在涉及源于多人同步选择的总合性结果时，这些词的较常见用法是有根本差异的。在第二种用法中，"效率"和"最优性"这些潜在属性都只有通过某种间接纽带才与个人的选择相关联，而那样的间接纽带在这里是不可能得到恰当处理的。

第四个关于个人主义预设的推断与刚才讨论过的问题密切相关。因为选择行为被限定于个人选择主体，可被用来评价个人选择的理性准则不可能在任何意义上被直接扩展至非个人实体上去。较熟悉的是扩展至集体本身。有可能出现一种情境，似乎只是集体在面对着对诸替代项的挑选，而这种决策过程必然会从若干可用选项中造成某种单一结果。例如，国家这种政治单位，必然是（1）投入战争，或者是（2）维持和平。称国家在诸选项中"做选择"，并由此直接推断说，国家的决策过程应显示出个人的种种理性特征，是自然的语言运用。

但细心地注意基本的个人主义预设将阻止这样一种扩展。即使这个集体性实体本身面对着种种替代项,所做出的真正选择仍只能出自参与决策过程的个人。在决策规则给定的条件下,个人进行"选择",对这样的选择,可以按理性准则来加以评价。从分立个人的这种参与中,决策规则或制度产生出某个后果,它可以是该集体所面对的那些后果中的一个。然而,没有任何人"选择"这个后果。并且,将任何理性准则归属于该选择过程本身是一个分布甚广的错误。

不能领会这样一种归因的不合理性,使得经济学家们在世纪中期对社会福利函数的探索初看像是一项恰当的努力。而且,即使到了1985年,经济学家们依然乐此不疲,好像这样的函数是有意义的建构。在这个背景中,许多人无法理解这种个人主义预设所施加的那种种约束性界限,正是在那些人看来,肯尼斯·阿罗的不可能定理才是令人惊异的。[1]

## 三 效用最大化

在经济学家的理性选择行为模型中,第二个元素被归于"效用最大化"的名目下。在其最抽象的意义上,这个标题只是指"好像"是就个人选择行为而言的最大化("as if" maximand for individual choice behavior),而这个最大化的内容则完全是无限定的。诸如"幸福"、"满足"或者干脆"×"这样的词都可被用来替代效用。在这样的抽象层面上,绝不意味着这种最大化,对不同的个人,含有相同的具体自变量,也没说同一个人的最大化在延展了的时间中仍包含着同样的自变量。在这样的范围内,甚至没有

---

[1] K. Arrow, *Social Choice and Individual Values* (New York: Wiley, 1951).

这么一种概念,即存在着诸如效用那样的单一公分母,从而所有自变量都能借其得到表达。在一种纯形式性的建构中,该效用最大化假说的可操作性被限定于这样一条标准,即观察到的选择行为之间须具有一致连贯性(consistency)。由于没有设定自变量,就没有手段来预料行为响应约束变化的方向。效用最大化仅仅意味着,人们以一种无矛盾的方式"选择"他们所选择的事物。

较少空洞性但依然相当抽象的阐释涉及在效用函数中设定自变量,并标明这些自变量将取正值或者负值。对于选择者使某种诸如"效用"那样的评价公分母最大化,无须作任何预设。所需的全部预设是,只要某个自变量被归类于"利"(good),那么对于它,选择者将追求更多,而不是更少。[1]例如,只要个人对可测度的净财富做出正的估价,则无论这个变量相对于其他的"利"(声望、地位、友谊、和平、隐私、安宁,等等)而言是多么无足轻重,都可以就约束变化情况下个人选择上的变化提出假说,这种假说在经验上是可以检验的。

经济学家们的标准教科书模型有着更多的具体设定。它预设,给定所面临的种种约束,个人能根据单维度分母,"效用",来评价"利"和"弊"("goods"and"bads");它还预设,在所面对的约束既定的情况下,个人寻求实现其成就水平的最大化。不仅如此,它还预设选择者能够内在地逐一权衡"利"和"弊"。该模型所允许导出的可检验假设多于从设定较少的模型中所能推出的假说。

更具抱负的努力涉及对效用函数中自变量间的权衡作更多的具体设定,那样的设定足以允许导出可证伪的假说。这类假说相当于

---

[1] 请参阅 G. Becker, "Irrational Behavior and Economic Theory", *Journal of Political Economy* 70 (February, 1962): 1–13; I. Kirzner, "Rational Action and Economic Theory", *Journal of Political Economy* 70 (August, 1962): 380–385; 以及 J. Buchanan, *What Should Economists Do?* (Indianapolis: Liberty Press, 1979)。

就某些在绝对意义上而非相对意义上界定的行为模式做出预言。这方面最熟悉的例子是关于个人追求净财富最大化的假说，或净财富最大化主宰选择行为的假说。这个建构实际上是用财富最大化假说替代了更抽象的效用最大化假说。

对于经济学家关于效用最大化的抽象模型，有很多批评者。对于这个分析个人行为的整体框架，他们往往按照最具限定性的假说而非较为灵活且较为抽象的阐述来解读。这些批评者们经常自认为，当他们指出了经验对财富最大化假说的反驳时，就已经使效用最大化，作为一个关于理性选择的假说，丧失了效力。经济学家们对于其选择行为模型遭到这样的偏颇诠释，自己也负有部分责任。因为，他们在尝试将经验内容引入其研究分析这一点上，有时过分热心，当代经济学家们可能已被引导至过分轻易地接纳财富最大化假设。财富是可客观测度的，而别的可能自变量对于观察者的算计来讲就不是那么好操控了。

## 四　约束的结构

在经济学家们的选择行为模型中，第三个元素涉及理性准则与约束结构的关系，这些约束结构是处于不同选择角色或状态中的个人所要面对的。"个人在约束之下追求效用最大化"——在这方面，核心且简明的原则是，在一组约束下的合理性选择在另一组约束下却不再是合理性的选择。也就是说，一个人的效用最大化选择行为有赖于约束，因为约束定义和规定着一组可得的替代项。（不能认清这一简单原则已导致高级知识分子们对现代福利国家情境中的公共政策满嘴胡言。）

选择对于约束的依赖性在初级经济学教科书的运用中是简易明了的。在那里，个人，作为消费者—购买者，受其收入—财富的约束，还要受制于一套针对种种市场替代项的价格。在更具普适性的情境中，这样的约束也许不可能被简约为某种单一的货币价值。进行选择的个人可能从属于一整套条件，可能只有其中的某些条件是起约束作用的。

对初级经济学教科书中的另一个熟悉重点，在接受之前，必须做细致的条件限定。我们发现，常有人提及限制"经济体"可行性空间的资源和技术约束，因为经济体被视为一个运行的组织。这一提法具有误导性，因为既非"经济体"，亦非其政治代理人（"国家"）在做选择。只有个人在选择。并且，该单一个人在其行为中要受整个经济中资源稀缺性的影响，但只有在这些稀缺性被转换为对该个人自身禀赋或选择选项的影响时才会如此。在个人的私己算计中，确有资源约束，它会变得几乎等同于收入—财富约束。当然，全部的个人约束必然与经济体中总的资源可利用性相一致。同样，个人只能在他所实际面对的替代项中进行选择，因为这样的替代项集合意味着技术可能性。

将重点置于整个经济体的约束上而非个人的约束上，对分析中的一个严重疏漏部分地负有责任。如果我们接受这样一种方法论要求，即所有的选择分析都应被归结为对个人行为的探究，则**制度约束**的重要性就变得显而易见。面向个人的可行选择选项部分地取决于制度情境。我将推迟至第五节来分析在各种约束**之间的**理性选择。这种选择与经济学家的模型恰成鲜明对比，后者将注意力集中于在外生给定的约束**范围内**进行选择。在这样一种标准框架内，认识到导入制度约束的重要性，导致了经济学分析范围内的多种发展。这些发展，通过考察诸替代性制度的激励结构，像其过去那样，横向地扩展了理性选择模型的解释力。

若干研究领域体现着一些值得在此一提的发展。"产权经济学"，它的很大部分基于阿门·阿尔奇安（Armen Alchian）的开创性工作，它曾在两个方面很有影响，即其自身作为一个分支学科而兴起的"法与经济学"和有时被称为"新制度经济学"[①]的建构。经济学家有关理性选择的基本模型在解释能力上的第二次扩展,仍是上述横向意义上的,它源于芝加哥大学加里·贝克尔及其同事们的工作。贝克尔运用该基本模型开发出了一套关于社会互动关系的普适理论,但他的核心贡献是使我们理解了家庭和家族内的个人行为。[②]在这个方面还值得提及的是在被广义界定的公共选择论方面的大量分析。对身居官僚职位者的选择行为,由塔洛克、尼斯卡宁及其他人进行了分析,现在被公认为产生了可证伪预言,这些预言有助于理解官僚制度是如何运行的。[③]

大人数选民中的个人选择行为也得到了透彻的分析。这种行为值得详加讨论,因为它能很好地例证选择背景对理性行为的影响。大人数选民中的个人所面对的第一项选择是投票行动本身。在集体所面对的诸替代项具有不同后果的情况下,即使个人赋予这些后果相对高的价值,理性准则仍可以要求弃权。[④]如果,由于什么原因,这一选择门槛被跨过了,个人计划要去投票了,他仍不会觉得,他对于诸替代项,不是满足于粗略的信息,而是去做更多的了解,会是理性的。再进一步,即使某一个人决定去投票,并确实获得了关于诸替代项的一些信息,他仍可能理性地利用其参与来表达忽发奇想和既有偏见,而不是种种有价值的利益。[⑤]

尤其是,大人数选举情境例证了先前提出的一个观点,即从集体决策规则(比如说多数票决表决)中产生出来的结果,不是

---

[①] A. Alchian, *Economic Force at Work* (Indianapolis: Liberty Press, 1977).
[②] G. Becker, *The Economic Approach to Human Behavior* (Chicago: University of Chicago Press, 1976).
[③] G. Tullock, *The Politics of Bureaucracy* (Washington, D.C.: Public Affairs Press, 1965); W. Niskanen, *Bureaucracy and Representative Government* (Chicago: Aldine, 1971).
[④] A. Downs, *An Economic Theory of Democracy* (New York: Harper, 1957); G. Tullock, *Towards a Mathematics of Politics* (Ann Arbor: University of Michigan Press, 1967).
[⑤] G. Brennan and J. Buchanan, "Voter Choice", *American Behavioral Scientist* 28, No.2 (November-December, 1984): 185–201.

第一部分　理论基础：宪则的范式

由任何一个人"选定"的。在候选人A和候选人B之间的一场选举中，那些不同的集体结果**并非**任何选民个人所面对的选择替代项。选民所面对的是明显不同的替代项——"标有A的杠杆"和"标有B的杠杆"。个人在投票间里的行动，与从众多个人的选择行为和既有决策规则中产生出来的集体结果之间，只存在着概率极小的对应性。

就此处讨论的目的而言，相契合的重点在于，理性选择准则在各异的制度情境中会要求采取全然不同的行为。请考虑和比较某一个人在市场中对诸替代项的选择与他在大人数选举中对诸替代项的选择。同一个人，具有同样的理性准则，但在这两种场合，即使其赋予诸不同后果以相同的价值差，仍将有不同的行动。在市场中，面对着餐馆就餐和图书购买之间的选择，选择与后果之间有着一一对应的直接关联。如果这两个选项的市场价格相同，且这个人在效用上赋予就餐10美元的价值差，他知道，在做出其选择之后，他将享受到那个后果。在做出该选择之前，他有动力在有关诸替代项的信息上下点功夫。如果选择有误，如果出错了，他将自食其果。而与此形成鲜明对照的是，在投票间内，某个人的选择与后果之间的联系几乎阙如。[1]既然获取更多的信息极少甚或全无回报，个人将保持"理性的无知"。即使这个人对某一替代项的评价超过了其他替代项，且与前面一样也高出10美元，他仍然毫无意愿去参加投票。并且，如果他去投票，前景也未必一定是投票给其评价最高的那个替代项。

请注意，这里的选择行为差异只源于面对选择的个人所置身于其中的制度—激励结构差异，不源于效用函数中自变量设定上或理性选择行为准则上的任何差异。一个真诚地只按其所认为

---

[1] J. Buchanan, "Individual Choice in Voting and Market", *Journal of Political Economy* 62, (1954): 334–343.

的"公共利益"行事的人和一个只按其狭义私利行事的人,在相对于市场而言在投票间里更多地保持理性的无知这一点上,有着完全相同的激励。许多社会科学家有一种癖好,即对市场互动关系采用一种行为模型,对政治活动采用另一种行为模型。而认识到制度环境对理性选择行为及不同环境中所做选择的直观结果(observed results)具有的影响,将在很大程度上消除这一癖好。

## 五 约束范围内的选择和对约束的选择

经济学家们关于理性行为的基本模型有过一次重要的扩展,即使其注意力**纵向地**转向对约束本身的选择。这与该模型的标准预设正相反,因该标准预设是,选择者所面对的各种约束都是外生给定的。显然,当谈论的是"经济体"的整体资源或技术边界时,这样的预设似乎是合理的。但是,如前已指出过的,"经济体"并不作选择。一旦我们认识到,是种种制度性结构以及个人化的禀赋约束界定着选择的潜在边界,就要面对慎重挑选这些结构的前景了。人们自己的选择行为是被限定于种种约束范围内的,如果人们能够对施加于其选择行为的这些约束进行选择,则肯定,我们就能通过某种方式来分析这第一组选择,而这种方式与用来分析第二层或更低层选择的方式相类似。选择层级上的这一转移纵向地扩展了理性选择模型,与前已提及的体现在非市场性应用[①](the nonmarket application)中的横向扩展截然不同。

对演化论范式(the evolutionist paradigm)的普适化可以告诉我们,尽管社会互动方面的种种制度确实在随着时间而不断变化,但这些变化只能通过文化演进的漫长过程而显现出来。根据这一看

---

① 将理性选择模型用于分析非市场情境中的人类行为。——译者

法，下面的推断是不成立的，即社会秩序的基本制度，即有关社会—经济—法律—政治"游戏"的基本规则，可以通过某种集体决策过程，在一套既存的制度规则范围内，以任何类似于在个人可用选项中做选择那样的方式，被深思熟虑地"选定"。

然而，这样一种立场似乎会封闭大多数实现社会改革或改良的建设性途径。如果假定制度约束不在选择和控制的范围之内，且再进一步，如果个人只是在既存约束的范围之内，以可预见的模式来进行选择，则除了道德说教之外，不会为"改革"本身留有多少或根本留不下任何空间。政治经济学的整个运用都将被排除。但是，政治经济学的运用恰恰证明，在一定的约束体系范围之内，个人的效用最大化行为，即使是狭义自利的，仍能产生出一些整体性结果，这些结果，按一致同意的评价标准来看，能够比预期在另一些约束体系下出现的结果"更好"。对种种制度安排作规范性评价意味着，这类安排中的某种潜在变更是有可能实现的，社会互动方面的种种规则常会发生受指引的变革。

经济学家们发现，对理性选择模型的这种纵向扩张，很难靠他们熟悉的工具来分析，因此毫不奇怪，相对而言，他们中很少有人曾在这个方向上做过努力。选择，就其自身而言，要求限制替代项的范围，而恰恰是效用最大化这个概念却意味着，如果要受控制，替代项的组合就应当尽可能地广泛包容。为什么谁都应当慎重挑选以限定可用的选项集，缩小选项的范围呢？

经济学家们在这样一个问题上的预断源于他们的那些分析模型，而不是对行为的任何经验观察。人，作为个人和作为社会互动群体的成员，确实对其自己的行为施加约束。他们慎重地采用各种限制情境性反应的规则（rules that restrict situational responses）。然而，区分对种种个人化约束的选择和对整体性约束规则或法律的挑选，是有益的。

"自控经济学"（economics of self-control）现在正作为一

个重要的探索领域而兴起。在这方面,可以提到谢林、埃尔斯特,以及谢夫林和塞勒所做的工作。[1]然而,相对更重要的领域是这么一个方面,它所牵涉的约束要被**普遍地**施加于共同体内所有人的选择行为。这些约束出自,或可以出自,个人方面差异极大的算计,也出自更易于发生在经济学家们所强调的那种理性选择算计中的某种算计。看来,一旦承认制度作为对个人选择行为的约束而登场,一旦我们允许制度被当作常有改革和变化的变量来对待,在不同的制度体系当中进行选择的可能性就随之而来。比如,一项**普适性规则**(general rule)将同等地约束共同体中**所有人**的行为。如果一个人他料想,其他人的行为会以一种消极方式影响他的安康,他就会期望通过对其他人的行为施加约束,确保自己获得正价值;而要换取这种正价值,会给他自己带来负价值,即会使他自己损失行动自由(使他的选项集受到限制)。因而,在表达对某种普适性规则的偏好上,个人会切实地权衡可能的正价值和负价值。在理想的情形中,个人可以偏好其自己的行为免受规则约束。对于要受约束的活动,不可能没有任何明确的自我控制愿望。但实践上,像这样对普适性规则实施个人化豁免的做法无一是可行的。对于引入和执行一项普适性规则,个人所以会支持,是因为他估计,"控制他人"的获益在价值上要高于表现为自我自由损失的成本。

探讨在不同普适性规则集当中进行的选择,曾被称作"宪则理论"(theory of constitutions)、"宪则政治经济学"(constitutional political economy),甚或"法则理论"(theory of law)。这一领域

---

[1] T. Shelling, "Self-Command in Practice, in Policy, and in a Theory of Rational Choice", *American Economic Review* 74, No.2 (May, 1984): 1–11; J. Elster, *Ulysses and the Sirens* (Cambridge: Cambridge University Press, 1979); A. M. Shefrin and R. Thaler, "An Economic Theory of Self Control", Working Paper No.208, Center for Economic Analysis of Human Behavior and Social Institutions (Stanford, Calif.: National Bureau of Economic Research, 1977).

同时涉及实证性元素和规范性元素。个人会为各种规则集的期望作用特性或这类规则中的变化进行建模。而个人在决定,对他自己而言,什么是既能适用于自己行为同时也适用于他人行为的、最受偏好的普适性规则集上,必然会求助于他自己在这种建模上的种种分析技巧。只有在这种根本性的实证分析完成之后,个人才能就所偏好的规则组合做出有信息依据的判断。

在记起整体性规则制定活动所必需的集体行动之前,将理性选择建模扩展至个人的"宪则选择"似乎是足够简单明了的。但就像在前面曾讨论过的规则范围内的集体决策情境中那样,相互排斥的替代项是通过某种方式从有众多个人参与的过程中产生出来的,因而没有任何个人,在任何意义上,像那些正统理性选择模型中所处理的那样,实际地面对最终的选择选项。必须承认,任何将这类模型简单地运用于大人数情境的做法,无论是在约束范围内的选择还是在约束之间的选择,都会遇到这一严重局限。种种理性选择模型的预测力和解释力所以弱化,不是因为参与者背离了行为上的理性准则,而是因为这些准则本身没有像在严格的私人选择情境中那样与个人效用函数中认定的自变量形成很密切的关联。

## 六 "科学"事业的目的

经济学家们关于理性选择行为的模型最初被开发出来,是为了用于市场互动关系,即所有的自愿交易关系。在这种关系中,个人是作为最终产品和/或资源投入的买方和/或卖方参与进来的。我曾称之为这一模型横向扩展的做法包含着这样一种分析意图,即分析普通市场外种种情境中的人类行为,如家庭互动中的个人行为、潜在犯罪者的行为、非私有组织经营者的行为、法定承包人（legal contractors）的行为、审判员的行为、慈善捐赠者的行为、寻租者的行为、公共选择者的行为、团队成员的行为。与此相对，我曾称之为对经济学家的这一模型作了纵向扩展的做法则试图分析这么一种情形中的行为，即选择的对象被上移至约束或规则，而这些约束或规则将限定或限制种种后续的约束内选择。也许，根据对全局性制度情境中种种可能变革的看法，这两类意图可以适用于个人在自我控制方面的努力或众多个人在宪则评价上的参与，因为共同体中的所有人正是在那样的制度情境中做选择的。

正是经济学家们的理性选择模型所做出的这种横向的和纵向的扩展，成了绝大多数非经济学批评者怒发冲冠的诱因。他们指责经济学家是学科帝国主义，并告诫我们，要"做自己分内之事"[1]。对这些批评中那些最熟悉的批评，人们的讨论也许都着眼于被考察模型中的那些分立元素。相对而言，似乎没有什么理由来认真地关心个人主义预设。有许多批评者，偏好探讨阶级、国家和其他组织间关系本身，且不想将分析归结于参与的个人。在我看来，他们都不应被视为社会科学家，无论是从哪种有用的意义上来理解这个词。或者，较客气一点，让我们说，看起来在方法论个人主义者与其工作始于将非个人主义的有机单位作为构建砌块的那些人之间，很难有建设性对话的前景。

与那些接受个人主义预设但批评效用最大化模型的研究学者，我们能进行较为建设性的讨论。如我先前曾指出过的，只要保持不设定效用函数中的自变量，就不会出现什么异议。异议之所以出现主要是针对那些占主导地位的经济学家，他们往往将私人净财富认定为选择行为的驱动力，尤其是在各种非市场性的互动关系中。这

---

[1] 原文为"stick to our lasts"。此典出自英谚"The cobbler must stick to his last"。这里的"last"指鞋楦头。——译者

些异议证明这里的讨论是很必要的，它们允许我来呼吁要注意整个科学事业的目的。

我们建立和运用关于个人行为的理性选择模型到底要达到什么目的？我们仅仅是寻求能够就人们响应约束变化的行为模式做出预测吗？我们的目标是纯属描述性（wholly descriptive[①]）的吗？或者，我们是寻求用我们的模型来促进约束结构中那些同样的根本改革吗？这里所要表达的核心观点是，财富最大化模型在方法论上的合理性或许有赖于所要服务的目的。如果目的被限定于经验性预测，我们就寻求来确证（或支持）该模型所寓意的种种假说。在这个问题上，财富最大化模型可能达不到经济学家们的期望，特别是在非市场情境中。其批评者们或许也恰当地指出了**经济人**的这一描述性局限，尤其当其被扩展至市场之外时。

另外，如果财富最大化模型的目的是要为制度性—宪则性评价和改革提供一个基础，则该模型的描述性局限对它的引入和运用可能就不具有致命的破坏性。就进行制度判断而言，严格预测意义上的"最佳拟合"模型可能提供不了恰当的基础。而一种蓄意选择的偏误，即某种偏向"最差情形"的行为模型，却有可能确保避免超大比例的损失，这类损失出现在有潜在发生可能性的最坏情形下。[②]

大卫·休谟和约翰·斯图尔特·穆勒都对这里的观点有清晰理解。看来，引证是必要的。

"政治作家们曾将此奉为箴言，即在设计任何政府系统，和在宪法中设定若干监察和控制上，应当将每一个人都设想为**无赖**，且

---

[①] 这里的"descriptive"有客观描述的含义，与后面紧接着的那一问形成对照。——译者
[②] 对这一观点的更详尽阐述，请见 G. Brennan and J. Buchanan, "The Normative Purpose of Economic Science", *International Journal of Law and Economics* 1 (1981): 155–166.

在其所有行为中，除了私利，别无他图。"①

"宪政政府的特有原则要求假定，政治权力会被滥用于增进当权者的特定目的。这倒并非因为其总是如此，而是因为，在防范对自由制度作法外运用（the especial use）的事物中，如此假定是其天然倾向。"②

在这一点上，别对我有误解。这个观点并不是为使用狭义限定的经济学行为模型辩护，而不顾其描述性特质。预测性模型适宜于挑选推断性的行为模型，因为在进行制度比较上它能作为基础而起作用。这是一个关于选择的模型，它的实证主义特性与规范性运用是相互作用的。我在这里强调一点，主要是要提醒人们避免这么一种略带幼稚的批评，其大意是，因为没有真的见到政治家和官僚们像经济学家们的模型那样行事，这些模型就没有提供评价各种宪则结构的基础。

如果社会科学的存在理由是推进有关潜在的制度性—宪则性改革的讨论，我们就必须承认个人选择替代项对种种制度性—宪则性约束的依赖，以及这种约束所可能有的多变性。那些理性选择模型，就其本身而言，只要不对分析的终极目标对象做出具体设定，就一直会是一些"无结果的"的运用。

就个人而言，我始终不关心，在某种分类学意义上，在理性选择建模领域中，对前面讨论过的从纵向上扩展分析是应该接纳还是排斥。我无法看出，"社会科学"，就其自身而言，如果不能对理解人类行为做出一定的贡献，且这种增进了的理解能有助于制度—宪则方面的变革，怎么来证实某项诉求是合理的。

---

① David Hume, "On the Independency of Parliament", *Essays, Moral, Political, and Literary* (Indianapolis: Liberty Classics, 1985), p.42.

② J. S. Mill, Considerations on Representative Government, Vol. 19 of *Essays on Politics and Society*, Collected Works (Toronto: University of Toronto Press, 1977), p.505.

## 七　选择、无知和不确定性

从至此为止我对理性选择模型的处理中，可以看出一个触目的疏漏。即我在任何地方都没有提到在完全信息条件下的理性选择行为与在无知和/或不确定性条件下的选择行为间存在的关键性重要区分。这个区分主宰了许多当代选择理论家的注意力，它还影响着互动关系分析模型与这些模型的预测有效性之间的潜在联结，影响着规范性政策变化的寓意。在某种非常实在的意义上，选择，就其本身而言，如沙克尔曾反复强调的，只有在无知/不确定性条件下，才显得有意义。而且，个人必然是在"互斥的未来"之间作选择，其中的任何一个选项都不可能在选择之前就被了解，也只有其中的一个选项能在选择之后被体验到。这一核心事实决定了，整个效用最大化装置只是在某种重构性和解释性意义上才显得有意义。在其最抽象的阐释中，"做选择"简化为在面临的特定环境中"尽量做到最好"，而环境则是由时间、地点、背景来刻画的。

沙克尔的立场对社会科学中的很大部分，包括经济学，具有准虚无主义的方法论寓意。由于我自己对沙克尔立场的同感，在结论部分，我可以质疑邀我写此论文的那些人的初始判断力。我距离成为社会科学中理性选择模型的最积极鼓吹者很远。另外，以及在我接受该挑战的部分理由中，我无法看出，如果我们不将分析归结于个人的选择行为，我们究竟还能怎么进行探索。有了这样一种基础之后，广义界定的社会科学，已经扩大并还能扩大我们对所观察到并参与其中的种种社会互动过程的理解和解释。

然而，我们必须小心，以免对我们的"学科"索求过多。我们尤其要避免滑入这样一种傲慢的推定，即行为方面的任何"学科"都为某些寻求控制他人选择的人提供指导。我们不要把"经济学学科"或任何其他学科想作是在为向仁慈君主的出谋划策提供依据。在所有人当中，包括我们自己，对改变既存普适性规则集以达到更高共享价值水平的途径和手段，存在无止境的讨论。从根本上来讲，我们的"学科"，只有在这种讨论中作为一种投入而发挥作用，才变得有益于建设。

# 第四章 个人与国家[*]

31年前的这个月（1955年9月），为了进行为期一年的研究，我到了意大利，研究公共财政（scienza delle finanze）方面的古典意大利传统。那一年，以一种我本来永远也不可能预见到的方式，对我的智识发展产生了巨大的影响。尤其是，我的标题，"个人与国家"传达出了我的主题，而我所接受的古典意大利思想感染了我把握这一论题的方法。我想，适宜的做法是，按照我的《蒙特佩勒林协会主席演讲》（Mt. Pelerin[②] Presidential Address）来讨论这个主题。因为，我们自由的终极源泉在于我们与国家的关系及对国家的控制。

从专业上来看，从蒙特佩勒林协会的建立之日起，经济学家就已在其会员中占多数。但是，该协会的全部要旨，如在其创建文件中最初所表达的，指向了精心阐释那些对自由社会的存在而言不可或缺的哲学思想。也就是说，政治哲学曾经是、现在是、应当还将是这个协会的一切。并且，恰如马克斯·哈特维尔在另一篇论文中指出的，正是在这个协会的创建过程中，哈耶克明确提到，他的目标是要建立一个国际性的政治哲学学会。

---

[*] 本文曾作为"主席演讲"在1986年的蒙特佩勒林协会的全会上发表。感谢维克托·凡伯格和哈特马特·克里特的有益建议。

[①] Mont Pelerin Society，一个由偏爱古典自由主义的经济学家、哲学家、历史学家和商界领袖组成的国际组织。其创建者包括弗里德里希·哈耶克、卡尔·波普、路德维格·冯·米塞斯、乔治·斯蒂格勒、密尔顿·弗里德曼。该组织创建于1947年4月10日，其名称借用了该组织首次会议的召集地点，瑞士的度假胜地 Mont Pelerin。詹姆斯·M.布坎南于1984—1986年任该协会的主席。（引自维基百科）——译者

在我们的会员中，有些人能够想象一个没有国家的可行社会。这些自由论无政府主义者，或者说无政府资本主义者，在证明现代国家的许多活动如何可以通过市场的自发过程得到更好贯彻上做出了重大贡献。并且，这些论点目前正在影响着跨国的私有化运动。对于我们当中所有为国家行动辩护的人，这些自由论无政府主义者都发出了挑战，我不想低估这种挑战的重要性。

然而，对我们的多数会员来讲，没有国家的社会秩序是难以想象的，至少在任何获得规范性偏好的意义上是如此。我们发现，很难就这样一种社会安排的运作特性建模，尤其是当我们观察周围世界中人们的行为时。我们转而求助托马斯·霍布斯来为我们描述一下，真正无国家或无法律的社会可能像什么样子。从规范上拒绝霍布斯的模型迫使我们提出一整套问题，而这些问题是自由论无政府主义者自身根本不必为之烦恼的。

不可避免地，我们必须运用熟悉的尼采隐喻，从若干窗口来考察我们与国家的关系。请考虑两种极端情况。我们可以，与赫伯特·斯宾塞和那些自由论者一起，将国家视为恶棍，并将我的标题改为"与国家对抗的个人"。但同时，我们也必须认识到，归根结底，"个人即国家"。因为，国家展现为一套制度，借由这套制度，我们将自己政治地、集体地组织起来，去实现一些靠其他方法显然绝无可能有效搞定的目的。

恰好是在对我们与国家关系的这种双重建模中，我发现，意大利人对我自己的思考极有帮助。那时，我的思考已经开始沿着上面所指的那种双重思路发展了。意大利人明确强调，在讨论将这个或那个功能分派给国家或者讨论实施这一或那一功能的政策选项之前，必须先对国家的作用有所理解。但在20世纪中期之前，这样一个简单的原则竟被绝大多数经济学家忽略了，并伴随有悲剧性的后果。

我们知道，在特征描述上，国家并不适于任何单一的模型，并且，曾提到过的那两个普适模型也远未穷尽所有的可能性。国家并非一个被授予了实施强制性垄断权且具有自己意志的、铁板一块的实体。它不是维克塞尔主义意义上那种志愿主义性质的（voluntaristic），即国家所做出的所有集体决策并不都反映着政治体中所有人的无异议一致同意（unanimous agreement）。它不是多数票决表决过程中可变的中位投票者意志的化身。它不是暂时执政的统治联盟借以损害政治体中他人利益、实现自肥的工具。它不是随波逐流、只受制于其内在组织逻辑的官僚机构。它不是统治阶级或权势集团的纯代理人。

就上述这些模型及其他的可能模型而言，其中每个模型的元素都存在于国家之中。因为，在不同的国家中，国家的存在是各式各样的。我们选择以怎样的方式来给国家建模，取决于所要满足的目的，取决于要提出和回答的问题。

然而，与将注意力集中于国家是什么上不同，也许最好是考察个人在与国家的关系中所处的状态。在这个语境中，有益的做法也许是将国家想成一个组织，它拥有着强制性成员身份这一独有特征，从而使它与成员身份为自愿性的其他组织形成对照。与绝大多数模型一样，这是一种极限情形（limiting case）。我们知道，各种国家在成员身份的强制性上五花八门，而且，对不同的人来讲，退出的成本也千差万别。尽管如此，缺乏划算的退出选项确实使国家有别于几乎所有的其他组织。就多数分析目的而言，个人都是国家这样一种组织的成员，且他必须始终保持这一身份。

说个人是某一组织的成员是指什么？成员身份意味着遵守该组织的规则，无论这些规则可能是什么，对国家有什么用。这一认识方法立刻将注意力引向了规则（政治体的宪则）所具有的重要性上去了。这些规则当中，有两个能独立变化的维度界定着国家这种组织。一个维度是个人受制于国家权力的范围，或反过来，个人免受国家干预的私域范围。规则的第二个维度有关国家决策制定过程的结构，国家权力正是借由这一过程而发挥作用的。特别是，这个维度决定着个人参与或不参与政治选择。

只有在受到规则保护的领域中，个人对自由权的行使才有保障，但在极权社会中绝无这样的领域。个人对作为主子的国家而言是奴隶，这与国家决策由以制定出来的方式完全无关，也与反映在国家选择模式中的仁慈或恶毒完全无关。罗伯特·诺奇克在其巧妙的"奴隶故事"[①]中对这个问题给出了清楚的答案。[②]即使在最后阶段，个人服从于多数人的意志，他依然是一个奴隶。

然而，在各种非极权社会中，始终存在着由规则保护的领域，个人在其中拥有着选择和行动的自由权。但是，值得强调的是，在允许国家发挥作用的所有行动领域之内，个人必然受制于国家权力。个人的安康，无论其可被如何测度，都有赖于国家。个人在这种政治体中的地位完全类似于资源所有者在某种体现为租金的经济关系中的地位。最终被归属于个人的租金，其符号以及数量的多少，都不在个人自己凭借选择的控制权范围内。没有任何退出选项。这样的关系，其基础性方面，不会因个人有可能参与集体性—政治性决策过程而受影响，除非是一种极限情形，即通行的表决规则是全体无异议。

认识到个人面对国家行动时的必然弱势地位并不意味着，在国家这种强制性组织中，"发言权"（voice）是其成员身份中一项不重要的属性。绝大多数人都更喜欢某种参与型民主制，不喜欢依赖某个精英的政府，即使这两者都被宪政—法律秩序限定于相同的权限范围内。

然而，我强调的重点在于限制国家权力运用的规则所具有的关键重要性。这些规则与在这类规则范围内做出集体选择的方式无

---

[①] 参见［美］罗伯特·诺奇克《无政府、国家和乌托邦》，姚大志译，中国社会科学出版社2008年版，第348—349页。——译者

[②] "Tale of the Slave", *Anarchy, State, and Utopia* ( New York: Basic Books, 1974), pp.290–292.

关。在一个不受限制的议会民主制中参与式地行使发言权也许是很有价值的，但是，限制国家行动的范围和程度也许实质上要更意义深远得多。在一个政治体中，参与塑造宪法（那套约束国家权力各种可能运用的规则）的可能性，绝对比在一个既定宪政结构内对投票权的任何保障意义更大。①

在某种非常实际的意义上，那套为国家行动和私人行动定出各自范围的规则决定了个人在自由—奴役谱系中的位置。这些规则一旦被设定，无论它们是如何产生出来的，且/或无论在左右国家行动上允许个人行使的发言权有多大或多小，在国家的宪定权力范围内，个人始终是一个**臣民**（a subject）。在获得授权的集体行动范围内，个人始终依赖着国家。当然，依赖并不必然意味着贫穷。在依赖之伞下，个人既可能活得很好，也可能活得很差。但是，不言自明的是，认识到依赖地位所引发的行为模式相当不同于真正的独立所保证的行为模式。

我的观点也许看上去与自由论无政府主义者的观点完全一致，他们一方面将个人视为国家的臣民，而另一方面，在国家权力的边界线上又视个人为国家的敌手。然而，如上已指出的，当我与霍布斯一样承认下述观点时，就与自由论无政府主义者分道扬镳了，即个人，若被赋予了真正的宪则选择权，即使完全意识到向国家授权会伴有个人自主权的一定牺牲仍会亦然。

我们永远都不应落入这样一种错觉的陷阱，即增强国家"集体地为我们做好事"的权限，不会给作为自由个人的我们带来任何成本。但是，认识到这种成本的存在与说它是一种我们永不支付的成本是两回事。在国家行动的有些范围中，自由方面的成本将低于在明定限界内运用国家权力的期望获益。在有些场合，我们牺牲了某些自由，但确实存在着某种界定明晰且有限度的、运用国家强制权

---

① 参见 F. A. Hayek, *The Constitution of Liberty* (Chicago: University of Chicago Press, 1960), p.103。

力的领域，我们就能够满足我们的偏好，达到某种更高的效用水平。

但是，我们必须充分地认识到，在被如此归属于国家的权力限界之内，对于作为主子的国家而言，我们必然是臣民，或者更戏剧性地讲，我们必然是奴隶。奴隶，实际上，有可能享有比自由人更高的生活标准，但如果对他始终是一个奴隶的基本事实有片刻的忽略，他就是一个傻瓜。在非常现实的意义上，为居于个人之上的国家权力设立边界的宪则性契约就是一种奴隶契约，我们通过国家权力的每一次扩张将自己卖入了奴役状态。

这样的一种奴役性契约为什么不同于任何其他契约？为什么我们大家（可能有少数极端自由论者例外）都认为，这样的奴役性契约通常并未合乎道德正当性地体现为自愿交易？我们拒绝这样一种"交易"，是因为它不允许有某种缔约后可行的退出选项；发现自己处于某种奴隶关系之中的个人没有切实的替代选项。只要国家本身拥有着指挥个人活动的权力，包括汲取一定比例资源或产品的权力，而这些资源或产品在名义上是由个人"私自"拥有的，则一个国家的成员身份就体现着这种奴隶契约的属性。只要我们不能摆脱这种国家所需的汲取，我们就是依赖者、奴隶、食租者（就我在这里的论述目的而言，这些都是相同的词）。（布鲁诺·利奥尼自始至终都明了这一点，而我却用了20年才摆脱了正统经济学的那些规范陷阱，写出了对避税的辩护。）

此处出现了混乱，因为在民主的政治体中似乎不存在可确认的主子。作为个人，一个人或许完全承认他对国家的依赖，但他可能也认识到，似乎没有任何能被认定为主子的单一个人或集团。在多数票决民主制（majoritarian democracy）的理想化模型中，个人的命运依赖于一个过程，且在极端情况下，任何一个人在决定结果上都只拥有极小的影响力。在这样一种情境中，我们都是"无主子的奴隶"。

然而，我们是奴隶或臣民，只是就国家被授权采取行动这一点而言的，与国家所借以运行的决策规则完全无关（再说一遍，全体无异议规则这种极端情形除外）。在我们的活动领域中，有些领域是靠有效的宪则秩序免于国家侵扰的，在那些领域内，我们是自由的。

过去两个世纪中的重大蠢举是曾经推定，只要国家按那些民主程序（自由和定期的选举，普遍选举权，开放的党派、候选人和利益集团，多数票决或相对多数票决的表决规则）运行，则除了任何可用的退出选项外，个人就确实事实上享有了免予盘剥的保障。在民主过程的托词下，现代国家已获准侵入了日益增多的"私人空间"领域。（我这么说并非要暗示，国家膨胀的法律形式无关紧要。即使具有相同的总活动水平，广泛遵从法治的国家，当然要比任意歧视个人的国家更多地保护了个人自由权。）

本协会中没什么成员会不同意我此处论点的基本要旨。你们中几乎绝大多数人都旗帜鲜明地声言支持这样一种古典自由观念，即至少在总体预设的层面上，市场有效，而国家失灵。但我希望，我此处的论点使重点略有转移。失灵或有效被过多地按标准经济学家的效率标准来测度，如获取所产和所销物品和服务的能力，增添全国财富的能力。我想，这个重点已经被弄错了，至少是部分如此。根据效率标准，即使在某些相对意义上，市场是可能失灵的。但即使是在失灵之中，市场仍允许人们保有退出选项，而无此则自由权就得不到保障。根据效率标准，即使在某些相对意义上，国家是可能有效的。但即使在有效之中，国家必然会封闭（或狭隘地限制）其成员们的退出选项。而这必然意味着，尽管自由权可以获得允许，却不可能得到保障。回想起来，唯一的不幸似乎是亚当·斯密选择赋予其巨著以"**国富论**"这样一个标题，而非"**天然自由权体系**"。

最后，让我以引用哈耶克著名（且备受攻击）的《通向奴役之路》（1944年）来表达这些评说的主要观点。在我看来，该论题不应该是启动国家侵入最终必然导致人遭受国家的奴役。对这个论题的诠释应该说，国家的**任何侵入**都肯定在**由这种侵入所规定的范围内**导致对人的奴役。人是，且必然始终是，国家的奴隶。但是，至关重要的是要认识到，10%的奴役不同于50%的奴役。

# 第五章　宪则经济学

在20世纪70年代及后来，"宪则经济学"（宪则政治经济学）这个词为学界采纳，它被用来定义和归类研究活动中一个独到的支脉及与之相关的政策讨论。这个主题并不新奇，可以说，较之其当代那些"非宪则性的"伙伴们，"宪则经济学"与亚当·斯密和古典经济学家们的工作联系得更为紧密。这两类研究领域都涉及实证分析，因为归根结底，它们都旨在为有关政策问题的讨论做出贡献。其差异在于分析的层面或曰情境设定，而这又意味着与不同的听众进行交流。

正统的经济学分析，无论是从马歇尔式的角度来诠释，还是从瓦尔拉式的角度来诠释，都试图在政治体中既存的法律—制度—宪则结构范围内，解释各种经济主体的选择、他们的彼此互动，以及这些互动的结果。种种规范性考虑借助于理论福利经济学的效率标准进入分析，对诸多政策选项，也从这些标准的角度来加以评价。政策分析者，立足于这样的分析，将其分析结论，无论是明确的还是隐晦的，提供给政治上的决策制定者们。然后，政治决策制定者们从可用政策集当中做出某些最终决定。在这一角色当中，政策分析家和理论家都必然是在为政府的决策制定者出谋划策，而不管这些决策制定者是谁。不同的只是，政策分析家是直接地提建议，而理论家则是间接地提建议。

与之相对照的是，宪则经济学分析试图解释不同法律—制度—宪则性规则体系的种种运行特性。这些规则体系约束着经济主体和政治主体的选择和活动，规定着经济主体和政治主体在其中做出其日常选择的框架。在这个意义上，宪则经济学所涉及的研究层面要"高于"正统经济学，它必须吸纳后者及许多低端分支学科的研究结论。规范性考虑进入这样的分析，但不是借由人为的简明效率标准，而是采取了一种更复杂得多的方式。在某种意义上，对种种替代性规则体系的评价，必然类似于在一种具体设定的制度结构中对政策选项进行排序，但"效率"标准的认识论内容则会更多地显露出来。

政治代理人都在既定的规则范围内行动，而宪则经济学家的主业是分析种种互替性的规则体系，因此，在向政治代理人提供政策建议上，宪则经济学家们无能为力。在这个意义上，宪则经济学完全不宜于被归入"政策科学"的范畴。然而，在另一个层面上，宪则经济学的全部努力都旨在向那些参与宪则变革讨论的人士提供指导。换言之，宪则经济学提供的是向持续的立宪会议中的成员（the member of continuing constitutional convention）作规范性建言的潜能，而正统经济学所提供的则是向实践中政治家作建言的潜能。就现实意义而言，宪则经济学考察的是**对约束的选择**（choice of constraints），这种选择与**约束范围内的选择**（choice within constraints）截然相反。恰如这个术语所提示的，在这两个问题中，经济学家们的学科注意力曾几乎全被置于第二个问题上了。

对这一区分的初步例证可在货币政策经济学中找到。宪则经济学家并不直接关心某特定情境中为推进稳定目标是需要货币宽松还是货币紧缩之类的决定。但另一方面，他直接关注对不同货币体制的特性作评价（例如，是受规则指引的还是任意裁量的，是法令本位的还是商品本位的）。分析的最终目标是就政治代理人在其中行动的制度进行选择。这些代理人的预期行为则被包含在对不同约束体系的分析之中。

# 一　宪则经济学与古典政治经济学

如已提到的，宪则经济学与古典政治经济学相关，它可以被视为该古典重点的某种更广义复兴中一个重要组成部分，且尤其合乎被呈现在亚当·斯密著作中的内容。（第三节简短地讨论了密切相关的补充性组成部分。）古典政治经济学家们的一个明显目标是，就市场如何在无细致政治指挥的条件下运行提供一套解释和理解。在这方面，正统的新古典经济学（orthodox neoclassical economics）直接追随着这一古典传统。但是，关于市场运行的基础性古典分析不过是整个研究中迈向更综合性目标的必要一步。这个更综合性的目标是证明，赞同宪则结构的有力规范论证所以存在，完全是因为市场在没有政治指挥的情况下运行得尚有效率。也就是说，亚当·斯密直接致力于比较不同的制度结构，即比较种种经济主体在其中进行选择的不同约束体系。在这种比较分析中，他发现，实质在于就两类经济体的运行特性进行理论建模：一种是非政治化的经济体，这在现实中并不存在；另一种是高度政治化的重商主义经济体，这可以被直接观察到。

这里无须进入"思想有影响"[①]论战中任何一方的清单。我们知道，在18世纪后期19世纪初期，大不列颠的经济实际上是脱政治化的。并且，从斯密及其古典同道跋涉者那里，既出现了对经济过程的实证性理解，也出现了支持某种特殊政体的哲学论证。对自由放任的规范性论证，或许不可避免地，与对特定约束结构中的互动关系所做的实证分析混合在一起。实质上，那些论证描述了最低限的、保护性的或曰守夜人式的国家。经济学，作为一门社会科学，

---

[①] "思想有影响"（Ideas have consequences）是美国学者理查德·马尔科姆·韦弗（Richard Malcolm Weaver, Jr）1948年发表的一部哲学著作的标题，作者在该书中批评了唯名论对西方文明的有害影响。（引自维基百科）——译者

产生了；但是，就在这一过程中，注意力被从制度结构上岔开了。甚至，针对自由放任论点那些过分狂热的扩展，预见到的规范性反抗也是从"市场失灵"的角度而不是从斯密式制度比较语境的角度来表达的。早期社会主义对市场秩序的批评，包括马克思主义版的和非马克思主义版的，几乎是清一色的否定性立场。这些评论，在一个未经检验的法律—政治规则体系内，精心论述了种种所谓的市场失灵，但却忽略了一点，即对其所断言的那些市场失灵实施任何矫治所必需的替代规则做一点分析。只是由于第二次世界大战前几十年里关于社会主义核算的论战，结构比较问题才得以受到了考察。

只是在这些争论后的半个世纪里，广义界定的政治经济学，才忽冷忽热地转向了它的古典传统。若给定保护性国家的法律秩序（保护产权和强制履约），我们现在知道，在某些条件下，当按理想化的标准来评价时，无论这些标准是"效率"、"正义"还是其他的抽象规范，"市场是失灵的"。我们还知道，当按同样的标准来评价时，"政治是失灵的"。任何声称是采用了某种终极规范判断的实证分析，都必须反映出对不同规则或曰约束体系的运行特性进行了某种有根据的比较，而这种分析正是"宪则经济学"的领域。

## 二 宪则经济学与社会哲学

古典政治经济学出自道德哲学，其提出者们认为他们的努力自然应归入哲学讨论的范畴。不考虑学科的划分，宪则经济学，作为一种现代体现，有着类似的定位。人们如何才能在自由、和平和繁荣中共同生活？社会哲学的这一核心问题需要许多专家在研究中不断地做出贡献，其中肯定包括宪则经济学的研究者。日常的社会互动是在约束性规则的作用范围内发生的，宪则经济学家们，通过直接聚焦于对这类规则体系的终极挑选，使他们自己与其正统经济学中的同行们相比，至少更进一步地远离了"社会工程师"的虚幻立场。完全是因为手中没有类似"配置效率"那类貌似简单的评价标准，宪则经济学家较少受诱惑去排列各种替代项，仿佛有一种未经考察的标准博得了普世的赞同。与那些考察约束范围内选择的人相比，对专注于选择约束的那些人来讲，"社会效用"这一人为抽象物的号召力多半要小得多。

然而，如果不存在最大化目标，最终的规范性后果是怎么出现的呢？在这方面，唯一的帮助在于实证分析层面，而不在于匆忙地跃入规范性评价。古典政治经济学包含自发协调这样一项重要原则，这是18世纪的伟大发现。这项原则指出，在最小政府的法律保护伞下，给定一定的条件，市场是"起作用的"。即使在这项原则的现代润色中我们必须加入"缺陷和一切"（warts and all[①]），我们依然在全面理解社会秩序的种种替代项上取得了长足的进展。只要宪则经济学家的努力拓展着公众对这一原则的理解，则在将这项原则用于所有制度情境方面，宪则经济学家就始终要在其较少外露的强制冲动下对体制的最终选择提出种种私自偏好的"解决方案"。

## 三　新政治经济学

应该注意，不要对宪则经济学要求过多，尤其是在采用了狭义的宪则经济学定义时。如前面已指出的，这个研究领域，按其名称，出现于20世纪70年代，目的是描述对不同规则体系的效果进行分析的诸多努力，与之相对的则是分析在既存的且未经考察的结构

---

[①] 意指"毫不掩饰地"、"据实地"。——译者

范围内的选择。在对第二次世界大战后的发展所做的一项较全面的综述中,宪则经济学跻身于一个很有意思的类别之中,构成该类别的若干研究领域都扎根于古典政治经济学。虽然,在这些分立的研究领域中,关键侧重点各有不同,但它们都反映出了一种努力,即要突破正统的新古典经济学那相对狭隘的界限。

在欧洲大陆,这些分支学科全都被包括在"新政治经济学"的标题之下。在这一类别中,我们可以放入(1)公共选择论,宪则经济学即从这里面产生出来;(2)产权经济学;(3)法与经济学或曰对法律的经济学分析;(4)规制政治经济学;(5)新制度经济学;(6)新经济史学。帝国主义式地定义的话,宪则经济学将相当于这一宽泛的名词,并囊括所有这些研究领域。因为,经济和政治主体在其中进行选择的种种法律—政治性约束中的每一个方面都吸引了一些关注。不过,也能看出其间的那些差异,在这里概括一下其中的某些差异是有益的。公共选择论,在其研究中的非宪则性部分里,注意力集中于分析不同的政治选择结构,以及那些结构范围内的行为。其焦点在于有关政治性互动的种种预测模型,这对于更普适性的宪则研究来讲是初步但却必要的一步。产权经济学、法与经济学,以及规制政治经济学,依然在某种程度上比宪则经济学或公共选择论更接近于正统的经济学理论。对这些分支学科来讲,标准的效率规范依然是中心,它既是解释基准,也是规范理想。新制度经济学的矛头所向更多的是种种特殊制度形式内的互动关系,而不是综合性的政治规则结构。[1]新经济史学中的有些元素与宪则经济学高度相似,当然,重点在于历史,不在于比较。[2]

---

[1] E. G. Furubotn, and R. Richter, eds., "The New Institutional Economics—A Symposium", *Zeitschrift für die gesamte Staatswissenschaft* 140 (1980); Bruno Frey, "A New View of Economics: Comparative Analysis of Institutions", *Scelte Pubbliche* 1 (1984): 17–28.

[2] Douglass C. North and Robert P. Thomas, *The Rise of the Western World: A New Economic History* (Cambridge University Press, 1973).

## 四　预设前提

宪则经济学，还有上面提到的相关研究科目，与作为其前驱的古典政治经济学以及现代的新古典微观经济学同道，共享一种核心的方法论预设。即只有个人在选择和行动；集体本身既不选择，也不行动。在分析中将集体处理为好像是在选择或行动，不属于被认可的科学规范。种种社会总量被认为只是个人选择和行动的结果。将重点置于解释互动关系的非预期总合结果这一点自苏格兰道德哲学家们提出其早期的深刻洞见以来即已得到贯彻。但有一种情况依然存在，即一种总合性结果被观察到了，却不能以某种方式被分解为和解释成众多个人的选择，这是对学者的挑战，而不是对非个人主义有机统一体的某种证明。

如上面所概括的，方法论个人主义几乎被在主流或曰非马克思主义传统中工作的经济学家们普遍认可。对这一立场的一种哲学补充在宪则经济学中承担着核心作用，但这一补充远未得到广泛认可，且经常遭到明确的拒绝。方法论个人主义的基础在于将个人选择当作基本的分析单位，而一个另加的预设将价值的终极源泉唯一地定位于个人，对这两个预设必须做出区分。

这两个预设中的第一个，在没有那个第二预设的条件下，并未留下多少空间来从个人偏好中导出种种宪则结构。在个人想要增进的利益和价值与那些被预设为充当终极规范准则的非个人主义价值之间不存在概念上的规范之桥。在这样的情境中，全部宪则性操作将丧失其绝大部分甚至全部的存在理由。如果那些被要求贯穿于制度选择的终极价值是非个人主义性质的，则对于在发现那些价值的过程中要运用由个人表达的偏好这一点，充其量只存在某种工具性理由。

另一方面，如果这个有关终极价值源泉定位的第二预设得到认可，那么除了利用个人所表达的利益之外，没有任何其他手段可以导出某种"规则逻辑"。从根本上讲，这个第二预设意味着治理上的民主主义，以及一项伴随的准则，即这一决策制定结构只是在附有"宪则性"这一前缀时才具有规范上的正当性。

## 五　先驱维克塞尔

现代版宪则经济学最重要的个人先驱是克努特·维克塞尔。他在上面讨论过的两种意义上都是个人主义者。在其关于财政理论的基础性著作（《财政理论研究》，1896年）中，维克塞尔呼吁人们注意规则的重要意义，因为政治代理人正是在规则范围内进行选择的。他认识到，必须将改革努力引向决策制定规则的变革，而不是引向靠影响各种行动主体的行为来改变期望结果。①

为了做到这些，维克塞尔需要某种标准，以便能据以判断某项拟议中的规则变革所可能有的效能。他导入了现在大家都很熟悉的全体无异议或曰一致同意检验。该检验被推广沿用于宪则经济学，并且它还允许这一研究领域整体上与政治哲学中的契约论传统（the contractarian tradition in political philosophy）密切联系起来。还值得注意的是维克塞尔准则与帕累托准则之间的关系。如果只有个人评价才算数，如果关于这类评价的唯一信息来源是众多个人自己显露出来的选择行为，那么如果不能设法找出某种手段使所有人（和群体）形成一致意见，就没有任何变革能被认为是"有效率的"。如果设计不出这样的体制来，观察中的政治济学家就始终

---

① Kunt Wicksell, *Finanztheortische Untersuchungen* (Jena: Gustav Fischer, 1896). 该书的核心部分曾以英文发表，标题为"一项公正税收的新原则"（A New Principle of Just Taxation）。参见 *Classic in the Theory of Public Finance*, ed. R. A. Musgrave and A. T. Peacock (London: Macmillan and Co., 1959 )。

无从置喙。而维克塞尔的贡献则允许当代经济学家在一个利用和依托效率标准的方法论框架内启动对规则或制度的比较分析。而这一框架，在被像所表明的那样诠释时，并不要求违背先前讨论过的任何一项个人主义的预设前提。

## 六　宪则选择中的经济人

在法学、政治学、社会学和其他学科范围内有着各种互补的政治性宪则研究科目，而宪则经济学，因有别于那些研究科目，超出个人主义的逻辑预设，吸纳了非重言式的（nontautological）个人效用最大化模型。**经济人**在比较制度研究中扮演着核心角色。个人被设定为追求其自己的利益，这样定义的目的是要保留可操作性内容。

可以提出两个相当不同的理由来支持宪则经济学中的这个假定。第一个理由简单地基于方法论一致性。只要在建模上设定，个人在参与各种市场关系时是效用最大化追求者，就没有理由假定，当他们在非市场性约束下行动时会发生动机上的转换。至少会有这样一种很强的推定，即当个人从市场环境中的买方或卖方那样的角色转向政治过程中的投票者、纳税人、受益人、政治家或官僚那样的角色时，不会经历个人品性上的巨变。支持行为一致性假定的一个更深奥的理由在于，该模型对于整个制度比较研究的有用性。如果目的是要比较不同约束体系的效果，则为了识别可归因于约束差异的结果差异，就有必要对人在不同制度替代项下的行为一致性做出某种预设。

支持在宪则经济学中导入**经济人**的第二个理由更为复杂和重要。它还是混乱的根源。因为，有必要仔细地区分**经济人**在宪则经济学中的运用与在预测性社会科学中的运用，尤其是在新古典经济学和实证性公共选择论中的运用。尽管该模型在预测性社会科学中的解释力局限已经得到证明,但在宪则经济学中运用此架构是有根据的。

这个理由隐含在古典经济学家的著作之中。大卫·休谟和J. S. 穆勒将其表述为一项方法论原则:

"在约束任何政府系统并巩固宪法中若干制衡和监控上,应当将每一个人都设想为无赖,在其所有的行为中,除了私利,别无他图。"①

"宪政政府的特有原则要求假定,政治权力会被滥用于增进当权者的特殊目的。这倒并非因为其总是如此,而是因为,在防范对自由制度作法外运用的事物中,如此假定是其天然倾向。"②

分析不同规则体系的最终目的是要揭示对这些规则体系的选择。每一替代项的预期运行特性都必须接受考察。这些特性将反映出在各种既定约束范围内个人行为的种种呈现模式。当然,预料之中的是,行为会背离那些被用来导出这些运行特性的预想模型。但是,误差的成本不会围绕单一最佳预设模型对称地分布。行为背离一个含有"最优"动机假设的模型,会产生预期的独特损失(differential loss),如果该模型表明其是一个精确预测者,则这种预期的独特损失可以比预期的独特获益(differential gain)大得多。因此,对一种基于利他主义行为模型的制度作比较评价时,应当考虑到,其损失函数(描述对最佳估计值的偏离)可能是非线性的。(在法律实践中,正式契约中都含有针对最差情形下行为模式的防范措施。)因此,在宪则选择上有理由采纳这样一些个人行为模型,它们预设的自利要比任何经验记录

---

① David Hume, "On the Independency of Parliament", *Essays, Moral, Political, and Literary* (Indianapolis: Liberty Classics, 1985), p.42.

② J. S. Mill, *Considerations on Representative Government*, Vol. 19 of *Essays on Politics and Society, Collected Works* (Toronto: University of Toronto Press, 1977), p.505.

所能证明得更狭窄。[1]

## 七 应用

宪则经济学的应用，作为一项研究科目，出自若干情境。首先，请考虑税收。后马歇尔经济理论，在其局部均衡模型或一般均衡模型中，常被用于分析税收的影响范围。分析的对象是市场环境中具有多重身份（作为物品和劳务的需求者和供应者）的个人，目的是预测某项外部强加的税对个人的私人经济行为有何影响。基于这种实证分析的基础，规范性福利经济学允许按照帕累托准则在诸替代性等岁入税收工具（equi-revenue tax instruments）当中进行排序。在实证分析和规范分析这两个方面，新古典税收理论都体现了这样一种预设，即税收，就其本身而言，是外生于选择过程的。

而当代公共选择论，作为一个自立的分支学科，其主要贡献是将政治性的决策制定活动内生化了。它直接强调公共选择理论考察政治性的决策规则，与这些规则并存的是针对预测怎样的税收制度或税收手段将会出现这种做法的看法。宪则经济学，作为一个从公共选择论中扩展出来的研究领域，迈出了一大步，并运用源于新古典经济学和公共选择理论的投入来分析互替的政治规则怎么会造成不同的税收规则。

适宜的宪则选择可以是授权政府主管当局按税基A或税基B征税。请设想，在新古典的等岁入假定下，分析证明，按A征税会比按B征税产生较少的超额负担。然而，对政治选择过程的分析却有可能证明，政府，若授权其按A征税，则与授权当局按B征税的情

---

[1] Geoffrey Brennan and James Buchanan, *The Power to Tax: Analytical Foundations of the Fiscal Constitution* (Cambridge: Cambridge University Press, 1980).

况相比,往往将征收一笔能产生**更多**岁入的税额。那些等岁入替代项,在对各种政治代理人的行为做任何听来合理的适宜建模上,不会是有效的政治替代项。一旦认识到了这个简单的要点,对各种税收工具作新古典排序的规范意义就会减少,讨论必然会转向政治决策结构与财政制度间交互作用的层面。

宪则经济学的第二种应用植根于对预算政策的后凯恩斯主义的讨论之中。凯恩斯主义对使用政府预算来实现宏观经济目标的辩护立足于对政治决策结构的忽略。民主制政府有一种癖性,即偏好超税收的开支,从而偏好于预算向赤字偏斜,这在初级公共选择理论中很容易得到解释。①这是公共选择推理中的一个实质性步骤,它很自然地引导人们去探讨可施加于政治选择的种种约束与预算后果的预期模式之间是怎样的关系。从这种对宪则经济学的强实践性且重要的运用中,产生了一种智识基础,它支持这样一种规范性论断,即在后凯恩斯时代,对政治代理人的道德约束在效能上已大不如以前,因而要确保实现负责任的财政决策,限制赤字财政的正式规则可能是必需的。在当代环境中,这样的规则将限制开支水平。但是,或许值得指出的是,在19世纪90年代的瑞典政治环境中,维克塞尔就已在分析上提出了相似的改革建议,因为他预计到,如果那些拟议中的改革被实行,政府部门的花费将会增加。

分析有关"转移支付宪则"(transfer constitution)的替代性规则代表宪则经济学的第三类应用。随着约翰·罗尔斯的《正义论》②在1971年的出版,对诸分配正义原则的注意得以复兴。③尽管分配具有明显的前宪则性(pre-constitutional),罗尔斯的著作与为社会互动的政治性和经济性规则建立标准的努力有一种密切的关

---

① James M. Buchanan and Richard E. Wagner, *Democracy in Deficit: The Political Legacy of Lord Keynes* (New York: Academic Press, 1977).
② [美]约翰·罗尔斯:《正义论》,何怀宏、何包钢、廖申白译,中国社会科学出版社1988年版。
③ John Rawls, *A Theory of Justice* (Cambridge, Mass.: Harvard University Press, 1971).

联。经济学家们，以及其他社会科学家和社会哲学家们，已经越来越多地认识到，利益集团间无约束的相互权争不可能增进分配正义目标。关于这种政治活动在制定财政转移支付上如何运行的分析启示我们，存在着败坏转移支付过程的种种意图，只有在制度规则严格地限制了在这类意图上的投资营利性时，才可能做到对税后的、转移支付后的价值分配进行种种有原则的调节。

进一步的应用包括政府规制宪则，以及政府企业的组织。在其宽泛的定义中，宪则经济学变成了分析路线，借由这一分析途径，制度的至关重要性被重新导入了间或沦为不毛之地的社会科学。在其较窄的定义中，宪则经济学，与其那些相关联的互补研究科目一起，使"政治"重返"经济学"，由此带来了曾长期阙如的逻辑连贯性，尽管在那漫长的间断期内，经济学号称拥有了独立的地位。

# 第二部分
# 应用

表决活动

# 第六章 是—否表决活动理论[*]

与罗杰·L. 费思合著

有关多数票裁定表决活动（majority-rule voting）的正式理论所讨论的几乎全是这么一种问题，即从一组大于二的选项中就单一候选人（组）或提议（组）做出唯一的选择。这种分析预设，所要做的只是某种单项的群体性或曰集体性决策，举行一次单轮"选举"（a single "election"）或选定一个单项"提案"[②]。要造成这样一种可能性，即一方面是一组循环轮替的，从而非均衡的结果，另一方面是中位投票者主导的均衡结果，这种正统概念上的集体选择情境是必需的。如果选项集中的替代项数目被限定为二，则只要我们假定有一个奇数的投票者群体，且假定每个投票者都有其严格排序的偏好，简单的多数票裁定表决活动就能产生出无疑义的结果。在

---

[*] 感谢我们的同事杰弗里·布伦南和约瑟夫·里德对本文初稿提出的有益建议，感谢珍妮特·费思、理查德·卡特、大卫·拉班德提供的研究辅助。最后，感谢城西大学（Josai University）的横山昭（Akira Yokoyama）帮我们避免了一些数学错误。
① 我们在这里使用"提案"这个词而不是"议题"（issue）一词，是为了避免与公共选择分析中对多议题空间（multi-issue space）的处理相混淆。在后一种情境中，候选人、政党政纲和选民的观念立场都是靠采用若干议题维度的向量来描述的。但这种分析被引向了某种单轮选举中对等额候选人（一份清单）或政纲的挑选。与此相对，我们的分析则明确地考察一束"选举"或曰"组合选择"，它们中的每一项都呈现为某种单项的是—否提案。

这种正统的表决模型情境里，在两个替代项（如同意或不同意某项提议）之间的单一配对选项中，似乎不会出现分析上值得关注的问题。

但是，当参与表决的人群要面对一整套独立的提议，其中的每项提议都要靠简单的"是—否"、"上—下"或"批准—不批准"一类多数票裁决表决来定取舍时，确实会出现在分析上相当值得关注的问题。就我们所知，对于是—否表决与常规的、多替代项的多数票裁定表决之间的异同，尚无人讨论或研究过。是—否表决活动在多数票裁定下的那些特性遭到相对忽略，这本身很令人困惑，因为现实世界中的许多集体选择制度在形式上都是按这种方式运行的。我们想到的例子包括区域规划委员会（zoning boards）、全民复决（referenda）和公民创制[①]（initiatives）；在若干州里，法官们要靠是—否表决来获得连任。

## 一　基本模型

我们希望分析的制度情境是这样一种情形，其中存在着若干提案，要靠简单多数票裁定来做出取舍。这些提议的特征是具有非此即彼的两分选项（dichotomous choice）——是或否——且不允许对立的动议。[②]这些提案都是独立的，即该表决过程的结果可以是

---

[①] 在政治学中，全民创制（或曰人民或公民创制）是指这样一种方法，当在一项请愿书上签名的登记选民人数超过一定标准之后，就可以强制实施一次全民公决（公民投票）。这样的表决可以针对一项拟议中的法令、宪法修正案、法令或规章的修正，或者在最简单的情况下，只是要求行政机构或立法机构负责考虑已被提上其议事日程的某个问题。它是直接民主的一种形式。（引自维基百科）——译者

[②] 有人可能将这一点解释为由外生行为者来设定日程。投票者们自己并不提出新的动议来供考虑。最近，关于使投票者只面对两个选项的日程操控问题，出现了一些新的著作。它们可以很容易地被纳入我们的分析框架之中。例如，可以参阅 T. Romer and H. Rosenthal, "Political Resource

无一提案得到批准，也可以是某些提案得到批准，或者全部提案都得到批准。在这些提案之间不存在技术性或曰消耗性的互补性或相互排他性。在投票者方面，我们假定，他们的投票不带有策略性考虑。在这里，消解偏好强度差异的选票交易或其他机制都被预先排除。对每项被付诸表决的提案，每一个投票者都做出其自己的主观评价。请注意，这一假定并不预先排除代表制，即某一投票者个人作为一些选民甚或一些特殊利益集团的代理人或"代表"而行动。

出于阐述上的目的，让我们先考虑一个由三个成员组成的区域规划上诉委员会（a board of zoning appeals）。这些委员的职责是对种种分立的变更区域规划申请进行表决，是或者否。在任何表决发生之前，比如说，在该委员会的例行月度会议之前，可以允许有若干项申请被积存起来。请设想，有六项不同且互不相干的区域规划变更申请被列在了该三人委员会的日程上。

作为第一步，假定在对这些不同的变更申请做个人评价（或主观的获益—成本计算）上，所有的委员会成员对这六项申请做出了相同的序数排序。这并不意味着，这三位委员对所有这六项动议的评价在某种基数上都是一样的——精确的获益—成本比率未必相等。如果能够达到这样一种"客观性"水平，就不会出现任何决策问题，所有委员在待批准动议的数量和个性（identity）上会无异议地形成一致意见。序数排序的等同只是说，如果要求每个委员按

---

Allocations, Controlled Agenda, and the Status Quo", *Public Choice* 33 (winter, 1978): 27–43; 或者 R. J. Mackay and C. L. Weaver, "Monopoly Bureaus and Fiscal Outcomes: Deductive Models and Implications for Reform", in G. Tullock and R. Wagner, eds., *Policy Analysis and Deductive Reasoning* (Lexington, Mass.: D. C. Health, 1978), pp.141–165; 以及 A. T. Denzau, R. J. Mackay, and C. L. Weaver. "On the Initiative-Referendum Option and the Control of Monopoly Government", *Papers of the Committee on Urban Public Economics*, Vol. 5。

一种替代性的解释是，就一项妥协协议进行沟通和强制履行的成本高得难以承受。在主要涉及高度情绪化的问题时，如大麻合法化、开发核电或采纳死刑，这一点尤甚。在其他场合，仅仅是争议所涉及的财富量可能并不足以引发受损害的一方（或几方）提出昂贵的对抗主张。

其自己对获益和成本的主观估计来给这六项动议做排序，这三种排序将是相同的。关于同序数排序的这一假定丝毫没有告诉我们，在这些个人投票者看来，有多少动议是其赞成的或不赞成的。两个投票者可能有着相同的排序，但其中一个投票者批准了所有的提案，而另一个投票者却一个提案都没批准。

表6-1例示了一组假设的序数排序。其中，行代表那六项申请，它用1—6的数字来表示；列代表三位投票者，$i$、$j$和$k$。当各项申请被付诸考虑时，每个成员所投的票都要么为"是"（Y），要么为"否"（N）。

表6-1 对一组动议的是—否表决

|  | $i$ | $j$ | $k$ |
| --- | --- | --- | --- |
| 1 | Y | Y | Y |
| 2 | Y | Y | Y |
| 3 | Y | Y | N |
| 4 | Y | N | N |
| 5 | N | N | N |
| 6 | N | N | N |

## 二 与常规多数票裁定表决模型的相似性和差异性

表6-1中的三个委员会成员各自批准的申请数量是不同的。成员$i$对三分之二的申请投了"是"票，成员$j$对一半的申请投了"是"票，成员$k$只对三分之一的申请投了"是"票。换言之，在我们可称之为"肯定倾向"（proclivity to affirm）或曰"说是"

（yea-saying）的维度上，这三个投票者或委员会成员是有差异的。[①]如果这六项动议具有某种总体上的相同点，例如，所有关于区划变更的申请都允许发展分立且不相关的企业项目，则对那些项目进行分类的基本尺度就是关于这些项目潜在生产率的某种乐观主义—悲观主义量级。对其他类的动议来讲，其基本的分类尺度可能属于如"自由—保守"之类的意识形态路线。成员$i$倾向于高估获益，低估成本；而成员$j$高估成本，低估获益；成员$k$则处于两者之间的某个位置上。

在多数票裁定表决条件下，申请1、申请2和申请3将被批准，而申请4至申请6将无法获取必需的多数"是"票。这组结果，并非巧合，完全是成员$j$所希望的那组结果。从很现实的意义上来讲，$j$的决策地位与常规表决模型里中位投票者的决策地位是相同的。在那种表决模型中，要从一组相互排斥的替代项当中挑出某个单一替代项来，且个人的偏好是单峰的[②]（single-peaked）。而在是—否表决中，与单峰性相类似的是所有投票者对各分立提案所做的序数排序都相同。其立场在"肯定倾向"维度上处于中间位置的那个委员会成员往往会主导表决结果。这个"中位投票者"与常规中位投票者的差异是，尽管要从那组分立的互斥选项中挑出一个选项，但这里对"中位"的定义与对那组选项的评价无关。在相当程度上，是根据在一组独立动议中所投赞成票的相

---

[①] 这一点要求，对那些提案的定义要使"是"具有一致的含义。例如，对"批准一项区划变更"投"是"票，等同于对"不批准一项区划更变"投"否"票。由此往后，我们假定，对提案的文字表述都保证肯定态度将永远以"是"票来表示。
[②] 大体而言，若有一组选民、消费者或其他的行为主体，在面对一组可能的后果时，如符合下列两个条件，他们就是具有"单峰偏好"的：第一，他们中的每个人都在那组后果中有一个理想选择；第二，偏离该理想选择越远的后果越不受偏好。这样的偏好对于政治学和政治经济学的正式模型来讲意义重大，因它们在证明"中位选民定律"（median voter theorem）上是必需的。（引自维基百科）——译者

对频率来定义"中位"的。对常规模型里的"中位投票者"解释与这里所引入的"中位投票者"解释之间的关系，可以通过修改我们的例示来加以说明。请考虑一个地方教育委员会（school board），它面对着六个新学校各自的经费开支提案，且每个提案都涉及100万美元的支出。在我们的解释架构中，投票者 $i$ 将批准四项这样的动议，投票者 $j$ 将批准三项，投票者 $k$ 将批准两项。但请注意，通过引入总预算维度，可将这个例示转变为一种单轮选举（single-election）的常规模型。在这种情形中，偏好300万美元支出额的投票者 $j$ 将主导表决结果。

然而，所有的委员会成员对这些分立项目的序数排序都相同这一假定是有高度限定性的，与常规的多数票裁定模型中所有投票者在偏好上都具有单峰性（single-peakedness in preferences）的假定相比，它甚至更具限定性。既然在任何情形中，获益—成本算计都是高度主观性的，那么显而易见，序数排序就很可能因投票者或委员会成员而不同。这会如何影响我们的"中位投票者"结果呢？如我们很快就会看到的，个人间在序数排序上的差异未必会使我们的"肯定倾向"维度丧失其全部的描述价值或预测价值。

在序数排序不相同的情况下，将我们的是—否表决模型与不具有单峰性的多数票裁定表决模型相比较，既很有意思，也很复杂。后一种表决模型的典型特征是不存在任何的稳定均衡。与此相对，我们的是—否表决模型则永远会产生某种稳定且唯一的表决结果。尽管序数排序是因投票者而异的，但任何人要想知道一项提案是否获得了批准，只需计点一下投于各项提案上的"是"票总数。永远都会有一个确定的获准提案数；表决过程是有终点的。但是，中位投票者，其批准的动议数位于中间的那个人，仍将主导整个过程吗？一般而言，答案是否定的。也就是说，就中位投票者的偏好与那组自然出现的实际后果间丧失直接的一致性这一点来看，我们的多议题是—否表决模型与循环多数[①]（cyclical majority）模型有着某种相似性。

尽管事实上只要给出**任何**一组个人评价，都将存在唯一的一组结果，但是，任何一个人都不可能事先预见到，这些结果将会符合在我们的"肯定倾向"分级中处于中间位置上的那个委员会成员所向往的那些结果。但不管怎样，中位投票者不会丧失其与表决结果的全部一致性。这至少是因为，在投票者当中，"说是的倾向"（proclivities for yea-saying）有着多种不同分布。与此相对，在有着某种多数票裁定循环的常规模型中，具有"中位偏好"的投票者，在种种循环性结果的范围内，不会比任何其他投票者更有可能使他的偏好得到满足。当然，在循环性或曰轮替性多数的情形中，中位偏好是难以定义的。但为了进行比较，我们可以说，循某种与表决过程无关的测量维度，将"中位投票者"定义为这样一种人，即相对于其他投票者的第一偏好，他的**第一偏**好处于中间位置上。当表决结果在那些可能结果当中转圈时，在占有实现其最喜好结果的适宜条件这一点上，无一投票者比其他人更成功。

## 三　是—否表决中的权势指数

我们已指出，在是—否表决当中，具有中位肯定倾向的人，在绝大多数场合，都比其投票伙伴们更有可能使自己的偏好得到满

---

[①] 这是由18世纪法国数学家和哲学家孔多塞（Marquis de Condorcet）提出的一个民主表决规则问题，也被称为"表决悖论"（voting paradox）。其基本含义是，当一批投票者面对多项选择时，依靠简单多数票裁定的民主决策程序不可能做出最优化的集体决策。因为，各个投票者对不同选项的偏好程度有差异，他们对全部选项的偏好排序不同，从而每个选项都能获得某种构成的多数票。结果，这批投票者对各个选项的集体偏好是非传递性的，即他们间的多数票会在不同选项之间循环。这一问题后来被美国学者肯尼斯·阿罗进一步定义为社会决策中的"不可能定律"。（引自维基百科）——译者

足。因而接下来感兴趣的问题就是,在什么样的条件下,我们的断言是成立的?相对于其他非中位投票者,中位投票者有多大可能使其偏好得到满足?[1]

如上面所提到的,给定某表决群体的成员们对提案作序数排序的任何方式,都会导致一组确定的后果。并且,有些成员,通过联合,他们自身对该组既定提案的偏好,与其他成员的偏好相比,会更紧密地对应于那组后果。当然,没有理由假定,有较多数量的议题是按其喜好来取舍的那个投票者,在某种效用意义上得到了更多的"满足"。因为,这样一种推论无疑将要求就个人偏好的强度和人际可比性做出某种假定。

然而,我们能够在某种期望值的意义上(in some expected sense)辨识出那样的投票者,即他将拥有的、按其自己偏好来取舍的议题数是最大的。(主要出于阐述简洁的目的,我们称投票者在"使偏好得到满足的能力"量级中所处的相对位置为"权势",但应当在脑中记住这个词的限定性含义。)请再次考虑表6-1中的例示。为了弄清投票者 $i$ 在这六个议题中的每一项上遂其所愿的机会有多少,我们在不损失普适性的情况下假定,根据 $i$ 的主观获益—成本比率对这六个议题编号,议题1—4具有大于1的获益—成

---

[1] 从经验的观点和实践的观点两个方面来看,偏好与结果相一致这个问题都是很有意思的。请设想一个委员会成员个人。如果,对于每个表决成员对一组从宽泛界定的议题中抽出的单一议题投"是"票或"否"票,有了一套确切的历史记录或者已知频率,则任何一个人都能预见每次表决的可能后果。就一个假设的委员会成员而言,如果他是该委员会的新人并正在试图弄清在哪些动议上他的选票在表决后果上会份量最重,这样的信息就特别重要(参见 W. W. Badger, "Political Individualism, Positional Preferences, and Optimal Decision-Rules", in R. Niemi and H. Weisberg, eds., *Probability Models of Collective Choice* [Columbus, Ohio: Charles Merrill, 1972])。推而广之,如果有一组公民,正在寻找一个在某政府机构中代表他们的人,就很需要知道,诸候选人中的哪一个在启动选民们所偏好的立法上是最"有权势"的。大体而言,任何一个人都可以审视该立法机构中现任成员的表决倾向以及诸候选人的这一倾向,从而就最有效的候选人做出决定。在各种立法机构内部也一样。如在众议院内,新当选的代表们必然会被分派到各种既存的委员会或分委员会中去。在这种场合,政党领袖们在分派议员进委员会时,会考虑一个代表的纯随机投票(如果事先对该新代表并不了解,这就是一个合理的假设)对该委员会表决后果的影响。

本比率，议题5和议题6具有小于1的获益—成本比率。我们不具体说明投票者$j$和$k$的序数排序，但我们保留这两位投票者的"肯定倾向"参数分别为1/2和1/3。给定$j$和$k$对这些提案的任何可想象评价之后，在**给定$i$投"是"票的情况下**，任何既定动议稳获多数批准的概率是0.67；而在**给定$i$投"否"票的情况下**，一个既定议题通不过的概率是0.83。[①]现在，投票者$i$的**权势指数**可以被定义为，$i$投"是"票的次数乘以出现多数批准的概率，再加上$i$投"否"票的次数乘以多数不批准的概率。因此，在当下这个例示中，对应于$i$的权势指数就是$4 \times 0.67 + 2 \times 0.83 = 4.34$。而对应于投票者$j$和$k$的同样计算则分别产生出4.67和4.34[②]的权势指数。请注意，恰如前面所断言的，投票者$j$，其在批准提案上具有中位倾向的个人，有着最高的权势指数。[③]

对权势指数的最直白解释是，它测度着要按某一特定投票者的偏好来取舍的期望提案数。即由具有不变偏好的三位投票者，对同一套的六项提案进行反复投票，投票者$i$、$j$和$k$能期望分别有4.34、4.67和4.34项提案按其偏好来取舍。为了在动议数变化时比较和对照这些

---

① 如果投票者$i$对一项提案投"是"票，则要想稳获多数批准，就必须有$j$或$k$，或者他们两人一起，投"是"票。$j$将对任何既定提案投"是"票的概率，它对应于某个随机选出的$j$的偏好排序，是0.50。对于投票者$k$，这一相同概率为0.33。由于存在着三种出自$j$和$k$的选票配对——"是—是"、"是—否"、"否—是"，它们与$i$所投的"是"票合在一起，将导致某种多数，从而议题获准通过的概率就是$(1/2 \cdot 1/3) + (1/2 \cdot 2/3) + (1/2 \cdot 1/3) = 0.67$。要获得一个"否"的多数，$j$和$k$投票的可能组合必然是"是—否"、"否—是"和"否—否"；从而在给定$i$投"否"票的情况下，多数不批准的概率为$(1/2 \cdot 2/3) + (1/2 \cdot 1/3) + (1/2 \cdot 2/3) = 0.83$。
② 按这里的计算公式计算表6-1中的数据，投票者$j$和投票者$k$的权势指数分别应为4.50和4.66。且这里用的计算方法与后面介绍的正式计算公式不一致。——译者
③ 另一种表决模型要就每个投票者对一组议题中所有提案所投的"是"票，分派一个固定数。因而，在前一项动议被通过的情况下，后一项动议获准通过的概率将是递减的，因为有些"是"票已在通过前一项动议时被"用掉"了。在这样一种分析情境中计算诸概率是极费时间的。例如，如果有五位投票者和六项提案，在前五项提案已被通过的情况下，仅计算该第六项动议因一位投票者而通过的概率，就需要十个小时以上的计算机执行时间！因此，作为一个含有任何符合第90页脚注①中所提思路的经验内容的模型，这一替代性计算方法是不适用的。另外，本文中所讨论的概率则能被很容易地计算出来。

指数，我们可以用提案数来除这些权势指数以使其"标准化"，从而分别得到0.72、0.78和0.72的权势指数。这些数字被解释为群体决策当中预期按这三位投票者各自的偏好来取舍的那部分。

为了看一下当该模型的参数发生变化时权势指数如何变化，及其对中位投票者影响力的影响，我们将先使投票者的人数固定为三人。让$N$等于被付诸表决的提案数，而$V_i$、$V_j$和$V_k$分别等于投票者$i$、$j$和$k$在面对$N$项独立提案时预期要投的"是"票数。因此，$V_i/N$等于投票者$i$对一给定动议投"是"票的概率；而且，假定$V_i > V_j > V_k$。将上面为该简单情形提供的阐释抽象化后，这三位投票者的权势指数（$PI$）可被写成下列形式：

$$PI(i) = \frac{1}{N}[V_iV_j + V_iV_k - V_jV_k + N(N - V_i)]$$
（1）$$PI(j) = \frac{1}{N}[V_iV_j + V_jV_k - V_iV_k + N(N - V_j)]$$
$$PI(k) = \frac{1}{N}[V_iV_k + V_jV_k - V_iV_j + N(N - V_k)]$$

由此而来：

（2）$PI(j) - PI(k) = (2V_i - N)(V_j - V_k)/N$

并且，给定$V_i > V_j > V_k$，

（3）如果$V_i\{\lessgtr\}N/2$，则有$PI(j) - PI(k)\{\lessgtr\}0$。

而且，随之而来：

（4）如果$V_k\{\gtrless\}N/2$，则有$PI(j) - PI(i)\{\lessgtr\}0$

从条件(3)和条件(4)我们看出，如果

（5）$\dfrac{V_i}{N} > \dfrac{1}{2} > \dfrac{V_k}{N}$[①]，

---

[①] 这个结果类似于实现带有中位偏好主导的多数票裁定均衡的"配对"条件（"pairing off" condition）。参见 C. R. Plott, "A Notion of Equilibrium and Its Possibility under Majority Rule", *American Economic Review* 57 (Semtember, 1967): 788–806. 然而，恰如式(5)所显示的，在我们的模型中，中位主导性还要求，两个极端投票者不是都具有大于1/2的倾向。

中位投票者就具有最高的权势指数。

因此，在三位投票者的情形中，中位投票者的权势完全取决于两位极端投票者的"肯定倾向"。在表6-1的这个例示里，$V_i/N=0.67$和$V_k/N=0.33$满足了上述这个条件，且如我们所见到的，投票者$j$有着最高的权势指数。从式（3）和式（4）中还可以得到，如果式（5）的两个不等式中有任何一个是等式，中位投票者就会与肯定倾向不等于1/2的那个投票者共享最高的权势指数。例如，如果$V_i=3$，$V_j=2$，$V_k=1$，就意味着$V_i/N=1/2$，$i$、$j$和$k$的权势指数就分别是4.16、4.83和4.83；而要是$V_i=5$，$V_j=4$，$V_k=3$，意味着$V_k/N=1/2$，则权势指数就分别是4.83、4.83和4.16。最后，由式（3）和式（4）可得到，如所有投票者的肯定倾向都大于（小于）1/2，具有最高（最低）倾向的投票者就具有最高的权势指数。无论任何两个投票者的"说是"倾向之间有怎样的绝对差异，这些关系都是成立的。

在阐释增加更多投票者的影响之前，可以从条件(1)导出对应于投票者$i$的一些简单的比较静态分析。①为了使抽象性更强，我们对$V_i$、$V_j$和$V_k$的相对大小不作任何假定。

（6）$\dfrac{\Delta PI(i)}{\Delta V_i} = \dfrac{V_j}{N} + \dfrac{V_k}{N} - 1$

（7）$\dfrac{\Delta PI(i)}{\Delta V_j} = \dfrac{V_i}{N} - \dfrac{V_k}{N}$

（8）$\dfrac{\Delta PI(i)}{\Delta N} = \dfrac{V_j V_k - V_i(V_j+V_k)}{N^2+N} + 1$

式（6）表示，当任何一个人自己的肯定倾向有增长，而其余投票者的肯定倾向合计值又大于1，则那个人的权势指数将上升；反之亦然。如果另两个投票者的肯定倾向合计值大于1，则就平均而言，这些投票者更愿意一个提案得到通过。因此，预期到其余投

---

① 由于我们正在处理参数中的离散变化，对决定敏感性来讲微分计算是不适宜的。因此，在自变量中的所有变化都是整数变化（unit changes）的地方，所使用的是平均变化率。

票者会投赞成票，提高着$i$的权势指数，这将强化$i$见到更多提案被通过的愿望增长。另一方面，如果其他投票者平均而言倾向于不批准诸提案，投票者$i$的批准倾向上升就是对多数立场的一种疏离，从而将减少他的权势指数。式（7）表示，如果另一个投票者比投票者$i$更不可能（更可能）投肯定票，则剩下的那个投票者在"肯定倾向"上的增长就会提高（降低）$i$的权势指数。如果投票者$i$比投票者$k$更易于投"是"票，则$i$的权势指数将随$j$在肯定倾向上的增强而上升；与$k$的偏好相比，这会强化$i$的偏好。如果$V_k > V_i$，则相对于$i$的偏好，$V_j$的提高会增强$k$的偏好，且$i$的权势指数会下跌。最后，式（8）表示，提案数的增长是提高还是降低一个人的权势指数取决于这三位投票者当中的倾向分布。

现在请考虑投票者人数从三人增长到五人。在这五位投票者中，每个人的权势指数都按照与三位投票者情形中相似的方法来计算。在这一扩展了的情形中，中位投票者的权势指数将如何与其余四位投票者的指数相比较呢？

表6-2　权势指数——五位投票者和十项提案

| 投票者 | 投"是"票的倾向 | 权势指数 |
| --- | --- | --- |
| $i$ | 0.7 | 6.59 |
| $j$ | 0.6 | 6.89 |
| $k$ | 0.5 | 7.01 |
| $l$ | 0.4 | 6.89 |
| $m$ | 0.3 | 6.59 |

出于简洁的考虑，让我们将中位投票者，即该五位投票者模型中的投票者$k$，与投票者$l$和$m$作比较，这两个投票者通常较$k$更少倾向于投"是"票。在表6-2中，我们例示了一种五位投票者就十项提案进行表决的假设情形、它们各自的投票倾向以及产生的权势指数。请注

意，在某种意义上，中位投票者再次成了具有"权势的"；并且，由于诸概率的对称分布，在中位投票者两侧的成对极端投票者具有相同的权势指数。让$V_i$、$V_j$、$V_k$、$V_l$和$V_m$分别代表投票者$i$、$j$、$k$、$l$和$m$分别投于一组$N$项提案的期望"是"票数。由此而来：

（9）如果$2N(V_iV_j+V_iV_m+V_jV_m)\{\geq\}N^3+4V_iV_jV_m$，则有$PI(k)\{\geq\}PI(l)$；

且

（10）如果$2N(V_iV_j+V_iV_l+V_jV_l)\{\geq\}N^3+4V_iV_jV_m$，则有$PI(k)\{\geq\}PI(m)$。

少许的算术计算揭示出了某些有趣的特性。请设想，投票者$m$没有批准任何提案，从而$V_m=0$。条件（9）和条件（10）简化为：

（11）如果$\dfrac{V_iV_j}{N^2}\{\geq\}\dfrac{1}{2}$，则有；

以及

（12）如果$\dfrac{V_iV_j}{N^2}\{\geq\}\dfrac{1}{2}-\dfrac{V_l(V_i+V_j)}{N^2}+\dfrac{2V_iV_jV_l}{N^3}$，则有$PI(k)\{\geq\}PI(m)$。

假定$V_i>V_j>V_k>V_l>V_m$，条件（11）称，当且仅当相对肯定论者和极端肯定论者的肯定倾向之**乘积**大于1/2时，中位投票者的权势指数就大于相对否定论者（投票者$l$，而不是极端否定论者，投票者$m$）的权势指数。请考虑$V_i$所能取的最大值，10（因只有10项提案）。于是，$V_j$必须等于6或者更大，以使投票者$k$，即那个中位投票者，在权势指数上大于投票者$l$。由条件（12），还意味着，如果$V_l=0$，投票者$k$就压倒了投票者$m$。这一结果遵循我们先前对三投票者情形的分析。如果$V_l=10$且$V_m=0$，则$i$和$m$就相互抵消，只留下三位投票者来决定结果。①在这种情形中，投票者$j$变成

---

① 请参见第92页脚注①。

了极端肯定论者,且根据我们前面关于三位投票者的分析结果,如果$V_j$大于$N/2$(当$V_j=6$时这点为真),现在的中位投票者就居主导地位。现在,请设想$V_l=1$而$V_m=0$。条件(12)称,如果$V_i$取其最大值10,投票者$k$要压倒投票者$m$$V_j$只需等于5。同样,我们可以将此解释为投票者$i$与投票者$m$是配对的。然而,现在既然投票者$l$略微更倾向于投"是"票,他的肯定性伙伴,投票者$j$,就不必为了使现在的中位投票者拥有最高的权势指数而那么倾向于肯定了。因此,该中位投票者是否将具有最高的权势指数,就取决于该中位投票者两侧中任何一侧的配对投票者的**总合投"是"票倾向**。例如,在$V_m=0$和$V_l=0$的情况下,任何等于或大于16的期望"是"票合计值都将赋予投票者$k$最大的权势。当$V_l=1$时,这项合计值就跌至15。最后,恰如三位投票者情形中那样,如果所有投票者投"是"("否")票的概率都小于0.5,则绝对否定主义者(肯定主义者)就会居主导地位。这些特性在表6-3中得到了体现。其中,对应于多种投票倾向分布的权势指数被展现了出来。显然,如果那些分布的次序是颠倒的,权势指数的排序也会反转过来。

表6-3 重新计算的权势指数——五位投票者和十项提案

| 各投票者的期望"是"票数 ||||| 各投票者的权势指数 |||||
|---|---|---|---|---|---|---|---|---|---|
| $i$ | $j$ | $k$ | $l$ | $m$ | $i$ | $j$ | $k$ | $l$ | $m$ |
| 10 | 4 | 2 | 1 | 0 | 1.24 | 4.89 | 8.59 | 8.78* | 8.76 |
| 10 | 5 | 2 | 1 | 0 | 1.49 | 4.89 | 8.69* | 8.69* | 8.49 |
| 10 | 5 | 3 | 1 | 0 | 1.99 | 6.69 | 8.29* | 8.29* | 7.99 |
| 10 | 6 | 2 | 1 | 0 | 1.76 | 4.89 | 8.79* | 8.59* | 8.24 |
| 9 | 7 | 2 | 1 | 0 | 2.80 | 4.72 | 8.82* | 8.56 | 8.16 |
| 8 | 8 | 2 | 1 | 0 | 3.79 | 3.79 | 8.83* | 8.55 | 8.14 |
| 4 | 3 | 2 | 1 | 0 | 6.36 | 7.32 | 8.24 | 8.97 | 9.57* |

| 各投票者的期望"是"票数 |   |   |   |   | 各投票者的权势指数 |   |   |   |   |
| --- | --- | --- | --- | --- | --- | --- | --- | --- | --- |
| $i$ | $j$ | $k$ | $l$ | $m$ | $i$ | $j$ | $k$ | $l$ | $m$ |
| 5 | 4 | 3 | 2 | 1 | 6.07 | 6.88 | 7.58 | 8.08 | 8.38* |
| 7 | 6 | 5 | 4 | 3 | 6.29 | 6.90 | 7.01* | 6.90 | 6.29 |
| 9 | 7 | 5 | 3 | 1 | 5.71 | 6.91 | 7.56* | 6.91 | 5.71 |

注：*表示对应于某一给定分布的最高权势指数。

## 四 总体化信息

请设想，没有任何关于个人投"是"票倾向的信息，但有关于整个投票者**群体**的总体信息（general information）。即只知道投票者群体对某一既定提案投"是"票的倾向。显然，在投"是"票上具有中位倾向的特殊投票者概念不复存在了。然而，在这些假定之下，仍可以考察表决结果中的某些特性。例如，让一个七人投票者的委员会对五项独立动议投"是"票或"否"票。而且，还假定该群体的肯定倾向已知，历史地看，或许整个群体是0.6。任何动议获准通过的概率是确实获得四张"是"票、确实获得五张"是"票、确实获得六张"是"票和确实获得七张"是"票的概率之和。①在眼下这个例示中，这个值合计为0.727。请注意这里出现

---

① 让 $L=$ 所投的总票数（投票者人数乘以提案数），$R=L$ 中的"是"票数，$D=$ 投票者人数，$k=$ 某随机样本 $D$ 中所投的"是"票数，某一既定提案确实获得 $K$ 张"是"票的概率由超几何概率给出：

$$k = \frac{\binom{D}{K}\binom{L-D}{R-k}}{\binom{L}{R}}$$

参见 W. Feller, *An Introduction to Probability Theory and Its Applications*, vol. 1, 2nd ed. (New York: Wiley, 1957), p.42。

的差异。在该群体中，投于这套提案中**所有**议题的"是"票的比例是0.6。因缺乏充分的理由，这些选票可以被认为是在七位投票者[①]和五项议题中随机分布的。任何**既定议题**将获得某种多数的概率超过了**一既定选票**将为"是"票的群体概率。

表6-4 在各种投票者人数和提案数且群体投"是"票倾向为0.67[②]的条件下一给定提案的通过概率

| 提案数 | 投票者人数 ||||
| --- | --- | --- | --- | --- |
|  | 3 | 5 | 7 | 9 |
| 3 | 0.773 | 0.831 | 0.871 | 0.900 |
| 6 | 0.755 | 0.808 | 0.847 | 0.876 |
| 9 | 0.748 | 0.800 | 0.838 | 0.866 |
| 12 | 0.747 | 0.798 | 0.836 | 0.865 |

表6-4显示了当总体的投"是"票倾向为2/3时，对应于被付诸表决的提案数和投票者人数的各种取值，某一单个提案获准通过的概率。固定了提案数和"是"票的**比例**之后，投票者人数的增长会提高一项动议获准通过的概率。一方面，提案数的增长会（明显要更慢地）减少任何一项提案获准通过的概率。从直觉上讲，给定了要被考虑的提案数和群体的肯定倾向后，当投票者的人数变大时，若总体的肯定倾向大于（小于）0.5，则任何给定动议稳获批准的概率趋近于1（0）。这是因为，这个从总体中抽取出来的随机选票样本接近于总体的规模，从而该样本中的期望"是"票数将贴近于

---

[①] 原文中此处为"五位投票者"，但上文说的却是七人投票者委员会，现按上文改为七位。——译者
[②] 上文中假定的群体"是"票率为0.6。——译者

该群体中的"是"票部分。如果这个部分超过一半,一项动议将得到多数批准。[1]另一方面,当提案数变大时,给定了投票者人数和平均的肯定倾向后,任何给定动议获准通过的概率都趋近于该平均肯定倾向,因为任何一个人都是在从一个不断增长的总体中抽取一个规模不变的样本。

对这个模型的一种扩展是"抽签"(casting lots)。其中,整个群体中的"是"票数是被固定的。对每个投票者所握有的"是"票数没有任何具体信息(参见第91页脚注③)。假定这些"是"票在投票者和议题当中是随机分布的,任何单项议题获准通过的概率仍与以前相同。然而,后续动议的获准通过的概率(依前面提案的获准通过情况而定)会下降,因为"是"票或曰签在通过前面的提案时被用掉了。例如,在我们的七投票者—五提案情形中,群体的肯定倾向是0.6,设总共有21张"是"票,随机分布于选票的总体之中。在这种情形中,与前面一样,任何一动议获准通过的概率是0.727。在给定一项动议已经通过的情况下,任何第二项动议获准通过的概率是0.687;在给定有两项动议已经通过的情况下,任何第三项动议获准通过的概率是0.454。表6-5列出了所有五项提案获准通过的条件概率。这组五项提案的平均通过概率是0.482,它能被解释为,在给定上面概述的表决程序后,被考虑的提案中将获通过的提案的期望比率。表6-6报告了"抽签"模型条件下提案的期望通过率。该模型被用于某些选定的投票者—提案组合,所投选票中的60%为"是"票。表6-7报告了五投票者—五提案情形中,给定投于所有提案的总票数中"是"票的各种百分比后,提案的期望通过率。

---

[1] 这个结果,曾由 R. G. Kazmann ("Democratic Organization: A Preliminary Mathematical Model", *Public Choice* 16 [Fall, 1973]: 17–26) 和 B. Grofman ("A Comment on 'Democratic Theory': A Preliminary Mathematical Model", *Public Choice* 21 [Spring, 1975]: 99–103)在略有不同的语境中获得过。

表6-5 所有前面提案已获通过时某项提案获得准通过概率——七投票者且群体肯定倾向为0.6

| 提 案 | 预期通过概率 |
| --- | --- |
| 第一项 | 0.727 |
| 第二项 | 0.687 |
| 第三项 | 0.454 |
| 第四项 | 0.359 |
| 第五项 | 0.181 |

表6-6 当群体肯定倾向为0.6时提案的预期通过率

| 投票者人数 | 提案通过率 |
| --- | --- |
| 3 | 0.355 |
| 5 | 0.429 |
| 7 | 0.482 |
| 9 | 0.491 |

表6-7 给定五投票者和五提案的条件下，在各种群体肯定倾向下提案的期望通过率

| 投于所有提案的总票数中的"是"票数（百分比） | 提案的期望通过率 |
| --- | --- |
| 10（40%） | 0.091 |
| 15（60%） | 0.429 |
| 20（80） | 0.922 |

如我们在前面所看到的，对应于总体中"是"票的既定百分比，动议通过的期望比率会随投票者人数的上升而上升，并随提案数的上升而下降。毫不奇怪，期望通过率是随着总体中"是"票百分比的上升而上升的，且看来是按递增的速率在上升。

## 五 结论

在各种常规的多数票裁定表决模型中,弱化投票者个人偏好排序的信息实际上排除了对表决结果的任何分析。而在这里所呈现的这个是—否表决模型中,种种信息假定可以被越来越弱化,却不会去除该模型的所有预测性内涵。

我们看到,当诸分立动议的序位排列已知且在投票者之间相同时,会出现某种唯一的表决结果,并且,这个结果恰好与中位投票者所偏好的结果相吻合。当假定投票者之间在偏好上的序数排序不一致时,多数票裁定表决仍然产生出唯一和稳定的结果,而这种表决结果与中位投票者偏好的等同性虽会被削弱,但不会丧失。也就是说,当唯一的可用信息是每个投票者投"是"票的概率时,在许多情况下,表决结果符合中位投票者偏好的密切程度会超过其符合任何其他投票者偏好的程度。最后,我们考察了这样一种情形,即仅有的信息是表决群体投"是"票的总合可能性。这时,中位投票者毫无意义,而所有能说的是,能被该群体通过的期望提案数取决于付诸表决的提案数、投票者人数和群体的投"是"票倾向。

应当指出,本文报告的这些结果都是初步的。我们做出这些论断是靠援引具体例示,而不是正式的定理和证据。要使我们的模型普适化,一个可能途径是构建一个各种信息假设之下的大型计算机模拟模型,以便发现该模型在具有大量投票人数和议题数时的种种特性。[1]

过去,我们曾论证说,在产权纠纷要靠私人来解决或还是由集

---

[1] 在某种意义上,我们的努力在某个阶段上类似于 G. 塔洛克和 C. D. 坎贝尔的努力("Computer Simulation of a Small Voting System", *Economic Journal* 80 [March, 1970]: 97–104)。他们使用模拟技术来确定当投票人数和候选人数发生变化时多数票裁定循环的发生概率。

体靠多数票裁定来解决，对资源配置和经济增长潜力的影响将是不同的。①当这样的纠纷要像决定区划变更那样靠是一否表决来解决时，我们关于是一否表决结果的分析就变得既适宜又重要。如我们曾指出的，本文所讨论的这些表决制度刻画了种种常见的集体选择情境，在分析中它们得到的重视相对不够，思考其中的缘由是很有意思的。注意力本可以主要集中于单轮选举情境上，因为基本的动机是回答各种有关集体选择的"理性"或"非理性"问题。这些问题曾被预料为具有规范性或价值观内涵。在针对一项提案的直截了当的是一否多数票裁定表决当中，存在着某种唯一结果。曾经占据公共选择和社会选择理论家全部思考的"集体理性"问题根本不会产生。但是，没有这一特殊的"理性"问题，并不会使得对是一否表决活动的实证分析变得乏味或不重要，或许，这即使是对制度—宪则设计中的那些规范问题而言，也是如此。

---

① 原文此处有尾注索引号，但内容缺失。——译者

# 第七章　若无多数赞成的动议将如何？*

## 一　纯多数票裁定表决循环

在赞扬邓肯·布莱克（Duncan Black[①]）的成就的任何活动中，多数票决表决理论都应占据中心位置。我在本文中要考察在委员会成员们的偏好本身会生出相似循环（familiar cycle）的情况下多数票决表决规则的种种后果。自邓肯以降，许多研究者，在发现了该循环发生的逻辑可能性之后，将努力转向了两个方面。一方面，他们收窄了循环前景的范围；另一方面，他们转向了各种补充性的或替代性的规则，这类规则将从若干同等多数票（several co-equal majority-vote）的潜在后果中做出唯一的选择。邓肯·布莱克对单峰偏好定理的发现就是该研究的一个一线例子；博尔达法（Borda method[②]）或许是被设计来规避多数票决表决循环的替代性规则中最为人熟知的一种[③]。

---

\* 感谢我的同事们，尤其是大卫·弗里德曼、尼古劳斯·狄德曼和戈登·塔洛克，在我为这篇论文在小组报告时提出的有益建议。

[①] 邓肯·布莱克（1908年5月23日至1991年1月14日），苏格兰经济学家，奠定了社会选择理论的基础。（引自维基百科）——译者

[②] 博尔达法，也称"博尔达计票法"（Borda count），以18世纪法国数学家琼·查尔斯·博尔达的名字命名。博尔达计票法是一种产生单一胜选者的选举方法。其中，投票者根据自己的偏好对所有候选人做排序。根据所有选民的排序，通过某种计算，赋予每个候选人一个点数，获得最高点数的候选人就是胜选者。（引自维基百科）——译者

[③] 有人就一种深奥的替代规则提出了建议，伴随这项建议有过一场讨论，请参阅I. J. Good and T. N. Tideman, "From Individual to Collective Ordering through Multidimentional Attribute", *Proceedings of the Royal Society of London*, Series A, 347 (January, 1976): 371–385.

为了排除对这类问题的所有顾虑，我将在一个抽象的模型中讨论简单多数票决表决规则（simple majority voting rules）的作用。该模型被高度理想化，以便产生出一种纯粹的循环。我用"纯粹"这个词来表示这样一种选择方式，即从一组具体界定好的有限选择状态或选择对象中做出最终选择的，既非简单多数票决的表决，也不是任何可想到的替代程序。这种理想化所需要的条件远远超过了序数排序。因为，要在一个配对多数票的序列中产生出循环型结果，序数排序只是最低的必要条件。所有投票者在所有偏好排序上的分布必须完全匀称。另外，在每个投票者的偏好范围内，诸选择选项之间的所有差异都必须相等。如果不施加这些附加限定，我们将拥有一个"非纯粹"的循环，它是能够通过诉诸某些替代性选择程序来消除的。

面对这样的纯循环，研究者们已得出的结论是，群体或曰委员会在从诸替代项中做选择上不可能前后一致或逻辑连贯地行动，任何后果都必定是任意的。这样一种结论并不具有某种普适意义，它有赖于一些有关"动议"（motions）的隐含假定或曰预设前提，而这些动议至少应被清晰地表述出来。对这种选项集的精确特征必须给予具体说明；尤其是，对于诸分立选择选项当中诸配对选票（pairwise votes）的时间顺序必须做出预设。如我将证明的，在不同的设定情境中，多数票决表决循环的特征是相当不同的。

## 二　循环顺序的可预测性

为阐述简洁起见，我们可以借助一个三元素的选项集：$A$、$B$和$C$。这些元素可以代表动议、候选人或选项。在这个被限定的集合之外，任何元素都被视作不可能。为增加简洁性，我们可以使用一个三人的群体。这三位投票者被标注为$i$、$j$和$k$。对这三个替代项

第二部分　应用

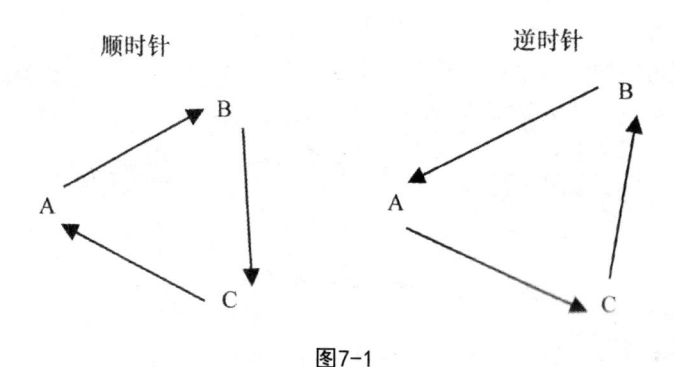

顺时针　　　　　　　逆时针

图7-1

做估价本身就会产生出如上面所定义的那种纯粹的多数票决表决循环。

我将要提出若干简明的逻辑要点，其中首先要加以明确的要点牵涉这样一个方面，即在该选项集的分立元素中所可能存在的循环方向。在A、B、C这三个元素当中，只存在两种可能的循环方向，我将称其为**顺时针方向**和**逆时针方向**。这两种方向模式展现在图7-1之中，图中的那些箭头指示着该循环中相继各轮表决（votes）的运行方向。

从图中可以看得很清楚，一旦明确了这种纯循环的形式，就完全可以预见结果序列的精确模式。这些动议中的任何一项都可能因仅有的一个恰好为初始动议的其他动议而被多数掌控（majority-dominated），而它反过来，又优于该选项集元素中唯一一个其他动议。因此，如果该集合中有任何元素被定义为优于三项动议中的任何两项[①]，后续各轮表决中的结果序列就完全可以预测。正是从方向模式的这一规律性中导出了一个结论，即只要设定了表决的次数，就能预测准确的后果。从循环序列的这种规律性中派生出来的可预测性在文献中往往被遮蔽掉了，这或许是因为像"不一致性"

---

[①] 即被定义为起点动议。——译者

和"不连贯性"那样的词被用于这种多数票循环之故。但是,恰如已经指出的,在给定偏好不变和选项集稳定的隐含假定下,只要设定了起点,系列是有限的,则在多数票决表决在历经多轮表决系列的运行中不会有任何不一致和不连贯之处。

## 三 循环从哪开始?

多数票循环,即使是其纯粹的变种,仍可以出现在两种截然不同的设定情境之中。如果,选项集的诸元素之一是现状(the status quo),或者用布莱克的话说,是"事物的本来状态"(things as they are),循环的起点就是明确的。任何序列中的第一次表决必然发生在现状和选项集中的一个其他选项之间。如果现状在初始的配对比较(the initial pairwise comparison)中胜出,就不会有循环的任何"开始"。如果该现状被多数票决表决击败,它就必然要与占有多数票的那个单一选项配对。我们可以称这种转变了结果的表决为循环的一个有效阶段。在我们的例示中有三个选项,如果A是其中的现状,则该循环序列中的第一次有效表决,在图7-1所描述的顺时针式循环中,就发生在A和B之间,而在逆时针式循环中就发生在A和C之间。

然而,如布莱克所指出的,选项集可以完全由初始表决时并不存在的元素构成。群体选择要从若干仍是前景的选项当中**从零开始**[①]。若是候选人,这是一种无在任者的情境。若是政策选项,则可以假定,三种前景中的每一种,对于所有三位投票者来讲,都优于(dominate)事物的既存状态,即优于归无选项或无行动选项(null or do nothing option)。在这样的选择情境中,表决活动从哪开始呢?

---

[①] 即没有可供对比的现状来作为起点动议。——译者

有两种可能的办法。可以通过某种非表决方式，简单地从诸选项或动议中挑出一项，作为初始状态或被用作与外在于该循环集的归无选项对决的那个选项。由此，这个序列就能推进下去，就好像这个任意选定的状态就是讨论过的其他设定情境中的现状一样。或者，还可以用第二种办法。即可以在这三个动议或选项中任意地挑出两个来，然后在这两个元素之间作一次初始表决，而这将决定循环流的方向。在纯循环中，从选项集中是挑出一个选项还是挑出两个选项来，必然是任意的。在预设的偏好格局中，在任何可想到的、对每个投票者的偏好都赋予同等权重的程序下，没有任何一个替代项优于任何其他选项。由此而来的推论必然是，群体决策程序，表决规则，在选项集的所有元素之间，"应当"表现出无差异性。而这一实质上的规范性结果接下来又意味着，在做初始选择上，应当使用某种随机方法，以确保这三个可能后果中的每一个都有同等的出现可能。

## 四 循环何时终止？

如前面指出的，在纯粹的多数票循环中，一旦起点被确定，且循环的形式已知，就能够预测后果的顺序。根据这一规律性，该循环中任何实际阶段的具体表决结果都能被预测到。当然，在最终后果的决定上，若不明确终点，起点将不具有决定性。给定了任何起点，控制循环的轮数，就能决定后果。与此相似，给定了任何具体的表决轮数后，控制起点就能决定后果[①]。

---

[①] 请注意查尔斯·R. 普洛特和迈克尔·E. 莱文关于议程操控的研究。他们已证明，即使在存在纯多数票循环的场合，通过以某种看似无偏向的方式操控议程，仍能使特定的最终后果更有可能发生。在本文这种分析的语境中，普洛特和莱文证明，议程操控是用某种非随机方式选择纯循环中的起点和终点的一种手段。参见 Charles R. Plott and Michael E. Levine, "A Model of Agenda Influence in Committee Decisions", *American Economic Review* 68, No.1 (March, 1978): 146–160。

需指出的一个简单事实是，尽管多数票决表决程序被广泛使用，尽管可能存在内在于个人偏好排序中的多数票循环性，但各类集体性的群体、各种委员会，确实在制定着种种决策。有的讨论中存在着含混之处。因为它提出，在多数票循环的条件下，委员会不可能形成一项决策；这样的决策过程类似于布利丹之驴（Buridan's ass[①]），没有能力在面前的替代项当中做出抉择。然而，这种现象只会在一种场合出现，即在每一个表决阶段上，决策程序都对诸替代项做出同等的评价。就简单多数票决表决以及选项集中任意两个元素间的配对比较而言，并不存在这样的无差异性或决策上的无能力。（在有奇数投票者的纯循环中，平局是不可能的。）诸选择选项中的任意两项里，总会有一项拥有超过另一项的决定性多数。非决定性不是多数票循环的典型特征。

这一含混性可能是由于无法考察该选择情境的时间倾向。根据委员会"不可能形成决策"的推断，分析者可能会建议，如不对表决次数施加某种任意的限制，表决过程就可能永远延续下去。"会议"永不结束，循环无穷持续。

从经验上来看，循环都会停止。但是，这一点"将"在何时达到呢？导入这一规范性问题，需要诉诸某种标准，以确定停止表决活动的"最佳"规则。我将运用一种罗尔斯式的方法。我们可以问这样一个问题：如果一个人在涉及其自己的身份定位（identification）上处于某种无知之幕（a veil of ignorance）的后面，他会在什么时候向往循环序列被截短呢？假定，有一个人，正

---

[①] "布利丹之驴"表示自由意志概念中的一种哲学困境。它指这样一种假设情境：一头驴，既饿又渴，且处于一堆干草和一桶水的正中间，但因这头驴在二选一的抉择上无法做出任何理性的决策，最终因饥渴而死。这一困境的内容在思想史上源远流长，至少可上溯至古希腊亚里士多德的著作，但作为一种经典的哲学困境，则因14世纪法国哲学家琼·布利丹（Jean Buridan）的阐释而得名。这个困境的一个常见变更版用两捆干草替代了一堆草和一桶水，驴因无法在两捆干草之间做出抉择而饿死。（维基百科）——译者

处于某种选定规则的立宪阶段，不可能知道他将处于$i$、$j$或$k$中的哪个位置上，或者与此类似，他不知道他的序数偏好将是什么。他会偏好有什么样的宪则约束被施加于纯粹的多数票决表决以确保"会议"不会永远持续呢？

要回答这个问题，实质上是要在了解诸选择选项的本性上，与迄今所必须达到的了解相比，更大大地具体化。必须尝试对选择情境做出某种类分。

### 1. 永久性决策[①]

首先，我要讨论一种设定情境，在其中，选项一旦被选定，就是**永久性的**。结果的这种永久性对于受偏好的规范性规则来讲很重要。这一特征关系到决策一旦被做出就要一直保持有效的日历时间长度。现在考虑一个简单的例示。假设要建设一条新的道路，$A$、$B$、$C$是这条新道路的三个可能区位或路线。一旦选了某一条路线并完成了道路的建设，要重新定位该设施，将是成本极高的。该决策，一旦由群体做出，其实是不可变更的。

在这种情况下，要想终止多数票循环，受偏好的宪则性规则是什么呢？如果我们假定，表决活动本身成本高昂，或者推迟做出一项集体决策的代价不菲，那么就很清楚，对这里的多数票循环仅应允许其持续一个最低的必要长度，以便判定所有后续表决在方式上的规律性或曰该纯多数票循环的对称性（the symmetry）。达到这一点之后，就应当导入一种随机的挑选方法来确定终止点，或者按照同样的思路，在三个选择项中选定一个。如果用了计算机，可将所有的偏好排序都输入进去，当证明形成了某种纯粹的和完全对称的多数票循环后，就可以指示计算机以相对小的成本从诸选项当中随机挑选。重要的是，对一个置身于无知之幕后面的人来讲，这三

---

[①] 原文此处无此小标题，现根据文意添加，以与后面"非永久性决策"一节的小标题对应。——译者

个选择选项中的任何一个都与任何其他选项一样地好。对于三个投票者或委员会成员而言,**在事前**,这种后果的种种期望价值能够被等同化。没有任何制度程序能**在事后**使各种实现了的价值等同化。因此,多数票决表决的循环,作为一种做选择的程序,其超出最低限度的任何持续都是无效率的。

## 2. 非永久性决策

现在,让我们考察一种模型。其中,所做出的决策不具有永久性,而是相反的,在应用上被限定于日历时间的某个有限时期之内。或许,最熟悉的例证就是对候选人的选举了,因为他一旦当选,就将在一个固定的任期内在位。但也不难想到其他的在同样有时期限制的动议或提案当中做选择的例证。在开始时,我将假定,期限或适用期的长度是外生决定的,每一个相继或曰后续的时期都是等长的。

在终止多数票的循环上,模型中的这一变化会如何改变对受偏好规则的选择呢?在当事人具有风险中性倾向的场合,在每个时期或曰期限的始点上,采用某种随机的选择程序,将确保每个人或委员会成员的偏好**在事前**被赋予同等的权重。然而,如果导入风险厌恶倾向,则立宪阶段上使预期价值的等同化可能是不够的。在其他情况相同的条件下,受偏好的规则可能还会包含对实现了的结果或曰**事后**结果的某种等同化[①]。

如果变更后果的成本不是高得难以承受,一种每个时期只允

---

① 保利和威利特对事前等同和事后等同做了区分,他们还引入若干例示来说明每种标准对于政策的适用性。参见 Mark Pauly and Thomas Willett, "Two Concepts of Equity and their Implications for Publicy", *Social Science Quarterly* 53 (June, 1973): 8–19, 重印于 *The Economic Approach to Public Policy*, ed. Ryan Amacher, Robert Tollison, and Thomas Willett (Ithaca, N.Y. : Cornell University Press, 1976), pp.300–312。
有一场更具普适行的讨论,它在某种事后意义上使"政治收益"等同化方面,有一些引人入胜的方案。关于这场讨论,请见 Dennis Mueller, Robert Tollison, and Thomas Willet, "On Equalizing the Distribution of Political Income", *Journal of Political Economy* (March–April, 1974): 414–422。

许有一次配对多数票决表决的规则有可能实现这种被向往的结果。在一个跨越众多时期的、有规律循环的结果序列中，委员会中每个成员的偏好是被赋予同等权重的。在任何一种正贴现率的条件下，其个人偏好碰巧在较早的循环时期中就得到满足的那些委员会成员将必然享有某些优势。然而，如果循环的起点是被随机选定的，因而确保了诸预期价值的**事前**等同，则等同性的**事后**标准只会被那样一些委员会成员的较高偏好贴现所破坏，即这些成员在结成多数联盟上的成功后来在持续的循环序列中又瓦解了。在官职候选人的场合，在位官员和能发起有效挑战的反对者之间每期一次的选举，将确保官职的持续轮替，这或许正是这一模型中最受向往的结果。[①]有一种替代性规则将产生出实质上相同的结果，即顺序地在每一时期中向各分立个人分派决策制定权。

## 五 多数票决的决策应保持多长时间的约束力？

至此，我考察了两种具有确定时间维度的模型。在第一个模型中，我假定，群体的或曰委员会的选择是永久性的和不可变更的。在第二种模型中，我假定，选择结果所适用或保持其效力的时期被外生地固定为某个有限的长度，而每个后续选择会在等长的时期中约束该群体。

分析上的下一步要涉及一个规范性问题，即当允许这种时期的长度发生变化时，它的有效率或曰最佳的长度。如果，在这个立宪性阶段上，能够挑选官员的任职期限或一项多数票决表决的适用期限，怎样的长度会受到偏好呢？一个候选人一旦当选，该

---

① 这个模型，在我评论阿罗的著作时，已隐含在我的头脑之中。当时我提出，如果偏好本身就会产生出某种多数票循环，则是最好的结果，事实上会是某种这样的连续轮替。请见我的"Social Choice, Democracy, and Free Market", *Journal of Political Economy*, 62 (April, 1954): 114—123。

允许他持续在位多长时间？应该要求官员们接受每月一次、每年两次、每年一次或更长间隔的改选吗？一个市政务会就行政区划条例所采取的措施应在一个月、六个月、一年、两年、十年或永远保持有效吗？

我将不试图从普适性角度来讨论这些问题。在这里，我仅仅如前面所定义的那样，从纯多数票循环这种高度限定的设定情境出发来分析它们。并且，我将固守在三选项、三投票人模型的范围之内。在整个分析中，我将始终假定，在这种立宪性阶段上，选择者持风险厌恶倾向。这一假定确保有些注意力将会被置于整个时期序列中产生出来的结果变异上：在这个立宪性层面上，在诸分立的报偿流当中使预期价值等同化，将不足以作为一种评价诸替代性安排的标准。在这些条件下，如果事先已知或预测到，委员会成员或曰选举者的偏好格局本身就产生出纯粹的循环序列，对某次单轮配对多数票决选择的任期或适用期的长度，我们能说什么呢？在这一模型中，是什么变量在决定着那些有效率期限的长度呢？

被立刻提出来的变量有三个：（1）投票者或曰委员会成员们的预期贴现率或曰时间偏好；（2）在诸离散选项当中实现变更的种种成本；（3）委员会成员们对诸分立选择选项所做的那些评价之间的级差。在此处这种抽象的分析情境中，我将预设，各委员会成员或曰投票者们在这些变量上是等同的。也就是说，预期所有人都具有相同的贴现率，在选择选项上都面临着同样的净变更成本，且在对他们的若干选项都表现出了同样的评价差异。这些人**仅仅**在他们对诸可用选项的排序上有所不同。

表7-1展现了这个简单的纯多数票循环。引入这一循环，可以说明我们的讨论。在表7-1中，格子中的数字代表着委员会成员$i$、$j$、$k$对选项$A$、$B$、$C$的估价，这些估价可作基数性测度，且在个人之间可比。熟悉的多数票循环——$A_pB_pC_pA$——产生了。

表7-1

| 选项＼个人 | $i$ | $j$ | $k$ |
| --- | --- | --- | --- |
| A | 3 | 1 | 2 |
| B | 2 | 3 | 1 |
| C | 1 | 2 | 3 |

在我们能进一步讨论时期长度这个规范性问题之前，还有两个参数必须设定。在表7-1中，对报偿或曰估价没有设置时间维度。必须定义出适宜的时间费率（time rates），以消除这一含混之处。这里出于分析目的，假定各种估价值都是**日费率**（daily rates），即它们是按日历时间**逐日**产生出来的价值或曰报偿。而且，我们假定，一天是任何委员会成员在实现任何报偿上所需要的最短时期。设定了这一参数之后，我们还必须设定计划视界（planning horizon）的长度。计划视界的长度透露出立宪性决策者的计算，因他要在可被选定的许多可能期限长度中做出前景选择。对于眼下的目的来讲，假定计划视野是**有限的**，并被设定为$N$天。相对于选择选项的数目，$N$是一个很大的数目。

### 1. 贴现率

现在，我们可以根据按天数衡量的任期或适用期长度，来考察这三个变量在选择有效率期限长度上的影响了。首先，考虑贴现率的影响。因为立宪性决策制定者会在计划视野范围内对各委员会成员设定一个跨整个循环序列期的贴现率。

最初，我们假定，没有导入任何时间偏好。不同时期的价值被赋予同等的权重。在这种极端情形中，如果我们允许任何高于零的变更成本，则在该抽象模型当中，使多数票表决的选择持续生效的最低有效率期限长度是$N/3$。既然不存在贴现之事，在允许任何个人的偏好得到更充分满足上出现延迟就不会对这个人不利。由于根据假定，N是一个很大的数目，这个结果就意味着，首先，规则应当包含一个随机化的起始状态，与之相随的是每选举期一次的配对多数票决表决的选择，但伴有很长的时期，最低是$N/3$的长度[①]。

这些结果隐含地要求，委员会的成员们是永生的，或者至少，他们的寿命期长得超过了计划视界（N天）。如果我们允许个人寿命有限，似乎就有理由说，只有当计划视界与寿命的预期长度相关时，才能实现**事前的**政治性等同化。如果我们假定，出生时的预期寿命是72年，且这些年中的25年为孩童期和/或衰老期，就可以认为，一个48年的计划视界（17520天）是最长的了。在这种情形中，即使贴现率为零，对于任何多数票决表决所做的选择，其最短适用期的最大长度将是16年。这种长度的期限，将确保作为个人的投票者或曰委员会成员在其48年的成人生活中，使其第一偏好在这些年数的1/3中得到满足，他的第二偏好在另外的1/3年数中得到满足，并在其剩余的1/3时期中选到其偏好最弱的选项。

然而，有限寿命模型意味着无贴现假定的根本荒谬性。即使个人对相异的时间期限（享有这类报偿的每天或每年）中有望获得的报偿赋予绝对等同的权重，事实只能是，实际寿命长度在一定程度上是随机决定的，而这意味着正的贴现。也就是说，在任何理性的行为模式中，存在着某种必然的"生物性时间偏好"（biological time preference）。给定了正常的价值范围后，一旦导入任何正的贴现率，多数票决表决所选择的结果在适用期或曰持久期上的有效率长度就会缩减。

关于为什么需要将某种正的贴现率导入对最佳期限长度的立宪性选择，除了标准的时间偏好之外，还有另外一个原因。在任一时期内，只要表决选择的那些影响超出了该时期本身，都会存在一

---

[①] 在这里的假设下，$N/3$是最短的时期长度。因为，变更的成本极其高昂，即使是更长的时期，包括无限长的时期，都可以是有效率的。即使具有风险厌恶倾向，那些受偏好的宪则性安排仍可以是一种仅仅在事前使诸预期价值等同化的体制。

种合理的根据，使得除了上面提到的那些元素外，还需要正的贴现率。在这里，我们所关注的问题是，对于单轮表决所选择的结果，确定其在时间性循环序列中持续保持有效的最优时间长度。我们已假定，任何一个时期中做出的选择都不具有永久性。但这一假定并不等于排除单一时期的行为在后来各时期中的全部影响。即使在限定于这项分析的高抽象度模型中，仍有必要考察A、B和C这些选择选项的特征。

请考虑一个例示。其中，诸选择选项采取了下列形式。设"共同体"拥有一项集体设施，比如说，一条道路。每个时期中所面对的那些替代项是：（A）维护这条道路，这将需要每天有$X$美元的开支，**同时**改善这条道路，这将需要每天再增加$X$美元的开支；（B）只维护这条道路，这需要每天有$X$美元的总开支；（C）允许该道路以每天价值$X$美元的物质速率败坏下去。在这三个选项中，每个选项下按时期长度计算的开支额将是，（A）$2X$乘以该时期的天数；（B）$X$乘以该时期的天数；（C）零。

现在假定，诸替代项的报偿或曰估价值是如前面一样，按日均费率来确定。假设，用某种随机化的方法，为最初时期（某个不确定天数）选定选项$A$；这成为该循环序列的起点。在第一时期的整个过程中，对该设施将有净投资。然而，到第一时期的结尾，$A$将在配对的多数票决表决中败于$C$。而在同样长度的第二时期中，对该设施将会有净的负投资（net disinvestment）。在这个时期的结尾，$C$将在一次多数票决表决中败于$B$，这将导致第三时期中采取维持道路资本价值的政策。而该循环序列将持续下去。

从这一例示中看得很清楚，配对多数票决表决所做的选择保持有效的任期天数或曰时期长度，作为最初在诸选项当中所做的随机化选择的结果，将决定被导入序列性结果的偏误程度。例如，如果这样的时期长度被限于一天，这是在我们关于报偿的时间费率假定下所允许的最少天数，则其第一选择为赞同净投资替代项的那个人所获得的初始优势，与时期或曰任期比如说为十天的情形相比，在整个结果序列中所获得的权重会较小。

我们在前面的讨论中指出过，连续的循环型多数票决表决序列与在每个时期的始点上都采用随机化挑选是相对立的，而要想证明前者是合理的，需具有风险厌恶倾向。在此处的这种考虑当中，风险厌恶倾向的存在还要求，其偏好在循环序列中首先得到满足的那些人所获得的预期优势上的变异应被最小化。这项要求可以被直接转化为导入一种正的贴现率，它高于在某种正统意义上由正时间偏好所产生的贴现率。①

2. 变更结果的成本

在为一个多数票决表决序列挑选受偏好的有效期长度上，将产生影响的第二个主要变量涉及从一项集体后果或曰结果变更为另一项后果的种种成本。我们可以再次靠设置一种极端情形来阐释这个问题。如果变更结果无须任何成本，如果存在任何正的贴现率，最优选举期将等于投票者识别各种报偿并将其归因于各种结果所必需的最少时间。而这，在我们的例示中，我们已假定，是一天。在这一设定情境中，将只允许一次单轮多数票决表决在一天内保持有效。因为，每天的表决结果都会在次日内被替代，取而代之的是在与初始日选项对垒的一次有效多数票决表决中胜出的那个选项。

当我们引入正的结果变更成本时，最优时期长度会变长。最优期限长度对贴现率和变更成本的偏导数会在整个正常范围内（over normal ranges）向反方向移动。如果这些变更成本非常高（如在我

---

① 在单期决策中实质上存在着资本投资或负投资的设定情境中，对于由那个三选项模型所隐性施加的这些限定，是可以提出异议的。在那个道路维护例示中，该道路在整个时期系列中的平均质量要因多数票循环模式的不同而不同。并且，在某种意义上，主张面对变化的道路质量水平，个人对道路改善、道路维护和道路败坏的偏好将会不变，看来是不合理的。然而，我所关心的，并非不变偏好假定的"现实性"，而是时期长度在能以多种方式导出，却仍未超出不变偏好假定的条件下所具有的种种规范寓意，并不考虑这些寓意在实践中可能有多大的限定性。

们开始时的道路定位例示中那样），最有效率的宪则性规则就可能包含对**事前公平**（每个潜在投票者的预期价值等同化）的某种担保，同时伴有明确的制度设计，以防止整个群体堕入昂贵的循环型多数票序列。在变更成本极高的情况下，允许为诸后续时期中的配对多数票决表决提出贴切的选择选项，也许是全然不适宜的，无论这样的时期可能有多长。在这种立宪性的考虑层面上来看这样的选择选项，则阻止无止境的、一期又一期的多数票循环，对每个潜在投票者来讲，也许是符合其最佳长期利益的。

然而，对于其他类型的选项来讲，多数票决表决，若将产生贯穿诸后续选举期的循环，倒可能是值得期望的，但前提是这样的期限足够长，从而允许那些变更成本因委员会成员或曰投票者之间较小的报偿方差而被吸收掉。在表7-2所描述的例证中，如果每个投票者在每次后果变更或曰转换下都必须接受一笔四单位的净成本，逐日进行的表决将不如某种随机化结果的永久性更受偏好。然而，如果在那些比如说20天长度的选举期内都能允许进行配对的多数票比较（pairwise majority comparisons），则循环型序列就完全可能比任何单一的永久性后果更受欢迎。

### 3. 诸分立选项中的价值级差

影响时期长度挑选的第三个主要变量仍有待探讨。我们已假定，诸分立投票者或曰委员会成员在所有选项上的估价值或曰报偿是完全对称的。然而，我们所做的不过是在每个投票者的偏好范围内设定了诸分立选择选项的序数排序。在表7-1所含的例证中，我们可以径直假定，给表中的每个三加两个零，给每个二加一个零，对一则什么也不添加。于是，每个投票者在这三个分立选择选项上的基数化报偿就变成了（300，20，1），而不是表7-1中的（3，2，1）。

显然，这三个选项间级差上的这一简单变化，即使它们对所有投票者来讲是统一的，仍将改变宪则上受偏好的选举期长度。在任何给定的贴现率上,并根据任何两个选项间某种给定的变更成本,这种级差的增长将倾向于缩减允许配对多数票决表决保持有效的最优期限长度。在效果上,级差上的增长将类似于贴现率的增长,因为它实际地增加了其偏好在循环序列的早期就得到较充分满足的那些投票者或曰委员会成员所获得的权重。凭借这一效应,在无知之幕后面从宪则角度来考虑的最优有效期的长度被缩减了。

## 六　结论

我在本文中的目的极其有限。我尝试考察了的,是当存在我所说的纯多数票循环时,简单多数票决表决活动所具有的某些特性,而这种多数票循环源于投票者或曰委员会成员们当中的真实偏好格局。对这些特性的理解,能允许我就多数票决表决程序在不同选择情境中的效率做出某些规范性推论。尤其是,这一分析,对于允许单轮配对多数票决表决活动的后果在整个共同体中持续生效的最优或曰有效率的时期长度这样一个问题,有着多种蕴含,它同样地影响着多数派成员和少数派成员。

我并未试图超出那个极端简单的模型,它有三个投票者或曰委员会成员,三个选择选项。这样的展开证明不是很难,核心观点大概都在这一简单情形中得到了充分的概述。增加投票者人数很容易做到,只需将与这三个投票者偏好相同的人匀称地加入每个群体。增加选项的数目也无困难,只需在所有选项上的偏好都是完全匀称的,这要求人数至少与选项数一样多。

我将分析限定于纯粹的多数票循环,主要是为了将注意力集中于循环过程本身的特性上,而不是去注意在选择集体性后果上那些实现种种替代性安排的前景。为了做到这一点,我在模型中具体设定了一些基数性和人际性的效用指标。然而,这一分析的结论却并不决定性地依赖这些限定。只要对多数票循环的预测单以序数性的偏好排序为依据，但有效地预先阻止诉诸种种替代性选择程序，则这一分析的那些规范性推论就会在无重大变化的情况下成立。

在这项分析中，我还始终隐含地假定，该群体或曰委员会对其日程只有一次选择。我假定，在可能性上，已经被指定是在$A$、$B$和$C$当中做选择，不论这种选择是长期持续有效的，还是在每个时期中都要做。我假定，该群体或曰委员会在对$A$、$B$和$C$做选择时，不会面对，比如说，在$R$、$S$和$T$之间或者在$X$、$Y$和$Z$之间的选择。对选项集的这类扩展允许在相异的纯循环当中进行某种权衡，其结果是有可能更充分地实现已实现报偿的**事后**等同化。

该分析已被置于不变偏好假定的基础之上。在这方面，不存在对标准经济学分析的任何偏离。但是，在对政治性决策制定活动的任何处理上，这样一种假定实际上否定了整个政治说服过程的契合性。也许，即使偏好本身会在开始时就产生出某种纯循环，续贯的多数票决表决活动可能有的一个优越性仍然是，这一制度所允许出现并改变结果模式的投票者态度是随时间而变化的。

从本文分析中得出的实质性方法论结论强化了戈登·塔洛克和我在《同意的计算》[1]一书中提出的论点[2]。可被用来达成群体决策或曰委员会决策的制度很多，而多数票决表决规则是其中之一。当从其自身偏好尚未得到识别的潜在投票者或曰委员会成员的立宪性视角来看问题时，多数票决表决既有代价，也有获益。在有些环境中，随机的专制也许比多数票驱动的、无止境的制度变革更可能受

---

[1] ［美］詹姆斯·M.布坎南、戈登·塔洛：《同意的计算——立宪民主的逻辑基础》，陈光金译，中国社会科学出版社 2000 年版。

[2] *The Calculus of Content: Logical Foundation of Constitutional Democracy* (Ann Arbor: University of Michigan Press, 1962).

欢迎。而在其他情形中,做出选择的有效率制度完全可以是连续变化的、逐时期的多数票决结果。但是,如果在多数票决表决序列范围内的选举期长度本身不能被有效率地选定,就不可能在这两种制度之间做出理性的宪则选择。

# 第八章　投票者的选择：估价政治性替代项[*]

## 与杰弗里·布伦南合著

**公共选择理论**将现代经济学的方法和分析手段用于研究各种政治性过程。这套理论的一个必要组成部分是一项假定，即政治性过程的参与者是"理性"行动的——他们有目的的行动以便实现他们的特定个人目的。而本文的目的却是要证明，对于政治性过程中一种主要的参与者群体——大人数的多数票决选举（large-number majoritarian election）中的投票者——来讲，这样的假设问题极大。我们的观点是，对诸选项的偏好与所见选择行动之间的严格逻辑关联，是市场中个人行为的典型特征，但在多数票决选举中，这种关联被切断了。换言之，能适用于市场行为的基本理性预设不足以在个人的投票方式和他们对政治后果的偏好之间建立起一种先验的关联。由于在文献中，假定投票者理性地投出其选票实质上是每一种公共选择模型的起点，我们的这一观点代表着对公共选择论正统的一项重大批评。任何一种投票者行为理论，只要是以投票者按其"利益"来投票的假设为基础，则在最好的情况下，也是逻辑上的主观武断。而且，那些以投票者理性假定为基础的规范性命题，在论证上必定是难以令人信服的。不可能预设，在反映选民对不同选举后果的偏好上，多数票决式的决策制定过程是一种令人满意的

---

[*] 首发于 *American Behavioral Scientist* 28, No.2 (November–December, 1984): 185–201。Copyright © 1984 by Sage Publication, Inc.。获准重印。

方法。这方面的理由与公共选择论正统中所广泛讨论到的那些方面很不相同。

我们在这篇文章中的目标就是要详尽论述上面提出的这一论点。我们从一个简单的类比开始。本文的核心分析展现于随后的两节中，第四节讨论该论点对公共选择分析的寓意，该寓意消蚀了这一领域中若干最基本的命题。最后一节对我们的论点做了简短的概括。

## 一　一个简单类比

在各种赛季里，每个周末的各个下午，都会有成千上万的人观看体育赛事，有的人通过电视，有的人则直接去比赛现场。在这些人中，很多人显得很关心谁获胜：他们为其代表队欢呼，并大呼小叫地出谋划策（有时只是对着电视屏幕），并且他们的精神似乎会持久地受比赛结果的影响。但实际上，那些并不真正关心谁可能获胜的人，可以为了看那场比赛，在那个下午"接受"一个运动队，并采取偏向一方的立场以为激发兴趣的手段。

即使是观众中最狂热的人都会承认，心理上强烈地卷入那场比赛活动对比赛结果毫无影响。无论观众如何精确地解释他们的兴趣及他们沉溺于这种兴趣的资源耗费，他们都不会说，观看某一场比赛是因为这样做，是在帮助他们的运动队获胜。[①]

很少有经济学家会主张，体育粉丝们是"非理性的"。经济学家们只会承认，这些观众有观看其运动队比赛的嗜好，如此而已。

---

[①] 某个"粉丝"对其运动队的支持与运动队的成绩之间是有某种正相关性的：一个运动队在热情的人群面前往往会表现得较好；且从长期来看，好的票房和好的电视收视率可以让运动队在资源上耗费更多，从而对其比赛记录有所贡献。但无论如何，这样的关系要构成观众行为的理由，则显得太模糊、太小、太间接了。观众之所以成为一个热情支持者是因为他或她想要这样——如此而已。观众尽管在乎结果，但他们并不采取行动来决定结果，他们从不设想自己要如此行事。

当然，经济学家们可以运用他们的技术工具来分析观众的行为。他们能"解释"，为什么当席位价格上涨时，出席人数会下降；为什么天气不好时，门票收入会较低；为什么运动队团体有动力实现卡特尔化，并限制入会；等等。但是，经济学家们大概不会发现，有必要从获胜运动队的支持者有更多就业机会和更高收入的角度来解释赛事的出席人数。

这一点与投票者行为的相似性并非完全自明。并且，要肯定，这个类比绝非完美。①然而，在某些重要的方面，投票活动与观看体育赛事非常相似。事实上，投票者确实参与选举过程，他们也在乎政治后果。但是，在这两个事实之间并不存在逻辑关联，而这一逻辑关联的缺失正是关键所在。它源于这样一个事实，即任何单个投票者的投票方式与选举结果之间的关系实质上都可以忽略不计。因此，我们不能用对结果的偏好来解释投票者的行为：对投票者的行为，必须从其自身的角度来加以解释。人们之所以投票是因为他们周期性地想要这么做。并且，他们还就其如何周期性地想要这么做进行表决。投票行为和某一票所投的方向都不能被解释为实现特定政治后果的手段，就像不能将观众到场看比赛解释为确保其运动队获胜的手段一样。

在大人数的选举中，任何个人投票者对选举结果的影响都微不足道这一事实早已被公共选择论的学者们认识到了。因此，这一事实的言外之意，投票行动不能被解释为实现某些所欲政策变化的手段，也已被认识到了（尽管在某些场合中有点不情愿）。但是，显然广泛散布着一种信念，即尽管我们不能解释一个人为什么去投票站（除了从同义反复的角度说他或她这样做必定是在谋求效用最大化之外），但我们能解释他或她一旦到了投票站将如何投票。该看

---

① 例如，参见 H. Bowen, "An Interpretation of Voting in the Allocation of Economic Resources", *Quarterly of Economics* 58 (1943): 27–48。

法似乎是这样，尽管人们去投票站可以是出于某种道德责任感，也可以是因为他们将政治过程视同于某种观赏性体育运动并乐于参与其中，但仍可以预料，他们完全是基于"经济利益"的理由而投出其选票的。这一论点，我们相信，全然不着边际。

## 二　形式性分析

关于投票者的"理性"，公共选择论分析家们采用了一种形式性定义。从这一定义开始，有助于阐述得清晰。为此，我们规定如下：

定义一：让$\{S\}$是所有选举结果的集合，任何投票者都可以就这组结果进行投票。然后，称第$i$位投票者是"理性的"，是指：

如果对于所有的$s \in S - s''$，都有$U_i(s^*) > U_i(s)$，

且仅仅如果对于所有的$s \in S - s''$，都有$U_i(s^*) \geqslant U_i(s)$，

他或她就将投票赞成$s^* \in S$，

其中，$U_i$是第$i$位投票者的效用函数。

这个定义与理性消费者在一组替代项$\{S\}$中作选择的定义完全一致。

显然，这种意义上的个人理性投票命题是一个相当有力的陈述。只要我们能确定一项政策使得谁受益和谁受损，我们就能或多或少地准确预测特定个人将如何投票。不仅如此，只要选举过程忠实反映了绝大多数公民的偏好，就能相对容易地将经常赋予市场过程的准效用主义辩解沿用于选举过程（如像经常对中位投票者定理所做的那样）。

然而，我们的论点是，投票者方面的严格理性根本不意味着合乎定义一的行为。支持这一判断的核心元素是这样一种观察，即在选举情境中，选择的目标不是选举的后果，而是选举本身。尤其是，按源于选举结果的效用来看，任何投票者进行一次投票的预期

回报相对很小，在许多场合可以忽略不计。

例如，请考虑有一场选举，其中恰好有两个选项，$a$和$b$。这两个选项可以是两位公职候选人，或者一次全民公决中的是—否选项。在假定这些选项是外生决定的和不变的情况下，精确的细节并不重要。我们考虑某个投票者$i$的理性算计。恰如在对市场选择的分析中那样，开始时，我们忽略个人从投票行动本身所获得的任何满足。根据假定，我们设该投票者被认为是只关心选举的结果。在不失普适性的情况下，我们假定，第$i$位投票者偏好结果$a$。这样，那个人对$a$投赞成票的回报将如下所示：

如果他或她对表决结果有决定性影响，回报为$U_i(a)-U_i(b)$；否则为0。

换言之，个人对$a$投赞成票的预期回报$R$是：

（1）$R = h[U_i(a) - U_i(b)]$

其中，$h$是第$i$位投票者具有决定性影响的概率。

参数$h$显然至关重要。它是在其余投票者当中恰好出现平局的概率。接下来，假设存在$(2n+1)$位投票者。为了简化，我们可以让这个数目成为有表决权的投票者总体。[①]开始时，让我们进一步假设，无一投票者清楚其他投票者可能如何投票。因此，任何人对候选人或曰选项$a$投赞成票的事前概率$p$是1/2，同时，任何人对$b$投赞成票的概率也是1/2。这样，其余$2n$位投票者（没有$i$）中出现平局的概率如下：这$2n$位投票者在分布上使得选项$a$恰好获得$n$票的方式数，除以这$2n$位投票者在那两个替代项上有可能实现的总分布方式数，即

（2）$h = \binom{2n}{n} / 2^{2n}$

---

[①] 这反映的不过是大数定律。随着选举规模的增大，围绕$p$的可能后果在分布上的方差将变得很小。

更具普适性的表述是，如果其他人投票赞成$a$的概率$p$不是1/2，则出现一次平局的概率就是：

$$(3) \quad h = \binom{2n}{n} p^n (1-p)^n$$

用斯特林近似值（Stirling's approximation）来简化方程（3）的计算，我们有：

$$(4) \quad h' = \frac{2^{2n}}{\sqrt{\pi \cdot n}} p^n (1-p)^n$$

而在$p$是1/2的特殊情形下，这产生出一个对应于方程（1）的近似值：

$$(5) \quad h = \frac{1}{\sqrt{\pi n}}$$

现在，以此为基础，我们可以返回我们的核心问题：为了使投票者$i$投票赞成$a$的预期回报$R$不是无足轻重，诸替代结果在价值上的已知差异必须达到多大？为了感受此处所涉及利益的量级，我们将$R$定为1美元。我们以该美元量为一个想象的阈值，低于它，就认定投票赞成$a$而不是$b$的预期获益小得不值一提。给定这一程序后，我们就可以在表8-1的第一列中描述出，为使源于投票行动的纯激励性回报（purely instrumental return）恰为1美元，$[U_i(a)-U_i(b)]$在各种选民规模水平上所必需取的数值。显然，这不过是用一种便利的方式来描述在$2n$变化时$h$的不同取值。显示在表8-1中的是$h$的倒数（inverse）。举一个例子，在一次美国总统选举中[①]，选民总数约为1亿，在投票者从投票赞成$a$所汲取的预期经济获益恰等于1美元之前，候选人$a$不得不比候选人$b$向投票者多提供约12000美元。

不仅如此，值得指出的是，这里所涉及的选举是一种极端情形，其中每位候选人将获胜的发生比[②]（odds）恰好是50/50，总有

---

[①] 这项分析减弱了源于选举团体制（electoral college system）的复杂性。
[②] 发生比是，一个候选人的胜选可能性和败选可能性之比。——译者

一个候选人将获胜。与此不同,如果一个随机选定的投票者愿投票赞成a的事前概率不是1/2,甚至概率极小,则当投票者的人数极大时,2n位投票者中恰好出现平局的概率会急剧下降。例如,假设我们将未预期到的领先票数m,定义为预期赞成a的票数减去预期赞成b的票数(从而m可为负数),并设定m为非零。这样,任何投票者投票赞成a的事前概率是:

(6) $p = \dfrac{n+1/2\,m}{2n}$

将其代入方程(4),得到:

(7) $h' = \dfrac{2^{2n}}{\sqrt{\pi n}} \left(\dfrac{n+1/2\,m}{2n}\right)^n \left(\dfrac{n-1/2\,m}{2n}\right)^n = \dfrac{1}{\sqrt{\pi n}} (1-j^2)^n$

其中,j是赞成a的预期成比例领先票率(expected proportionate majority),$m/2n$。显然,尽管j很小(且 $[1-j^2]$ 非常接近于1),但当n真的极大时,$(1-j^2)$ 升至第n次方仍会使 $(1-j^2)$ 变小。在表8-1中,我们描述了在多种总选民规模(2n)和预期领先票率(j)的取值上,为使预期回报(R)为1美元,$[U(a)-U(b)]$ 所必须取的数值。

表8-1 投票总人数和为使R=1美元所必需的$[U(a)-U(b)]$值(针对多种J)①

| (2n) | j=0 | j=0.0001 | j=0.001 | j=0.01 |
|---|---|---|---|---|
| 2001 | 56 | 56 | 56 | 62 |
| 20000 | 177 | 177 | 179 | 481 |
| 200001 | 560 | 566 | 619 | $12.3 \times 10^6$ |
| 100000 | 4000 | 6533 | 60000 | — |
| 1000000 | 12500 | $1.9 \times 10^6$ | $6 \times 10^{25}$ | — |

---

① 表8-1的标题不准确。因该表内展示的测算结果是在投票者投票于选项a而非选项b的情况下,对应于不同投票者人数和领先票率的总获益量(美元值)。——译者

再考虑一下我们的总统选举例示。设对于候选人 a 来讲，预期的胜选票差（margin of victory）是每一千票里多一票，则为了使预期回报 R 为 1 美元，$[U(a)-U(b)]$ 的值将必须属于 $6×10^{25}$ 这一档，这无疑远远超出了世界的总产出。

在解释这样的一个惊人例示上应小心谨慎。当 n 很大时，即使 p 对 0.5 的极小偏离都会戏剧性地改变 a 获胜的概率。例如，在一场有 1 亿投票者的选举中，对 a 而言，每一千票里多一票的预期领先票率将意味着，a 实际上肯定能赢。[1]这提醒我们，对这类例示的依赖应有限度。在几乎所有的选举中，即使是在那些预期各方实力不是很接近的选举中，有利于受偏好方的胜选发生比也不意味着选举结果已成定局。

在更普适的意义上，对于用一个与随机事件序列的类比来决定出现一次平局的概率——尽管这是公共选择理论家们通常使用的构想——是否适宜，是可以提出疑问的。[2]我们都很清楚，在多数选举中，很大一部分投票者是按习惯来投票的，而与之相对应的另一部分选民，选举结果对他们可能很重要，则是投票者总体中一个意义深远的子集。在这样的场合，出现一次平局的概率可以较大，也可以较小，要取决于对每一个选项投赞成票的习惯性投票者的比例。然而，必须要解释的是，为什么在这种情形中投票者按习惯投出其选票是合乎理性的。这是传统的公共选择模型未予恰当解释的。

在任何情形下，由这一切而来的总体判断是，实质上在所有涉及众多投票者的选举中，每一投票者能合理地坚信他或她将举足轻重的事前概率都非常小，很可能是可忽略不计的。这一点看来是完全清楚的。尚有争议的问题是，这一事实对于投票行为来讲意味着

---

[1] 随着 n 的变大，分布的方差将变得非常小。
[2] 请参见 N. Beck, "A Note on the Probability of a Tied Election", *Public Choice* 18 (1975): 75–80; W. Riker and P. Ordeshook, "A Theory of the Calculus of Voting", *American Political Science Review* 62 (1968): 25–42。

什么。为了揭示什么与此有关，让我们去掉在左右投票者行为上只是选举结果才有重要影响的假定，并更细致一点地阐释每一个人的效用函数，如下。

我们认为，每个投票者具有下列形式的效用函数：

（8）$U_i = U_i[X_i; G; X_j; V; \cdots]$

其中，

$X_i$是$i$的私人品消费（收入）；

$X_j$是其他个人的私人品消费（收入），$j=1,\cdots,i-1,i+1,\cdots,n$；

$G$是公共品的供给水平；

$V$是源于按某一特定方式投出一票的固有消费获益。

式（8）所表述的关系允许从两方面来影响$i$的行为，而这在传统的公共选择模型中是不允许的。首先是可能存在的利他主义或曰对他人福利的关心，在$i$的效用函数中存在他人的收入显示了这一点。其次是$i$有可能从投票支持这个或那个候选人的行动本身直接获得某种满足，与碰巧从该政治性过程中产生出来的特定表决结果无关。此时此刻，我们先不管这一表述看上去是否合理；它有一个优点，即它是一个非常抽象的表现。在此阶段上，我们并不排除该效用函数中的某些变量将最终被证明为无足轻重的可能性（即在某些论点上其边际效用为零）。

在此基础上，我们现在可以分离出两个不同的元素，它们潜在地与个人去投票的决策相关。让$A_i$是按美元度量的总获益，它是$i$从投票支持$a$而不是$b$的行动中获得的。如我们前面的分析所强调的，$i$投票支持$a$的"产出关联"获益（"output-related" benefits）并不仅仅取决于$i$如何投票，只有当$i$碰巧在该选举中具有决定性影响力时才会如此。相反，$i$从对某个候选人投赞成票的行动本身中所获得的满足独立于选举结果。也就是说：

（9）$A_i = h \cdot B_i + U_V^i$

其中，

$B_i$是如果$a$获胜，$i$所得到的美元获益；

$U_V^i$是$i$对投票支持$a$的行动本身所赋予的货币值。

我们在这里的兴趣更多地涉及不同元素在$i$的算计中的相对影响力，较少涉及对$i$为什么选择去投票的解释。我们寻求回答这样一个问题，即在给定$i$确实投票的情况下，他或她为什么会选择以其所取的那种方式来投票。为了清楚地说明式（9）对于这一问题的含义，提供一个稍加变更的等式或许是有益的：

$$(10) \quad A_i = h\left[B_i + \frac{1}{h} \cdot U_V^i\right]$$

式（10）所表明的是，在解释投票行为上，与$U_V^i$相关联的那些考虑比与结果相关联的参数$B_i$要重要$1/h$倍。而$1/h$的取值就是表8-1中展现的那些对应于各种不同选举情境的数字。因此，如果我们要解释投票行为，看来有一种非常强的预设，即我们应当从$U_V^i$项开始，而不是从结果相关项开始。即使对投票支持$a$（或者$b$）这种行动的偏好相当温和，在解释投票行为上也会变得较为重要——在许多场合被认定是关键性的。

因此，如果我们认真地看待这一有关投票者的理性行为假设，我们就必须认识到，投票行动或对投票所支持对象的选择，都不可能单一甚或主要地靠援引投票者对表决结果的偏好来加以解释。当某投票者$i$选择投票支持$a$而不是$b$时，这项决策，在许多场合，极少依赖结果相关项［$U_i(a)$和$U_i(b)$］之间的联系，这与定义所提供的理性行为定义正相反。

## 三 市场选择、外显偏好和政治性"选择"

个人在市场中根据既定预算选择各种消费品是消费者选择的标准情形，而被公共选择论学者们运用于投票行为的理性行为概念就源于对这种个人选择的直接类推。当一个人如此选择时，他或她必须认识到，多获取一种物品（$x$）的机会成本是被放弃的另一种物品（$y$）中某些方面的未来效用。在实际所做的选择中，被选择的对象成为对个人偏好的直接或间接证明。可以说，正是那些选择"揭示着个人的基本偏好"。经济学家们经常怀疑那些通过（诸如问卷调查那样的）其他手段来辨识偏好的尝试。因为，如果偏好不是在实际的选择背景中显露出来，则对于个人来讲，显露这一组偏好而非另一组偏好就没有任何实际的成本。经济学坚定地依托于这样一种方法论信念，即人们都有目的地行动，而他们的行动透露着那些目的。

让我们将此与投票者在投票站中面对两个手柄、要决定该拉哪一个手柄的选择做一下对比。[1]在这里，我们可以预设，投票者效用函数中的终极变量包含着"政治选择"的对象（无论那些对象是不同的政策组合还是不同的候选人）。即我们可以预设，个人关注哪一种结果会从表决过程中产生出来。但这并不允许我们认为，他或她在投票站内的选择反映着或对应着他或她对表决结果的偏好。因为，投票者并非在结果中作选择：他或她是在要拉动的操作柄（或记于一张卡片上的记号）中作选择，而且他或她完全清楚，在那个被拉动的特定操作柄与最终出现的政治结果之间只有最微不足道的关联。当投票者拉动了某个操作柄时，他这么做的机会成本并非被放弃的某项特定政策，而仅仅是未被拉动的另一个或另一组操作柄。在对结果的偏好（据以确定基本偏好的事物）和对拉动这一操作柄而非另一操作柄的行动的偏好之间，存在着质的差异。一个人，对其所偏好的结果，可以投赞成票，也可以不投赞成票：他或她不过是拉动了自己偏好的那个操作柄。因此，在任何意义上我们

---

[1] 对这两种情境中的个人选择进行比较的早期尝试，可参见 J. Buchanan, "Individual Choice in Voting and Market", *Journal of Political Economy* 62 (1954): 334–343. 这里提出的某些论点在那篇论文的处理中有所暗示，尽管没有被明确地表述出来。

都不能说，在操作柄之间的选择——投票行动——像某种类似的市场选择揭示着购买者对市场中被选择对象的偏好一样，"必然地揭示着投票者对集体选择对象的偏好"。表决过程中的行动和偏好之间阻隔着一种逻辑楔子，它完全相当于且直接派生于行动与结果间的逻辑差异。

在这一根本意义上，市场中的消费者选择与政治机制中的投票者选择全然不同。[①]用前一节那种更形式化的语言来表述就是，主导着投票者选择的那些考虑（在两个操作柄中拉哪一个）在市场选择中其实是不存在的。在市场选择中，即使有一些考虑与被式（10）中的$U_c$项所捕捉到的那些因素相类似，也不会像它们在投票过程中那样具有压倒性的影响力。关于市场选择某种结果$A$而非结果$B$，类似的表达式如下：

（11）$A_i = B_i + U_c^i$

其中，$U_c^i$是$i$赋予选择$a$这一行动本身的货币价值，与购买者是否实际得到$a$无关。

我们并不否认，在市场选择的情形中$U_c^i$可能为正值。例如，一个人可能很喜欢视自己为一个支持伟大文化典籍的人。在有的情况下，这一动机可能足以诱使这个人去购买他或她永远不会去读且或许并不真正期望去读的书。但在市场中，这个人必须为沉溺于这一偏好支付全价：他或她不得不选$a$不选$b$。与此相反，在投票站里，一个投票者可以通过投票赞成$a$来表达其对$a$的偏好，但仍然明白，他或她并无保障定能得到$a$。因为，单独的一票在决定最终结果上影响极小。更具体而言，在市场中，$B_i$的1美元价值相当于$U_c^i$的1美元价值；交易条件是1∶1。然而在表决中，$U_c^i$的1美元价值，对投票者而言，值$B_i$的1/h美元——或许，值12000美元，或许更多。

---

[①] 在有些种类的市场选择中结果非常不确定，它们可能很像这里分析的选民选择。

## 四 对"公共选择论"的意义

对于政治过程分析来讲,所有这一切的寓意部分地取决于这种分析所承担的目的。在现代公共选择理论的范畴内,可以区分出两种不同的思路——一种思路涉及提供某种有关政治活动的预测学,其本质上类似于传统的新古典经济学打算要提供的那种市场预测学;另一种思路则涉及对不同制度安排的规范评价,还可能关系到设计产生出更优社会结果的制度安排。

对许多学者来讲,没有必要对这两种目的作精细的区分。在对不同制度的选择上,理解政治制度的实际运行方式——就提供数据不予拒绝的可检验假说而言——是一个关键的环节。实证分析被视为规范性结论的必要先导,而任何规范性分析的所有要求就是在纯科学之外"添加"另外的评价标准。在别的著作中,我们曾抨击这种方法过于随意,并主张,要使如此定义的政治学与古典意义的政治经济学作更坚决的区隔(在我们看来,后者主要关注比较制度分析和制度"设计"方面的研究)。[①]

而在讲清楚我们这种分析的寓意上,泾渭分明地做出这一区分是有益的。显然,对于纯实证性、预测性的政治学来讲,在人们何以像他们所做的那样投票这一点上具备某种理论是至关重要的。而我们曾试图解释的则是,任何理论,只要它假设个人很像其在市场情境中做选择那样,是根据其对政治后果的估价来投票的,就都是很有问题的。既然是$U_i$项而非$B_i$项在式(10)中具有压倒性的决定作用,选择对哪个候选人或政策选项投赞成票就完全取决于对显

---

[①] 参见 G. Brennan and J. Buchannan, "The Normative Purpose of Economic Science: Recovery of an Eighteenth-Century Method", *International Review of Law and Economics* 1 (1981): 155–166. 该文对这里所涉及的区分有更全面的讨论,并讨论了适于古典政治经济学意义上"宪则分析"的分析方法。

示偏好这种行为本身的趣味,几乎全然不取决于对后果的估价。因此,或许要将投票行为理解为"象征性的"或"礼仪性的"(很像在某种体育场景中选择支持哪个队那样),几乎全然不像在不同投资当中的选择。所以,我们必须探寻这样一种理论,它将预测人们为什么会支持这个队,不支持那个队。在此过程中,我们可以考虑使净财富最大化假说(或与此类似的假说)作为可能的竞争者。但一看便知,任何这样的假说都显得很难令人信服。

当然,公共选择理论家可以回应说,$U_i^v$项主要捕捉个人实施其投票权的愿望,本质上不涉及个人为之投赞成票的那个候选人(即 $U_i^v[a]$ 和 $U_i^v[b]$ 实质上是同等的)。对这样的论点不可能依据纯逻辑来加以拒绝,但是,它看来全然不符合即使是最随意的观察。当人们真的去投票时,确实看上去他们很在乎为之投赞成票的那个候选人。毕竟,去投票的决策就是要对某人投赞成票的决策。如果不可以从结果的角度来解释去投票的决策,却可以从这样的角度来解释对某特定候选人投赞成票的决策,倒是令人诧异的。①

与此同时,任何人都应小心,勿不由分说地拒绝所有的公共选择论解释:对公共选择理论中的某些重要片段,上述讨论不会构成任何显著冲击。实证性公共选择论靠诉诸两种很不相同的机制对追求财富最大化的个人在政治制度中的行为做出预测。一种机制——与这里提出的核心论点很契合——有赖于政治企业家的行动,这类人组合出旨在从某种选民多数那里赢得选举支持的公共政策包。为了直接预测哪些特殊政策将被选中,需要有手段来确定所选特定多数的身份,并具备一套有关多数选民将对什么政策投赞成票的理论。在不具备前面那种手段的情况下,这种分析或许能就结果的样式做出可检验的预测,也许还能就那些结果的规范特性说出一些有

---

① 作者的意思是说,投票决策本身肯定涉及对表决后果的好恶,但实际上,尽管投票者在决定是否或如何投票时是有偏好倾向的,然而他并不真地在乎其投票的后果。——译者

意思的东西来,但它不可能在公众选择上发展出一套羽翼丰满的预测理论来。然而,恰恰是后面那种理论才是我们在这里所关心的。而我们不过是提出了这样一个命题,即不能自动地推定,投票者将对反映其利益的政策(不论那些利益得到了多么广泛的认知)投赞成票。

然而,还存在着一种不同的机制,它使置身于政治制度中的、追求财富最大化的人得以互动——通过游说者。游说者靠直接行贿,靠实物报偿,或靠竞选捐赠,从政治家—官僚那里直接购买特定政策。无须赘言,有关基于此机制的政治运作过程的各种假说仍然完全不受那种个人投票原则的冲击。例如,在直接回报竞选捐赠的政策结果购买中都或多或少地含有熟悉的市场式直接交易。这种交易有其确定的专属特征[1],但这绝不意味着捐赠者在显露其对政策结果的真实偏好之外,还显露出了任何其他目的。所以,实证性公共选择论的这一方面仍然毫发未损。

不仅如此,尽管投票者并非必然按其对结果的偏好来投票这一点是真实的,我们仍无法拒绝他们实际上是如此行事的假说。也许可以听来很合理地做出这样一个论断,即在一定程度上,有关支持哪个运动队的偏好($U_i^j$项)反映着对结果估价($B_i$项)的相似考虑。毕竟,投票者完全可能倾向于偏好在再分配中优惠他们(和在其他方面反映其利益)的候选人。任何人都可以断言,与一个对他们不好的政党相比,人们更乐意支持一个对他们"好"的政党,其理由与他们喜欢如朋友那样善待他们的人一样。支撑这一立场的行为理论不是有关契约性交易的理论,而是关于互惠赠予的理论。例如,一个求婚者,在向其倾慕对象送礼时,并不是在购买她的关注,他只是以此来表征自己的情感和兴趣。她可以向他回赠礼物以

---

[1] 不断增长的关于"寻租"问题的文献直接分析了这类交易关系。这方面的大量相关资料,参见 J. Buchanan, R. Tollison, and G. Tullock, *Toward a Theory of the Rent-Seeking Society* (Colledge Station: Texas A & M University Press, 1980)。

表现出对应的兴趣，或者以别的方式来展现这样的兴趣。但是，这里并不存在任何直接的等价交换，不存在我们与传统买卖活动相联系的那类契约性义务。在给定这种报答行为的条件下，说政治家是在靠政策变革来"追求"选票，而非购买选票，是可以讲得通的。并且任何人都会揣测，就像在求婚者类比中一样，这种"礼物"的数量多少，在获取选民支持上绝非唯一的相关考虑，且在许多场合不是一项重要的考虑。

基于这一理解，理性的投票行为（在定义一的意义上），因其不是对基础性理性预设的某种逻辑扩展，而是在相当程度上属于一种"好像"陈述，即如果从这样一种假设中导出的预测"拟合"得很合理，则（如定义一那样的）投票者理性假定就被"事实"证明为合理。这样一种立场所具有的困难是，它预设对何为"事实"这一点拥有大量的知识。就特定投票者的利益完全反映在诸如所接受的补贴和可归因于相关要素价格变动的收入增长之类可易于识别的事物上来讲，其反映的程度是可能被轻易高估的。例如，正常的经济利益也包括了所消费的政府供给品对于个人的消费价值——这是一种仅靠查验很难明了的价值。恰如有关消费者选择的外显偏好理论所强调的，偏好，除了在行动过程中无偿地透露出来之外，一般无从知晓。结果，在行动与偏好的关联本身很不牢靠的地方，很难看出怎样才能对这种关联进行有决定意义的经验检验。

而且，在政治后果确实显得反映了选民利益的情况下，或许可以不将其归因于选举对政治家行为的约束，而是归因于出自一种理性愿望的约束，即追求游说获益和竞选捐赠的最大化。而这，如我们已指出的，完全类似于普通的市场行为。

因此，对于预设投票者是投票于对结果的偏好这样一种方法，即使是最热情的护卫者，也必须承认，有可能存在着一种独立的"噪声"源，它可被归咎于投票者行动和投票者偏好之间的逻辑差异。这种噪声在特定情况下会变成电闪雷鸣。那些持悲观倾向的人完全可能向往有这样一种可能性，即从某种经济利益的基础出发，开发出一套关于多数票决选举过程的系统理论。公共选择论，作为新古典市场行为理论的政治学配对者，在有关投票行为的纯逻辑性先验理论方面缺乏根基。从任何一种考虑来讲，这都是一个重大缺陷。

一旦个人是对其利益进行投票的概念被视为不靠谱，那么显然，认为政治结果具有任何"效率"特性的论断也是如此。先不谈多数票决规则作为一种"总合"手段的种种怪异之处，标准的公共选择理论在这方面耗费了大量的无用功，仍然存在着一个问题，即如此总合起来的偏好有可能与公民们愿其占上风的政治结果没多少关系。例如，即使在简单的中位投票者定理可以适用的地方，从而是不存在任何循环的地方，都不能推定，选民外显偏好的中点将与那些选民在政策结果上的真实偏好的中点有任何系统的关系。如果不能推定投票者是对其所偏好的结果投赞成票，则最基本的选举非理性看来就有着广泛的存在空间。显然，这样的非理性产生于投票行为发生于其中的那种制度情境，它并不出现在类似的市场情境中。在此基础上，现代福利经济学中那些熟悉的规范装置会指示一种预设性偏好，即偏好分权化市场甚于多数票决式选举过程。

## 五　概括和结论

本文的核心命题是，个人偏好在其中显露出来的制度情境造成了所显露内容的差异。个人选择与个人对选择替代项的偏好间的严格逻辑关联存在于市场之中，但本质上不存在于大人数的多数票决选举当中。因为，没有任何单个投票者是为了决定社会后果而行动的（可能性极小的情景除外），不能期望投票者会以其在市场中的行事方式来对不同后果进行选择。这意味着，根据与市场的相似性对投票者行为作任何简单类推都是误导的。投票者按其对诸替代项的偏好来投票的概念并非源于当事者皆理性这一基本命题的先验真理。充其量，它会成为一个具有潜在证伪性的经验命题。并且，一看便知，这个命题的似真性绝非无可辩驳。

因此，公共选择理论，简单地假定投票者理性地行事且在行为方式上类似于市场主体的公认运行方式，在逻辑基础上是极不牢靠的。并且，尽管纯逻辑或许不足以使我们能够拒绝公共选择论的命题，但在能够推断理性投票行为（公共选择论意义上的）之前，必须更多地以经验证据的方式积累大量的根据。逻辑的和先验的理论推导所能做的是提醒我们警惕那些看似可能最看重投票行为的考虑。在此基础上，对结果的评价，因其在预设上的不适宜性，可不予理会。

传统的政治学家们可能因这一切而感到放心。在某种程度上，传统政治学特有的经验主义和随意的理论化可能看似已因我们的分析而得到了维护。但是，公共选择理论的重大要点之一，多数票决选举的结果有可能与公民们真正想要的事物没有多少关系，是以一种相当不同的形式再度出现的。集体的非理性之可能发生，不完全是因为循环及其类似问题，而是因为投票者的外显偏好当中有着根本性的非理性特性。因为归根结底，就投票活动发生于其中的那种制度情境而言，这样的非理性是它的一个特征。所以必须认识到，至少在采用任何规范性标准将投票者偏好设想为有决定作用的情况下，简单的多数票决政治过程在预设上是不令人满意的。

# 第九章　典型情境中的选票收买[*]

## 与德怀特·R.李合著

## 一　引论

在按照多数票决规则来决定结果的大人数情境中，有些人竟然会去投票，且那些投票者会费心了解诸替代选项的信息。在解释这种现象何以如此上，至少从唐斯和塔洛克的早期贡献[①]起，公共选择理论家们就已经认识到了理性行为模型的那些局限。关于理性弃权和理性无知的理论早已是初级公共选择论的核心。最近，以及由布坎南[②]重提关于投票选择中缺乏个人责任性的一次早期讨论之后，G. 布坎南和 J. M. 布坎南[③]细致地讨论了表现性元素（expressive elements）在投票选择本身的心理学中可能有的主导性。

这些结果都源于对这样一种状况的认知，即在大人数的多数票决情境中，许多人对诸替代项进行选择的同步行为，借由表决规则的作用，产生出某种单一的结果，而就有能力左右这种最终结果

---

[*] 感谢亚利桑那州立大学的罗杰·费思对先前手稿的有益评论。
[①] A. Downs, *An Economic Theory of Democracy* (New York: Harper, 1957); G. Tullock, *Toward a Mathematics of Politics* (Ann Arbor: University of Michigan Press, 1967).
[②] J. M. Buchanan, "Individual Choice in Voting and the Market", *Journal of Political Economy* 62 (1954): 334–343.
[③] G. Buchanan and J. M. Buchanan, "Voting Choice: Evaluating Political Alternatives", *American Behavioral Scientist* 28 (November–December, 1984): 185–201.

而言，个人只具有相对的重要性。然而，在本文中，我们打算要考察的是个人投票者的潜在选择行为与最终集体结果间那种或然性关系中的另一层寓意。就我们所知，这是一个尚未得到充分认识的问题。我们的关注点与买卖选票的互利机会有关，当影响集体决策结果的概率发生变化时，那样的互利机会就可能出现。这种分析与同盟形成理论有某种间接关联[1]，还与塔洛克对寻租活动中的理性行为的考察有关。[2]在我们的分析与公司收购要约中投票代理权市场理论之间也存在着相似性。

我们在高度类型化的抽象模型中展开这一分析。我们这么做，但不做辩解。至于我们的模型对于现实政治世界是否有启示，留待别人来讨论。

## 二 模型的基本结构

首先，我们考虑这样一种设定情境，即要就一项专门的开支提案进行一次简单的、是—否或曰批准的公民投票。由某种公民多数签署的批准会授权该共同体的财政主管当局把钱用于一个指定的项目，并为了给这项开支融资而开征所需的税种。我们抽象掉了理

---

[1] 就我们所知，与本文中提出的分析关系最密切的分析包含于 J. S. 科尔曼的"选票承诺的边际效用"一文中 [J. S. Coleman, "The Marginal Utility of a Vote Commitment", *Public Choice* 5 (1968): 39-58]。然而，科尔曼感兴趣的是，当先前承诺的选票数在方向上可知且可变化时，个人选票承诺的派生价值。与我们自己的分析相比，他的分析同同盟形成理论的关系更密切。

在同盟形成理论中（参阅 W. H. Riker and P. C. Ordeshook, *An Introduction to Positive Political Theory* [Englewood Cliffs, N. J.: Prentice Hall, 1973] 及其中引述的参考文献），重点集中于个人在决定是否要加入某个原联盟（Proto-coalition）上的算计，它涉及对出现某种最终胜选联盟的概率估计。其基本的博弈是零和的，而在我们的模型中，博弈可以是负和的、零和的或正和的。

[2] 在其"有效率的寻租活动"一文中 [见 J.M. Buchanan, R. D. Tollison, and G. Tullock, eds., *Toward a Theory of the Rent-seeking Society* (College Station: Texas A & M University Press, 1980)]，戈登·塔洛克分析了多种模型条件下一笔增量投资在寻租活动中的价值。

性弃权、理性无知和表现性投票（expressive voting）的问题。我们假定，不论单独一人的选票对于最终结果的影响有多小，所有选民都去投票站，且所有投票者都按其自己的已知利益进行投票。还有，每个投票者都完全清楚两个可能后果（是—否）对其自己经济状况的影响。对于其他投票者的可能投票选择，每个投票者所掌握的信息都概括为一个单一的估计值，即归属于每个投票者从而该群体的"赞成票倾向"（proclivity to vote yes）[1]。

我们的重点在于参加投票对于个人投票者的价值，以及一个投票者将其选票卖给某个潜在收买者的可能意愿。我们模型的核心假设是，投票者将为任何事物出卖其参与权即它的选票，只要该事物的价值超过了这项权利对于投票者的价值。也就是说，如果投票行动对于个人$i$的价值，比如说是$rX$，那么$i$将向任何人出卖其代投票权，条件是收买者能开出某种超过$rX$的价格。（我们可以将$X$想成那两种选举结果对于$i$的价值差，将$r$想成恰当的折扣因子，它取决于$i$的选票将发挥决定性作用的概率。）我们假定，交易是无成本的；既没有道德上的考虑也没有制度上的考虑来抑制出现完美选票市场的可能。

为了使这一原则性的模型显得完备，我们需要考察这个市场的买方部分。如果人们认为，只要所得价值超出了参与选举的价值$rX$，就愿意出卖其选票，那么将有谁出来作为潜在的收买者呢？

产生互利交易的基础源于这样一种前景，即一个拥有两张选票的人，可以是任何人，对最终结果的影响要大于只有一张选票的人。也就是说，拥有两张选票的人愿意按照某种高于$rX$的价值来估价该双选票组合。要考虑的问题是，什么时候及在什么环境下，对该双选票组合的估价会高于$2rX$。因为，如果对该组合的估价高于$2rX$，就会存在源于交易的共同获益；一个选票收买者$j$，能对选票

---

[1] 关于是—否投票的普适性讨论，请参见 J. M. Buchanan and Roger L. Faith, "Toward a Theory of Yes-No Voting", *Public Choice* 37, No. 2 (1981): 231–246（本书的第六章）。

出卖者i，就其价值为rX的"投票权"开出某种更高的价格，并仍能为其自己稳获高于其初始权益rX的盈余价值。

对于个人在该选举过程中投是票和否票的倾向，所有人都做出了同样的估计。我们不关注在预测选举结果的估计上可能出现的级差。不过，这类倾向始终是概率估计值；个人只确切地知道他自己的兴趣。而且，尽管毫无疑义，在两个可能的投票者群体之间，估价的方向必然不同，但我们预设，在两个替代项之间，所有的投票者都赋予了相同的价值差。因而，这样的博弈究竟是负和、零合还是正合，取决于估价的方向和预期的投票倾向。

开始时我们假定，选票市场是双盲的，即买方和卖方都不清楚交易中其对应方的投票选择。当然，未来的选票收买者清楚自己偏好或曰兴趣的指向，但他并不清楚选票出卖者的兴趣，尽管他要从出卖者那里接受一项代投票权。对于收买方所支持的结果，出卖方既可以是支持者，也可以是反对者。同样，出卖代投票权的人对自己向其出卖选票的那个人究竟有什么投票偏好也一无所知。他可以将自己的投票权出卖给一个与其有相同兴趣追求的人，也可以将其投票权出卖给一个与其兴趣相反的人。该模型，名副其实，是一个关于选票买卖的模型，该模型不涉及买卖针对诸替代项中这一项或那一项的定向选举支持。

如后续的讨论所表明的，选票市场中的结构可以是这样的，即拥有充分信息的投票者将知道收买或出卖中另一方的个人身份。只是在第三节的小人数例示中，这一点才会改变结论（见145的注释①）。

### 三　小人数例示

如果认为这些理性假定确实可用，那么从一种简单的三投票者情形开始，虽有误导性，对分析仍是有益的。在这一情境中，三个投票者必须共同就一个问题做出决策。这个决策将给胜方的每个投票者带来1美元的净获益（或防止一笔净损失），并给失败的那一个投票者带来1美元的净损失（或阻止一笔净获益）。每个投票者都清楚他自己将如何投票，但对其他人将如何投票，他只有一种概率估计，它表现为关于投票倾向的单个估计值。这个小人数模型将被理解为是对大人数模型的类型化简略呈现，而不是一个在其自身情境中体现其预测意义的模型。

请先考虑这样一种情境，其中，投票者1知道，他计划对某提案投**赞成票**，但他判定，在这个情境中，每个其他投票者对该提案投**反对票**的概率是3/4。如果投票者1不采取其他措施，只是按其自己的偏好来投票，即投"是"票，他预期提案会通不过，其概率为9/16（3/4×3/4），同时他自己也因此会有9/16美元的预期损失。然而，在这种形势下，如果投票者1收买一张选票，他就能控制结果。通过确保这项提案获胜，他能保证自己获得1美元的个人获益。因此，投票者1将愿意为一张选票支付相当于9/16美元的价格。

但是，投票者2和投票者3对其自己的选票所做的最大估价是多少呢？假定他们两人中，每人都反对那个提案，并且都像投票者1一样，将任何投票者反对该提案的概率估计为3/4。于是，他们中的每一个人，投票者2或者投票者3，都估计在一场无阻碍的选举中，该提案获得通过①的概率是1/16（1/4×1/4）。因此，对这两个投票者来讲，这场选举对每人的预期价值就是15/16美元。（在表决选择中避免损失1美元的概率是15/16。）另一方面，如果，比如说，投票者2将出卖他的选票，则会发现，他这一方获胜从而该提案被否决的概率下跌至12/16。该选举的预期价值被减少了3/16美元。（投票者2的选票的收买者赞成提案并通过形成表决中的多数

---

① 此处的原文是"...assesses the probability of the proposal being defeated ... as 1/16（1/4×1/4）"，意为"……估计……该提案被否决的概率为1/16……"。但根据上下文，这里的1/16应该是指提案获得通过的概率才说得通。——译者

而对投票者2强加1美元净成本的概率为1/4。）如果收买者开出任何高于3/16美元的价格，则出卖选票对2或3就都是有吸引力的。并且，如该例示所证明的，投票者1将愿意支付任何不超过9/16美元的代价。在这里所解说的这个类型化的选票市场中，确实存在着源于交易的共同获益。①

相似的逻辑显示，在任何不等于1/2的投票倾向下，都存在着交易的可能。让我们考虑另一种情形。如果我们的三人选民中任何一人反对一项提案的倾向被估计为3/5，那么，赞成该提案的人将愿意为多有一张选票而支付不超过0.36美元的价格，而反对该提案的人将为任何超过0.24美元的价格出卖其选票。只有当任何投票者对一种结果投赞成票的概率被设为1/2时，才会出现新增一票的价值对所有人都相等（在我们的数字例示中是0.25美元）且不可能从选票收买和出卖中获益的情形。

这个三投票者例示引出了若干判断。首先，对源于诸表决替代项的不同获益和损失，个人会赋予不同的绝对价值，但选票收买不依赖于这样的个人。在这个例示中，对每个投票者而言，受欢迎结果和不受欢迎结果之间的价值差都被设定为1美元。其次，当预期一场选举越是势均力敌，收买或出卖选票的动力就将越小（源于交易的获益越小）。而当在某种期望值的意义上，该选举的两种可能后果都同样有可能（每个投票者对某一替代项投赞成票的倾向被估计为1/2）时，收买或出卖选票都将无利可图。最后，该例示表明，任何人，只有在赞成被赋予较低胜出概率的结果时，才会发现

---

① 如已指出的，这个小人数例示是有误导性的。即那些预设的假定有可能因个人参与者而与理性行为背道而驰。在这样一种情境中，处于例示中投票者2那样地位上的个人，从整个结构，会知道未来的选票收买者对诸替代项的估价必然不同于他自己的估价；即投票者2会知道，出卖其选票肯定会使他个人偏好的替代项被否决。在这个意义上，市场双盲的假设与完备信息和理性行为是不一致的。

这种不一致性在大人数情境中会消失。因为在那种情境中，个人即使能识别未来选票收买者的定向性偏向，也不会通过他自己的行动来实质性地影响最终集体结果的概率。

选票收买是有利的。

在下一节中，我们将转向更具普适性的情形，看一下这些推论有多稳健，并且还要看一下是否能揭示出新的结果来。

## 四　普适模型

前面第二节中概述了基本模型的结构，由此我们知道，在没有任何选票收买或出卖时，每一个人都会对其自己的选票做出**相同的**估价。这个结论源于这样一些预设，即所有人都同等地评估投票倾向，且所有人都对那些替代项赋予同样的价值差。在某种大人数情境中，单张选票的这种价值事实上将非常小，因为在简单多数票决表决中，任何选票具有决定意义的前景都极少可能性。正是这种价值的渺小引出了关于理性弃权、理性无知和表现性投票的定理。我们在本文中的关注点不在于对这种价值的计算，那是公共选择理论家们所熟知的。相反，我们的关注点在于一**新增**选票对某个人的价值，因为只有这种价值才有可能引发一次选票收买。

假设有位2n投票者必须就某项外来提案做出是或否的决定。让p为任何给定投票者将对提案投是票（即赞成该提案）的概率，q为他将对提案投否票（即反对该提案）的概率（p+q=1）。假定每个投票者都预期，如果他偏好的选项被选中，他将获得（或避免损失）100美元。需要具体回答的问题是，对任何个人来讲，比如说对投票者1来讲，除了赋予他的那张选票外，再多控制一张选票价值几何。

对这一问题的回答取决于在未控制额外选票的情况下出现平局的概率。投票者1知道，他将投票赞同那个提案；因此，他估计，出现一次平局的概率要等于其余2n−1张选票能被划分为(n−1)张"是"票和n张"否"票的方式数再都乘以$p^{n-1}q^n$，即

$$(1)\ \binom{2n-1}{n-1}p^{n-1}q^n = \frac{(2n-1)!}{(n-1)!n!}p^{n-1}q^n$$

用100美元（$100）乘以等式（1）中的概率，即

$$(2)\ (\$100)\frac{(2n-1)!}{(n-1)!n!}p^{n-1}q^n$$

在能够控制新增一票的基础上给出值1的位置。另一方面，请考虑某个准备对提案投反对票的人，他控制另一张选票的价值等于

$$(3)\ (\$100)\frac{(2n-1)!}{(n-1)!n!}p^n q^{n-1}$$

请注意，如果$p<q$，则式（2）>式（3），因此，赞成提案的人愿意为一张额外选票支付的代价将多于反对提案的人。这样，如果投票者1赞同那个低概率结果，他就准备为一张选票开出足够的价格以吸引某人向自己出卖选票。**新增**一票的价值超过了每个人初始拥有的那一张选票的价值。

如果我们假定投票者1已买进了一张选票，那么问题就变为，第三张选票对他所值几何？答案仍然是，在投票者1用那两票对提案投赞成票的情况下表决结束于平局的概率再乘$100，即

$$(4)\ (\$100)\binom{2N-2}{N-2}p^{n-2}q^n = (\$100)\frac{(2n-1)!}{(n-2)!n!}p^{n-2}q^n$$

可以看出，对于大的n和$p<1/2$，（4）>（2）[要想得到（2），你要用式(4)乘以$P(2n-1)/(n-1)$，它<1，因为在n很大时$(2n-1)/(n-1)$接近于2]。这意味着，买进一张选票后，选票收买者将对收买第二张选票作更高的估价。这一结果背后的直觉简单明了。当一个支持少数派立场的投票者收买对更多选票的控制权时，出现一次平局的概率将至少上升至某一点。[①]这将使少数派立场选票收买者所处的地位与多数派立场选票收买者所处的地位截然不同。如果某个支持多

---

[①] 显然，在某一点上，将有足够的选票被少数派立场所控制，从而它将变成多数派立场，而控制新增选票以支持该立场将开始减少出现平局的概率。

数派立场的人收买选票，他将知道，他正在减少出现平局的概率，并因此，伴随着他所收买的每一张选票，新增选票对于他的价值趋于减少。

如果持少数派立场的选票收买者设法使得其选票收买程度只被他自己知道，那么他将是唯一清楚出现平局的概率将上升多少以及选票所值几何的人。从他的角度来看，理想的情况是，每个选票出卖者都要么不知道选票收买正在发生，要么他的选票已被人买走但他仍相信那是唯一被买走的选票。在这种情境中，选票收买者将能够按这样一种价格来收买选票，即它刚刚覆盖一个人在一场无阻碍选举中对其选票所做的估价。在这种情形中，该选票收买者会连续收买选票，直至新增选票的价值升至某个最大值，然后下降至选票的固定供给价格。

接下来，我们舍去双盲假设，并假定选票收买者不了解这种模型的结构所派生的含义，由此考察一种很不利于选票收买的情境。具体讲，我们假定，（1）选票收买者对他由之收买选票的那些人所具有的投票倾向一无所知；（2）不收买选票的少数派立场投票者完全清楚选票收买者已买进了多少选票，但不清楚收买者的投票倾向；（3）多数派立场投票者不仅知道选票收买者已买进了多少选票，而且还知道这些选票将被如何投出。①即使在这些条件下，在选票收买者和赞成多数派立场的投票者之间仍会在一定范围内存在源于交易的获益。请考虑一下，在给定方程（4）的情况下，选票收买者在买进一票后对新增一票的估价，并将此价值与具备完全信息的多数派投票者控制新增一票的价值做比较。每一个多数派投票者都清楚，他将投否票，并且某个少数派投票者控制着将被置于是票之列中的两票。根据这一信息，该多数派投票者对出卖自己选

---

① 在这些假定之下，收买者将没有能力从那些将同他一样投票的人那里收买低廉但对他无价值的选票。但是，因为我们已经假定，选票收买者并没认识到他所要买的只是来自对立面的选票，他对于新增选票的估价，不会像他在其他情况下的估价那么高。

票的损失（如果其选票未被卖出，$100乘以出现一次平局的概率）将等于

$$(5) \quad (\$100)\frac{(2n-3)!}{(n-2)!(n-1)!}p^{n-2}q^{n-1}$$

请注意，用式（6）乘式（5）

$$(6) \quad \frac{2n-2}{n}q$$

产生式（4）。对于大的n，且q充分地大于1/2，式（6）将大于一，因此式（4）将大于式（5）。选票收买者愿意为再增一张选票付出的将超过我们那位掌握完全信息的多数派投票者所愿意接受的最低数，直觉仍然是显而易见的。既然多数派投票者既了解自己的立场，也了解选票收买者的立场（选票收买者只知道他自己的偏好），所以多数派投票者清楚，出现一次平局的概率低于选票收买者所计算的概率。不过，请注意，一旦选票收买者积攒的选票足以超过使平局表决（a tie vote）的发生概率最大化的那一点，则每个计划要投否票且还知道选票收买者会用其所有选票都投是票的人将发现，出现一次平局的概率将高于只知其自己将如何投票的选票收买者将预见的水平[①]。在这种情形中，当多数派投票者对选票收买者的活动拥有完全信息时，一旦平局表决的概率被最大化，他们为其选票向选票收买者的索价将再也不会低于收买者所愿意支付的水平。

因此，在我们的模型中，选票收买将会在很广的信息假设范围内发生。在没有人确切地知道（除了他们自己外）任何特定个人将如何投票且毫不怀疑选票收买在大规模发生的情况下，对选票购买者来讲，购进足够数量的选票以使他赞成的初始少数派立场（因他而）被认识到是最有可能获胜的立场，是能获益的。在选票收买者既不能为其立场也不能为其买进选票的总数保密的情况下，购进选票直至出现

---

[①] 此处的原文为"…higher than will the vote buyer who knows only how he is voting."读来费解，像是缺失了一些文字。此处的译文中加入了"将预见的水平"几个字。——译者

平局的概率被最大化的那一点（无一立场具有压倒另一立场的概率优势），对于初始的少数派投票者来讲仍将是有利的。还可能有其他的信息假设，但选票收买仍将在某种范围内出现。例如，选票收买者，通过获知反对项目的人对自己的选票做出了最低估价，能够知道其由之收买选票的那些人的投票倾向。但对于选票收买者来讲，这只是在某些初始阶段上才会使选票收买较有吸引力。

最现实的假设将是，一个选票收买者能够维持某种保密状态，并安排好从若干人手中收买选票，同时无一卖者知道其他卖者的存在。对这类收买，可比照土地收购方案来为之建模。在这种土地收购中，一家大企业，在一个地区内积攒起大块的土地，办法是运用若干收购代理人（每个代理人都不知道终极买家是谁）去买进小块的土地①。当然，这样的收买安排将优势转向了买方。

至此，我们是在只有一个买家的假设下展开讨论。若说有区别的话，这一假设使得我们的结果更加引人注目。我们这一个买家被激励着，在没有任何帮助或组织支持的情况下，代表所有赞成初始少数派立场的人而行动。如果初始的少数派立场获胜，我们的单个选票收买者将获得他这一方那些人所得获益中的一小部分。如果他的收买一直处于秘密状态，他将买进选票至几乎足以确保这一立场获胜。②而且，这一结果还不要求一种立场的支持者得到有差别的好处。③在激发为群体获得该好处而行动上，我们也不要求具备与分散化成本相对

---

① 在20世纪60年代初，沃尔特·迪斯尼（Walt Disney，亦有华特·迪斯尼的译法）通过若干不同的律师事务所收买了43平方英里的土地，这些律师事务所都不知道迪斯尼是买家（请见 R. B. McKenzie, *Fugitive Industry: The Economics and Politics of Deind ustrialization* [Cambridge, Mass.: Ballinger Publishing, 1984], p.157）。
② 将购进足够的选票直至几乎确保作为少数派立场而开始的那个替代项这一点，从我们在第五节中的例示中将变得很清楚。
③ 曼柯·奥尔森在《集体行动的逻辑》（*The Logic of Collective Action*, Cambridge, Mass.: Harvard University Press, 1965）中曾提出，个人有可能为了一个群体而采取单边行动，但只有当他们从成功行动中获得的益处多于其群体中其他成员的获益时才会如此。

的集中化获益。在我们的模型中，获益群体中的个人从成功行动中所获取的人均量恰好与受损群体中个人所丧失的人均量一样。

当然，没有任何理由预期将只有一个选票收买者。如果有一个投票者看到了收买新增选票的好处，其他人多半会如法炮制。我们的模型在这方面所隐含的唯一限制是，选票收买者将，至少在开始时，处于少数派立场上。毫无疑问，由多位少数派投票者实施的选票收买与本文的主要结论完全不矛盾：选票收买将会发生，并且，在一场无阻碍的选举当中，它会朝少数派立场的方向转移优势。并且，如果有若干收买者组织起来共同努力，该结论很可能被强化。然而，应当承认，有组织的选票收买努力也许较难保密，因此可能导致选票出卖方形成较高的底价（reservation prices）。这意味着这样一种可能性，即与已克服了"搭便车"问题的有组织团体努力相比，单个的选票收买者，严格为其自己的私利行事，且只响应其自己的私利，却可能更多地增进一个大群体的利益。

## 五 大人数例示

在这一节里，我们用另一个例示来阐释出自普适模型的基本结果。这次要涉及一个虽在计算上可操控但相当大的投票者人数。假定要由800个投票者在一次简单多数票决表决中就两个集体性选择选项（是或否）做出选择。与前面一样，假设每一个投票者都处于这样一种地位上，即如果集体所做出的决策是他所赞成的，他们就获得（或避免）同等量的益处（损失）。任何给定投票者投是票的概率将是0.42，从而0.58是任何给定投票者投否票的概率。

我们先看一下，增量选票对于赞成提案的即支持低概率结果的选票收买者价值几何。让$X$代表选票收买者对实现其所偏好结果的估价（且根据假定，也是所有投票者对实现其所偏好结果的估

第二部分 应用

价），增量选票的价值由以下方程给定：

$$(7) \quad X \frac{(799-B)!}{(399-B)!400!}(0.42)^{399-B}(0.58)^{400}$$

其中，$B=0,1,2,3\cdots$是选票收买者已买进选票的数目。用语言来表述就是，式（7）等于$X$乘以一项概率，即选票收买者不控制的$799-B$选票中整整400张选票将被用于对提案投反对票的概率，或者说该选举终结于一场平局的概率。

当$B=0$时，发生平局的概率为0.00000105。为了方便，假定$X=\$10000$。基于这样的个人报偿，从收买第一张选票中实现的价值等于1.05美分（$\$10000\times0.00000105$），勉强盖过了一个便士。如前一节中所解释的，一旦买进第一张选票后，拥有新增一票的价值是递增的。因$X=\$10000$，当$B=1$时，式（7）的值是1.25美分。在表9-1中的第2列里，对应于$B$的非连续值，展示了选票对于初始少数派立场选票收买者的边际价值。随着更多的选票被买进，一张选票的边际价值呈现出稳定的递增态势，直至$B=110$。在那一点上，再增一张选票的边际价值为307.86美元。再进一步收买选票则发现，选票的边际价值趋于递减。当买到第203张选票时，新增选票的所值仅刚刚盖过一个便士。

表9-1 选票的边际价值（美元）

| (1) | (2) | (3) | (4) |
|---|---|---|---|
| B | 对买方的边际价值 | 对卖方的边际价值 ||
| | | 秘密的选票收买 | 公开的选票收买 |
| 0 | 0.0105 | 0.0091 | 0.0091 |
| 10 | 0.5600 | 0.0091 | 0.0489 |
| 20 | 0.2600 | 0.0091 | 0.2300 |
| 30 | 1.0700 | 0.0091 | 0.9600 |

续表

| （1） | （2） | （3） | （4） |
|---|---|---|---|
| B | 对买方的边际价值 | 对卖方的边际价值 | |
| | | 秘密的选票收买 | 公开的选票收买 |
| 40 | 3.8100 | 0.0091 | 3.4600 |
| 50 | 11.6900 | 0.0091 | 10.7600 |
| 60 | 30.7900 | 0.0091 | 28.7300 |
| 70 | 69.1500 | 0.0091 | 65.4200 |
| 80 | 131.5000 | 0.0091 | 126.1300 |
| 90 | 210.1200 | 0.0091 | 204.3900 |
| 100 | 279.8820 | 0.0091 | 276.0800 |
| 109 | 307.6500 | 0.0091 | 307.4900 |
| 110 | 307.8600 | 0.0091 | 308.1500 |
| 111 | 307.4600 | 0.0091 | 308.2000 |
| 120 | 277.1900 | 0.0091 | 281.5300 |
| 130 | 202.1600 | 0.0091 | 208.4000 |
| 140 | 118.1100 | 0.0091 | 123.6100 |
| 150 | 54.6200 | 0.0091 | 58.0400 |
| 160 | 19.7300 | 0.0091 | 21.2900 |
| 170 | 5.4900 | 0.0091 | 6.0200 |
| 180 | 1.1600 | 0.0091 | 1.2900 |
| 190 | 0.1800 | 0.0091 | 0.2100 |
| 200 | 0.0209 | 0.0091 | 0.0240 |
| 202 | 0.0130 | 0.0091 | 0.0191 |
| 203 | 0.0102 | 0.0091 | 0.0150 |
| 204 | 0.0800 | 0.0091 | 0.0093 |

如果我们的选票收买者能暗中行事,他就是唯一知晓一张选票的价值已被他的收买所改变的人。在这种情况下,他在收买选票上,将能够以每张选票略低于一便士的价格买进他想要收买的选票量。①在我们的这个例示中,在略低于0.01美元的价位上,理性的选票收买者将买进203张选票。这意味着,该选票收买者将控制204张选票。他将投出这些选票以支持那项提案。而在其余的596张选票中,可预期有42%或者说250张选票将支持那项提案。在这样的环境下,整个表决支持该提案的概率很接近于一。②

无可否认,假定选票收买者能够完全秘密地买进选票是一个助长选票收买的强假设。但我们能证明,即使在那些最初处于多数派立场上的投票者拥有完全信息的情况下,选票收买仍将发生。现在,假定所有自始就反对那项提案的投票者都知道,选票收买者谋求提案获得通过的结果;他们还知道一张选票被买走的时间,且在后续的任何阶段上,他们都知道前面已有多少选票被买走了。在这种情境中,每一个自始就反对提案的投票者赋予其选票的价值由下式给出:

$$(8) \quad X \frac{(798-B)!}{(399-B)!399!}(0.42)^{399-B}(0.58)^{399}$$

其中,与前面一样,$X = \$10000$,$B$是已买走选票的数目。用语言来表述,式(8)等于$X$乘以一项概率,即在潜在出卖者并不清楚将被如何投出的798-$B$票中,399张选票将被投于反对票的概率。因此,式(8)是在收买序列中的任何阶段上每一个偏好否决结果(及先前未曾售出其代投票权)的人赋予其选票的预期损失。

---

① 在本节后面将变得很显然,其实际价值是0.91美元(应该是0.0091美元——译者)。该值显示在表9-1的第三列中。
② 因为,反对该提案的表决将需要从596张剩余选票中抽出少于196张的是票,或者说比预期的少54张票。一个进行596次实验,$p = 0.42$,$q = 0.58$的二项式分布,其标准差近似于11.93。所以,否决将需要抽取这样一个样本,其中,是票的数目超过了低于均值的$4\frac{1}{2}$个标准差。

在表9-1的第4列中,对应于$B$的不同取值,给出了式(8)的取值。要注意的重要之处是,在少数派立场选票收买者买进110张选票之前,另一张选票对于收买者的价值都大于每个多数派立场投票者为其选票所愿意接受的最低价值。而一旦买进了110张选票,源于交易的获益就被耗尽,这在表9-1中很容易看到。还要注意,一旦买进了110张选票,选举就成了胜负难料的掷硬币。凭借着购得的110张选票,选票收买者控制着111张赞成提案的选票。在剩余的689张选票中,预期会支持提案的票数约为289($689 \times 0.42$),从而预期的赞成票总数为400张。如前一节中所论述的,一旦假定,自始即为多数派的那些人对选票收买者的活动拥有完全信息,选票收买将只能进行至选举终结于平局的概率达到最大化的那一点。

## 六 结论

如我们在引论中所指出的,我们在本文中分析这个高度类型化的选票收买模型,并不是要来讨论可从中就现实的民主政治世界做出哪些可能的推断。只要经济上、法律上或道德上的门槛阻止那些自始就在集体选举权上享有产权的人之间出现选票买卖,我们的整个分析就根本不适用。然而,如果这样的门槛只是抑制而不是完全杜绝了这类市场的出现,一项包含了零交易成本假定的分析就将具有一定的价值。

## 货币宪则和财政宪则

# 第十章 可预测性：货币宪则的标准

当我们考虑货币政策的种种替代物而不涉及许多可能和曾经在很多层面上抑制讨论的政治性—制度性—历史性约束时，我们是在从事宪则性法规（constitutional law）方面的讨论；我们正在分析可适用于竞争性或曰企业性经济运行的种种替代性货币宪则。

如果以这样的方式构想我们的努力，我们的讨论从开始就会出现标准方面的问题。我们希望达到什么结果？该如何评价种种分立货币框架的相对绩效？如果我们自始就能在评判一套货币制度的绩效上同意和接受某种单一标准，我们就已经在就货币改革的较具体元素获得必要共识的方向上迈出了重大的一步。

我认为，我们能够就这样一种标准达成一致，且不是只在我们自己当中，而是在学者当中普遍地达成一致。换言之，我所表述的是，货币政策上的种种议题完全可以被化解为手段（而非目的）方面的议题。与经济政策的其他领域相反，在有关货币政策的事情上，并没有或者不应当存在任何基本价值冲突。点明这一点后，我现在有义务就我所说的这个标准给出定义。我认为就货币政策而言，无论是哪个层面的讨论，最有意义的标准是货币单位的价值或与之同义的绝对价格水平具有**可预测性**。

## 一 作为准则的可预测性和稳定性

**货币可预性**和**货币稳定性**都被视为政策的标准,将这两者做一下对比是有益的。如我们所知,后者更常得到推进。请注意,就货币稳定性而言,我们立刻就遇到了定义问题。稳定性,即使就某种"理想"意义而言,它究竟是指什么?稳定性是从某种产品或要素的价格水平的角度来定义的吗?无疑,这些问题都可以得到满意的解答,且在大量的货币理论家当中达成了意义重大的一致意见。但是,在讨论的这一层面上,只要用可预测性替代稳定性作为恰当的货币准则,就可以排除提出这类问题的必要性。然而,对我们的目的来讲,更重要的是,这一替代极大地扩展着对标准的共识,而这是真正的进步所需要的。即使那些曾主张赞成蠕行通货膨胀的人都会同意可预测性标准。事实上,可预测性作为标准的一个重大优点恰恰在于,主张拒绝接受该标准的严肃学者面对着一个个明显的困难。正如我们在下一节中将要讨论的那样,货币单位在价值上的可预测性之所以必需,是为了使合乎正规定义的经济效率实现最大化,当然,还为了实现经济增长。而当我们在某种动态背景下来考虑经济增长时,它已变成了效率准则的现代等价物。

也许提议用可预测性替代稳定性的最大好处在于,它实际上允许我们将那些与货币宪则相关联的问题和议题与另一些问题切割开来,而后者所引入的问题和议题都涉及货币政策在所谓宏观经济变量上产生专属效应的功效。货币政策,在宪则性框架层面或受制度约束的层面上,都可能产生也可能不产生某些稳定化标准所追求的效果。货币数量在整体性的宏观经济模型中可以是也可以不是关键的控制变量。这一数量的变化有可能令人满意地解释经济总量波动的历史经验,也有可能做不到这一点。关键是,在对种种替代性货币宪则做基础性思考上,诸如此类的议题,无论个人的观点如何,

**都无须提出**。并且我认为，如果我们同意，在解决更基础性的议题之前先搁置这些其实只具有附属性的议题，将从根本上净化讨论的氛围。

## 二 可预测性与效率

我很难理解，对于可预测性是货币政策的恰当准则这一点，人们怎么能认真地予以拒绝。而且我还认为，在这一规范上的共识所代表的东西远远超出了在诸如"效率""快速增长"等其他经济政策目标上的空洞一致。对于后者，目标上的根本一致不过是在面对阐明和定义诸一致目标的种种问题之前先撇开争议。而货币的可预测性不属于这一类准则。货币价值的可预测性，作为一种构想性概念，是相当明晰的。当然，确实出现了定义方面的问题，但这些问题都是可以讨论的，且想来都是有解的。换言之，理性的人都能很容易地同意货币可预测性的含义。

我想到的类比是天气。对于气象学家来讲，天气的可预测性是一项被广泛接受的标准。并且，我们都知道所谓改善的天气预报指的是什么。我从未见到有人声称或主张这样一种效果，即在天气预报上（在可预测性上）的改善不是也"改善"了资源运用上的整体效率。这里讲的可预测性的改善与经济绩效的改善之间存在一致性，且这种一致性实际上被普遍地视为理所当然，鲜有人明确提及。改善的天气预报被公认为是一种"值得向往的"结果，并被预期是源于在科学研究上的较大投资。

这完全符合常识性观念。如果人类能增进其预测天气的技能，经济资源将得到更有效的利用，重大的错误将得以避免。尤其请注意，这一论断的成立与天气中的历时变化趋势完全无关。根据某些有关"更坏"或"更好"的公认标准，北半球的冬季可以逐步变得

"更坏"或"更好"。但是，以这种方式描述的天气变化方向与改善了的可预测性能导向更高经济效率的结论毫不相干。

如果我们在时间上进一步向前移动，并想象我们自己处于一种能精心控制天气的环境里，我们的类比就会变得更贴切。比较容易看出，在这样的环境中，关于"更好"这一判断的标准，有可能出现认真的争论。但是，无论在更好这一点上采用什么特定标准，可预测性上的改善仍将被认为是普遍值得向往的。

这一类比，因得到修饰，看似几近完美，但与所有的类比一样，如不谨慎掌控，就是靠不住的。气象学家可以将其努力指向在当下环境中改善可预测性，而完全不去涉及其对各种元素实施更大控制的努力。当然，货币理论家也可以如此行事。他可以如实地接受制度的复杂性，并将其精力用于种种改善预报的技术。但是，如果他能以更低的成本在改进制度结构本身上发明出一些手段来，从而最终确保更高的可预测性，则他像气象学家那样行事就显然是较少生产性的。货币理论家面对着两个方面，即某种拟议中的"宪则性"变革的可预测性特征，以及他有可能通过这种变革获得的"结果改善"。然而，与面对未来的气象学家相比，货币理论家要想将前者从后者中分立出来，大概困难要多得多。当然，当我们考虑这两种情形中可预测性和结果改善的相对重要性时，这里的情境将会逆转。对于天气，显著的"好转"是绝大多数人都想得到的，更别提改善的预报活动了。而对于货币框架或曰货币宪则，如果可预测性得到保障，则不同绩效模式之间的差异似乎将相对很小。货币系统可以有若干种，例如，使产品价格水平保持稳定的系统、使产品价格水平逐步下降的系统和使产品价格水平逐步上升的系统。**假如它们在这几种情形中的可预测性都相等**，则在构建一个货币系统的社会成本上，差异将相对很小。

这不是说，在诸多替代性货币系统之间的选择，如果不涉及种种可预测性元素，就不是一种重要的选择。我只是要强调，这一选择，若受到限定，只能从那些预期将产生大体相同可预测性的系统中选出一个来，则与在预期能产生货币可预测性的系统和预期做不到这一点的系统间所做的初始选择相比，其重要性就要大大下降。

## 三 可预测性与完美的预见

至此，我怀疑我已经说出了可被用来把握议题的东西。然而，我坚持认为，对可预测性的强调要比其初看上去的程度更重要。但是，也会有人反对。其根据是，可预测性是一种于分析性目的有益的准则，但它可望而不可即，因此在任何政策意义上都是不实用的。当我们讨论竞争性经济系统据以组织资源运用的效率时，货币可预测性准则与完美预见要求毫无相似性吗？我们同意，理想运行的竞争性经济系统需要对所有或至少多数参与者有完美的预见，但我们很少引入这样的预见作为一种组织准则。因为，在作了全面思考之后，我们认识到，在实质性地提高整个经济组织的"可预测性"上很难有所作为。因为，竞争秩序所产生出的这类效率是凭借其对趣味、资源供给和技术上的种种变化保持灵活性和适应性而得以确保的。而那些变化，就其本性而言，几乎是不可预测的。相对价格的结构对这些变化的响应都像碰巧而发生，而靠某些误导的努力来"冻结"相对价格关系的未来轨迹以提高可预测性（即减少不确定性）的任何企图，在逻辑上都没什么意义。预先固定相对价格运动轨迹的行动在减少这种不确定性上将一事无成。因为，自由经济里那些完全不可预见的外生变量在运动中会内在地产生出这种不确定性。从这类旨在提高可预测性的尝试中肯定会产生出过剩产品处置和种种配给问题。并且，不是实现这一结果，而是降低系统对种种意外变化的响应性，且这一点会通过无法避免的低效率反映出来。

然而，预设绝对价格水平轨迹则完全不同。如果能在绝对价格水平上，即货币单位的价值上，导入可预测性，就肯定会有效率上的净获益随之而来。当然，这样的可预测性意味着**连续的货币均衡**。并且，如果实现了这一点，绝对价格水平中的实际变化轨迹就基本上变得无关紧要。

在与完全均衡形成对照的种种状态中，在种种相对价格与绝对价格水平之间做出的经典二分是有根据的。并且，通过在开头就强加可预测性假定，我将确保某种均衡状态连续地得到维系。当然，绝对价格水平的变化可以要求伴有货币供应或货币数量上的各种变化。至此，隐含于我论点中的是这样一种想法，即这个变量可被用来实现所向往的目标。其要点在于，如新古典作家们所强调的，绝对价格水平与种种相对价格的结构无关。由此而来的是，绝对价格水平的历时性运动能在不影响相对价格结构的情况下发生变化。并且，与适用于相对价格结构的情形相反，对于这一运动的可预测性来讲，运动的实际轨迹基本上是不重要的。

但我仍未阐释清楚，因为我尚未真正克服那种可能的反驳，即在绝对价格水平上的可预测性假定与竞争模型中的完美预见假定相类似，其本身在分析上有用，但作为规范则是无用的。仍然必须证明，可预测性，作为适宜的政策标准，在实践上是可行的，或至少是可趋近的。

在绝对价格水平上的潜在可预测性和完美预见条件的潜在满足之间，唯一的差异在于瓦尔拉斯识别（Walrasian recognition）。即在一个相互联系的经济体中，必须选定一种商品或服务作为**计价标准**（a numéraire），以防止在描述该经济体的方程系中出现解的不完全确定。不选定一种这样的商品或服务，种种相对价格关系只能靠各种比率或相关物来表现，没有任何共同的价值分母。选择这样一种**计价标准**，并不降低该系统在应对诸外生变量的变化上所具有的灵活性和适应性。正相反，对**计价标准**的一致认同变成了实现组织效率的一个必要条件。与这一点直接相随的是,当从其他商品或服务的角度来进行计算时,要求这一**计价标准**的价值具有可预测性,并不会实质性地减弱该系统中赋予其他变量的灵活性。

## 四 价格水平可预测性的"理想"面

如果可预测性准则被公认为适用于货币政策,如果人们承认它代表着一种有意义的、概念上来讲可实现的标准,则接下来要面对的问题就涉及选择执行它的手段了。在某种意义上,我关于这一点所说过的每一件事对于后面这个问题而言都是引论性的。在我的讨论中,后面这个问题是主要部分。因为,正是在实现货币可预测性的手段上,宪则性货币政策的各类研究者可能且确实判然分野。在讨论这些差异的某些方面之前,我愿意再次强调,实现可预测性,在任何货币框架下,都要比借以达到该目标的手段更重要。尽管大量讨论专注于论证赞成或反对导入货币可预测性的各类手段,但永远不应忽略,**凭借任何手段**来确保可预测性具有基础的、核心的重要性。

我们追求的结果并不难定义。我们想要靠一套货币框架来造就的是货币价值的可预测性。我们向往那样一种货币体系,它将允许单个的决策制定者,无论其是消费者、企业家、生产性服务的出售者,还是投机商,都能从他的算计中消除与绝对价格水平未来轨迹有关的不确定性。在其预测相对价格未来轨迹的努力中,他将面对相当大且无法避免的不确定性,这种不确定性将完全可能直接进入他的算计。

我们是从货币价值或曰绝对价格水平的角度来定义这种可取结果的。然而,这些都是概念上的抽象,不是物质性的度量单位。这些数量只是在经过了某些均值计算处理之后才会呈现出算术意义,这种处理要利用实际物质商品和服务的种种价格变动。我们所谈论的可预测性是某种跨期均值变动上的可预测性。这个均值可以被表达为一个指数，但这个指数只充当一个任意的量级因子，永远不能指望它发挥这以外的任何作用。如此，该指数的变动就能提供一个尺度，来指示所采取的行动对**其他**变量（真实的或曰物质的变量）的适宜性。对这个指数本身，不能以任何直接的方式施加影响。

我们可以通过与气温的类比来做出例证。温度计测量温度，但温度本身除了为我们对其他变量直接采取的行动提供一种判断依据外，做不了任何事情。我们不能直接提高温度；相反，我们必须对其他变量（如熔炉中的煤炭数量）采取行动，而这接下来将影响我们正在观察的热指数或温度。

从根本上来讲，有两种方式可以将价格指数的可预测性纳入货币宪则。首先，我们可以将价格指数用作政策变化的**工具性**依据（instrumental criterion），这些变化必定会涉及对系统内其他变量所采取的行动。其次，与之不同，我们可以努力按这样一种方式来组织民间的决策制定制度，使得所向往的货币可预测性从该系统的日常运行中自发地产生出来[①]。

很容易看出，当该问题是被从其"理想"意义上来构象时，第一种方法拥有的感召力要稍大一点。如果，实际上能够按照某种精度来定义这种"理想"或曰"准则"，恰似我们所说过的，就是具备货币可预测性的情形，它就永远可以靠运营于"理想"条件下的"理想"之人来实现。因此，这一领域中的倾向，如在其他领域中一样，是研究者们有点过快地投入了对上面所提第一种方法的支持。然而，当我们认识到，在所有涉及经济政策的事情当中，具体的行动只能由个体之人来承担，并且这些人易于出错，常有错误和

---

[①] 与按正统方式来定义的经济效率作一类比，将很有助益。就这样的效率是竞争性经济组织的一项准则而言，它的实现是一种从经济运行中自然产生出来的结果，而不是以任何直接方式来实现这一目标的、人为导向的意图所导致的。

过失，我们就开始领会到第二种即另一种方法的优点了。这种方法所瞄准的是自发地实现而不是工具性地（instrumentally）获取所向往的结果。

## 五　受管控系统与自动系统的对比

这个标题代表着两种货币系统间的差异，一种我们称之为"受管控的"货币系统，另一种我们称之为"自动的"货币系统。我知道，这些词引出了更进一步的疑问；所有的货币系统，在某种意义上，都是受管控的，没有一个货币系统是完全自动的。然而，就我们的目的而言，我们可以将受管控系统理解为这样一种情况，即它将工具性地运用价格水平的可预测性体现为一种政策标准。这种标准要么很粗疏，裁量型主管当局在很大的范围内拥有种种独立的决策制定权；要么很严密，表现为种种专属规则，将裁量型主管当局约束在很窄的界限之内。另一方面，我们可以将自动系统理解为这样一种情况，它对货币政策的引导，在任何阶段上，都不会涉及对绝对价格水平（即价格指数）或任何宏观经济变量的直接运用[①]。在自动系统中，货币政策本身的构建只能是指定某种单一商品或服务作为货币单位的基础，由其充当本位标准（standard），并牢牢固定住这一商品的价格在货币单位上的未来轨迹。请注意，在对自动系统的这一描述中，我并不要求使被选作本位标准的那种商品的货币价格是跨期稳定化的。我的全部要求是，这种价格在时间的每个特定瞬间上应是固定的，且它的水平是事先已知的。当然可以使本位商品（standard commodity）的价格稳定化，这是通常所分析的情

---

[①] 如果有一个系统，其特征是稳定化主管当局的**唯一**注意力都被放在了其他宏观经济变量上，诸如就业指数等，则这个系统就根本不能称为货币系统。不过，就有必要给这种系统归类而言，它显然处于受管控系统的范畴之内。

形。但我的观点是，支持这种稳定性的规范论证所发生的讨论层面有别于这里所考虑的层面。可预测性是重要的规范性元素，它必须首先被纳入受管控系统或者自动系统。

如要在受管控货币系统和自动系统之间作最终的政策决策，必须先仔细地分析预期从每一种系统的运营中将会产生的相对成本和获益。进行比较的基础必须是不同系统在实际世界中的期望特性（expected properties），而非那些被理想化地构建出来的模型所具有的种种特性。但在相当仔细和精确地说明我们提出进行比较的不同系统所具有的本性之前，我们不会有大的进展。有很多机构可以用"受管控系统"这个词来描述，且有很多不同的商品和服务有可能成为本位标准。而太常见的却是，将一个特殊的受管控系统与某个运行很差的自动系统进行比较，或者将一个特殊的自动系统与某个运行很差的受管控系统进行比较，最后，据此比较做出泛化的评价。

## 六 "理想的"受管控系统

我们可以在一定程度上避免这个困难，方法是在最佳的或曰"理想的"受管控系统与最佳的或曰"理想的"自动或曰商品—货币系统之间开始比较。

在这里，我并不主张为赞成任何特殊的受管控系统作论证。我将陈述我的信念，即某些方案，如由亨利·西蒙斯（Henry Simons）和劳埃德·明兹（Lloyd Mints）所提出的构想，是最接近于在绝对价格水平上导入可预测性的。也就是说，我将直截了当地选择赞成某种预先决定的准宪则性"规则"，它将相当精确地界定货币主管当局（"监管者"）的任务。然后，将使该主管当局承担遵守该规则或规则集的责任。在理想的情况下讲，这一系统将产生出观测币值和预测币值之间的种种歧异，而这不过是该主管当局在试图遵守预定规则的过程中发生差错和误算所派生的结果。与此相对，在一个任意裁量型的受管控系统下，货币的观测值与预测值之间的种种歧异不仅源于这一过程，而且还源于另外一个原因，即实际所循规则对预期规则的种种偏离。但是，如曾提到的，论证这一点不是我的职责。

## 七　"理想的"自动系统

有些货币理论家总体上倾向于赞成这种或那种受管控系统，但他们没有，按照某种规则，具体说明他们自己头脑中借以进行比较的那种替代性自动本位标准或系统。我常常怀疑，他们拒斥自动系统，通常是因为他们将所有的这类系统与一个很大集合中的某一具体成员联系在一起了。这个成员，众所周知，当其部分有效时，产生出了不讨人喜欢的后果。毫无疑问，我这里所说的是金本位制。如我们所知道的，历史上的金本位制甚至不是一个以商品黄金为基础的好货币系统模式。但我们现在无须涉及这一点。我的观点是，对考虑到的替代性货币系统，我们永远应仔细地说明其种种特征；并且，如果我们尚未考察过"最佳的"可行自动系统时，我们就不应该不假思索地选择受管控系统。

因此，我建议，我们先思考一个"理想的"商品性货币系统的种种特征。如果能找到它，那么，是什么样的商品或服务会"理想地"实现货币可预测性目标呢？从这个方面来看，我们似乎应寻找一种完美代表经济体中全部物品和服务生产的商品。即我们需要找出某种商品，它的生产体现着某个被赋予恰当权重的系数组，该系数组代表着该经济体中所有物品和服务的生产过程。这种理想货币商品的供给弹性要等于作为一个整体的生产所具有的弹性。这种理想货币商品的生产在某种现实意义上，是整个运行中经济的一种镜像（an image）。或者，用一个数学比喻，整个经济体将被"映射"在该单一生产过程之中。

隐含于这一理想商品中的种种权重必须以某种方式反映出所产各类商品和服务的相对重要性。但是，这种相对重要性只能从价值的角度来判定。我们必须导入市场价格，作为消费者评价的唯一有意义反映。在这样的方式中，我们被导向了结论，即这个被当作一种货币宪则的理想商品运用着某种自动的或曰间接的手段来实现货币的可预测性；它必须是这样一种商品，即在未指定它充当本位商品的情况下，它的价格会与绝对价格水平（即与价格指数）的运动，**同步**变动。

如果存在这样一种商品，即在未将其指定为货币的本位标准或曰基础时，其价格的变化将与绝对价格水平保持完美的一致，那么，使货币可预测性的实现达到所向往的程度，将只需要某种相对简单的制度变革。政府可以简单地声明，货币主管当局（此处是指铸币厂）会始终准备好并愿意按事先定好的价目表（未必是历时稳定化的），不限量地买进和卖出作为货币单位的理想商品。结果，该经济体将在货币可预测性的基础上运行。因为，当该经济体需要时，可以靠竞争机制的种种分权化和非人格化力量来生产和销毁"货币"。如果绝对价格水平跌至预测值之下，就会发生该理想商品的生产和出售。流通中的货币单位量将上升，且这一上升将持续到绝对价格水平的观测值与预测值大体吻合。相反，如果绝对价格水平升至预测值之上，会激发从铸币厂买进该理想货币商品。这种购买将持续到某个价格指数的观测值与预测值大体相等。值得注意的是，在这种系统下，可预测性将得以实现，且无须工具性地运用任何价格指数来作为政策行动的依据。货币方面任何"自动的"或曰商品性本位标准的基本优点在于一个事实，即只有在这样的系统中，才能直接运用竞争性市场的种种力量来实现货币的可预测性。在某种意义上，这样一种系统的运营中不牵涉任何明确的货币政策。

## 八　基于模拟理想商品本位制的价格水平治理

为了进行比较分析，我们可以从这种"理想的"商品本位制出发，构想适于价格水平可预测性的西蒙斯—明兹规则的运行。在某种意义上，设计出符合这类规则的受管控货币系统之就是要模拟较具自动性的系统。在这样一种规则导向的系统之下，政府本质上是在按照预先确定的价目表"卖出"一种理想合成商品的单位，并按同样的价目表"买进"这种商品的单位。如果这样一种受管控系统的管理者很少出错，结局就会在实质上等同于在某种真实理想商品本位制的运行下所产生的结果。但是，对货币监管当局的行为没有任何市场监控。真实理想商品本位制的这一重要控制特征被付之阙如。决策必须集权化。

在支持这样一种货币管理规则的货币理论家中，有一些人会令人信服地论证说，给定绝对价格水平的未来轨迹有一定可预测性后，竞争市场机制中的种种力量将变得有效。套利者的种种逐利行动往往能确保货币主管当局的按指令治理（rule-as-directive）中所隐含的可预测性将在事实上具有按结果治理（rule-as-result）的特征。此处的这一现象曾被称为自执行预期（self-reinforcing expectation）。如果人们充分确信某一特定结果将实现，他们自己的私下行动将趋向于保障他们的预见成真。我不想进一步深入按预测治理这一问题所引出的那些有趣哲学议题。

然而，在实现货币可预测性的规则发挥作用的条件下，存在着一种阻止自执行套利活动完全有效的重要因素。在让套利者确信那些预定的规则事实上将被持续地用作最高政策依据上可能存在种种困难，即涉及跨越"信任门槛"（belief threshold）这一重大问题。但即使我们能够弱化这方面的问题，抗衡性的反套利力量仍将会被削弱。因为，个人没有能力购买或出售"平均值""价格水平"或者"价格指数"。比如，当社会普遍预期总价格水平将从某个当前观测值升至某个预测值（如按标准治理中所表明的）时，会引发套利者将其资产持有从货币转向实物。但在这样的转换中，没有任何理想的合成商品，就必然要承受相对价格的不确定性。必须在许多可以买进的可能实物资产中进行选择。另一方面，如果存在一种普遍预期，价格水平将从某个当前的观测值下降至某个预测值，套利者就会从实物转入货币，从而摆脱某些相对价格的不确定性。总的来看，套利者的种种行为似乎对价格水平起着一种轻微的下压作用。这是货币主管当局不得不略加抑制的。当然，这是因为假定所有的个人，平均而言，偏好确定性甚于不确定性。一个以一套确保货币可预测性的规则为特征的系统中的套利行为是很有意思的问题，但我不想在这里探查这一领域。我想，对于自我增强的套利现象，就与在一个理想商品本位制下将发生的套利现象做简短对比而言，我已作了充分的讨论。

## 九　理想商品本位制下实现稳定的套利活动

现在，让我们再次考察这样一种货币系统，它以前面讨论过的那种基于"理想"商品的货币单位的价值为基础。请稍微搁置一下找出这样一种"理想"商品的意图。先假定，一种这样的商品确实存在。就效果而言，这一系统利用自由市场的种种力量来确保可预测性。就这种被指定的本位商品而言，其市场价格不能显著地偏离铸币厂价格，它是被预先定好的。当然，绝对价格水平可以围绕某个确定的可预测趋势值上下变动。但是，那些自强化预期方面的种种现象与预定货币管理规则的系统下出现的情况是等同的。对这些市场力量，在任何场合都不应低估，但它们对于自动本位制中的主要抗衡力量来讲却变得次要了。这个主要力量的呈现方式是，当被指定的本位商品的价格相对于其他种种价格（成本）而上下变动时，直接地进入和撤出那种被指定的本位商品。只要在种种非本位商品上的套利者们都普遍信任在那种货币商品上的潜在直接交易者们的个人算计，即信任那些个人算计中所含经济动机的力量，那些次于这一主要力量的套利性力量就提高着可预测性。换言之，这一点上的贴切比较是这样两种信心之间的对比。其一，平均的或曰有代表性的套利者对市场力量作为稳定机制的信心；其二，这类套利者对货币主管当局成功遵守预定规则的信心。

## 十　充当本位商品的普通砖

在完成了本文的前九节之后，现在我来到了我曾打算作为开头的地方。我希望，此时，在对初看必定像是一个货币极端论者所提出的主张做更细致的考虑上，已做好了一定的基础铺垫。

就在一个自动系统下实现货币的可预测性这一目标而言，并不存在任何"理想的"商品。没有任何单一的真实商品或服务在根本上适于代表涵盖整个经济体的总合生产，或能恰当地被用作经济体的一种镜像。然而，在认识到这一点之后，我们不应将所有自动的或曰商品性的货币系统都拒斥为不可行或不现实。若按具体的真实商品拥有上述"理想"商品应有特性的程度来衡量"较好"和"较差"，还是存在着"较好的"和"较差的"商品本位制。

正是在这样的意义上，应该考虑把普通的砖用作本位商品。我们可以很好地论证，在现存的实际商品中，就可被用作自动货币系统的基础而言，普通建筑用砖是最佳的可行商品。货币价值应以普通建筑用砖为基础这一巧妙建议由C. O. 哈迪博士首次提出，他是两次世界大战期间和战后初期几年中在货币理论上的开创性人物之一。就我所能发现的来看,哈迪博士并未在正式论文中发表过这个建议[①]。但是,这已经被公认为她对货币理论所做出的许多重要贡献之一。并且,其实质内容已被若干学者以口述方式相传,这些传播者中有劳埃德·明兹教授及他先前的几位学生。使他们产生深刻印象的是该普通砖建议的完美逻辑,以及公认的冲击价值。

思考一下普通砖充当自动货币系统的基础有什么优缺点是有助益的。首先,让我们简要但细心地说明一下这个预期要运行的自动货币系统的结构。政府为标明质量的普通建筑用砖设定了货币价目表。为了简化叙述,让我们假定,这个价目表可以由一个不因时而异的单一价格来象征。但我要再次强调,这个建议的意义深远之处既非单一价格,也非跨期的恒定性。在这个价格被公之于众的同时,一个政府主管当局,我们将其称为铸币厂,宣布它愿意按设定价格无限量地买进和卖出普通砖的单位。该铸币厂只通过与普通砖的交易来发行货币,铸币厂出售普通砖而产生的货币收益被禁锢在铸币厂之内。每一个人都得到保证,他能在任何时候拿一块或其他量的普通砖(或者一份砖所有权证书)去铸币厂换取某个货币单位,比如说,一纸美元。他还知道,他能在任何时候,在任何期望的数量上,去铸币厂,凭纸美元,换购指明质量的普通砖。不必再有任何另加的货币政策或财政政策。由于除了那些内含于铸币厂运行管理规则中的权力之外,不存在任何创造和销毁货币的权力,政府必须靠税收或通过实际借债来为其各种支出融资。可以规定,商业银行的运营要以百分之一百的存款准备金为基础,尽管这一假定对于分析砖本位制本身来讲并不具有实质性[②]。

---

[①] 在我寻找该原初建议的某种发表版本上,我要感谢华盛顿的麦拉·M.哈迪女士,并感谢联合经济委员会的职员威廉·H.穆尔博士。
[②] 我应指出,这里所概述的砖本位制建议,以及随后对其运行所作的分析,代表着我自己关于该原创建议的版本。我要将这项建议的原创都归功于哈迪博士,但我这一版本中可能存在的错误则不属于他。

可以预见，这种货币系统的作用方式将类似于任何其他基于某种商品本位制的货币系统。当价格总水平升至高于某种预设的初始或"均衡"水平时，普通砖交易者从铸币厂**买进**这种本位商品的实物单位就变得有利可图了，通过用纸币交换砖或砖所有权证书，他们能很方便地做到这一点。当这些交易者将纸币单位返还给铸币厂时，铸币厂以外的货币供给就减少了，因为铸币厂有义务销毁或作废如此接收的纸。当系统中的货币供给被缩减了，对总价格的上升压力就转变成下降压力，价格水平就开始朝预期值下落。同时，自然，相对于其他产业，砖生产行业会变得萧条。砖的生产速度被降低，资源趋于转向其他产业。这会诱发各种非本位商品和服务的供给出现增长。当然，这种增长确实会产生影响，但与扩大从铸币厂买砖产生货币收缩所派生的需求效应相比，这种扩张效应实质上不那么显著。需求过程和供给过程都会持续下去，直至与非本位商品上的各种支持性套利活动一起，成功地将绝对价格水平带回与某个普遍期望值或普遍预测值的被认可关系之中。但是，实现这个结果，没有任何部门、主管机构、商务企业或单一个人去明确地操心绝对价格水平本身。在砖这种本位商品上，引导交易者和潜在交易者的是利润最大化准则，不是任何私人或政府对货币稳定性的关注。

在绝对价格水平降至某个预测值以下的场合，这个系统是完全对称的。这种下降引发对冲性的平衡行为。企业发现将砖卖给铸币厂是有利可图的。当这种情况发生时，增加出来的货币会找到其进入经济体支付流的渠道。这一初级效应趋于增加对所有非本位物品和服务的总需求。这还要配上供应侧效应，它源于资源从非本位商品的生产中撤出来，减少以后的过度供给，并进入砖这一本位商品的生产。同样，该过程会持续下去，直至绝对价格水平返回某个期望值或预测值，或按指导私人行动的准则来表述这同一件事，直至生产和向货币主管当局出售砖的相对可盈利性完全消失。

至此，对于任何物质商品，只要被指定为某自动运行货币系统的本位标准，就都可以适用同样的分析。实际上，在从像普通建筑用砖那样的日常商品出发讨论这一分析的诸多观点当中，有一种观点就是证明：商品本位制并非必须从贵金属的角度来构想。但是，我们可以比这一点更进一大步。与其他可能的商品系统相比，砖本位制系统中存在着许多积极的优点。在考察这些优点上，将普通砖与作为自动货币系统基础的黄金作对比是有助益的。

首先，普通的砖几乎可以在美国的每一个地方性区域内方便地生产。因此，生产本位商品的产业中所需的种种调整将不会被局限于某些特殊的地区或区域内。当经济中存在普遍的通胀或通缩压力并迫使这个砖生产业收缩或扩张时，生产的空间广布往往能防止级差性的地区冲击。这种情境与另一种涉及如黄金或无烟煤之类本位商品的情境正相反，后者只能在高度地方化的区域内生产。在萧条或衰退的最初时期，砖本位制系统的就业效应将会很显著。因为这种时候，为了将资源转入各种地区局域化产业，需要加快劳动力的流动。而地方砖厂中的就业机会往往会缓解这种必要性。这一优点与通胀时期中的失业效应是对称的。

其次，虽然我请求在这里忽略技术。但砖本位制的第二个重大优点在于一个事实，即普通砖的生产工艺看来并不过分复杂。有效率的生产工厂大概无须是规模极大的，进出该产业应该不难。由于这些原因和其他一些原因，对相对价格和成本变化的反应将能快速发生且不会有严重的资源错位。

再次，与之密切相关的第三个优点是，砖的生产似乎并不需要什么高专业化资源。这三个特征合在一起，确保供给弹性将会相当高。

最后，一个不应被忽略的优点是，普通建筑用砖大概不适于调节各种国际支付差额。这样，该系统将促进而不是妨碍国内货币系统从国际支付机制中分立出来。这种分立的不可能性会严重制约将黄金用作本位商品。砖本位制系统将是某种浮动汇率制的适宜结伴。

基于所提这四点中的每一点，以普通建筑用砖为货币本位标准的系统看来要优于以黄金或任何其他贵金属为本位标准的系统。

当然，砖本位制系统也会有某些抵消性缺点。任何商品本位制都必定涉及一些贮存成本，这是受管控系统下所没有的：一种商品被指定为货币本位标准后，经济体中必然有一部分资源注定要被专用于维持这种商品的一个存量，这个存量高于该商品在非货币性用途上的正常需要量。就砖而言，在贮存中基本上不会随时间的推移而变质和贬值，但是该商品的巨大数量仍会使贮存成本不容轻视。经济资源将被持续不用地拴牢在普通砖的某个可观存量上。不过，这个存量未必全都不得应用，有很大一部分存量砖可被专用于建造政府大楼。如果确实可以预见到，该系统会在某种部分准备金提款制（fractional-reserve withdrawal）的基础上有效运行，即如果能预见到，对普遍的上升压力或下降压力所需做出的响应将涉及不超过，比如说，既存"货币砖"存量的四分之一，则该存量的四分之三，铸币厂已在某一时点上据此发行了美元，就可以被用来建造政府大楼。这样一来，全体纳税人将稳获某种间接的好处。作为公认的已发出货币（outstanding money issuses）的终极储备或后盾，被用于这类建筑项目的砖必须与那些通过普通市场渠道购进的政府用砖仔细区分开，对这种"货币砖"的潜在提款必须得到承认。公众的大面积挤兑风潮将造成严重的通胀压力，从而使得用购自铸币厂的砖来建造私人建筑变得非常有利可图，那时可能就不得不对冲性地拆解一些政府大楼。但是，很难想象，一个这种性质的货币系统一旦进入全面运行后，会围绕预期标准发生如此重大的摇摆。由于这个原因，似乎并无理由担心私人的或政府的建筑可能面临这种周期性的拆解。

任何商品本位制都有的重大缺陷之一是，在生产本位商品和非本位商品的相对成本发生不可预测的变化时，它会显得很脆弱，当从可预测性标准的角度来看时尤其如此。例如，产砖行业在生产工艺上的一项重大技术改良能成为经济中严重通胀的源头。我们知道，历史上金本位制的缺陷之一就是其总体经济状况受制于间或偶发的新金矿发现。尽管砖在这一点上显然优于黄金，但在任何彻底的比较评价中，细微技术突破所能孕育的可能通胀不应被忽略。看来，适用原料被耗竭而使出自这一源泉的通货紧缩具有高度可能性的机会几乎不存在。

任何商品本位制的第二个缺陷是，当对本位商品的非货币性需求发生了不可预测的变动时，它有可能显得很脆弱。例如，在某种砖本位制生效的条件下，砖住宅时尚的兴起会对整个经济体普遍施加通货紧缩的压力。然而，在一定程度内，对货币商品的私人需求中这些不可测变动，可以靠政府需求中的变化来对冲。只要这样的需求转移发生且得不到有效对冲时，商品本位制就没有能力产生出货币的可预测性。但从更广的范围来考虑，这样的转变只是在程度上有别于持币愿望上的变动，即看来是囤积和不囤积，减少着任何货币系统的可预测性。

## 十一　价值的劳动本位制？

看来很清楚，普通砖是比黄金更可取的货币商品。但是，是否还有其他的商品或服务，能与普通砖一样，甚或能比普通砖更好地服务于这个称心的目的吗？在亚当·斯密时代之前和之后，经济学家们曾着迷于和受惑于一种想法，即在所有的既存商品和服务中，普通的劳动为经济中的价值提供了最佳的单一尺度。我很愿意简短地探讨一下这种将普通劳动用作自动货币系统基础的想法。

在为阐明这样一种本位标准的逻辑而考虑教学方法时，我曾玩味过阿门·阿尔奇安（Armen Alchian）教授玩笑地提出的一个想法。他提出，普遍失业问题可以相当简单地得到解决，方法是在每个街角安装货币机器。每台机器配有一个曲柄或踏板，只要转动曲柄或蹬踏踏板，任何人都能按一定的比率得到钱，以交换其只按能量投入来度量的努力。或许，通过将每台机器接入某种电力网络，能将这种靠转动曲柄或蹬踏踏板产生的能源转化成电流。这一建议代表着自动货币系统的一个侧面，该货币系统以普通劳动的单位为其货币价值的基础。作为阿尔奇安机器的一种替代品，我们可以设想按固定价格无限量购买普通劳动的铸币厂。然后，可以将如此购得的普通劳动在拍卖中"出售"给私人企业家，或用于建筑公共工程。

对普通劳动本位制系统的另一半，构想起来难度更大一点。劳动不是一种可贮存商品，而是一种服务。一个完全自动的系统将要求铸币厂随时可以既出售又购进这种服务的单位。铸币厂怎么能在面临通胀威胁的时期内无限量地"出售"劳动呢？但这个想法并非完全说不通。我们可以设想这样一种方案，其中，政府使自己有义务在不维持一定劳动存量的情况下向商务企业"出售"普通劳动。例如，如果普通劳动的市场价格将升至"标准"价格之上，商务企业就能从政府那里"购得"劳动服务。而要满足这一需求，政府就必须按照市场工资水平购买充足的劳动服务以满足这方面的种种企业需要。这项公共开支将只能完全靠一般税入来融资。政府有义务将商务企业在"购买"每一劳动服务单位时返还回来的固定货币量作废。我没有篇幅来进一步讨论像这样一类方案的有趣特征，但我要强调考虑所有可能替代项的重要性[1]。

---

[1] 弗朗西斯科·福特博士曾向我提到，P. 詹纳科恩（P. Jannaccone）曾对劳动本位制建议作过充分的讨论。但是，我还未能了解詹纳科恩的工作。

## 十二　可预测性与宪则性态度

我确信，一个把某种如普通砖或普通劳动那样的基础商品或服务用作价值本位的自动系统将有效运转。并且，我这样讲的意思是说，这样一个系统将在绝对价格水平（货币价值）运动轨迹上体现出高度的可预测性。我还确信，以某种专属行为规则为特征的受管控系统将有效运转。我不强烈地主张一种系统优于另一种系统。由于同样的原因，这两个替代项都会有效运转，也都会失灵。

我回想起F. A. 哈耶克教授曾说过的一句话，大意是"无事不可避免，但思考会使其如此"（nothing is inevitable but thinking makes it so）。为了使此话适合这里，我将这句话演绎为"无事能够预测，但思考使其如此"。执行一种能产生可预测性的货币宪则所需要的条件不止于专家间的共识。即使我们能实质上就最具可行性的货币改革达成一致意见，即使我们被授权着手这样的改革，我们仍将无法保证持续的货币问题会得到化解。我们决不应无视一个事实，即普通人对经济学几乎一无所知，而更糟的是，他还不清楚自己有多无知。纵观整个当代历史，人总是为他的许多经济不幸而指责货币体制，且在许多场合，他还曾是相当正当的。但时至当今，他已经通过观察得知，他自己的种种行动，或者"替他"行事的人（政府）的种种行动，能改变、修饰和重塑货币体制。因此，我们发现，对于货币方面的问题，一般的人能够表示反对，提出批评，却没有能力自己就种种既存制度提出由理性驱动的替代物。普通人再也不愿意采取准宿命论的态度，将货币系统的种种作用归因于神灵，接受某些货币神话。在某种较小的程度上，这样一种神话，这样一种态度，是由历史上金本位制的运行引起的。过去，这个系统，对于许多人来讲，是神圣不可侵犯的。甚至当今，在我们大家当中，仍一定程度地存在着黄金是适宜的货币金属这样一种神话。正是这一神话，使我们将任何一种像砖本位制那样的建议视为玩闹，这使得我们在认真思考其运行特性之前就拒斥了这样的建议。

但是，仔细的观察应能使我们确信，即使是金本位制的神话，也已基本逝去。而一个神话一旦逝去，就再也不可能被重建起来。如果它能被重建，则根据定义，它就不会构成一个神话。货币改革方面的博学之士也不可能创造出某种围绕砖本位制、价格水平规则、联邦储备委员会或任何此类事物的货币神话。

仍没有一种服务于该同一目的的东西，就**不能期望任何货币改革会发挥作用以确保我们大家都应接受为恰当准则的货币价值可预测性**。我要说，所需要的，这里的实质所在，是某种"宪则性态度"（constitutional attitude）。也就是说，对于界定货币系统运行的基本规则，人们必须形成一致意见，然后同意在这些规则被采用时遵守这些规则。我所说的这种态度是一个条件，它防止规则在被采纳之后遭到不断篡改。这种宪则性态度，在我看来，是最难以接受甚或最难以解释和理解的人类行为特征之一。自启蒙运动以来，人类已经，要么从伦理原则的角度，要么从社会制度的角度，拒绝承认任何绝对事物的正当性。观念、法律、社会结构，所有一切都已被付诸讨论和质疑，并通过这些，经受了精心组织的调整和变革。如果变革进行得太快并由于非理性方面的原因，就有可能导致混乱。在我们清楚什么变革确实是"最佳的"之前，在伦理上和界定社会秩序的规则上都接受某些"相对绝对的绝对事物"（relative absolute absolutes）则要好得多。在我们能够通过一长串事件观察到一套既定制度的长期运行之前，我们不可能真正清楚所需的基础性或曰宪则性变革是什么。要做到这一点的意愿，即按照同样的规则进行一系列博弈以便恰当地评估那些规则本身，是必需的基本态度。当然，对这一态度的需要并不限于货币问题。但货币问题确实有助于鲜明地凸显出这种态度的普遍适宜性。对于维护有序的文明生活来讲，这种态度更是普遍需要的。

确切地讲，伴随着一种真正宪则性态度的出现，就会存在许多运行良好的货币系统，它们将确保某种适度的货币可预测性。而没有这种态度的出现，就不会有任何运行良好的货币系统，并可以预期，连续的货币混乱，林林总总，将泛滥成灾。

# 第十一章 一个圈外经济学家对佩塞克和塞弗英的辩护

在这个子学科专业化的时代里，我算不上"圈内的"货币经济学家。我既未精通现代货币理论的种种复杂内容，也未能与近来的诸多经验研究保持同步。尽管如此，斯蒂芬 W. 罗西斯和威廉 G. 德瓦尔德在1968年12月出版的《美国经济评论》上发表的两篇几乎紧挨着的评论，还是搅动了我的职业灵魂，激发了我的好奇心。他们的文章评论了鲍里斯 P. 佩塞克和托马斯 R. 塞弗英的两部独立著作。光是罗西斯的抨击就足以使我要为一本我未曾读过的书作辩护，尤其是因为在过去的十年内我自己也曾在债务负担论战中被一批大体相同的学界对手缠住。德瓦尔德的对照性赞扬增强了我的兴趣，因为他与罗西斯一样，关注佩塞克和塞弗英在争议核心上出的一个错误，并将其赞扬置于这种一致性之中。

商业银行的活期存款被恰当地处理为负债了吗？佩塞克和塞弗英摈弃传统古训，并否认存款体现着种种负债特征。由此，他们为重新认识银行放款增添净财富这一点提供了一种直接和明确的根据。在这篇笔记中，我将聚焦于这个问题。我将提出一个极其简单的方法来澄清这一讨论。这个方法，因曾被佩塞克和塞弗英采用过，本来可以使他们免于其工作所造成的某些较极端的批评。

在开始时，让我们先忘掉银行。假设我向你申请一笔100美元的贷款，并商定我将在一年时间后还给你。没有提及收取利息之事。在绝对简化的形式中，让我们考察一下我们的会计师将如何记录这笔交易。T形账户将如表11–1所示。无论是个人账户，还是总体账户中,都没有任何净财富变化的记录。

表11-1 T形账户(一)

| 我 || 你 ||
| --- | --- | --- | --- |
| 资 产 | 负 债 | 资 产 | 负 债 |
| 现金 $100 | 应付票据 $100 | 现金 (-) $100<br>应收票据 $100 | |

这在经济科目上是无意义的。这项交易使财富从你转给了我,如果设有科目来反映**预期现值**,这一点会被表明在T形账户上。在经济上有意义的T形账户将如表11-2所示,要成为精确的记录,当然,有赖于贴现率。毫无疑问,财富的净转移是实现了,因为忽略了贷款利息。

表11-2 T形账户(二)

| 我 || 你 ||
| --- | --- | --- | --- |
| 资 产 | 负 债 | 资 产 | 负 债 |
| 现金 $100 | 应付票据 $100<br>(预期现值)$90 | 现金 (-) $100<br><br>应收票据 $100<br>(预期现值)$90 | |
| | 净值 $10 | | 净值 (-) $10 |

现在考虑与之不同的第二种交易。假设,与前面一样,我从你那里借入100美元,但我同意在你需要偿还的任何时候偿还你。与前面一样,我们假定不收利息,且交易成本为零。在这两笔简单交易之间存在着一个重大的差异。因为,你知道你现在可以在任何时候要求偿还这笔贷款,所以你将这笔资产按其全额面值记在"应收

票据"的科目下是适当的。因为，这是我对你债务的**预期现值**。然而，对我来讲，将其全部面值都记入负债科目，却依然是完全不合理的。即使我对你的任何行为方式都一无所知，你在刚刚签订贷款合同后即要求还款的概率仍将只会是某个小于一的正值。因此，对我而言，在任何情况下，这笔债务的预期现值都必然小于其全额面值。如果我对你的行为有所了解，尤其是如果我要做一笔生意，与许多人签订这样的合同，则对于将要被登入我账户的这笔负债的预期现值，我可能要作适度精确的估计。有经济意义的T形账户可以如表11-3中所示。在这项交易中，请注意，整个共同体的净财富增加了80美元，即这笔贷款的面值与这笔贷款对于债务人的预期现价负债之间的差额。

表11-3 T形账户（三）

| 我 | | | 你 | |
|---|---|---|---|---|
| 资　产 | 负　债 | | 资　产 | 负　债 |
| 现金　$100 | 应付票据<br>（预期现值）$20 | | 现金（-）$100<br>应收票据<br>（预期现值）$100 | |
| | 净值　$80 | | | |

虽未明言，但这是佩塞克和塞弗英在其论证中所采用的模型。在我看来，这一点本来会是比他们的方法更好的表现手段，他们的方法完全否定了那些负债方面。在此处的这个简单模型中，我类似于放款银行。佩塞克和塞弗英不是根据**应**被明确记录的预期现值把活期存款**记为**负债，而是将这笔约20美元的价值记为"回购准备金"（repurchase reserve）。结果是一样的，但我所建议的方法对那些坚持传统古训的人会造成较小的冲击。T形账户诸记录中的经

济含义得到了更清晰的揭示。这个方法有一个优点,即突出有行为意义的存款负债所固有的主观性质。种种预期改变着负债的现值,并最终改变净财富。在流动性危机中,即使没有任何存款挤兑,银行的财富也会变少。

那些复式记账簿记惯例既能帮助经济学家,也能妨碍经济学家。当资产和负债在个人和群体中的分派上出现混乱时,这些惯例能证明具有很大价值,债务负担论战中的情形就是那样。当问题是要揭示新财富是如何形成时,就如近来的货币理论史所充分展示的,它们会成为巨大的阻碍。许多经济学家都已明确认识到了过分简化的资产负债表合并给货币理论带来的种种局限。并且,从麦基恩(Mckean)的著作起,经帕廷金(Patinkin)、格利(Gurley)和肖(Shaw),以及莱乔胡弗德(Leijonhufvud)等,都曾试图通过诉诸分配性效应和有区别的行为调整来抵消资产负债表合并中的种种基础性谬误[1]。然而,即使就这类尝试中最深奥的而言,用哈里·约翰逊[2]的术语来讲,正式的货币理论依然明显地依赖着"偶发的制度性和历史性细节"。佩塞克和塞弗英的与众不同之处是他们在抨击核心会计范式上的大胆,我在这里所提出的这个简单建议可以被归属于对他们的努力所做的一种扩展或辩护。

如果将他们的观点推至极限,则会计惯例"证明",源于交易的获益是不可能的。而诸缔约当事方对合同的主观理解却是,任何买卖必然增加财富,否则合同不可能达成[3]。然而,仅靠忽略这

---

[1] R. N. Mckean, "Liquidity and a National Balance Sheet", *Journal of Political Economy* 57 (December, 1949): 506–22 (*reprinted in Readings in Monetary Theory* [New York: Richard D. Irwin, 1951]); Don Patinkin, *Money, Interest, and Prices*, 2nd ed. (New York: Harper and Row, 1965); John G. Gurley and Edward S. Shaw, *Money in a Theory of Finance* (Washington, D. C. : Brookings Institution, 1960); Axel Leijonhufvud, *On Keynesian Economics and the Economics of Keynes*, esp. chapter 4 (New York: Oxford University Press, 1968).

[2] Harry G. Johnson, "Monetary Theory and Policy", *American Economic Review* 52 (June, 1962): 335–84.

[3] 在某种意义上,交易代表着对财富存在的一种意识,而不是对财富创造的意识。若被用于存款创造的话,这个方法意味着银行正在实现其先前以潜在形式存在的净价值。这个方法在许多经济学领域中都有很强的解释价值。

一基本事实,就能使种种财富测量被客体化(objectified)。广义来讲,只要假定所有的交易都是在充分均衡中进行的,并处于个人的调整边际上,从而在缔约当事方之间存在着预期现值的冲销转移(offsetting transfers),这种方法就是可接受的。通知贷款(call-loan)的独特特征是不会发生任何这样的冲销转移。在公共品理论的语言中,排他性(exclusion)被非排他性(nonexclusion)所取代。在此过程中,必然会增加可客观测度的财富。

# 第十二章 政策能动主义能成功吗？

## 一 引论

指派给我的这个题目提出了一个问题，即它预设，料想中公认的偏好或曰合意性中存在着某种量级，循着这一量级，存在着一定的选项排序。只有做出了这个前提预设，才适宜提出下面的问题，即对于政治活动，能否期望它，在其运行过程中基于这种排序挑选出那个最受偏好的选项来；或者要求不那么高，平均而言，挑选出那样一些选项来，从而使"当选者"的模式或序列能被判定为"是成功的"。在给定所需预设条件后，普适化的公共选择论对这一问题的答案相当的直截了当，它实质上就是古典政治经济学的回答。可以期望做各种政治决策的那些人按公认的或曰"公共利益"的准则来做选择，但条件是各种制度结构足以使这些准则与"私人利益"的那些准则相一致。做公共选择的人，无论他是投票者、想当选的或已当选的政治家，还是官僚，在这个角色上都不会与在其他角色上有所不同。并且，如果激励机制不能保证这种利益一致性，则在种种可行选项上将不会有"成功的"政治排序。我将在随后的第二节中转向这种可能的利益一致性。

但是，需要问的更基础性问题在于该所需预设条件的适宜性，它与任何执行方面的问题无关，只涉及对种种政策选项作任何有意义排序的可能性。这个问题已被那些诉诸各种"社会福利函数"的经济学家们搞得含混不清，而不是变清晰了。这些函数强加了一种完全人为的和无意义的"社会状态"排序，但对于推进公共选择者在切实可用的选项集中作选择而言却毫无助益。有若干论题推动了这个派定的题目，第二节在这些论题构成的语境中考察了我提出的这个基础性问题。

## 二　可能就种种政策选项做排序吗？

在这一节中，如果你愿意的话，我打算完全忽略所有的政策执行问题——所有的公共选择问题。为了简化，假定有一个真诚的仁君，他很诚挚地追求为所有成为该政治—经济—社会共同体成员的那些人做"最佳之事"。我们该如何描述这位君主的效用函数呢？当然，列举若干被向往的目标状态是很容易的。充分就业、稳定且可预测的货币单位价值、高且可持续的经济增长率、稳定的国际秩序——这些，对于政策行动而言，可以是相互兼容的目标。但是，这些分立目标之间也可以存在冲突（提出了一个在20世纪50年代备受争议和讨论但在80年代已被相对忽略的话题）。如果确实会出现这样的冲突，我们将如何在这位仁君的效用函数范围内就这些目标间的种种权衡建模呢？

我预设，这位君主可以用行动来影响该经济体中的那些宏观经济变量；我不想讨论种种可能的理性预期反馈。但是，这位君主"应该"如何行动呢？并且，在这个模型中，他"愿意"如何行动呢？对于这些问题，没有任何确定的答案，除非其效用函数得到了更充分的界定。

当然，对于本节标题所提出的这个问题，有一种空泛的回应。很显然，如果这位君主，按我们的预设，能够用政策行动来影响诸宏观经济变量，那么，就他自己的某种标准而言，他可以是"成功的"。但是，我们预想要寻求的是采用一种更客观的成功标准，一种至少在概念上来讲能被他人观察到而非只能由该君主自己观察到的标准。

为了简化，让我们假定，该君主只关心国内的就业和货币稳定；我们忽略所有非国内考虑，并且我们撇开有关增长的种种问题。而且，让我们把注意力限定于那些标准的宏观政策工具。在这里，我们还假定，至少在所议政策的时间范围内，这位君主不能够改变该经济体的各种结构性特征。凭借着这些简化，我们可以更进一步，并更精确地设定这个目标函数。让我们假定，这位君主追求的是，在给定该经济体的制度结构后，保障一种与货币单位价值稳定性不冲突的就业水平。这个目标简化为某个单一价格水平标靶（target）。

他这个高度限定的情境绝不意味着可以按照某种规范立场来掌控共识，但即使在这样的情境中，这位君主仍不能简单地从可用选项集中"选定"最终的结局目标。也就是说，"货币单位价值的稳定性"不可能像是被从某个政策储物架上挑选出来的。这位君主还要进一步地受到可用政策工具的限制，在这种情境中，这种工具是指那些熟悉的财政（预算）手段和货币手段。通过分开或者混合地运用种种财政性—货币性工具，可以直接或间接地增加名义需求，也可以直接或间接地减少名义需求。即使如所指明的那样，我们忽略因诉诸了任何手段而产生的种种预期性—诱致反馈，仍然存在精确的预测手段、经济结构和最终目标间关系的任务。该经济体的种种结构性特征并非历时恒定。一种政策的切入，在一组条件下，比如说在$t_0$，可能成功，但在另一组条件下，比如说在$t_1$，却可能因结构的种种变换而失败。因此，即使给定了界定得最清晰的政策标靶，这位真诚的仁君，充其量，也只能是部分成功的。

## 三 专权的自私君主

当然，在公共选择论的视角中，预设政治代理人常秉仁爱之心是不可接受的。恰恰是这一预设，曾是公共选择论对经济政策理论所做全部批评的核心焦点。在一个通用于各种公共和私人角色或身份的行为模型中，必须预设各种政治代理人是追求个人效用最大化的。但是，决策制定结构，通过转变种种对选择的有效约束，可以影响效用最大化行为。

在这一节中，我将简要地讨论最简单的可能决策结构。在这种结构中，种种政治决策被置于某种单一的专权机构之内（其极端是被归属于一个人），它（他）不直接对各种选民压力负责，或者不直接服从于各种选民压力，无论这些压力是否本质上明确属于"民主制的"（选举制的）。即使不提任何历史记录，在这一模型中，有一点也是很明显的，即如果前述那位仁君的"理想"行为以某个货币发行量为特征的话，那么这里这位自私君主将会发现，诉诸超过那种发行量的货币创造是很有利的。之所以出现这一结果，相当简单，就是因为必须将种种激励效应考虑进来。并且，这位君主，即使完全免于各种选民压力，仍必须面对其个人对各种替代性岁入创造工具的调整。凭借一项按动态意义界定的、实现岁入最大化的通货膨胀政策，该君主能够攫取货币制的全部价值（即货币制与易货制之间的价值差）[①]。

当然，可以靠创造货币来增加的潜在岁入总量是有限的。并且，这位不受控制的君主可能会寻求使征税权和发债权的运用超越通胀性岁入的种种限界。该君主的政策搭配所具有的诸精确特征将部分取决于他的时间视野，而这又与全体居民的行为反应相关。在这里并无必要细致地考察这些特征。就我的目的而言，得出下述结论就足够了。即只从其自己的标准来看，这位专权君主将是成功的；同时，按照任何更熟知的政策成功标准来看，他的失败也是显而易见的。

---

[①] 要想了解进一步的阐释和分析，请见 Geoffery Brennan and James Buchanan, *The Power to Tax* (Cambridge: Cambridge University Press, 1980), chapter 6; *and Monopoly in Money and Inflation* (London: Institute of Economic Affairs, 1981).

## 四　专权的自私代理人但受制于种种选举约束

对于专权性政治代理人的行为,一旦我们引入了选举性反馈约束,分析就变得更加复杂了。现在假定,决策机构仍然是集权的,但这个机构的掌管者受制于按指定时期间隔进行的潜在选举更替。在这个模型中,"统治者"不可能指望将其权力用于任何延长期中的个人自肥。在某些条件下,简单的财富最大化战略可以包含旨在实现任期内税收最大化的盘剥,而不顾及可能的连任。在另一些条件中,这种财富最大化战略可以包含保住职位的努力。在那种场合,借助于通货膨胀、举债和征税的短期岁入最大化将被弱化。如果这个代理人在模型中被定义为一个简单的岁入最大化追求者,那么在这些情形中的任何一种情形下,他的行为模式似乎都不可能被那些外在标准判定为是"成功的"。

更有趣的模型是这样的一种。在其中,驱动统治者的是其他一些考虑,而非财富。而最简单的模型是,政治职位本身就是其中那个单一的最大化目标。在这种场合,该代理人的行为受到在当选支持方面种种预期的制约。那样一来,问题就变为要确定,通常是投票者们,或者在某个所需的胜选联盟中,将在什么程度上,支持或反对那些有可能被各种外在标准视为"成功的"政策后果模式。给定这里所设定的动机,该统治者将严格地以选民们的反应为其行为的基础。

现在从先前引入的、以货币稳定性为唯一目标的角度来考虑这个问题。一个足够大的表决选区会愿意支持只追求这个政策目标的政权吗?这个问题可以从个人投票者或潜在投票者的算计中来考察。

两个分立的难题出现了。第一个难题涉及这样一种现象,即在各种大人数选区中,单个投票者对选举结果缺乏责任感。即使个人知道那个当选主体完全听从选举过程，他仍可能不去投票，因他知道自己的投票选择即使有影响也很难具有决定性。并且，即使他确实去投票了，他也没多少动力去了解各个替代选项。同时，如果他投票，且即使他很理性地掌握了情况，也没有多少激励使其按自己的那些"利益"而不是按种种"忽发奇想"来投票。因此，一面是由旁观的外部"专家"定义为投票者"利益"的那些事物，另一面是某个允诺提供这些外定"利益"的未来政治代理人所得到的支持，这两者之间只存在一种很松散的关联。仅此一个难题就意味着，不可能在很接近于许多幼稚的选举反馈模型所主张的那种程度上，靠选举过程将各种政治代理人控制在"负责任的"状态上。

第二个难题就是在完全忽略第一个难题的情况下，仍会产生出来。即使所有个人都受到了某种激励去投票，且都是从其充分考虑好的利益出发来投票，对于所有投票者来讲，这些利益也不会都相同。在任何宏观政策行动的相对获益和成本上，个人之间会存在种种级差。即使是具有理想响应性的政治代理人，也只能如种种精确的表决规则所决定的那样，满足关联投票者联盟的那些需要。

设想某个单一的政治代理人，他必须使选区投票者中的某个简单多数感到满意。如果能够预设，投票者们在就业—通胀权衡上的利益是单峰的（single-peaked[①]），则该政治代理人的最优战略就要求使那位中位投票者感到满意。看来很可能的是，在选举过程中，这个中位投票者会在其行为上倾向于目光短浅。相对于种种长期性的且可能是永久性的通胀成本，他将对扩大就业的种种短期获益做出过高的估价。他愿意这么做是因为，作为一个当下的决定性投票者，他能有把握地捕捉到**某些**近在眼前的好处。而在对种种长期成本的"理性"考虑中放弃这样的短期获益，这个当下的决定性投票者**并不能**保证在未来各时期里不出现这类长

---

[①] 可参阅第六章中的相关译者注。

期成本。这一非对称的结果源于多数派表决联盟的潜在可转换性。某个后续时期有可能允许一个不同的中位投票者或投票者联盟作为主宰者而出现,它可能是一个完全出于短期考虑而选择滥发钞票的中位投票者或主导集团。只要这种情况发生,谨慎施政的所有初始获益都可能被冲销掉。在认识到这种前景的情况下,初始时期中的决定性投票者或投票者联盟为什么应该表现出那种被指明的远见"理性"呢?①

在这一高度简化的"民主制"政治模型中,对这个预设问题的终极答案是清楚的。如果成功的标准是长期的货币稳定性,则政策能动主义不可能是成功的,尽管这个标准看似最可能在某种立宪性的熟虑过程中作为共识而出现②。

## 五 非专权且自私但受制于不同选举约束的主体

前面第三节和第四节所考察的那些政治模型是过分简化的,因它们都假定,权力主管当局是某个单一的代理人或机关。随着我们进一步趋近现实,必然会认识到,制定政策的主管当局很可能被划分为若干个代理人或机关,他们(它们)有可能受制于种种相当不同的选举控制或约束,从而潜在地被不同的选举压力所左右。例如,从制度上来看,财政或预算政策有可能是在一种与货币政策全然不同的过程中制定出来的。即使是在预算政策的制度结构范围

---

① 对该分析的进一步阐释,请见 Geoffery Brennan and James Buchanan, The Reason of Rules: Constitutional Political Economy (Cambridge: Cambridge University Press, 1987), chapter 5 and 6。
② 我将不去发展一种论证来支持在衡量政策成败上的契约论—宪则式标准。我只想说,必须采用这样一种标准,除非我们愿意引入那些外在的、非个人化的评价标准。

有一种更具争议性的立场,它主张货币稳定性标准其实将从按理想构建的宪政性环境中自然产生出来。我不会去发展一种论证来支持这一立场,尽管我认为它能被论证得很有说服力。

内，主管当局仍可能被划分为政府的执行分支和立法分支，它们受制于各异的选举约束。定义这些约束的是这样一些因素，如选区的大小、任职期限的长短、机构内的表决结构（在各种立法机构或委员会中）、种种法定责任，等等。

看来，这个更具现实性的政治模型与前面考察过的专权模型之间的实效差异趋向是显然的。只要政策制定当局有分工，响应短期压力的倾向就会增强。根据所指明的成功标准对种种结果做的任何排列都会表明，有分工的权力机构模型在排序上远远落后于它的专权性对应物。

## 六　自私但受制于种种宪则性规则的专权主体

如果没有什么根据可期望各种政治代理人在其政策行为中表现仁爱，如果如所建议的那样，种种标准的"民主制"控制措施本身不能确保得到那些符合恰当成功标准的结果模式，就必须分析各种替代性的制度结构。首先，请考虑这样一种模型，在其中，决策制定权被归属于一个单一的代理人或机关，并且是一种专门与选举过程相脱离的主管机构，一个不面对种种连续性选举监督的代理人或机关。但是，为了防止前面第三节所讨论的模型下那种无节制潜能，假设要将这个代理人或这个机关的成员们直接或间接地置于种种可强制执行的、针对其个人或私下自肥的法律—宪则性限制之内。也就是说，这个代理人或这个机关的成员们不可能用货币创造权和/或征税权来为其自己的种种私人消费需要或攒钱（如各种瑞士银行的账户）愿望筹资。但是，在这个限制之外，我们将假定，除了贯彻"好的"宏观经济政策这一总体性和原则性命令外，这个代理人或这个机关的成员们在行为上没有任何限制。

当然，可以承认，这个模型很类似于美国的货币主管当局，联邦储备委员会。第三节中所讨论的那个（无约束君主）模型中的一些元素刻画着这个既存结构，并且，更重要的是，有些政治性控制措施在发挥作用，但对于我的那些目的来讲，这个既存的货币主管当局恰好符合这个模型。

问题变成了预测这样一个代理人的行为，并根据所引入的成功标准来评价这种行为。在这方面，经济学分析或公共选择论分析都没能力提供很多帮助。要想做出一项预测，就有必要进入该代理人（或参与机构种种决策的那些人）的效用函数内部。特别是，有必要对构成行为特征的内在时间偏好率（internal rate of time preference[①]）有所了解。如果，如我们已做出的假定那样，扩大需求的行动被公认为创造了短期获益但付出了长期成本，则这个专权的自由裁量型代理人在做这种权衡上的行为将完全取决于其自己的私人时间偏好率，因其行为被表达为是"为了"整个共同体。也就是说，在指明了的那些条件下，这个代理人不会以其个人来捞取好处或承担成本。根据定义，在奖惩算计的意义上，该代理人并不**承担责任**。

这样的责任感缺失本身就意味着，该自由裁量型代理人的行为很可能是较少细心考虑且只基于较少信息，从而与某些其他奖惩结构下的情形相比是更乖僻无常的。这个模型还进一步主张，这里的这个代理人更可能响应知识界—媒体"时尚"中种种转瞬即逝的忽发奇想，而不太可能是存在某种剩余索取权身份（residual claimancy status）时的那种情形。看来，只要这个代理人完全顺从利益集团的压力，即便只是由于时间维度本身的差异，这样的响应就很可能偏向支持那些追求近期获益的集团，而反对那些顾忌长期成本的集团。各类增进种种短期获益的组织化压力持续存在，而长

---

[①] 时间偏好率，也称"时间贴现率"。在经济学看来，时间偏好率上的高低并无绝对性，只是就与他人相比较而言。与普通人的平均倾向相比，对当期或近期未来的福祉估价较高者，其时间偏好率就高；反之，其时间偏好率就低（维基百科）。——译者

期利益方面的对冲组织却可能一概阙如。如果给这个代理人或机关所指派的功能是发展与该政治体中特定职能集团（如银行和金融）的关系，则这种偏向完全可能被放大。总的来讲，尽管对于这种自由裁量型代理人或机关的行为确实没有令人满意的预测模型，但仍有一些听来说得通的可接受理由认为，政策失灵往往会表现为这里的讨论所指明的那些趋向。

从这样的视角来看，且在应用于美国的联邦储备机关时，或许尤其是在去除了种种国际性货币约束之后，对展现出来的行为已高度乖僻无常这一点，本不应有任何诧异。任何其他的行为模式，与已被观察到的模式相比，实际上都会要求有更多的解释。根据分析和观察，在这个模型中，如在所考察的其他模型中一样，对"成功的"政策能动主义这个问题，最终答案必定是否定性的。

## 七　自私的专权主体但受制于引导政策行动的宪则性规则

对本文标题所提问题的总体性否定回答促进了对其他制度结构的考察。这些制度结构并未卷入对"政策能动主义"本身的种种尝试，而是相反，按照一些宪则上定明的规则，体现为一些可预测的和定向的政策行动组合。用较熟悉的术语来讲，如果"政策能动主义"在被用于**自由裁量型权力机构**的情境时必定无法符合成功标准，那么在处于某种依托于**规则**的设定情境中时能表现得更好吗？很详尽地讨论不同体制或规则组合的相对优越性并不适宜。但很显然，正如前面所讨论的那样，对于使各种自由裁量型机构模型归于失败的绝大多数激励和动机源，任何界定良好的规则组合都要予以排除。

在某种极现实的意义上，一个有效运行的由规则引导的体制中不会有任何代理问题。一个财政—货币主管当局,负责政策的实际执行,但只是贯彻从手段或目标角度来定义的种种设定规则,对其本身只能根据有关成功或失败的行政性标准来作评价。现在,对于那些替代性规则组合,必须采用更终极性的标准,并以此为依据来判定其成败。由此,就可以对这类替代性规则组合的种种运行模型进行分析,就像这里对那些自由裁量型机构模型所做过的分析一样。不过,看来,可被选上的规则与被采用的成功标准之间的关系要比后者与自由裁量型机关的公开宣称目标间的关系更密切。

规则导向的宏观政策获得成功的潜能,在很大程度上,取决于政策能动主义的**消遁**。这本身不仅是为了祛除诸自由裁量代理人采取自利行为的可能性,也是为了实现这类行动中的内置可预测性,它是这种规则概念本身所固有的。关于规则导向政策相对于机构裁量权的优越性可以详加分析,但这样做会使我大大超出本文的预定范围。

## 八　财政政策和货币政策

在熟悉的教科书术语中,存在着两套不同的政策手段或手段组合:财政政策手段和货币政策手段。至此为止,我还没有对这两套手段做出区分,我也完全没有去讨论它们的相对功效以及对作用于行为的各类影响的相对易感性(vulnerability),而这种讨论是公共选择论的把握中所强调的。这些差异中的某些方面与我在前面所提的论点直接相关,现在已到了探讨这些差异的时候了。

财政政策包含着预算操控,因而是任何宏观政策目标和整个公共部门配置过程之间的一个必要纽带。在给定了这个必要纽带并给定了制度—政治方面的历史之后,主张财政政策主管权的任何转变都将是要么归于自由裁量型机构,要么归于受规则约束的机构,似乎是完全不现实的。看来，在任何意义上，都极少有可能把财政政策从日常的民主决策制定程序中摘除，因为在民主制的总架构中，立法方面的责任和角色与行政方面的责任和角色是分开的。设想我们，在美国，会转向一个免于选举制约束的机构，允许任何权力机构根据种种规则或改善宏观经济绩效的意图来操控预算的任何一方，极其不切实际。而关于税率、政府支出水平从而财政赤字和借款条件的决策，很可能会始终处于"民主"决定[①]的责任范围内，并伴有预料到的结果——无法满足任何有意义的成功标准。只要有关宏观经济政策的任何考虑进入了政策论争，就将会存在某种趋于"宽松预算"（easy budgets）的偏向，并伴有超过可取水平的赤字[②]。

给定这一预料中的偏向，不去考虑预算政策在产生种种可取结果上的独立功效，对宏观经济政策成功的任何真诚希望必然要涉及从潜在可用的工具集中削减或排除预算操控[③]。如果能将"财政政策"孤立出来，以确保其运行不会使货币管理的任务变得更难，将是朝着真正的改革迈出了重大一步。正是在这一语境中，论证要求

---

[①] 这里"民主的"一词被加上了引号，含有某种贬义。意思是说，如果财政政策是通过某种民主表决方式来决定的话，就会受种种利益集团博弈的影响，从而使政策的稳定性和可预测性被削弱。——译者

[②] 关于这一观点的较早陈述，请参阅我的文章，"Easy Budgets and Tight Money", *Lloyd's Bank Review* 64 n.s. (April, 1962): 17-30, reprinted in Theory of Public Choice, ed. James M. Buchanan and Robert Tollison (Ann Arbor: University of Michigan Press, 1974), pp. 62-75. 关于一项更广泛的讨论，请见 James M. Buchanan and Richard E. Wagner, *Democracy in Deficit* (New York: Academic Press, 1977), *and Fiscal Responsibility in Constitutional Democracy,* ed. James M. Buchanan and Richard E. Wagner (Boston: Martinus Nijhoff, 1978).

[③] 为将政治家的种种天然癖性纳入各种约束之中，财政谨慎方面的成套经典戒律曾发挥过作用。在摧毁这套戒律上，凯恩斯和凯恩斯主义者们负有重大责任。通过提供种种貌似合理的说法，使之能被理解为赞成财政放荡的借口，现代政治家们，曾在几十年的时间内，能够将他们的天然冲动付诸实行，并有了我们现在目睹的种种后果。关于进一步的讨论，请看我的论文，"维多利亚时代的财政规范、凯恩斯主义的辩护及当代财政政治学"（"Victorian Budgetary Norms, Keynesian Advocacy, and Modern Fiscal Politics", prepared for Nobel Symposium on Governmental Growth, Stockholm, Sweden, August, 1984 (Fairfax, Va.: Center for Study of Public Choice, Working Paper No. 4-02, 1984) )。

预算平衡的宪则性规则才在宏观经济政策的讨论中变得重要了。

如果财政政策被如此孤立出来了，政策行动的任务就被留给了货币管理机构或货币管理体制。如果，通过对各种政策行动施加种种具有法律约束力和可强制执行的规则，使货币管理主体的裁量权受到限制，就能使一个货币管理当局富有效能。这些规则可以采取若干种形式中的任何一种，但这里不是详细讨论这些选项的地方。可以引导该货币管理机构去奉行各种定义好的货币总量指标，以确保实现预先设定的种种数量靶标（如在某种弗里德曼式的增长规则中那样）。或者，也可以引导该主管机构采取行动以实现某个专门界定的结果靶标，如保持货币单位价值的稳定性。在任何一种场合中，这些规则体系都必须足以对该主管机构未能按公布准则行事的行为施加惩罚。当然，对不超出阈值范围的偏离标定目标有一定的容忍是必要的。

但是，仅靠某些这类反馈机制的到位，能指望那些作为货币监管代理人而身居责任岗位的人为推进隐含于规则实施中的成功标准而行动吗？看来，对于受规则约束的货币监管代理人，至少在概念上有可能将他的报偿和就业内置于一套可操作的奖惩体系之中。并且，在其极限情形中，这样一种奖惩体制在与可取政策目标的实现适当挂钩后，是可以消除为政策行动制定明确规则的必要。例如，如果该货币主管机构所有雇员的报酬都被指数化，从而确保对货币稳定性的任何偏离都将导致对个人的惩罚，或许就无须以规则的方式提出更多的要求（这样一种规划可以涉及几个方面，如维持抗通货膨胀的固定名义薪酬水平，以及抗通货紧缩的双重薪酬指数编制，或者某些更复杂的方案）。

在任何指令性货币体制的运行下，如果没有任何激励—动力结构被认为是制度上和政治上可行的，就会大大强化更基础性的体制转换主张，其方向是依托于某种商品的自动性或曰自我矫正型系统。所有这类系统的相对优越性在于它们吸纳了种种市场化激励，它们所引发的行为起码倾向于创造出货币单位价值的长期稳定性。

## 九　结论

在这里的讨论中，如在其他地方一样，公共选择理论的基本寓意是，要想在宏观经济政策上取得根本的成功，就必须进行制度—宪则性变革或曰改革。有人在鼓吹"更见多识广"和"更具公共精神"的代理人，并设想由种种"新学"前沿并驾齐驱且日趋高深的"经济学家—咨询师"为他们做指导。但相对而言，加强这样的论证不会有什么好处。所有这类努力都不过是为卷入其中的那些人提供了就业。必须改造的恰恰是**政策方面的政治经济学**。如不迈出这一步，眼前见到的种种政策后果模式将继续精确地反映着现存的政治经济学，这些后果正是在其中被制造出来的。并且，我们将继续就"政策能动主义"的种种失败开会和讨论。

# 第十三章　观念、制度和政治性经济：吁请撤建制

## 一　引论

1985年年初，里根总统认真地考虑过废止"经济顾问委员会"的事，其方式要么是靠不作新的任命以一时性地废止，要么是寻求立法批准以永久地正式撤销。但那个委员会未被废止，而且，看来也不可能再有哪个行政当局会再生出那么做的意向了。"经济顾问委员会"仍然活着，且随该机构年龄的增长，寻求存续的压力在增强，完全不考虑其目的或功能。

这个"经济顾问委员会"本应已被废止。它是个从一套已不再得到公认的政治、经济理念中找到其根据的机构。从其最初宣称的目的来看，该委员会是文不对题的。其现在所产生出的任何生产性后果对于该目标来讲都是很次要的。而定义了这一目标的那些制度遗产却对不知情者，尤其是对媒体，拥有充足的压力以确保对这个国家的经济政策产生反生产性的影响。

对于这个委员会的运转有三种熟悉的抱怨，但在支持上述诸论点上，我将**不**直接引用这三种抱怨中的任何一种。即（1）我将不去重拾那种陈旧观念，即该委员会置身于其被给定的那种政治环境中，不可能不去推进其为之服务的行政当局所持有的种种党派性目标。它，如那种抱怨所说的，不可能秉承充分的"科学客观性"来提出各种建议或发现。（2）我不拒绝"经济学科"的那种原则性要求，即该委员会的制度化看来要向前推进。确有一个经济学的学

科,但这个学科,在被恰当定义的范围内,往往被该委员会所代表的那种建议形式所削弱,而不是被加强。(3)最后,我将不使我的立场基于那种更复杂的当代观念,即政府的经济政策因理性民众的预测能力而变得无效。

我建议该委员会作为一个机构应被废除,是根据该委员会的政治史,以及它与在那段历史的形成上举足轻重的种种理念间的联系。论证撤销机构不同于论证解除管制,因为解除管制激发了交通、通讯和金融领域中的种种努力,未曾有过任何的利益集团捕获。我的论证也不强调官僚机器的种种无效能,由该委员会造成的破坏或危害是间接的,它们源于该委员会的存在本身,而不是源于其所做之事的任何有效或无效。它作为一个机构的存在,分散着政治领导人和公众的注意力,使之偏离了该政治性经济体的种种结构特征,并使经济政策在实体上或外观上都无法避免的政治化了。这个委员会的存在隐含的设定,政府要在政治—经济游戏的各种规则范围之内扮演积极参与的角色,这与政府在改变这些规则本身上扮演的更适当角色正好相反。

我曾对一个预算规模不大的机构提出了强烈指责,但看来对政治没什么大的影响。我承认,我是在利用该委员会这个机构,将其作为一整套应废除思维方式的焦点。当然,有可能的是,即使这个委员会要被废除,这种思维方式的那些主要特征仍会阴魂不散。另一方面,只要这个机构像这样继续存在下去,它所体现的那种思维方式就不可能被完全祛除。

在我的宽泛论点中含有两个分立的元素。一个属于经济分析的语汇,现代经济学家们对它——应该是大体熟知的;另一个基于公共选择理论在各种民主政治制度上的初级运用。在根据"经济顾问委员会"自身的起源和历史来评价该委员会的作用上,第一个元素更意义重大。在评价"经济顾问委员会"作为一个被设计出来向政治决策者们提供专业指导的机构的合法性时,第二个元素更重要。

后面将分别讨论这两种元素。然后，我将考察一个更广的论题，即经济政策实施上的专业指导问题。并且我将强调，在给政治决策制定者的建议与给公众的建议之间存在着本质的差异，因为，政治决策制定者们是在种种既存规则的约束范围内行动，而公众参与的持续讨论则事关这些规则的可能变革（即宪则方面的改革）。

## 二　凯恩斯主义的政策理论

"经济顾问委员会"，作为一个机构，是由1946年的《就业法案》创立的。毋庸置疑，该委员会，以及设立它的那项内容较宽泛的立法，在智识上是以凯恩斯主义的经济政策理论为根据的。这套理论曾在40年代初切实地征服了华盛顿的学术/知识界。我们只需回忆一下对战后大规模失业的若干预测，它们都是靠运用简单的宏观经济模型做出来的。现在看来，那些宏观经济模型都幼稚至极。但是，种种事件的发生自有其各自的历史环境，而1946年里的各种事件是由那个时代流行的种种理念派生出来的[1]。

美国经历了那场大萧条，而人们普遍认为，完全是40年代里的军火工业繁荣，伴随着高就业，将国民经济拉入了高速挡，否则美国经济会陷入停滞。人们也普遍地以为，经济的"自然"状态所具有的特征是储蓄超过投资机会，并伴有高失业率和工业产能过剩。人们普遍认可这样一种规范性原则，即应该由全国政府依据实现和维持理想收入和就业水平的明确目标采取积极的行动。这一规范原则本身依托于有关诸经济总量间种种关系的理论，我们将该理论与凯恩斯主义这个形容词相联系。经济学家思维中的一场真革命发生

---

[1]　关于这里这段确切的历史，请参阅 Herbert Stein, *The Fiscal Revolution in America* (Chicago: University of Chicago Press, 1969)。

了。凯恩斯提供了一套框架，这个框架能分析的不只是经济中的行为者，而是整个经济体。经济学家们被蒙住了，以为他们能够靠运用各种水力学式的模型来"理解"一套复杂的经济互动过程。这类模型体现着数量较少的宏观经济变量间的相互依赖性，还体现着宏观经济均衡，但对宏观经济均衡的定义与诸参与者行为上种种激励相容状态毫不相干。

然而，宏观经济的均衡未必体现为作为任何必然结果的资源充分利用。因此，该理论似乎是要在不直接参照那些有关市场出清的新古典假说的情况下，解释30年代里所看到的现象。注意力被带离了各种市场的运行，无论其是资源投入、最终产品还是金融工具，转向了种种宏观总量作为一个系统的运行，并且还转向了分析，若那些实现均衡的变量在取值上不同于其显现的水平时，整个经济或许可能达到的产出是多少，从而预测和度量所观察到的产出水平与那种潜在产出水平间有怎样的差距。

凯恩斯的理论是宏观经济学分析，从它迈向经济政策，作为对该理论的规范性运用，是很自然的一步。接受该理论的经济学家极少能抵制这一步。任何人，在其思维确实被凯恩斯主义理论变革之后，都不可能在政策应用面前戛然而止。谁能断然放弃实现充分就业目标和高收入目标的努力呢？各种未充分利用资源的实际机会成本似乎并不存在，运用预算来弥补总需求上预测水平和理想水平间的缺口似乎是随之而来的当然之事。勒纳的"功能性财政"体制（regime of "functional finance"）显然就是那样的政策理想。

在这一点上，有必要在一个更开阔的历史背景中来考察凯恩斯主义对经济政策理论的冲击。在接受凯恩斯主义分析的同时，中央政府在保持就业目标和产出目标的水平上所承担的作用和责任也被定明。并且，将这一任务中的很大一部分指派给财政或预算方面的政策手段似乎是又一种自然的延伸。至此为止的这一历史叙事中缺失了某些内容，即对于前凯恩斯主义甚或凯恩斯主义的货币制度理论，或者说对于指派给政府的维持货币单位价值稳定的任务，没有任何提及。在30年代之前，已经在这些方面给政府指派了一种积极的政策角色。凯恩斯自己就曾在其早期文章中详细讨论过这一角色。在20年代中发展起来的中央银行理论体现着一种理想化的政策规范，以及对货币决策制定者们的种种隐含教诲。实践上，这套政策理论在那场"大萧条"中失败了，其原因将稍后讨论。凯恩斯主义的那些教义在30年代中的影响是将注意力引开，使之几乎完全脱离基本货币制度的种种运行及其失败，去建立一种宏观经济政策理论，并将其作为一套附加的上层结构，安在了既存的中央银行这个基座之上，而这个基座从其开始起就已带有缺陷。

在第二次世界大战结束时，使凯恩斯主义经济政策理论制度化的舞台已被搭建好。种种宏观经济模型都已备妥；在收集和处理预测所需的数据上也实现了种种改良。在种种较具体的战争目标得以实现是作为现实而被观察到的环境中，政府在维持高就业上的责任得到了广泛的认可。对于立法的要求只是明确地定出目标，并在执行分支中建立一个部门，专司评估数据、进行预测、向政治性决策制定者提供建议的职能。

当然，我们知道，"经济顾问委员会"从其开始存在起就没有能力实现其诺言。我们知道，各种凯恩斯主义宏观模型在40年代中期的预测几乎都是错的，而那些较简单的古典预测则证明基本上是准确的。战后年代里并不缺投资机会，也不存在超额储蓄。通货膨胀，而不是失业，是当时的经济政策问题。

但是，种种理念及其种种制度化体现一旦被创造出来，无论它们在经验上是否正确或是否有明显的成就，都倾向于获得准永久性。当所讨论的理念是综合性的而非单项性时，当它们所反映的是一整套思维方式而非被特别列举的假说时，这一特性描述尤其说明问题。因此，毫不奇怪，凯恩斯主义的宏观经济学理论及其政策理论，并未因其早期的预测失败记录而被完全抛弃。40年代后期和50

年代是这一主导思维方式被调整、修饰和扩展的年份，所有这些都抱有一个目标，即使这类基础性模型就观察到的经济现实提供看似更有理由接受的"解释"。预测上的种种难题得到了承认，政策行动的执行与效果间的种种时滞得到了认识，不同政策手段在结果上的各种差异得到了分析，诸所向往目标间种种可能的冲突得到了强调。早期凯恩斯主义对货币和金融手段的忽略，及其对财政手段和货币手段间必然的互补性和互替性的忽略，变成了密集研究探索的主题。

"经济顾问委员会"转换了自己的角色，从最初设想的角色转变为追随宏观经济学理论中不断变化的内容。它的那些报告汇集和展现诸宏观经济总量的数据，**在事后**评估绩效记录，对未来的变动提出种种警告性预测，为在位行政当局的各种政策立场提供概述。在将理念直接转变为政策阐述上的种种难题也为学院经济学家和后继历届"经济顾问委员会"的成员们所承认。

整个国民经济，与被纳入早期美国凯恩斯主义者那些模型中的情况相比，是一个更复杂得多的现实体。任何部门，被赋予了按最初设想的方式提供经济建议的任务后，都几乎从一开始起就在功能和目的上找不到北。到50年代结束时，就用宏观经济学工具来"解释"经济总量而言，几乎所有的经济学家都是"凯恩斯主义者"。同时，就继续信任在十年前即已表述出来的简化宏观管理而言，又几乎没有一个经济学家是"凯恩斯主义者"。

在50年代后期和60年代里，菲利普斯权衡（Philips trade-off）主宰了宏观经济政策讨论，且争论集中在赋予就业目标和货币目标的相对权重上，同时还有关于财政手段和货币手段相对功效的辩论。这样的经济建议或许在60年代初期达到了它的顶峰，那时，政治决策制定者们似乎都是在按经济学家们的建议行事；那时，税收被精心地削减，并取得了惊人的成功，其出发点是宏观经济政策的目的，而非预算政策的目的。

但是，到了60年代的中期和后期，随着通胀危险的显现，被凯恩斯主义者忽略的货币因素强使其自己得到认识。在此期间，经济学家们已着手寻找宏观经济行动的种种微观基础。关于30年代的历史记录被重新评价，凯恩斯主义的低就业陷阱遭到了质疑。米尔顿·弗里德曼（1968年）和E. S. 费尔普斯（1967年）导入了"自然"失业率，作为最多只能靠财政性和/或货币性操作来加以暂时改变的失业水平[①]。马丁·贝利（1971年）提出了实现任何宏观经济目标的能力问题，并质疑财政政策在这方面的效能[②]。

从历史上来看，整个国民经济从60年代早期的低通胀、高增长岁月年份转入了70年代的加速通胀、低增长年份。"滞胀"笼罩在我们的头上，凯恩斯主义者们既无令人满意的解释，也无看似合理的解脱之策。

货币主义者在一些学术大本营中获得了很高的地位。他们的考验要来得更晚。但是，货币主义者，至少在其挽回面子的最初年份里，几乎与早期凯恩斯主义者一样地过分简单化。而且，在他们的诸替代模型被证明是完全说明问题的以后，本来可以兴起某种将货币主义建议制度化的论证。然而，那些早期货币主义者并没有使其态度转变至与40年代的凯恩斯主义者少许相似的程度。货币主义的种种影响，充其量也只是间接地进入了"经济顾问委员会"的报告，但几乎总是借助于各种凯恩斯主义宏观模型的语言和数据，其结果极少能别开生面。"经济顾问委员会"是凯恩斯主义思维方式的一个产物，而这种思维方式必然被体现在这一机构之中。这与可能被选中来为之服务的特定经济学家无关，也与在位行政当局的经

---

[①] Milton Friedman, "The Role of Monetary Policy", *American Economic Review* 58 (March, 1968): 1–17; E. S. Phelps, "Philips Curves Expectations of Inflation, and Optimal Unemployment over Time", *Economica n.s.* 34 (August, 1967): 258–81.

[②] Martin Bailey, *National Income and the Price Level: A Study in Macroeconomic Theory* (New York: McGraw-Hill, 1971).

济立场无关。

在80年代中期（正当本文写作的时候），宏观经济学理论陷于一片混乱之中。种种既不见于最高深凯恩斯主义模型，也不见于最新锐货币主义假说的总量关系描绘了80年代初的经历。另一方面，1982年的那次严重衰退实质上驳斥了那些理性预期倡导者所鼓吹的宽泛主张。能为经济政策建议提供基础的宏观经济学理论本身就不存在。这个"经济顾问委员会"是一个多余的部门，一个凯恩斯主义时代的残余物，一个充其量只能为其自身的无效性提供实例的部门。

## 三　政策政治学

可以提出一种不同的甚或更强烈的指责，而不涉及整个宏观经济学的"学科"事业是否有正当性。即使应该承认宏观经济学理论，无论是原初凯恩斯主义的质朴还是其当代的种种预期反馈变异，在描述上是适当的，仍不得不跨越分析和政策之间的桥梁。而政策的效能有赖于各种手段，这些手段要体现种种激励，且与指派给政府系统内诸决策制定者的种种角色相兼容。整个凯恩斯主义的知识大厦都建筑在一种荒谬的设想之上，即经济建议是被提供给某个真诚仁君的，一个没有其自身利益的实体，并预设他愿意且能够无抵抗地执行提供给他的建议。早期的货币主义挑战指向了这种凯恩斯主义分析，但它自身并未质疑这一隐含的政治性设想。

种种政策决策都出自一种过程，而人们则依照管控其行为和权力的既定规则参与其中。为了在根本上创建一种规范性的政策理论，有必要为这样的决策过程建立模型。如前面所指出的，那个隐含的凯恩斯主义设想极其简单，没有任何决策过程。无论是从潜在的个人激励兼容角度来看，还是从调和可能歧异的个人利益角度来看,对政策变革的论证都无须借助某种决策模型。

在这里,为了进行初步的讨论,我将假定,确实存在一种关于宏观经济的理论,它允许经济学家提供公认的政策建议。而且,我将假定,经济学家们自身的直接动力并非其自己在政府系统中的生涯目标。在这些假定之下,提供出来的建议不会因政治决策结构的不同而不同,它将被预设为反映着整个共同体的长期利益。不论政治权力对选民的偏好是否敏感,都会出现同样的"独立"建议。

这些假定允许我将注意力聚焦于政治代理人得到经济建议时的行为。只有当该代理人的利益与共同体的利益吻合时,我们才期待那项建议得到准本能式的接受。被寄托于一个世袭君主的实际权力也许代表着一种与隐性预设的凯恩斯主义政治学模型最为贴近的历史相似物。在所有非永久性的权力分派中和所有不能转化为私人财富等同物的权力分派中,政治代理人的利益与全体公民的利益之间都将出现某种必然的冲突。任期的非永久性,加上"如同某种资本资产的政策体制"的非可营销性,使得任何受委派政治代理人的利益,相对于那些适宜于共同体的利益而言,都将是短视的。因此,当经济学家们的建议体现着对长期获益的考虑且以短期的牺牲为代价时,该政治代理人将倾向于拒绝。

若将此应用于宏观经济政策工具和目标的所有选项上,这种政治代理人的决策往往会偏向对需求侧的调节而非对供应侧的调节。更具体而言,这类代理人的决策将表现为偏向增加公共支出,反对削减税收;偏向赤字,反对盈余;偏向货币扩张,反对货币紧缩。

如果要求政治代理人通过选举过程与潜在替代者竞争,则政治代理人所展现出的这种短视将被加重。[1]一个权力机构或代理人,若真正独立于政治,在选择上就拥有了更多的灵活性,且可以靠较

---

[1] 对于种种替代性政治结构的不同效应,相关的讨论请见我的文章,"Can Policy Activism Succeed?", presented at the Federal Reserve Bank of St. Louis, October, 1984, 及本书第十二章。

好地遵循经济学家的建议来运用这种灵活性。然而，缺乏选举反馈必然也为政治代理人的变态行为留下了较大的空间。

对于政治决策过程，任何听来合理的描述性模型都必须预见到，经济学家们的政策建议充其量只能得到某种有偏向的接受。如果要使政治代理人更好地服从真正的"公共利益"（条件是在定义这类利益上无任何困难），就必须削减其酌情裁量权的范围，或者必须修改对他们的激励以诱发更好地服从。这些期望中的第二点在民主体系中是严重受限的，政治家们不可能乐意接受与其持续在位相矛盾的切实激励。改革上有意义的前景可能被限定于削减酌情裁量行动的范围，即限于以某种方式引入使行动必须在其约束范围内发生的**种种规则**。

只要这样的约束性规则所采取的形式是具体界定的政策目标或者政策手段，就没什么事留待提建议的经济学家们去做。恰如这样一种极端情形，在一个存在关于预算平衡的宪法修正案以及弗里德曼式货币增长规则的环境里，"经济顾问委员会"还有什么作用？当然，我们并未设立起任何这样的规则以使其成为我们宪则体系的一部分。如果宪则改革没有可能，从而政府的各种分支和机构将继续获得授权来采取种种影响整个经济的政策行动，还会有余地来指定一个机构扮演提供专家建议的角色吗？还能论证说，这样一个机构可以对定向于共同体利益的政策发挥哪怕是有限的影响吗？

我的判断是，这样一种潜在的建设性作用远远抵不上有效政策能动主义中的错觉，而这种错觉恰恰是这种机构的存在所易于培育的。当我们舍弃上面提出的、存在着一套公认的宏观经济学理论那样一种暂定性假设时，这一判断就被强化了。一个专家机构在1985年语境中的存在创造着一种表面现象，即公认的政策行动是有基础的。在理想上，政治家们若不为其自己的狭义利益，就能够执行这些政策。

在这样的环境中，人们将试图使其自己的经济行为决策

（economizing decisions）立足于这么个预期，即政治代理人在既面对理想化的政策集又着眼于种种自身利益的情况下实际上将如何行事。当政的政治代理人愿意借由为经济改善邀功以鼓励那种错觉，而他们的在野反对派则愿意借种种经济弊政来抱怨在位者以强化论争。恰恰是宏观经济政策对能动主义政府有效或无效这一表面现象往往将政治辩论转变为即使不虚假也是人造的争吵场。"经济顾问委员会"的基本任务——提供年度经济报告——意味着给国民经济的总管打"分"。我们能指望一个经济学家的委员会用这份报告来讲真话吗？我们能指望他们来揭露这一外表后面的实际情况吗？

## 四 经济学：实证的和规范的

我对于撤销"经济顾问委员会"的论证从未以经济学缺乏学科地位的任何断言为基础，即使赋予学科地位这个词以恰当的含义。确实存在着经济学这样一个学科，它产生出了种种可检验的假说，并允许做出种种有条件的预测。个人在各种约束的范围内行动，而经济学家们能预测这些约束中的变化所带来的种种后果。这些预测所以可能，是因为人性中的诸多统一性，人依旧既是自然的，又是人为的。在探索的这一层面上，经济学这个学科与化学或生物学学科并无不同，且学科的专业标准在作用上也是相似的。一个断言贸易限制将增加全国产出价值的经济学家会丧失其作为科学家的可信度。但是，如前面所指出的，在宏观经济学中并不存在类似的公认标准。

然而，与其他学科的这种比较所以有启发性，是因为我们不观察带有"化学顾问委员会"、"生物顾问委员会"等等标签的政府机构。在关于政府行动的任何讨论中，把这些基础学科的种种预测特性用作投入，多少被视为理所当然。但是，并没有要求将这些学科中的从业者提升至特殊政治势力的地位上去。诸如"总统科学顾问委员会"或"技术评估局"那样一些机构的作用较之"经济顾问委员会"所起的作用要有限得多。一般来讲，被视作理所当然的是，科学家们将在学术和研究圈子内做他们的工作；而且还预料，这样的工作在与政治论坛相对隔离的状态中做得最好。

经济学家，作为实证科学家，对于理解我们之间的种种互动以及这类互动发生于其中的各种制度，能做出很多贡献。但是，那些经济学家改革者，即那些寻求用出自实证经济学的种种预测来为政府"应该"做什么提建议的人，有什么作用呢？即使不存在公认的宏观经济学这门"学科"，宏观经济学的那些预测也为给政府的规范性建议提供了一种基础，至少看上去是这样的。请考虑一下最低工资立法的简单情形。经济学学科预测，靠法律来强制提升实际最低工资水平将增加失业，尤其是将增加低技能劳动者当中的失业。这个预测已经在经验上得到证实。紧随而来的不正是装备了其学科这些发现的经济学家可以向政府决策制定者建议这样的立法应被撤销吗？经济学家能不使用这熟悉的效率标准来推进这一论点吗？

然而，持这一立场的经济学家必然置他自己于一种傲慢的角色之中，即认定，对于不同政策步骤的受偏好"社会"排序拥有着个人专有的知识。而在这一立场上，该经济学家的"学科"中没有任何东西允许他自己的价值排序凌驾于该政治体中任何其他人的价值排序之上。低技能劳动者的就业扩大、整个经济体中实际产出价值的上升、自愿缔约交易范围的拓展——这些都可以是有价值的结果，但它们完全可能被某些群体的成员轻视，以致在排序上低于那样一些目标，如维护已就业者中的高工资或者维持就业上的既存地理分布。暗示他的"学科"使他有能力要求撤销最低工资立法的经济学家与那些暗示他们的"学科"使他们有能力号召核裁军的核物理学家们如出一辙。在这两种场合，实证科学的真正权威都因推进这类错误主张而被严重削弱。

我自己的种种努力在于我们目前称作"宪则经济学"的领域，它常常被归入"规范经济学"范畴。这是否意味着我犯了我曾告诫过的错误呢？仔细地研读我的立场会揭示出别样的情形。我曾号召我的经济学同仁们将更多的注意力置于各种替代性规则集的运行特性上，因为个人，尤其是那些负有政治责任的人，是在那些规则的约束范围内行动的。而我的持续挫折则是，在我的经济学同仁中有那么多人拒绝承认，各种公共选择角色中的个人在行为上也要服从我们学科的预测。与威克塞尔一样，我曾力劝那些不是作为经济学家而是作为有社会责任感的公民来寻求政策改革的人们，我们赋予其政治权力的那些人处于种种约束之内，要注意的是那些约束的变化，而不是那些人在既存约束范围内的行为变化。

在某种意义上来讲，还是与威克塞尔一样，我的核心目的是使我们的议论摆脱所有形式的仁君想象。在凯恩斯主义的半个世纪中，这一想象因创立"经济顾问委员会"而在政治上被制度化了。对我们来说，这半个世纪已经过去。看来，已到了我们排除这一过往遗物的时候了；因为，它在那么多事情上都失败了。而且，看来也已到了我们继续就规则框架改革的可能性进行建设性对话的时候了；因为正是在这样的框架之内，我们才可能各自地和集体地追求我们个人定义的种种目标。

## 公共品供给

## 第十四章　对政府服务的估价[*]

### 与弗朗西斯科·福特合著

一

在为公共的或曰政府的物品和服务恰当定价这一问题上，构建和使用国民收入和产品账户的专家们尚未能取得一致。在最近一次学术会议上，这个问题被说成是代表着这些专家当中"首要的或许是唯一真正严重的分歧点"，并且，这些对手之间的交流渠道被说成是"残缺得出了名"。[①]尽管人们普遍认识到，这个论题本质上是概念性的，但事实是国民核算方面的专家们如此密切地与测度中的手段性问题纠缠在一起，这一现实本身也许已阻止了问题的澄清，尽管这种澄清的必要性是如此明显。也许外行们反倒有可能对这类澄清做出贡献，因为他们全然超脱于统计估算方面的种种

---

[*] 本文是福特先生在弗吉尼亚大学担任研究员和客座副教授时完成的。
[①] National Bureau of Economic Research, Conference on Research in Income and Wealth, *A Critique of the United States Income and Product Accounts: Studies in Income and Wealth*, Vol. 22 (New York: National Bureau of Economic Research, 1958), pp. 17, 304.

复杂问题。①

尽管对任何争论中的双方一概而论都难以得到支持，但在这一特殊场合，基本的分野似乎基于这样一个事实，即这些对手们在把握整个测度问题时，心目中实际上带着两套各自的意图或目标。一方面，国民收入或曰国民产品可被用来反映对既存产出的一种估价，目的是要在共同体之间和时期之间进行"福祉"比较。另一方面，国民收入或曰国民产品能被用来测度可以靠既存的资源投入来生产的潜在产出的价值。在任何一种场合，都只有在确定了目的之后，才能开发出具有一致性的测度方法。我们希望，在后面的阐述中，将弄清楚这两种方法之间的差异。

如果承认经济过程的循环流概念（the circular-flow conception），要素所有者们接受的收入支付就必须等于生产出来的总产出价值。对国民收入或曰国民产品的这种复式构想将一个重要的混乱因素引入了国民核算，这种混乱直接影响着对政府服务的估价。收入，在被要素所有者们接受时，是按要素成本来测度的，而产出或曰产品则是按市场价格来测度的。尽管这是两种显然不同的估价手段，人们却试图强使这些总量性结果进入循环流恒等性所要求的等式之中。人们似乎无法认识成本，并不像市场价格那样测度相同的事物。成本为资源在诸**替代性**用途上的市场价值提供了一种测度，而成本价值只是间接地为资源在既存用途上的价值提供某种测度。并且，没有任何理由证明为什么按真正的要素成本测度的国民收入必须等于按市场价格测度的国民产品。只有当所有的剩余租金都被计入成本时，才能确保循环流的恒等性。但是，这一方法使得市场价格和要素成本间的整个区分变得无意义。如鲍曼和伊斯特林所指出的，基于成本**或**基于市场价格的一致性估价都能恢复账户这两边在

---

① R. A. 马斯格雷夫发表的关于这一问题的处理可被视为这一点上的一个实例。他的分析推进了那场辩论的状态，但争论的论题依旧，而且，看来有可能对该概念问题中的某些部分再做澄清。请见 R. A. Musgrave, *The Theory of Public Finance* (New York: McGraw-Hill, 1959), chapter 9.

定义上的恒等[1]。

看来，关于政府服务估价的特殊讨论并未完全摆脱钻石—水悖论（the diamond-water paradox[2]）中那些混乱和含混。参与者们并未在其测度方案中一致地体现出对下列两点的充分认知，即产出的经济价值是按边际来设定的，而市场价格所反映的永远是购买者对某种物品或服务多一点或少一点的估价，而不是对某个总量的什么估价。被数量相乘的价格和按所有物品和服务加总的价格所给出的是对所购买的特殊组合物或曰产出混合的估价，仅此而已。

事实是，这场争论的双方都选择了在一种过分受限的参照框架中来讨论对政府服务的估价，这阻碍着向一个解决方案的推进。首先，讨论集中在了恰当地处理由集体提供的物品和服务上，这些物品和服务或者成为供给民间商务企业的**中间性**产品或投入，或者以那些向民间生产过程提供环境性和框架性服务的政府活动为基础而发挥所用。如果曾有人试图将这种分析扩展到对整个政府服务的估价，就可能已经获得了一种即使不是公认的答案，也是一种较令人满意的意见一致。第二个弱点是对应用所谓不变性检验（invariance test）的广泛依赖。论证的推进曾基于这么一种假设，即整个经济体的净产品不应该因一种活动从民间部门转入政府部门而发生变化；反之亦然。但是，民间生产体现为某种正的产出价格，而政府生产若体现为所涉服务的免费供应，则某项活动从民间生产向政府生产的制度性转换必然会造成经济资源的某种重新配置。当人们认识到这一点时，就必然会预期，在产出组合及其分配

---

[1] R. T. Bowman and R. A. Easterlin, "The Income Side: Some Theoretical Aspects", in *A Critique of United States Income and Product Accounts*, p. 170. 道格拉斯·多摄曾在其未发表论文《按要素成本计算的国民收入状况》("The Status of National Income at Factor Costs") 中指出了因采用要素成本法而派生的某些不一致性。

[2] 水对于人的实际效用很高，但因为供给充分，在市场中的交易价值很低。钻石对于人的实际效用很低，但因为供给严重不足，在市场中的交易价值很高。在经济思想史上，亚当·斯密首次在理论上指出了这一悖论。——译者

上的变化将涉及净产出实际价值上的某种变化。为了缩减产出的货币计量值以获得实际价值，有关恰当地进行数量加权的整个问题都被牵扯了进来。

在第二节和第三节中，我们将批评性地考察两种对立的立场：第一，由商务部在其实际测度方法中所采取且被该部那些发言人坚决捍卫的立场；第二，由西蒙·库兹涅茨教授及其追随者采取的立场。我们将证明，这两种立场中无一完全令人满意。在第四节中，我们将提出一个替代性方案，它适用于对中间性和最终性政府服务的估价。最后，在第五节中，我们将尝试揭示，如果我们转变目的，从测度对既存产出的估价转向测度可从既存资源投入中生产出潜在产出的价值，就更容易地使商务部的立场合理化。

## 二

商务部，在估算净国民产品的总价值上，是将所有政府所供物品和服务的成本价值（那些被直接定价的除外）与民间所产物品和服务的最终产出价值加在一起。这个惯例受到了长期和持续的批评。据说，这一方法是基于这样一个假定，即所有公共品都等于面向消费者的最终产品。商务部的那些发言人曾回应说，就政府的那部分产出而言，适宜的区分不在于中间物品和最终物品之间；相反，在于这些物品是否通过种种普通市场渠道被"再销售"。如果政府所供物品未被再销售（即如果它们没有再次进入市场过程），它们就是被免费消费了，从而在这个意义上，就必须被认作最终的产品和服务。商务部发言人曾靠举出眼下熟知的免费面粉例子来说明这一立场。如果政府应该向所有面包师提供免费面粉，则随后生产出来的面包将会按不含面粉成本价的价格出售给消费者。消费者将在不直接付费的情况下接受这种面粉的价值。那些加工面包的厂商将只是起到向消费者"传递"这种最终产品的作用。因此，每一种政府所供产品或服务，若未被直接定价，若被免费供应，就都变成了最终性的。并且，既然承认个人从政府那里接受的最终产品和服务都要被纳入对国民产品的估算之中，就没有理由说对所谓的中间性物品和服务应当另作处理。

这个分析看来不能令人满意，但主要不是由于反对者们所提出的那些理由。市场中所售物品的价值，在按市场价格计算时，是购买者们**按边际**给它们做的估价。那么，对于不直接收费就提供给购买者的政府所供产品和服务，基于边际的价值是什么呢？

冒着过于简化的风险，我们建议在一些受到仔细限定的分析模型中考察对政府所供中间性产品和服务的估价。眼下，我们要暂且假定一个充分竞争的经济体；还假定资源都能在各种互替的利用机会之间自由移动，不存在专业化的资源，且所有的生产都在固定回报条件下进行。现在让我们假定，政府，通过与另一个国家的国际协定，购买一项技术咨询服务，该技术影响着一个特定产业，并体现为一种降低成本的创新。然后，政府让这个国内产业中的厂商免费使用这项服务。这显然是一项由政府提供的**中间性**服务。在刚描述的那些环境条件下，竞争调节机制将确保有更多的资源进入这个受到影响的产业。对消费者的产出价格将下降，其减少的数额为该免费服务的全部价值。在新的产业和厂商均衡点上，该产品的价格将被全部耗用于向**有定价**的资源投入作边际生产率偿付。在最终产出的价格里不会留有丝毫可归因于该免费技术服务的价值。

在直觉上，这一分析与商务部的立场似乎是一致的。那个产业中的厂商们只是起着"传递者"的作用，将那种免费服务传递给最终消费者。然而，商务部的那些发言人是错误的。因为，他们的立场在其内部是可以自洽的，但他们从该立场出发却得出了错误的结论。他们相当正确地强调，在竞争调节模型条件下，被免费供应的中间产品，其价值并不显现在最终产品的价格中，因为它们是免费的。但这也意味着，正因为这些服务是免费的，使用者就不会按相应的边际对其做出正值估价。在这个模型的那些条件下，由政府免费供应的服务将注定以这样一种方式来调节资源：将那些服务处理为好像它们真是在较广义的零成本意义上是"免费的"。而且，既然"免费"品没有任何经济价值，它们就不应被计入对国民产出的估算。政府在获取这些服务的过程中其实耗费了一些资源，并且，为了给这种获取过程筹资，向全体纳税人征收了税费，但这一事实却毫不相干。为了按市场价值测度国民产出，处理这些服务的方式必须与处理任何真正免费品（比如说空气）的方式一样。

在有一点上，商务部的那些发言人是完全正确的：在处理政府提供的中间性服务上，没有任何理由与处理最终服务有所不同。上述分析可以被不加改变地用于免费供应的最终产品和服务上。我们可以通过引入一个简单的例证来说明这一点。让我们假定，有个市政当局向其居民消费者供水，但不直接收费，也不限制每个消费者可以使用的水量。尽管事实是这种水将耗费掉某些资源，且这笔成本将通过税收系统在公民个人当中分摊，但在该共同体内，对水的利用将被当作好像在所有方面都是真正免费的。既然没有任何边际价格与消费者用水多一点或少一点的决策挂钩，单个消费者将把水用至边际效用为零的那一点。相对而言，很容易看出，在与这些假定相同的环境条件下，个人不会赋予该市政当局所供之水以任何边际价值。人们对待水的方式将与他们对待某种真正无成本（免费）物品的方式完全一样。通过按某种成本—价格来测度水从而赋予水某种价值，以达到将这种价值计入共同体产出估计值的目的，将等于测度一部分"消费者剩余"，而这样的事对其他物品和服务是不做的。既然个人将把可免费使用的水用至任一单位都无价值的程度，水的总价值就会是零。

这些推论意味着，由政府不收费供给的中间性或最终性产品和服务，只要它们可由消费者（个人或厂商）无限量使用，就都应被剔出基于市场价值的国民产出估算。但是，对于那些由政府以不直接向消费者收费的方式提供但限定数量的中间性或最终性物品和服务，依然存在问题。在这种情形中，尽管事实上这些物品或服务并未被直接定价，但在任何最终均衡点上，仍然可以存在正边际效用。现在，让我们继续假设一个充分竞争的经济体，同时各种资源可在分立的用途中自由移动，所有的生产都在固定回报下进行。

首先，我们可以考察这样一个模型，其中，某种公共品的可用数量受到限定；已知该物品会对经济体中各分立部分产生不同的影响，但它对有可能利用它的所有厂商都是免费的[①]。在这里，我们可以依托庇古—奈特那著名的"狭窄的好路"（narrow but good road）来做所有的阐释[②]。使用该公共品的厂商之间存在竞争，这种竞争所起的作用是增加受影响产业中的种种非集体性投入。向消费者收取的市场价格将有所下降，但下降额不会等于那种集体投入的全部成本量。这源于那样一个事实，即相对而言，将有过多的民间资源为实现有效率的运营而被吸入那个产业。在某个最终均衡点上，该产业中的产出价格将几乎不足以偿付那些被用掉的民间所供资源投入的服务。没有任何一部分的投入价格能被归因于可免费使用的政府所供投入。当然，在受到不同影响的产业中，在那种工具

---

[①] 萨缪尔森提供了一个纯集体物品的严格定义，尽管他只讨论了集体性消费品。请见 Paul A. Samuelson, "The Pure Theory of Public Expenditure", *Review of Economics and Statistics* 36 (November, 1954): 386–89. J. 马戈利斯已证明，萨缪尔森的纯集体物品情形是一种极端情形（"A Comment on the Theory of Public Expenditure", *Review of Economics and Statistics* 37 (August, 1955): 347–49）。即使像对外防务那样的服务，通常对经济体中不同部门也确实有着级差效应。

[②] A. C. Pigou, *The Economics of Welfare*, 1st ed. (London: Macmillan & Co., 1926), p. 196; F. H. Night, "Fallacies in the Interpretation of Social Costs", *Quarterly Journal of Economics* 38 (August, 1924): 582–606, reprinted in Ethics of Competition (London: George Allen & Unwin, 1935), pp. 217–36. 请注意，道路情境可被用于研究"中间性"和"最终性"公共品这两种情况，因为道路既可被用于生产方面的目的，也可被用于最终消费。

性①公共品可用之后，总生产将大于那之前。而这种生产的边际价值将小于那之前，且这个价值将被全部耗费于满足对那些有定价资源投入的边际生产率支付。那些政府所供投入没有丝毫的边际价值。将这种政府所供投入的价值纳入国民产品估算的唯一办法是，按新的价格，把变大了的民间生产的价值纳入那些受到不同影响的产业之中。当然，按市场价格盘点民间产出的全部价值，就完全能做到这一点。

现在让我们考察一个不同的模型。回到我们前面的城市供水例示并假定，那个市政当局，不是使水可被免费地无限量使用，而是向每个居民提供定量的水。还假定，政府免费提供的水量少于无用量限制情况下平均的居民用水量。在这些环境条件下，对于平均的或曰典型的消费者来讲，水自然就具有了正边际效用。如果允许对这种限量水的权利在不同个人之间自由转售，将会形成该权利的某种价格。但请注意，这种应被纳入产出估算的价值，将完全与向该城市供水的成本相分离。水权的这些价格将取决于市政当局确定的可免费使用的水量以及市民们对水的边际估价。在这种情形中，看来很清楚，市政供水的成本价值不应被加到水权的市场价值上去。只有后者才应被纳入对国民产出的估算。然而，如果对免费水的权利是不可转售的，这种正效用将不会被表现在市场价值中。无论如何，国民产出中对水的估价都应与提供这种免费公共品的平均成本或边际成本完全分离。

现在让我们来考虑一种不直接收费而可供享用的中间性物品或服务，它在那些分立的产业之间确实造成了级差性效应，并且它不是所有潜在使用者都能免费获得的。我们可以想到这样一种情境，即政府对某个完美竞争产业中的所有厂商提供某种物品，但数

---

① 此处的原文为"the instrumental public good"。根据前后文，这里的"instrumental"似应与"中间性"同义。——译者

量有限,要在那些厂商中实施配给。灌溉用水也许是一个这样的例子。在这种场合,这种免费投入的供应将导致一个后果,即为持有配给券从而能够利用该免费投入的生产者们创造出级差租金。这种租金能有助于受益生产者降低生产成本。对于那些受影响的厂商们来讲,因为这种免费公共品,那些有定价的资源将具有更大的生产力。但这种增加的生产力不会通过资源价格的上升而反映出来,因为,有定价的资源,在处于"无补贴的"利用中时,通常是其边际生产力决定着资源的价格。

这个模型体现出,级差租金的形成是免费提供政府中间物品的一个结果。在一个理想化的竞争性经济体假设下,该模型看上去也许有点极端。然而,当我们舍去这后一个假设时,这个级差租金模型或许就变成了一个最具普适性的模型。如果竞争调节机制是不完美的,如果允许存在某种程度的垄断,对政府供给中间性物品和服务导致级差租金的产生这一点就必须做细致的考虑。即使应该使某种投入的服务可被无限量地使用,或即使应该使某个固定数量向所有潜在使用者免费开放,无法发生充分的竞争调节仍可以使生产单位保住某些源于免费政府投入的好处。也许这些好处不会全部转向最终消费者,结果,最终产品价值中的某一部分往往会反映出这种政府投入的边际价值[1]。

当我们将所有这些模型结合起来时,我们必然得出一个结论,即在对政府所供物品和服务的估价上,商务部所遵循的方法在概念上是不正确的。只要政府所供物品和服务可不直接收费地无限量使用,且存在竞争调节,这些物品和服务在其用途边际上的价值就变

---

[1] 一旦舍弃了完全竞争调节的假设,中间性物品和服务的免费供应就能导致淘汰,并创造出生产者租金。如果,例如,厂商接受某种免费的投入服务,且作为结果,厂商被导向扩大生产,这可能引起未因政府行动而直接受益的资源所有者们先前享有的租金被普遍减少。只要可免费使用的水减少了在边际土地上生产新谷物的成本,相关农产品的价格就将下降,先前存在于最低档土地中的租金就将被减少,而从免费公共品中获取的收益将被传递出去。

为零。没有任何理由将这些物品和服务的任何成本价值纳入任何已提出的有关国民产出市场价值的测度之中。凡是政府所供物品和服务——中间性的或最终性的——被在不直接收费的情况下提供给使用者，但这些物品或服务，要么被在使用者当中非平等地分配，要么不存在充分的竞争调节，或者这两种情形同时并存，就会创造出生产者租金来。这样的租金可以出现于两类产业的厂商中。一类厂商所处的产业要靠政府供应中间产品，另一类厂商所在产业供应的产品与免费提供的最终产品或服务具有互补性。只要这样的租金作为可归因的分配份额，在边际上，取代了生产的私人成本，免费公共品的市场价值就被纳入了民间产出的市场价值之中。当公共品的成本价值与最终产出的市场价值加在一起时，这方面确实陷入了双重计算或重复。

还有这样一些情境，在其中，公共品尽管是未直接收费就提供给消费者，但在边际上保留了正价值，并且这种价值并没有被纳入某种最终产出的市场价值之中。这些情境表现在这样一些情形中，即公共品的数量被限定，但这种限制的好处被传递给了最终消费者。然而，即使就这些情形而言，按边际价值计入公共品仍与生产成本无任何关系，其单位价值可以高于或低于边际的或平均的成本。这使人联想起了杰文斯：成本只能通过其对供给的作用来影响边际价值；在这种情形中，可用的公共品在供给上不受种种成本考量的直接影响。

## 三

西蒙·库兹涅茨曾是下列命题最为重要和持久的提倡者，即中间性和环境性公共品和服务应被排除出对国民产品的估算[1]。在他看来，由于无法适当下调政府所供中间物品的价值，现行的测度方法高估了政府部门的贡献。计入政府所供"中间性的"产品和服务显然陷入了某种双重计算，这些产品和服务并不体现国民产出的净增加。

鲍曼和伊斯特林对这一原则立场做了也许是最清晰的概述[2]。舒普和马斯格雷夫，在具体援引商务部那些发言人在反驳中提出的推导思路后，对这种双重计算论做了也许是最充分的发挥[3]。为了反驳商务部的论点，即厂商们的作用只是将免费供应的中间物品的价值"传递"给最终消费者，这些作者通过缩减产出的货币计量值来抵消由集体所引发的产出价格变化。如果，像在免费面粉例示中那样，启动某中间产品（面粉）的集体供应，结果是面包的市场价格会下降，就可以预料，总价格水平也要下降。因此，在预设的特殊变化之下，当产出的测得价值被恰当地缩减以反映其实际价值时，国民产品将保持不变。

对于那些环境性或曰框架性服务（environmental or framework services），库兹涅茨采用了一种更宽泛一点的方法。这类服务并不完全类似于民间生产过程中的各种投入，但无论怎样，对于民间生产的基本环境来讲，它们构成着其中不可或缺的一部分（典型的例子是对外防务和司法管理）。库兹涅茨主张将这些"环境性产出"的任何价值都剔出国民收入。他的论据是，这些产品和服务，通过使民间生产成为可能，必然被反映在民间部门的最终产出价值

---

[1] 尤其请参阅他的 "National Income: A New Version", *Review of Economics and Statistics* 30 (May, 1948): 151–79; and his "Government Product and National Product", *in Income and Wealth*, ser. 1 (Cambridge, Mass.: International Association for Research in Income and Wealth, 1951).

[2] R. T. Bowman and R. A. Esterlin, "An Interpretation of the Kuznets and Department of Commerce Income Concepts", *Review of Economics and Statistics* 35 (February, 1953): 41–50.

[3] Musgrave, *The Theory of Public Finance*, chapter 9; and C. S. Shoup, *Principles of National Income Analysis* (Boston: Houghton Mifflin, 1947), chapters 4 and 6.

之中。换言之，民间产出所以具有了一定的规模，正是由于在国防、司法等方面存在着集体供给。库兹涅茨论证说，同时计算生产的前提条件和生产本身，陷入了重复。①

让我们来考虑这些论点。首先，关于"调整后收入"的论点被用来反对将那些严格意义上的政府所供中间性产品和服务（例如免费面粉）纳入进来。如果，这些面粉是免费供应面包生产行业里的厂商们，其结果可能表现为两种极端情形之一，或由这两种情形构成的任何组合。在第一种极端情形中，由于存在垄断或其他情况，根本不发生任何竞争调节。面包（最终产品）的价格可以保持不变。在这种场合，没有理由将面粉的成本价值纳入对国民产出的估算，因为这种价值将早已被体现在面包的价格之中，成为可被归属于生产者的分配份额，并被恰当地归类为生产者的级差租金。在第二种极端情形中，将发生充分的竞争调节，从而面包的市场价格将下降，其减少量等于免费政府投入的全部价值。在这方面，那些"调整后收入"论据的支持者们说，总价格水平也会下行。如果任何特定年份（或共同体）的全国生产必须与另一年份（或共同体）的全国生产相对比，就必须按照某种恰当的价格指数对产出的货币计量值进行缩减，以获得可比的"实际"收入。当两种情境被对比时——一种情境是某种产品，比如说面粉，被免费供应，从而产出（面包）的价格较低；另一种情境是同样的物品通过市场获得定价，从而产出（面包）的价格因此而较高——**如果这两种情境中生产出了同样数量的面包**，则恰当的缩减将在这两种情境中产生出同样的"实际"收入。在公共品情境中，将免费面粉的成本价值和面包的价值加在一起，继续这一论证，将导致双重计算。因为，这一免费投入的价值被反映在价格缩减指数中，而这种价格缩减指数是为将货币价值换算为实际价值所必须采用的。

---

① 请见 Kuznets, "Government Product and National Product", pp. 192–196.

这一分析中，重要且本质性的一步是关于不变性的假定，即假定，当中间性物品被免费供应的时候和当它通过市场获得定价的时候，蒙受不同影响的商品或服务在生产上都保持相同。但显然，这样的不变性假定无法得到支持。当某种中间产品被免费提供给某产业中的厂商时，可以肯定，只要生产系数中存在某些变化，该产业的产出必然会上升。如果，事实上产出不能上升，那么价格就不可能下降，从而用调整后收入来反映价格变化的全部想法就都会是无意义的。如果作为某单项投入免费供应的结果，蒙受不同影响的商品在生产上增加了，则正常情况下，其他物品和服务的生产必然会减少。该共同体的整个产出构成就被改变了。并且，一旦允许这种情况发生，指数方面的核心问题就被引入进来。用一种情境中的产出组合来加权，与用另一种情境中的产出组合来加权相比，所产生的结果将会不同。如果在一种情境中，中间产品是由市场来定价的，在另一种情境中，中间产品是由政府免费提供的，则**假如其他条件不变**，用在前一种情境中产生的最终产出量给指数加权，与用在后一种情境中产生的产出量给指数加权相比，其就该公共品情境所得出的"实际"收入相对而言往往较低。①

让我们回到库兹涅茨的那个更宽泛论点上来，即将种种"框架"方面的中间性政府服务排除出对产出的测度。库兹涅茨坚持说，如果目的在于通过对当前消费和有益于未来消费的资本品进行市场估价以测度"福祉"，则所有其本身不属于最终消费或投资的支出项目都须予以排除。但是，像库兹涅茨那样划分出来的、框架性物品和其他公共品之间的分界线看来是太随意了。他断言，那些由政府免费供应的、在民间部门中具有对等物的物品，都不是生产

---

① 在不变性分析上的另一个困难牵涉到一个隐含的假设，即有可能对有公共性物品和服务的情境与无公共性物品和服务的情境作对比。但一个完美的无政府主义模型是完全非现实性的。贴切的比较必须是在提供不同量公共性物品和服务的情境之间进行。没有任何缩减指数能够完全排除存在于初始基本情境中的政府服务对货币价格造成的影响。

"框架"的组成部分。但是，在分类上，将确实有私立学校对等物的公立学校排除于那样的"框架"之外，而将无民间对等物的对外防务归属于那样的"框架"之内，看来是有问题的。在逻辑上，这样的论点意味着，国家的制度结构，可以左右估价方法，因为它决定着许多政府所供产品和服务的对等物存在与否。

根据第二节中的讨论以及随后第四节中的内容，应该很清楚，就某些目的而言，我们应该支持库兹涅茨的那些建议，以便改善目前采用的那些测度方法。但看来，在支撑这些建议上，调整后收入和各种框架论的概念正确性都可存疑。对于政府服务估价中固有的许多困难，库兹涅茨的那些专门建议及其支持者的种种论证都未导向完全令人满意的解决方案。

## 四

如我们曾说过的那样，估价社会收入以及通过这种估价来评估政府部门贡献的那些方法，取决于设计这种评估所要达到的意图。J. R. 希克斯曾区分过收入测度上的两种结果或曰目标：福祉和生产力[1]。如果这两者中的某一种被采纳，就必须导入某种价值量级，借此可以对一整套多种多样的产品和服务进行比较和加总。在一个企业型经济体中，种种由市场确立的价格提供着基本的价值量级。可以预料，既然单个消费者会调整其行为来适应整套既定价格，他在所有产品和服务上付出的总支出就反映着他对其整个消费模式的估价。由此，所有消费者的总支出又为我们提供了对整个产出组合的某种综合估价，且正因为这一点，我们可以承认，在某种高度限定的意义上，这种综合估价是"福祉"的一种指示器。

---

[1] J. R. Hicks, "The Valuation of Social Income", *Economica* 7 (May, 1940): 105–124.

**我们建议排除所有政府产品的价值**，只要其不是被直接定价的。这似乎直接遵循着这种"福祉"标准。既然单个使用者（厂商或最终消费者）不为政府所供产品和服务付费，他们的行为就会被校准至这些服务的零价格。对于政府所供产品和服务在可被无限量使用时（我们的第一种模型）不应被计入国民产出的价值这一主张，希克斯是接受的。但当这些产品和服务的总供给量被限定时，他就不接受这种方法了。也许，将这种排除扩大至这些情形的合理性能借助于类比得到最好的显示。自然界中存在着许多"免费"物，它们的供给量受到了严格的限定。在某些地区，太阳每天平均只照射四个小时；显然，如果有更多的阳光，就会使"福祉"增加。但是，无人做出努力去赋予阳光某个正的价值，因为没有任何市场交易能生产出更多的此类产出。相反，我们隐含地设定，整个经济体的调节过程会发挥作用，以便将这种"免费"物的级差性可利用度纳入考虑。政府供给但数量有限的产品和服务看来没有任何不同。如果个人不直接付费就切实地享受着这些产品，且不能通过某种市场交易转售这些产品，就没有任何价值应被纳入国民产出估算。

在论战中曾出现过两种被设想为有矛盾的论点。其一，政府的中间性服务不应被（双重地）计入国民产品；其二，无法区分"免费"的中间性服务和最终性服务，且它们不应被区别对待。但是，若做恰当的思考，这两者根本就不矛盾。这两种论点都延伸至了同样的逻辑结论，即为了在那种限定意义上测度"福祉"，必须将所有免费的政府产品和服务从对国民产品的一致估价中剔除。从一种观点来看，所有的政府产品和服务事实上都是中间性的；而从另一种观点来看，它们都是最终性的。它们所以是中间性的，是因为，由于被免费供应，它们必然在一定程度上被反映在其他产品和服务的价值之中。在这个意义上，将它们纳入产出测度隐含着高估。而从另一种观点来看，所有的公共品所以是最终性的，是因为它们必须被视为向全体人民提供了某种程度的满足。这一点仍然是正确的，尽管事实是，在许多场合，它们可能向消费者们提供着零边际价值。但是，任何人试图通过按成本计入这些公共品来测度这一整体满意的程度，都与按边际（市场）价格估价私人品相冲突。在那些免费供给物保有正边际价值的场合，没有任何手段来确定这些价值有多少，以及这些价值在多大程度上被反映在了其他物品和服务的市场价格之中。因此，按照某种成本价值计入不直接收费而供给的公共品，隐含着某种不一致性和高估。另外，完全排除又可能意味着在一定意义上对"福祉"的低估。但必须记住，即使是按市场价格对民间所产物品和服务做出的估价也只是在"福祉"这个词的很有限意义上测度了福祉，因为只囊括了边际价值。测度"总福祉"是无法做到的。我们退而采用按市场价格进行估价的产出测度，因为它具有内在一致性且确实有着某些福祉意义。当民间产出的市场价值和政府产出的成本价值加在一起时，这种一致性以及对现存福祉的有限意义都会丧失。看来，对于当前福祉真有意义的国民产品，唯一具有一致性的测度方法是，只计入那些按正价格在市场上实际售卖的产品和服务的价值。

指出这么一点是很重要的，即在不同的共同体中，由集体免费供应的产品和服务有着不同的数量和种类，而我们这个方法并不妨碍在这样的共同体之间进行有益的"福祉"比较。将那些免费提供的产品和服务剔出基于市场价格的总产出价值，只是指这些被涉及的项目具有零价格，一个零总价被赋予了这样的物品。然而，在许多共同体中与之相同的物品是有正价格的，因为它们是通过有组织市场来售卖的。在这种情况下，没有必要从适于与这类共同体作对比的项目集中剔除那些免费供给品的数量。

让我们再次通过一些简单的例示继续下去。假设共同体1没有公共警察部队，一些民间个人和厂商通过普通市场渠道雇用警察服务。假设共同体2在其他方面都与共同体1相似，但向其居民征税以便由集体提供警察保护。按照我们评价共同体实际产出的方案，警察保护的价值在第一个共同体中会被纳入实际产品测度，但在第二个共同体中则会被剔出实际产品测度。因此，共同体1似乎仅仅因为组织上的差异而将显示出较高的实际产出。然而，这样的推论，即使在这个专门例示中，也是不正确的。若想证明它并非如此，要采用极端的不变性假设。假定，共同体1中民间个人雇用的警察人数与整个共同体2雇用的警察数相同。还假定，整个计划是靠不改变价格的所得税（又一个极端假设）来资助的。共同体1中测得的产出会超过共同体2中测得的产出，其超出额相当于对警察服务的估价值。但是，因得益于警察服务**被定价为零**，共同体2中的价格水平较低。凭借在共同体2中创造的收入，消费者们应该能够按照共同体2的价格购买共同体1中消费掉的全部物品，包括可以靠零价格切实享有的警察服务。显然，凭借共同体1中创造的收入，按照共同体1的价格，消费者们应能够购买在共同体2中买到的所有物品，包括只能按市场价享有的警察服务[①]。

然而，在正常情况下，由于人们真诚地认定警察服务是集体性的，与共同体2相比，共同体1会倾向于利用较少的警察服务。因此，与共同体2相比，共同体1的"民间"解决方案会导致有较少的资源被用于警察保护，较多的资源被用于其他用途。这种变化是如何影响这两个共同体之间的实际收入比较问题呢？既然生产的构成再也不会等同，数量权重方面的问题就被牵扯进来。共同体1的产出中将包含较少的警察服务和较多的其他物品和服务。如果共同体2中实际消费掉的物品量和服务量（**包括免费提供的警察服务量**）能靠共同体1所创造的收入按共同体1的价格（**它必然包括警察服**

---

[①] 请注意，我们在此极端模型中运用不变性检验与前面该检验被正式导入讨论时我们对它所作的批评并非不一致。在某种意义上，我们在这里所用的分析法将所有的政府产出都视为最终产品，但按零价格来将其纳入指数计算。这完全不同于假定政府的中间性产品，只要其价值被传递给了消费者，就将减少市场上产品的最终价格。在这后一种情况中，产出不可能保持不变。

务的某种正价格）来购买，则很显然，共同体1拥有的实际产出至少与共同体2拥有的一样多。如果共同体1中实际消费掉的物品量和服务量（包括由民间个人和厂商购买的警察服务量）能够按共同体2的价格（其中必然包括警察服务的零价格）用共同体2中创造的货币收入来购买，则共同体2中的实际产出必然至少与共同体1中的实际产出一样多。通过这个过程，共同体2自然能表明，与共同体1相比，它具有较低的货币收入但较高的实际收入。

从这类仅存于极端情形中的直接过程中，有望得出种种明确的结果。超出了这些极端情形，如果不就所采用的恰当权重导入某种明确的价值判断，关于这两个分立共同体中实际收入的相对规模，就没有任何确定的话可说。然而，我们在这里的目的不是要讨论在进行国家间和时期间比较上指数的构建和应用于实际产品评估方面的种种复杂问题。展现在这里的这些简单例示之被设计出来，只是要证明，在这类比较性测度中，没有必要通过我们处理政府产出的方案来系统地导入任何偏误。尽管毫无疑问，在政府产出的生产中是利用了种种资源的，但将这种产出的任何价值剔出国民产品估算，并不必然地影响对可能以不同方式组织其经济结构的共同体进行比较。也就是说，当试图进行这类比较时，排除对政府服务的任何估价，不会引出任何尚未存在的困难。

## 五

如果测度目的不是"福祉"，甚至不是体现为前面讨论过的那种限定意义上的福祉，而是凭借任何时点上既存的资源束所能生产的**潜在**产出的价值，则有一种完全不同的方法被提了出来。在该方法中，对最终物品和服务的那些相对估价是毫不相干的，除非产品价格反映着真正的边际生产成本。从理念上讲，这种方法会涉及对所有产出物品和服务（包括公共品和私人品）的资源或曰要素成本进行加总。然而，当任何人试图将最终产品的价格分解为不同的成分（种种资源成本和真实租金）时，巨大的难题就出现了。认识到了这一困难，分析者们很想采用那种简化问题的假设，即在竞争性经济体中，产品价格确实在事实上倾向于接近边际成本。因此，对于民间部门来讲，加总产出价值，形成总开支，提供了一种对生产容量的测度。

这一方法中的某些方面似乎隐含于现行的商务部惯例之中，或者至少，这种方法能使我们更易于为那些惯例做辩解。如果能够认定，事实上，民间部门中的市场价格等于边际成本，则民间所售物品和服务的总价值，减去间接税，**加上**政府所供物品和服务的成本价值，可以就整个经济体的生产产能得出一种可接受的测度。在这个单纯的模型中，市场价格将只反映厂商们的**私人**边际成本；政府所供中间性或环境性服务的任何成本价值都不可能被纳入市场价格。因此，无须按库兹涅茨理论的思路对这些价格做任何调整。但是，间接税显然会在产品价格和真正的边际成本之间插入一个楔子。因此，必须导入某种下调以消除这一点。既然种种资源还被用于生产政府产出，一致性就要求将某种直接的成本价值与（根据市场价格）计算的民间部门所用资源的间接成本价值加在一起。

在概念上，这是一个具有一致性的方法，且能够对诸分立的共同体或时期进行比较。如果，在测度两个分立共同体中每个共同体的对应数量上遵循了那些具有一致性的做法，则尽管这两个共同体在政府部门和民间部门的结构分类上有种种差异，对真实的生产潜能做有意义的比较应该是可能的。然而，这里请注意，应被用来缩减那些测得的收入估算值的价格指数中必须包含**按成本价格**（而非零价格）定价的政府所供产出的数量，就像在其他"福祉"测度方法中一样。

不过，让我们现在尝试准确地看一下，这样一种"生产力"测度是指什么。如果，在被恰当地折算为不变价美元总量后，证明共同体1拥有大于共同体2的"生产产能"，这说明什么呢？在纯粹的民间经济中（没有任何集体行动），答案看来是显而易见的。一种"较高的"生产潜能是指，如果该市场经济体处于"最佳的"组织状态，共同体1的总产出将大于共同体2。其在对应区域上的生产界面（production surface）位于共同体2的生产界面之外。但是，当我们在经济中引入一个政府部门时，分析就变得更复杂了。如果用市场价格（间接税净额）来反映民间部门所产物品和服务的边际成本（等于平均成本）是合理的，而用平均成本来反映政府所产物品和服务的边际成本是合理的，则这两类物品和服务之间的转换曲线就必须是线性的。在这个模型所要求的那些限定性假设之下，资源从民间生产转向政府生产决不会改变平均成本和边际成本。因此，即使在这种纯概念性层面上，这个模型的高限定性本质必然会严重地减少可能获得的任何可比结果的价值。

然而，该成本模型的基本困难在于其不能实际测度真实的机会成本。在竞争不完美的、真实动态世界的经济中，市场价格，即使在按间接税做了调整之后也并不反映边际成本，除非是在某种很粗疏的意义上。通过从要素方面考察成本的各个组成部分，并努力将真正的机会成本从真实租金中分离出来，可以实现某些改善。这大概是一个最困难的任务。要想使这样的成本分析法能被完全认可，必须将那些必需的调整导入市场价格。但在这方面，任何能做到的测度方法都失败了。这使得有关"生产产能"的任何明确估算都成为实践上不可能之事[1]。

完全不是测度市场部门自身中种种机会成本的任何尝试所派生出来的那些难题，而是对民间部门和政府部门中的创业性报偿的不

---

[1] 对于这些问题中的有些问题，请见 G. Warren Nutter, "On Measuring Economic Growth", *Journal of Political Economy* 55 (February, 1957): 51–63, esp. 57ff。

同处理，造成了种种复杂的理论问题和实践问题。任何总成本分析法的实践结果肯定必然是一种"福祉"测度与一种"生产力"测度的某种杂交结合，它往往要调和这两方面的理论难题。

我们提出的"福祉"分析法，剔除了所有政府所供服务（被直接定价者除外）的价值，是具有内在一致性的。无须再去直接或间接地对成本价值和市场价值进行任何加总。将公共品分类为最终物品、中间物品和环境性物品没有产生任何问题。并且，凭借这种分析法，即使受到一定限制，仍能够对实际产出进行有意义的、带有某种"福祉"意义的跨国比较和跨时期比较。"成本"分析法覆盖了很广的问题范围，但在它的实践应用中，它较少一致性且要更含混得多。看来如此建议是合理的，即只是在第一种且较严密的分析法被认为不足以适应手头任务时，才作为权宜之计，引入这后一种方法。

我们发现测度国民产出的现行方法是合理的，这既非基于理论上的根据，亦非基于实践上的根据。在将基于成本的公共品价值与基于市场价格的私人品价值加在一起时，会产生不一致性，但无人做出任何努力去排除它。针对间接税楔子的公认矫正毫无意义，除非假定，现行做法要遵循有人提出的那种成本分析法。在测度既存产出的总市场价值的任何尝试中，这样一种矫正显然并未就绪。对于按市场价格计算的国民产出，唯一有意义的尺度是我们所建议的那种：在种种有组织市场中实际售卖的产出的价格值。对民间部门和政府部门进行加总可以是有意义的，但也只是当这种加总是从投入价值或曰成本价值的角度来进行的时候，且其设计意图在于就生产既存产出组合的总机会成本做大致估算时，才在某种大概齐和便捷的意义上是如此。

# 第十五章　关于公共品供给的笔记[*]

## 与密尔顿·卡福格里斯合著

论证任何活动的集体化（collectivization）都必然以经济政策理论为基础。这种理论体现着一种预见，即市场中的个人行为产生不出社会向往的结果。在这种正统分析中，这种预见源于显著外部效应的存在。人们以为，市场没有能力使那样的外部效应内部化。人们还假定，个人在其独立行为中只考虑其行动对其自身或其家族群体的效用所具有的影响。由此而来，如果私人行为带来了种种帕累托相干正外部经济效应（Pareto-relevant external economies），则对于所考虑的活动，市场创造的资源供给会低于按帕累托标准界定的"社会最适度"（social optimum）。[①] 例如，如果一个社会中存在着一个健康的总人口，使得某一社会群体中的居民普遍地切实受益，则个人在民间市场中独立购买保健服务的行为就显得犯傻，即相对而言，共同体的全部资源中投于这类服务供给上的那部分会过小。

---

[*] 感激弗吉尼亚大学的 W.C. 斯塔布尔宾和戈登·塔洛克在本文写作的各个阶段所给予的评论。
[①] 关于帕累托相干外部效应的定义，参见 James M. Buchanan and W. Craig Stubblebine, "Externality", *Economica* 29 (November, 1962): 371-384。简言之，若享有某种外来获益（苦于某种外来损害）的一方或数方能获得处境的改善，又不使造成这种效应的一方或数方在处境上变环，这种外部效应就是帕累托相干的。该文献这个受人欢迎的诠释意味着，总的来讲，经济学家们在讨论正外部经济效应和负外部经济效应时，他们所说的都只涉及种种帕累托相干的外部效应。否则，绝大多数的正统分析就都有严重的缺陷。

这篇笔记中的讨论被限定于正外部经济效应的情形，因为集体化通常正是以此为基础的。

在这篇笔记中，我们要证明，这一正统的政策推断并非完全普适，在一定的环境中，它可以是根本错误的。那些独立地或者说通过市场来组织的活动，被公认为体现了切实的正外部经济效应，但与满足帕累托最优的那些必要边际条件所必需的资源供给数量相比，未必会导致在总资源投入上的供给不足。

我们将考察若干可借以提供某种特定服务的替代性制度安排。为了便于阐释，我们可以考虑对某类医疗服务的利用，如将降低个人传染病感染概率的保健服务。我们分析两种分立的情形。在第一种情形中，假定某个人，比如说$B$，对这种服务的消费，给另一个人或若干人，比如说$A$，带来了切实的正外部经济效应，但这种关系是**非互惠性的**，即$A$对同样服务的消费不会给$B$带来切实的正外部经济效应。例如，$A$"富人"，可能发现，他的效用因$B$消费该服务而有变化；而$B$"穷人"，可能不会因$A$本人购买那类服务的程度而受到丝毫影响。在第二种情形中，这种关系是**互惠性的**。$B$对那种服务的利用，与在第一种情形中一样，给$A$带来了切实的正边际经济效应，但$A$对同一种服务的消费也给$B$带来了切实的正边际经济效应。

我们要提出的第一个也是最显而易见的观点是，如果一个人承受了源于他人活动的外部性或曰溢出性益处，这会影响他的效用，并可能导致他改变其收入在各种可用物品和服务上的配置。如果别人引发溢出性益处的活动对这个人自己的某些活动构成了一种替代，则当别人的活动增加时，他会减少自己的对应活动。由$B$私自带来的免疫水平上升往往会使得$A$少购买医疗服务，比如说少接受疫苗接种。在存在这类互替性的场合，种种替代性制度安排在促进这种相互的可欲消费调节上所能达到的程度决定着这些制度安排在开掘正外部经济效应上的相对效能。在分析中，对非互惠性情形和互惠性情形惯例是运用不同的工具来分别进行讨论。

## 一　非互惠性情形

我们依据一个双人几何模型（two-person geometrical model）来讨论非互惠性情形。但是，我们将把该模型视为 $n$ 人模型的代表，且不关注有关策略行为的种种考虑。在图15-1中，曲线 $D_a$ 代表个人 $A$ 对某种最终产出的边际估价。在这个模型中，我们称这种最终产出为"每年健康日"（Healty Days per Year）。整个分析过程中，我们忽略收入效应，这使我们能将边际估价曲线用作需求曲线。这条曲线，$D_a$，还可以代表对保健服务投入的需求，我们规定它以提供一个健康日所必需的数量为单位。纵坐标表示这些投入的价格以及 $A$ 的边际估价。投入单位是按不变的边际成本来使用的。假定，起初，$A$ 认为他自己在生活上与 $B$ 隔绝。他将购买一定量的保健服务投入，$Q_m$，产生某个每年健康日产出，$Q_m$。

根据假定，从 $A$ 的行动中，$B$ 感觉不到任何溢出益处。他将购买一定量的保健服务投入，$q$，如图15-2所示，从而给他带来一个相同量的最终产出。然而，对于这个群体来讲，这显然并非一个均衡点。因为，$A$ 将认识到，$B$ 的行动绩效为他带来一定的边际性溢出益处。而在本模型的假定下，这些溢出益处是对 $A$ 自己购买保健服务的替代。

最初，我们假定，$A$ 考虑到，$B$ 对一投入单位的利用将是对其自己直接利用一相同单位的完美替

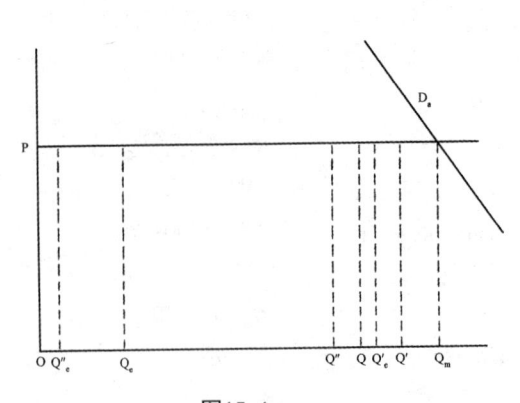

图15-1

代。也就是说，B多用一个投入单位，A将可以在少直接利用一单位的情况下保持同样的每年健康日天数。因此，如图15-1和图15-2所示，A将使自己的直接消费量从$Q_m$减至$Q$，因这两者之间的差额正好等于$q$。由A的购买量$Q$和B的购买量$q$所表示的这个位置，就是通过完全独立调节所获得的均衡点。

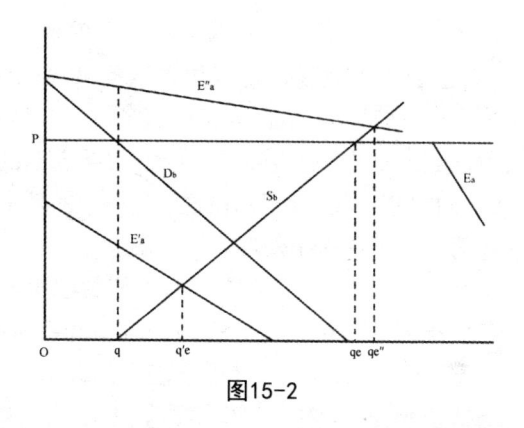

设想有一种替代性制度安排，它可以获得正外部经济效应的全部获益。现在，我们将对上面那个均衡位置与借助这后一种制度所能达到的位置作一比较。如果个人之间的市场能被激活，它将提供一种开发这类正外部效应的手段，且可以按照这样的市场来展开分析。较为传统的做法是，我们可以假定，某种"理想"运行的集体性安排造成了同样的结果。个人A将认识到，在独立调节的均衡点上，通过B在消费上的某种扩张，他自己能获得新增的益处。现在，保留先前的假设，即B对一种投入的使用是对A自己使用该投入的完美替代，我们可以考察A对于B的活动所做的估价。在这种情况下，根据一种投入对于他自己的价格，A会准备付出任何低于该价格的代价，以交换B对其活动的边际性扩张。那条边际估价曲线——即A对B这种活动的需求——将位于水平的边际成本或曰边际价格曲线上，向外直至其与A关于最终产出的需求曲线相交的那一点。

要想鼓励B扩大其在保健服务投入上的直接购买量，需要给B多少报偿呢？呈现在A面前的是这种服务对B的供给曲线，从那条按该模型中给定的单位投入价格计算的不变边际成本曲线中减去$B$自己的需求曲线，可以导出这条供给曲线，它在图15-2中显示为$S_b$。当$B$购买$q_e$单位的保健服务时，就达到了均衡点。在这个解中，$A$愿意把自己直接购买的投入减少至$Q_e$，它恰好比$Q$少了$q_e$和$q$之间的差额[①]。就我们在这组环境中的基本问题来讲，答案是很清楚的。如果在这个最终解中，$A$继续直接利用着某些正的投入量，这个允许充分开掘正外部经济效应的解所体现的总资源利用，就与独立市场调节情形所包含的总资源利用相同。当然，在这两种解中，资源用途的分配和最终产出的总量是不同的。与独立调节下的情形相比，$B$享有了更多的健康日，而$A$享有的健康日天数则不变，尽管$A$自己直接购买投入量的减少已经与$B$在购买量上的扩大同步。

该分析表明，在这类模型中，有必要仔细地区分**所供资源的单位**和可被消费的**最终产出的单位**。在普通的市场调节中，由于假设了消费获益的可分割性，这两个维度是相等的：由卖方供应给消费者的一个单位在物理上与被消费掉的一个单位是同一的。因此，供应给所有购买者的总单位数就等于被所有个人消费掉的总单位数。然而，当允许个人间在消费上具有某种可替代性时，投入和产出间的这种直接关系就被改变了，就像因正外部经济效应而必然会出现的情形一样。恰恰是"经济效应"这个词意味着，当这些经济效应得到开掘时，凭借既定数量的资源投入，可以获得很大数量的最终产出。

现在我们可以扩展这项分析，以允许在$A$的效用函数中，$B$的投入和$A$的投入之间出现完美程度不等的替代。如果$A$认识到，$B$对保健服务投入的利用将给他带来外部性益处，但就增进其健康的程度而言，这些外部性益处不如他自己利用那些投入所产生的益处，

---

[①] 对存在正外部经济效应时的个人调节所作的分析由密尔顿·Z.卡福格里斯在略有不同的语境中提出。（Milton Z. Kafoglis, ***Welfare Economics and Subsidy programs*** [Gainesville: University Presses of Florida, 1961], pp.33–38）

则 $A$ 对 $B$ 这种活动的边际估价曲线将位于价格之下。这样一条曲线在图15-2中显示为 $E'_a$。在这个情境中，均衡点的获得取决于 $B$ 的购买量 $q'_e$，该点超过了 $B$ 自己向往的独立购买量，其超出部分由 $A$ 予以补贴。在这种情形中，$A$ 将发现，有可能减少其自己的直接购买量，但他不会使自己减少的直接购买量大到足以抵消 $B$ 在资源使用上的增加。因此，$A$ 将把他自己的直接资源使用量从 $Q'_a$，即这种情形中在独立调节条件下达到的位置，减少至 $Q''_a$。开掘这种正外部效应的结果是总的资源锁入（total resource commitment）将被扩大。

但是，如果能证明，$B$ 对保健服务的利用是对 $A$ 自己直接消费的较完美替代，这些结果就反转过来。$A$ 对 $B$ 这种活动的边际估价曲线将位于价格之上，如图15-2中的 $E''_a$ 所示。这时，是由 $B$ 提供的购买量 $q''_e$ 决定均衡。在这种情况下，个人 $A$ 将减少自己的购买，减少的数量要大于 $B$ 增加的活动量。该最终结果将体现为较少的资源使用，即与独立调节条件下所产生的结果相比，某种较小的总支出。如在另两个模型中那样，$A$ 将继续享有同样的最终服务（每年健康日）总量。当然，$B$ 则实享有了增多的最终服务量，因为他直接使用了更多的投入。然而，正是因为存在着这种极端的可替代性，才能用较之以前更少的总花费获得这一结果[1]。

---

[1] 当然，有可能的是，$B$ 的活动可以在某些供应水平上是 $A$ 自己活动的超完美替代，但在其他水平上是欠完美替代。在这种情形中，图15-2中那条适宜的 $E_a$ 曲线会切割边际成本曲线，而最终的解可以根据特定的情形，要么体现为较多的总资源使用，要么体现为较少的总资源使用。
在所考虑到的每一个模型中，个人 $A$ 都持续地享有同样数量的最终服务，"年均健康日"，如图15-1中的 $Q$ 所表明的。由于允许 $B$ 直接使用的投入替代 $A$ 自己的投入，对 $A$ 而言，所消费的最终服务的单位平均价格是下降的。平均价格的这种降低可以意味着，当这种替代发生时，$A$ 会下移其关于该最终服务的需求曲线。不过，他的决策将取决于边际价格，而不是平均价格。并且，只要他继续为自己直接购买任何保健服务投入，就只在由 $P$ 所显示的边际价格上才可享有"健康日"。因此，给定我们前面的假设——忽略收入效应，那么，既然边际成本不变，所需的最终服务总量就不会变。如果这些关系确实如此，并且当 $B$ 利用的投入替代了 $A$ 的投入，$A$ 就能停止自己的一切直接投入购买，边际价格就会降低。在这种场合，$A$ 在最终服务上的需求弹性，以及 $B$ 的资源使用与 $A$ 自身资源使用之间的替代弹性，在决定该合作解造成的资源花费变化的方向上，意义重大。

这第三个模型远非如其最初所显现的那么难以置信。在那个免疫的例子中，看来很清楚，在一定的条件下，私人组织会在某些人群体中造成免疫的过度扩大，使之超出了另一些人口群体在响应某种免疫扩大上的合比例缩减。

## 二　互惠性情形

现在，我们转向存在互惠性正外部经济效应的情形。在该双人模型中，$A$的消费给$B$带来了切实的正外部经济效应，同时$B$的消费也给$A$带来了切实的正外部经济效应。如我们在第一节的分析中所做的那样，我们假定，在利用投入上不存在规模效应。即如果$A$和$B$联合行动，他们所买到的投入不可能比他们各自私下行动时所能买到的更便宜。

如在非互惠性情形中一样，我们考察，当我们假定只能有独立行动时某群体中不同成员实现均衡的过程。在这种情形中，个人不会考虑其自己的决策给别人带来的外部性益处。不过，他将根据别人采取的行动来调整自己的行为。就像在前面的模型中一样，我们把分析限定于关联性属于某种替代关系的那种情境。每一个人都愿意扩大自己在购买投入上的独立行动，且这种行动与他所期望的、源于群体中其他人的活动量呈反向关系。

在这个模型上，我们有一个"非可分立"外部效应的例子，它由戴维斯和惠斯顿给出定义，且如他们的分析所建议的，常见的经济政策分析不可能轻易地用于这一情形[①]。在所有这类非可分立情

---

[①] Otto A. Davis and Andrew Whinston, "Externalities, Welfare, and the Theory of Games", *Journal of Political Economy* 70 (June, 1962): 241-62. 在一篇未发表的手稿中（"Some Foundations of Public Expenditure Theory", November, 1961），戴维斯和惠斯顿采用了博弈论模型。那个模型与我们在此处导入的那些模型相似。但他们自己并没有专门讨论这里所分析的论题。

## 第二部分 应用

形中,关键在于仔细地考察个人决策之间的交互作用。在这方面,运用博弈论的那些工具会很有好处。在这篇笔记中,无须探讨分析中的细节和解的确定性,因为我们所寻求的只是要证明,集体性组织,即使在理想运行的情况下,也**未必**导致在最终服务供给上的总花费大于独立调节所造成的总花费。当然,这并不否认,在许多场合,满足帕累托最优的必要边际条件有可能需要更大的总花费。在有些情形中将肯定需要如此,但在另一些情形中将不需要。

证明呈现在图15-3中的数字例示中。这个例示展现着那个双人模型的情形,但其结果的普适化毫不困难。并且,从头至尾,我们都把这个双人模型用作$n$人模型的代表,这使我们可以排除有关策略性行为的种种考虑。我们认定,该双人群体中的每一个人,$A$和$B$,如那个五乘以五矩阵所表明的,能够采取五种分立行动中的任何一种。为了简化阐述,采用一个与前面相似的例示将很有好处。

| A\B | $b_0$ | | $b_1$ | | $b_2$ | | $b_3$ | | $b_4$ | |
|---|---|---|---|---|---|---|---|---|---|---|
| $a_0$ | 100 (100) | <u>200</u> | 60 (50) | <u>120</u> | 45 (25) | <u>90</u> | 30 (16) | <u>76</u> E | 29 (8) | <u>77</u> |
| | 0 (0) | 100 (100) | 0 (10) | 60 (60) | 0 (20) | 45 (45) | 0 (30) | 30 (46) | 0 (40) | 29 (48) |
| $a_1$ | 60 (70) | <u>140</u> | 45 (45) | <u>110</u> | 35 (20) | <u>85</u> | 28 (13) | <u>81</u> | 25 (7) | <u>82</u> |
| | 10 (0) | 70 (70) | 10 (10) | 55 (55) | 10 (20) | 45 (40) | 10 (30) | 38 (43) | 10 (40) | 35 (47) |
| $a_2$ | 40 (50) | <u>110</u> | 32 (29) | <u>91</u> | 23 (15) | <u>78</u> M | 19 (8) | <u>77</u> | 18 (6) | <u>84</u> |
| | 20 (0) | 60 (50) | 20 (10) | 52 (39) | 20 (20) | 43 (35) | 20 (30) | 39 (38) | 20 (40) | 38 (46) |
| $a_3$ | 29 (40) | <u>99</u> | 23 (23) | <u>86</u> | 18 (14) | <u>82</u> | 17 (6) | <u>83</u> | 16 (5) | <u>91</u> |
| | 30 (0) | 59 (40) | 30 (10) | 53 (33) | 30 (20) | 48 (34) | 30 (30) | 47 (36) | 30 (40) | 46 (45) |
| $a_4$ | 20 (30) | <u>90</u> | 17 (22) | <u>89</u> | 16 (13) | <u>89</u> | 15 (4) | <u>89</u> | 14 (3) | <u>97</u> |
| | 40 (0) | 60 (30) | 40 (10) | 57 (32) | 40 (20) | 56 (33) | 40 (30) | 55 (34) | 40 (40) | 54 (43) |

图15-3

请设想，这里所谈及的活动是获得一系列免疫注射，它们针对某些传染病提供部分的而非全面的免疫防护。每个人都可以要么什么都不做，就像该矩阵中的$a_0$行和$b_0$列所示，要么获得一次、两次、三次或者四次注射。

这里，从负的角度，即期望成本而非期望获益的角度，来测度报偿（payoffs）是很方便的。因此，博弈者将试图使显示在该矩阵中的报偿最小化。在每个方格的左上角，我们测度了患病将给该双人群体中的每个人，A和B，带来的期望成本值。这种成本取决于给定每人免疫水平后的患病概率以及被传染上之后的疾病花费。A的这些成本被显示为不带括号，而B的那些成本被显示为带括号。由于未假定这两个人是等同的，这些成本也将有不同[1]。请注意，根据对这个例示的构想，随着这两人中的某一个人或者两人获得追加的注射，每个人的期望成本会下降。在该例示中提到的所有行动中，个人的行为都会产生正外部经济效应。

在获取这种服务上，还要牵涉到直接的资源成本。在这个例示中，免疫注射每次10美元。在图15-3中每个矩阵方格的左下角，显示着每个人购买注射的总成本，B的那些成本仍然被置于括号之中。患病的期望成本外加获得注射的成本必须被加总，以提供针对每个人的单一负报偿。该项加总的结果显示在每个矩阵方格中的右下角。这个总报偿将为独立调节下的个人决策提供基础。

对图15-3的审读告诉我们，既无一行也无一列是占优的。A或B都不会在选择其自己的免疫水平时无视另一人采取的行动。如果A的注射次数低于三，B将为自己购买两次注射。然而，如果A注射三次，B将只注射一次；而如果A购买四次注射，B将不为自己实施免疫。图中所示的A的行为与之相似。如果B不注射，A将注射三

---

[1] 如果保险契约对可能遭受的所有损害提供完全偿付，则若我们从购买保单的成本来思考，这些期望成本，至少在概念上，都可被转换为客观的确定值。这个观点以及这个例示的发展中所导出的若干其他观点，我们都归功于戈登·塔洛克。

次。如果$B$注射一次，$A$将注射两次。如果$B$注射三次或四次，$A$就将为了自利而不寻求任何免疫。这个矩阵是专门构建的，只有当这两人中的每个人都注射两次时才到达均衡位置。这被显示为标有$M$的$(a_2b_2)$方框。这是这两人的独立选定计划得到同步实现的唯一位置。若想要这两个人的私自行为导致任何其他位置，这两个人中至少要有一个人有动力去独立地改变其行为。因此，这是完全独立调节过程下的均衡位置[①]。

更仔细地考察这个均衡位置将很有益处。请注意，在均衡点，每个当事人的行为继续给另一个人带来边际的外部性益处。并且，在这两种场合中的任何一种场合下，这种边际性的正外部经济效应都是帕累托相干的。这可以通过$(a_2b_3)$与均衡点$(a_2b_2)$的对比来证明。如果可以在这两个当事人之间引入谈判，可以料定，$A$能充分地补偿$B$，从而$B$会愿意增加一次免疫注射。$B$多注射一次的私人得益不足以覆盖10美元的边际成本，但这给$A$和$B$两人带来的总得益是大于10美元的。这从下列事实得到证明，即从方格右上角的数字来看，$(a_2b_3)$中的低于$(a_2b_2)$中的，这是该群体或曰集体的报偿。请注意，尽管在均衡位置上，$A$的行动继续给$B$带来边际性的正外部经济效应，但与$A$的行动相关联，不存在任何的帕累托相干正外部经济效应。这就是说，在这两个当事人中，若非至少损害一个人，就不可能实现从$(a_2b_2)$到$(a_2b_3)$的转换。

在独立均衡点上，有四单位的投入被用来提供免疫。注射上的总花费是40美元。现在假定，这两个人合并成一个提供免疫的集体小组。如果我们接下来假定，"政府"是完美或曰理想地行动的，则新的解将定位于小组总报偿最小化的位置上。这被显示在标有

---

[①] 当然，图15-3中的矩阵是被有意构建出来的，目的是要包含一个唯一的均衡位置。就普适性情形而言，在这种双人博弈或某种更多人的博弈中，并不必然存在一个纯策略上的均衡点，还可以存在多重均衡位置。不过，在这里，这类的问题并不必然与我们有关，因为我们的目的是构建一个例示，它将体现出种种标准关系，同时又拒绝那些有关资源使用的正统推断。

$E$的方格（$a_0b_3$）里。只有在这个位置中，因两人共同分担了总成本，帕累托最优才因$B$注射三次、$A$一次都不注射而实现。现在，在投入上的总花费是30美元，少于私人或曰市场均衡下所花费的那40美元。与独立调节的替代情况相比，更少的资源被用于免疫。当然，这个合作性或曰集体性的位置能够达到，还依靠了个人间市场的作用。源于交易的获益可以在从$M$到$E$的变化过程中得到实现这一点被反映在下列事实中，即就小组总成本来看，后一位置低于前一位置。

在图15-3的数字例示中，所以能获得帕累托最优，是因为在该服务上的总花费较小，但也是因为，对最终产出（在这个场合是免疫）的总"消费"小于独立调节下的总消费。这由下列事实来证明，即在$E$中，$A$的期望患病成本是30美元，$B$的期望患病成本是16美元；而在$M$中，它们分别缩减为23美元和15美元。这意味着，在独立调节下，对最终产出的消费被过度扩大了。

当然，结论未必随之而来，很容易修改这个例示以使其所产生的结果与非互惠性情形中显现的那些结果很相似。有可能的是，这

| A \ B |  | $b_2$ |  | $b_3$ |  | $b_4$ |
|---|---|---|---|---|---|---|
| $a_0$ | 45<br>(25) | 90 | 30<br>(16)<br>E | 76 | 29<br>(8) | 77 |
|  | 0<br>(20) | 45<br>(45) | 0<br>(30) | 30<br>(46) | 0<br>(40) | 29<br>(48) |
| $a_1$ | 35<br>(20) | 85 | 28<br>(13) | 81 | 25<br>(7) | 82 |
|  | 10<br>(20) | 45<br>(40) | 10<br>(30) | 38<br>(43) | 10<br>(40) | 35<br>(47) |
| $a_2$ | 23<br>(15)<br>M | 78 | 19<br>(8) | 77 | 18<br>(6) | 84 |
|  | 20<br>(20) | 43<br>(35) | 20<br>(30) | 39<br>(38) | 20<br>(40) | 38<br>(46) |

图15-4

种理想的合作结果可以包含较小的总花费，但同时提供了某种较大的最终服务消费量。这种可能性可以在图15-4中得到说明。图15-4只是用新的数字部分地替代了图15-3那个矩阵右上角的三乘以三部分。原初矩阵中那些保留部分仍然不变，但未被再现于图15-4之中。

请注意，与前面一样，私人均衡只在位置M中获得，而总成本最小化的位置是在E中达到的。然而，根据图15-4中修改后的数字报偿，在该"有效率"解中，尽管事实上如前面一样，其总花费低于私人解中达到的总花费，但其最终产出量实际上是上升的。请注意，期望患病成本仍从M中的A为23元和B为15美元减为合作或曰集体均衡中的A为21美元和B为14美元，即使在后者中做到了较小的总花费。

应当重复的是，引入的这个矩阵阐释之被设计出来并不是要证明，该"有效率"解与独立的或曰私人的调节所产生的结果相比，必然地甚至是正常地导致某种更小的资源耗费，以及某种更大或者更小的最终服务消费。这一分析的意图，以及先前那个几何阐释的意图，基本上都是否定性的。它旨在证明，在有关总资源运用的问题上，通常从对集体性或准集体性物品的正统分析中导出的种种推断，并非在所有情况下都是正确的。

对非互惠性情性和互惠性情形中所提论点的常识性解释是简单明了的。当实现了从完全独立调节到合作性或曰集体性安排的转换时，生产最终产出的手段被改变了。只要对投入的利用以某种切实的、处于某种替代关系中的正外部经济效应为特征，则在某种意义上，个人就能够在合作性或曰集体性安排之下"购买"别人的消费。与此相反，在完全私人调节情形下，他只能改变自己的行为以适应他人的行为。并且尽管在这里，他也能把别人的消费用作对自己消费的部分替代，却不能通过其自己的种种独立努力来改变别人的消费量。

如果允许所有的当事人就这种外部效应关系进行谈判——即，如果引入了个人间市场中的报偿性支付（side-payment[①]）——则借助于私人协议的出现，往往会达到"最优"解。在任何场合，这样的谈判肯定能在一定程度上发生，且当互动的群体不是很大时尤其如此。但是，当这种互动扩展至众多个人时，达成自愿协议的成本就会变得难以承受，向这类"最优"解的任何接近都可能受阻。正是在涉及这类情境的场合，种种集体化论点得到了应用。然而，一种全面的分析要考虑达成集体性或曰政治性决策的种种成本，且当这组问题被纳入进来时，没有任何先验的办法来决定是否可以借助这种手段来逼近"最优"解。

## 三　结论

在前面提供几何阐释和数字阐释的过程中，我们提到了保健服务的例示，尤其是那些提供传染病免疫的例子。还有另外几个被我想起来并增强我们分析针对性的实践性例示。如果某个市政府很快就要停止提供任何集体性警察保护，那么肯定，个人会以雇请私人警察、卫兵、守夜人的方式来应对。看来完全可能的是，在这样的情境中，在为生命和财产提供保护上的总资源花费将大于集体化条件下的花费。这里的分析意味着，即使不存在种种规模因素，这也会是正确的。换言之，即使应当授权私人警察

---

[①] "side-payment"按字面可直译为"旁侧支付"或"辅助支付"，按其内涵可意译为"报偿性支付"或"补偿性支付"。它指这样一种情形，一个群体（由至少两个以上主体构成）面临一项集体抉择，即是否要实施一项能改善该群体总福利状态的利益（权利或责任）调整（变革）。但这项调整的简单实施将直接损害该群体中某个或某部分主体的个体利益，因而遭到利益受损主体的反对。为了消除这种变革障碍，这项调整中的直接受益者可以用其自己的部分直接获益向那些直接受损者作报偿性支付，以激励直接受损者同意实施拟议中的调整（变革），以实现群体合作的共赢结局。这种情境中，直接受益者向直接受损者提供的这类利益支付即为"side-payment"。——译者

去抓捕那些并未偷盗其雇主财产的窃贼，即使提供警察保护的回报并非按规模递增，集体化仍可以很好地减少在警察方面的总花费。

这个同样的宽泛结论也适用于其他场合。如果没有市政消防部门，很可能用于防火的总花费会超出维持该消防部门的成本。诸如此类的普适结论是毋庸置疑的。要想使它们，至少在最初，与从庇古式政策分析中导出的那些标准推论相协调，是有困难的。其根子似乎在于庇古式政策分析不能充分地考虑外部效应关系的本质[①]。

在这一特殊比较中，我们的兴趣源于这样一种意图，即"解释"英国和美国近十五年中在提供医疗服务上的对比记录。在这个时期里，医疗在英国被集体化了，而在美国，它仍然主要通过市场过程来组织。正统经济政策分析的幼稚扩张会对我们说，在集体化条件下，如果种种决策都完全是"理性地"做出的，则在提供保健服务上的资源总花费应该会大量增长，并超过市场组织条件下所可能达到的花费水平。但对美国和英国这一时期的对比绩效所进行的一项考察并不支持这一粗陋的假说。即使根据美国在整个这一时期内总体上供给水平更高、根据这两个国家在GNP上的相对增长以及根据相对价格变动进行了调整，事实仍然是，在医疗服务上的总花费在本国中[②]增长得更迅速。而且，在"国民保健服务"[③]（National Health Service[④]）的持续期内，两国间的差距被扩大了。看来，与美国相比，国有化本身对英国总医疗支出的走向并没有产生任何可

---

[①] 从新近的关键性贡献来看，这里的理论正在被纠正。除了前面引用了的那些论文外，还应当提到 R. H. 科斯的基础性论文（"The Problem of Social Cost", *Law and Economics Journal* 3 [October, 1960]: 1—44）。

[②] 作者所属的美国。——译者

[③] 有关这项相对记录的考察，参见 John and Sylvia Jewkes, *The Genesis of the National Health Service* (Oxford: Oxford University Press, 1961)。

[④] 英国的国家医疗保障体系。——译者

证明的影响[①]。

当然，可以提出其他的假说来"解释"这同一种经验。我们并没有特别地断言，与第一节和第二节的阐释性分析中所展现的那些关系很相似的关系，即使是近似的，也确实描述了对医疗服务的消费。而所采用的那些传染病例示所包含的"现实性"则意味着医疗服务中的某些方面正属于这一类。在一定程度上，至少，这样一点肯定是正确的，即对于任何特定个人来讲，他人对医疗服务的利用减少了他自己对相似服务的私人需要。不过，可以证明，涉及这两个国家间种种制度差异的其他更复杂假说在"解释"这种对比记录上是更令人满意的。在最低限度上，我们能说，事实与这篇笔记所提供的例证性分析并不矛盾。而对正统的、关于外部效应的庇古式分析则不能说同样的话。

---

[①] "其效果是将更多的钱和资源投入保健服务。"这一关于"国民保健服务"的早期命题由西摩·哈里斯做出，它并没有得到事实的支持。请见 Seymour Harris, "The British Health Experiment: The First Two Years of the National Health Service", *American Economic Review* 41 (May, 1951): 652-666。

# 第十六章　布雷顿和威尔登论公共品

艾伯特·布雷顿的论文，"政府授予物理论"（A Theory of Government Grants），以及后来他与 J. C. 威尔登的讨论，提出了一个看法，即经常与保罗·A. 萨缪尔森和R. 马斯格雷夫联系在一起的当代公共品理论并未获得严格的正统地位[1]。人们普遍认为，萨缪尔森的极化情形，即被定义为可同等地供共同体所有成员享用的纯公共品，是很有局限的运用。为了发展其关于多层次政府最优结构的理论，布雷顿被迫引入了一个类型，"非私人品"。这类物品由政府提供给一个较大的政治辖区，但并非政治辖区内所有成员都能同等地享用该物品。本质上，他的方法是对整个共同体进行细分，从而使该极化模型能适用于每一种特殊情形。

威尔登对布雷顿的公共品分析提出了反对意见，并通过推断，反对那项公认的教条。他试图在一个基于正外部经济效应的宽泛理论框架内引出既是纯公共性的同时也是"非私人性"或曰中间性的物品。在这方面，我以公开的文字赞同威尔登的反对意见[2]。他的

---

[1] 请见 Albert Breton, "A Theory of Government Grant", *Canadian Journal of Economics and Political Science* 31, no.2 (May, 1965): 175-187; J. C. Weldon, "Public Goods (and Federalism)", *Canadian Journal of Economics and Political Science* 32, No.2 (May, 1966): 230-238, 238-242; Paul A. Samuelson, "The Pure Theory of Public Expenditure", *Review of Economics and Statistics* 36, No. 4 (November, 1954): 3870-3889; "Diagrammatic Exposition of a Theory of Public Expenditure", *Review of Economics and Statistics* 37, no. 4 (November, 1955): 350-356; R. A. Musgrave, *The Theory of Public Finance* (New York: McGraw-Hill, 1959), esp. chapter 4。

[2] 请见我的 "Theory of Public Finance", *Southern Economic Journal* 26 (January, 1960): 234-38。这是对马斯格雷夫一书的评论。

讨论在许多关键点上是很有帮助的,但从我的观点来看,它并未令人满意地化解该论题中的所有问题。另外,威尔登对布雷顿的批评在有些令人感兴趣的问题上并不适用。在一个连续数年为研究生讨论课开发教材的过程中,我就此确立了一种方法,它在一定意义上是布雷顿立场和威尔登立场的综合[①]。

当把极化的萨缪尔森模型用作对公共品**进行分类**的手段时,该标准处理就误入了歧途。就某种最终分类提出有益的建议是这一整套理论的目的之一,但最初,应完全以一种不同的方式来使用该公共品模型。对于**任何**碰巧由**政府**而非由民间提供的物品或服务,该模型都为其供给提供了配置上的规范(且在某些高度限定的情境中,提供了对政治性结果的预测)。从该极化情形中导出的理论,在被如此运用之后,能被用于该谱系上的所有公共品,因为对这些物品都可以从内在"公共性"特征的角度来加以描述。萨缪尔森的条件定义了最优性的标准,它允许我们从描述上有意义的角度将所有物品都处理为"好像它们是公共性的"。我在这里的原则性立场与威尔登的立场有关联,如他在其结论性脚注中所表达的那样。不过,我所要强调的与他正好相反,并且我要说明,任何事物,只要在某物品的供应上造成了政府干预,就一定使其自己具有了**政府的**属性。

为了证明这一点,我提议将该理论用于被公认为在描述性意义上是纯私人性的一类物品。这项证明,就其本身而言,并无重大的相关性,但对于后面扩展至介于两个极化端点间的那些物品时,将会很有帮助。请考虑因某种原因由政府而非由民间供应的"鞋"。**凭借对单位的恰当定义**,萨缪尔森模型允许我们将这种物品处理为纯公共性的。这里所需要的是,我们要识别出该物品中每一项的最

---

① 我的方法完全体现在我的书(《公共品的需求和供给》)之中(*The Demand and Supply of Public Goods* (Chicago: Rand McNally, 1968))。

终消费者。一旦我们定义了那类作为"**我的鞋**"而被我们关注的物品,那个配置标准的成立就没有任何问题了。在供给"**我的鞋**"上,帕累托最优的必要条件是在覆盖所有个人的加总边际替代率与边际成本之间的等式中被定义的。请注意,"作为**我的鞋**",该物品可同等地供群体中的所有成员享用。当然,在这种加总过程中,会有一整串零被加入我自己对该物品的边际估价之中。这个解与竞争性市场过程中形成的解是同一的。

这项分析中的关键一步在于恰当地定义单位。必要的基本区别在于**生产单位**和**消费单位**之间的差异。不幸的是,在认可和阐释本将极大地澄清他自己的论点时,威尔登却忽略了这一区别[①]。由于不同的原因,在纯私人品和纯公共品这两种极化情形上,这种区别往往是模糊的。就前一种情形而言,生产出来的一个单位体现着一个可由某**一个人**消费的单位。生产单位的总量加在一起,就是消费单位的总量。对于"鞋",无须识别就能进行讨论,这种识别在正规市场理论中是多余的。而就纯公共品而言,生产的单位可同等地供所有消费者享用。这种可供**每个人**享用的消费单位量由总生产来度量。在这种情形中,如威尔登所明确认识到的,区别是显然存在的,但进行这种识别的好处却并非显而易见。

在所有真正的联合供给情境中,如那些经典的马歇尔例示所证明的,一个生产单位可以体现为两个或更多消费单位。一头菜牛,作为生产或曰供给单位,体现为肉和皮革这两种分立的消费成分被定义在生产单位上。根据定义,一种物品的政府供给几乎都意味着使若干人的需求共同得到满足。某个单一的生产单位在其内部体现着被恰当界定的群体中所有成员的消费单位。

这种联合供给分析有助于将所有的外部效应都纳入单一的理

---

[①] "但在我看来,在这一阶段并无必要区分生产(及拥有)和消费。"(Welton, "Public Goods", p.237)。

论框架，并使得威尔登在其努力中所诉诸的某些笨拙设计变得无必要。现在，请考虑一种不纯粹的物品。这种物品，被定义为生产单位，将进入某政治共同体中若干（不一定是所有）成员的效用函数。对这种物品的估价将因人而异，这不仅因为成员在效用函数上有差异，还因为针对分立个人的可实测服务流有差异，即在按同等质量定义的**消费单位**上存在差异。威尔登在试图将这样的物品纳入其模型的努力中导入了不必要的复杂性。他声称，个人效用函数中的那些自变量在测量维度上都采用了适用于**所有人员**的总量，即加总数，而不是适用于作为特定消费者的个人的数量。我关于区分生产单位和消费单位的建议提供了一种更令人满意的手段来绕过这个被威尔登关注的问题。作为生产单位，适用于整个共同体的总量进入了每一个人的效用函数；而个人对任何特定数量的估价将取决于其自己计划好的利用活动。按照威尔登的建议，增添一个测度这种利用活动的自变量，似乎是多余的。

威尔登试图将不同种类物品间的所有差异都代入个人效用函数中去，他明确拒绝布雷顿所提出的使"客观获益"从主观估价中分立出来的主张。威尔登告诫说，提出来的这项区分并无必要，也不会起作用。恰如上一段落可能已经暗示的，一种广效用分析法（utility-inclusive approach）可以是完全普适的，它可被用于任何物品。在这一点上，我与威尔登的争执限于个人效用函数中的参数设定，并不涉及其分析法的本质。

然而，正是因为这种广效用分析法所具有的概括性，对于有的问题，若超出了已在这类标准模型中发展起来的那些问题的范围，我们就不能靠这种方法来驾驭。布雷顿的基本兴趣在于一组不同的问题，即那些与多层次政府中确定最优结构有关的问题。并且，他已直觉地认识到了公共品理论在工具上的极端局限性。他试图将"客观获益"从主观估价中分离出来，就是基于他所认识到的改变工具组合的必要性。威尔登告诫说，这样的区分，即使被恰当地做出，也是不必要的和不起作用的。而这，我认为，一旦我们超出了这个概括性公共品模型的正式边界，就是错误的。布雷顿的处理，尤其是其"客观获益"的说法，有可能遭到批评。但我将证明，一种与此密切相关的区分是贴切的，而且，当允许一单个生产单位中的不同消费成分存在可变性时，这种区分的确是有实质意义的。

请考虑消防保护，这是布雷顿的非私人品例示之一。如果一个城市中的唯一消防站在位置上是固定的，则对于居住地离那个消防站远近不一的不同个人来讲，该消防站实际上将产生出不同的消费服务量。这些差异可以由外部观察者从物质角度来测度。这些物质性服务流上的差异反映为火灾的客观概率，它们能与喜好这种服务的程度差异区分开。即使两个人具有同样的效用函数，从而肯定会对同样数量的等质消费服务做出相同的估价，但他们对生产单位（该设施）的边际估价，仍将因其离该设施的距离不同而有差异。

不过，威尔登这么说是正确的，即在这个例示的假定下，这一区分并无必要[1]。如果该消防站**在区位上是固定的**，就没有必要对客观的服务流和主观的估价做出区分。但是，假定不存在区位上的固定性，且相反，该共同体面临着另外的问题，即要确定该设施的最佳区位。在这种场合，区分可测度服务流和主观估价就是必要的，并且也显然是起作用的。于是，在与效用函数的变化无关的情况下，通过改变联合供给单位（生产单位）的区位来改变不同消费成分间的组合，就变得可能。这篇简短的评论显然不适宜展开细致的分析，但布雷顿所提区分的普遍适用性看来是很清楚的[2]。当然，在这里的阐释中，"区位"是生产单位中唯一的可变特征。而

---

[1] 操作性方面的问题略有不同。从概念上来讲，通过把人员从一个区位转换到另一个区位，然后观察他们对测得的服务流变化所作的不同估价，是能够做出这种区分的。当然，要假定，在整个过程中，他们的效用函数是稳定的。

[2] 有关这一分析的进一步讨论，请见我的"共同供给、外部效应和最优性"一文（"Jointly Supply, Externality, and Optimality"，*Economics* 33 (November, 1966): 404–15.）。

在现实世界中，任何一种政府供给的物品中都可能存在许多这样的变量。

公共品理论依然饶有趣味完全是因为它仍未获得严格的正统性。当那些概念被扩展至种种新问题上时，没有任何单一的处理能经受住严格的审查。这篇评论完全适用于我针对布雷顿和威尔登的模型提出的"共同供给—外部效应"分析法。这两位学者都对当前正在进行的讨论做出了贡献。我们希望，该讨论最终将产生出一套"政府供给品理论"（theory of publicly supplied goods）。这套理论，尽管就其本性而言有着更大的复杂性，但将能与"民间供给品理论"（theory of privately supplied goods）并驾齐驱。

# 第十七章　理论上和实践上的公共品

实践性例示将兴趣和信任都倾注于抽象理论，但这些优点并非没有其自己的机会成本。理论家和批评者都可以认真地运用例证，其结果是，价值方面的分析架构迷失在政策论辩的火气之中。这似乎正是近来米纳西亚教授和萨缪尔森教授间那场辩论的情形。[1]他们双方的注意力都集中于收费电视和免费电视的相对优越性上，因为据说电视信号是公共性或曰集体性物品方面的一个实践例子。在这场混战中，在公共品理论本身上取得任何期盼中的共识都变得更少可能，而非更多可能。在这篇笔记中，我将采用一个**有意构建且精心设计的人为**例示，并尝试在这个例示的语境中调和这两种立场。这个例示依旧限定于电视信号的例证，但明确摆脱了对现实世界的适用性。

请考虑，有一批人居住在一个岛上，并构成了一个共同体。这个岛略为超出了岸基发射站的正常电视信号范围。通过在岛的最高点建立一座接受天线，可以收到源于某个远程发射站的信号，然后这些信号能被转发给岛上的居民们。岛上不可能控制节目内容。

那个接收—转发设施的产出量可表现为每天的转发分钟数。而我们将假定，运行的总成本是这一产出量的线性齐次函数。这一简化排除了初始投资和规模收益方面的麻烦问题。

现在，有了一个理想地运行且靠税收来维持的集体设施，让我们考察该设施的种种结果。被转发的信号对直接用户是免费的。

---

[1] Jora R. Minasian, "Television Pricing and the Theory of Public Goods", *Journal of Law and Economics* 7 (1964): 71; Paul Samuelson, "Public Goods and Subscription TV: Correction of the Record", *Journal of Law and Economics* 7 (1964): 81.

用户们通过一套税负—价格来资助这项服务。这些税负—价格的设定要满足一个要求,即在供给边际上,个人的边际估价与个人的边际成本(税负—价格)相等。当加总的边际估价等于这项转发的边际(平均)成本时,帕累托最优的必要条件就得到满足。请注意,在这个理想的解中,用户们在为这项服务支付着机会成本。在边际上,要求他们以税负—价格的方式恰好支付他们愿意支付的货币值,既不过多,也不过少。还请注意,用户们是在用他们的税负—价格"购买"该设施的服务。且大家都清楚,整个共同体的所有成员都可以同等地免费享用这项服务。在这一安排下,他们不可能买到这项服务的可拆分单位。

应再次强调这项例证的人为性。然而,我只能认为,尽管萨缪尔森在唤起实践兴趣上的热忱可能已将他导向了由米纳西亚在其脚注答复中例示出来的那类看似较抽象的命题,但当他援引电视信号作为其公共品理论的应用实例时,最初出现在其头脑中的正是这种理想型情境,或者某种与此高度类似的情境。

现在让我们考察这项服务上另一种替代性的、不靠税收融资的组织。既然,按照假定,只可能存在一个设施,那么就意味着具有某种私人性或者政府性的垄断。让我们假定,该共同体将唯一的经营权授予了某一个企业家。由于没有征收税负—价格的权力,该企业家被迫诉诸直接的用户费。为了收集用户费,他必须能够将个人排除在被转发信号之外,以作为对不付费的惩罚。为了回避那些排他机制的种种成本所派生的额外问题,让我们假定,该共同体将信号的产权授予那个企业家,并允许他对所有利用其财产却不恰当付酬的人提起损害诉讼[1]。该垄断者面临着两种相关联的决策。首

---

[1] 这种安排远非如其在这个语境中看上去的那么不可思议。在1966年初形成的一项决议中,纽约的一个美国联邦地方法院认为,对于电视播放的动画电影,不能按CATV公司的解释,不向生产者支付专利使用费。*United Artists Television, Inc. v. Fortnightly Corp.*, 255 F. Supp. 177 (S. D. N. Y., 1966)。

先，他必须决定，要提供多少产出（在这个模型中就是每天转发多少分钟）；其次，他必须决定，服务所要覆盖的用户数。第一项决策牵涉到对成本的直接计算。在我们这个极端的例示中，服务可以按某种不变的平均成本或边际成本来扩大范围。从概念上来讲，该垄断者将寻求使这一成本与边际收益相等。但在这个模型中，边际收益即使在概念上也并不易于计算，这是因为，产出的每一个单位都被**共同地提供给**某个用户总数，尽管这个用户数有待确定。如果由于某种缘由要求该企业家向所有用户收取同样的价格，则若他明了所有用户的需求曲线，他就能为其产出算出一条"市场"需求曲线来，并能就其产出和用户数做出一个联合决策。这个解，如萨缪尔森最初提出的那样，将明显违反有关帕累托最优的必要条件。因为，尽管事实是某些用户可以在不增加垄断者成本的情况下加入进来，但他们将被排除在外。对于这样的无效率，靠迫使该垄断者像竞争厂商那样行动并使其边际成本等于价格从而将净利润缩减至零，也不可能加以排除。不过，如果允许该垄断者且该垄断者也能够对那些分立的用户实施完美的区别待遇，这种无效率就能被消除。在这种情形中，该垄断者将不会有在这项服务上排除任何一个用户的激励，它能将个人需求上的所有差异都纳入自己的考虑之中。这种区别待遇——垄断解，在我们假定对配置性后果本身不存在反馈性收入效应的条件下，是帕累托最优的，且与理想的集体解是同一的。当然，在这两种解之间，存在着重大的分配性差异，并且，这一点，在允许存在收入效应的情况下，本身就可能意味着不同的配置后果。然而，即使这样，这两种解仍都代表着帕累托福利界面（Pareto-welfare surface）上两个分立的点。

在理想的集体解（靠税负—价格资助的免费享用）或者理想的"私人"解（实施完美区别待遇的垄断）中，联合性或曰共同性特征都保持不变。这些特征不会因组织方式而改变。一个单独的产出单位，即一分钟的转发，同时提供给许多人，每个人都必须定位于某个**单独的**产出量。本质上,"公共品理论"就是马歇尔式共同供给理论的一种特殊扩展。

现在,我们可以舍弃一些强加于我们例示的极端性简化。请设想,那座单独的接收天线像前面一样,一次只能转发一种信号,但它可以从若干岸基发射站中的任何一个接收信号。对于这一选项,在共享物品的产出扩大上达到帕累托最优的必要条件根本没给我们提供任何启示。在这一限定的情形中,若要在一组相互排斥的替代项当中决定究竟应提供哪一项,公共品理论是毫无帮助的。这样的决策需要考虑种种总体状态,即在概念上或实际上测度消费者剩余。就其本身而言,没有任何手段可以进行这样的测度。并且,米纳西亚的观点得到了很好的体现,因为他建议,普通的营利性标准,无论是将其用于私人垄断者还是用于政府垄断者,都是比政府主管当局的意见更具启示性的指南。那座天线的垄断性所有者,因寻求其最高的净收益,将倾向于挑出那个最贴切地满足消费者需求的信号(或信号组合)。不过,必须小心,避免因逐利性垄断者的高超配置判断而索取过多。该论点取决于垄断者在那些用户和产出量中或多或少地实施完美差别待遇的能力。凭借这种差别对待,该垄断者能够稳获所有的消费者剩余。如果根据必要性、根据惯例或者根据法律,不许该垄断者实施差别待遇,而要求该垄断者收取统一的价格,则它的营利性标准就再也不能充当总合性配置决策的恰当指南。换言之,实施完美差别待遇的垄断者可能发现,有利的做法是挑选一种这样的信号组合,它完全不同于非差别待遇垄断者所发现的、最具营利性的信号组合。

我们可以更进一步地改变我们的初始简化。与岛上只有一座位于唯一最高点的接收天线不同,让我们现在假定,可以有许多座这样的天线被树立了起来。让我们进一步扩展这一假定并表明,可以**在竞争中供给**信号转发。在技术上,可以有许多分立的转发企业投入运营,每个企业向用户们供应一种不同的信号。在这里,我们面对着这样一种模型,其中,如果由民间来组织,就能在竞争中供应许多**分立的**纯集体物品(collective goods)。在用户的效用函数中,这些分立的物品可以非常密切地彼此互替。这是一个极端有趣的模型,厄尔·汤普森教授对此做过充分的探讨[①]。他证明,在这个模型中,私营组织将违反有关最优性的必要条件,原因是在设施上的**过度投资**,即对该物品的**过度供给**。

在这个例示的初始假定上可以做出许多有趣且富于启发性的变动。在进行这些操作的过程中,有可能出现有益的理论。但是,在每一种情况下(且这正是我所要强调的一点),该例示或曰例证都是人为构建出来的,目的是帮助我们开发自己的理论工具和概念,而不是相反。我们已经从亚当·斯密的鹿和海狸例示中学到了很多,这对于理解现实世界中的市场过程是很有帮助的,但关键在于,我们要永远承认这种解释的人为性。对诸如电视信号定价那样的现实世界中问题作严格的思考,能导向对有益理论工具的开发,我们,常常能借助于那些描述理想化状态的、过分简化的例示来阐述这类思考。或许,在就现实世界问题的实际解所进行的那些极重要讨论中,没有任何一组工具是完全适宜的。这样的问题,几乎从定义上来看,就过于复杂从而不允许简单化地、直截了当地套用理论。然而,这一公认的难题不应使我们拒绝任何一组工具,因为在它们被为之而开发出来的那些模型的语境中,这些工具可以是完全正确的。

当米纳西亚提出下列判断时,他是正确的,即在就种种组织替代项作制度性决策时,当代公共品理论并不允许我们无视其他方面,只考虑某些他所提到的方面。只有该理论的最幼稚拥护者才会做出这一论断。然而看来很清楚,该理论在过去确实曾被某些学者

---

① Earl A. Thompson, *The Perfectly Competitive Allocation of Collective Goods* (Los Angeles: Institute of Government and Public Affairs, University of California, 1965).

做了这样的诠释。另外,在那些受到恰当约束的模型范围内,当米纳西亚主张内含于该理论之中的配置准则并不正确时,就使他的批评超出了可接受的限度。他关于其他考虑可能在某些现实世界环境中占主导地位的证明与公共品理论的正确与否没什么关联性。

不幸的是,在这个电视信号情形中,米纳西亚未能更完全地将公共品理论与组织性问题区分开。同样不幸的是,萨缪尔森选择在同样的基础上继续这种讨论。最后,令人苦恼的是,萨缪尔森,本来可以拥有更好的论证,却抛弃了自己的优势,将意蒂牢结式的(ideological)弦外之音带入了本应是一种理喻性辩论的讨论。在这么做的过程中,他将某种意蒂牢结阴云罩在了他曾对之做出如此多贡献的公共品理论上。可以肯定,正如萨缪尔森在其最后一句话中所指出那样,这套理论能够,且应该,明明确确是全然**无涉价值判断的**(wertfrei①)。我担心,他对米纳西亚的指责可能会激起这样的反应:"我看汝实苛责过甚也。"②③

---

① 德语词,意指价值观中性。——译者
② "Methinks thou dost protest too much",派生于莎士比亚的名剧《哈姆雷特》中一句经典台词:"The lady doth protest too much, methinks"。据"维基百科"介绍,此话中"protest"一词在当时的意思是指"表白"、"申明",因而莎翁原话的意思是"我看那女人实表白过多了",但该词的现代含义已转而侧重于"抗议"、"指责"。(维基百科)——译者
③ 在完成这篇笔记之后,我有机会见到了萨缪尔森更近的一篇论文。在那篇论文中,萨缪尔森对其分析公共品理论的方法中的许多方面做出了澄清。请见Samuelson, "Pure Theory of Expenditure and Taxation", July, 1966 (Massachusetts Institute of Technology, 油印稿)。

# 第十八章　公共品理论中的凸性约束

## 与安东尼奥·S. 平托·巴博萨合著

凸性约束在纯公共品理论中引出了不少在私人品理论中无须提出的问题。这些问题至今尚未得到充分的认识。本文所提观点而言，萨缪尔森自己在其1966年的比亚里茨论文（Biarritz paper）中有过不无含混且不直接相关的讨论，布拉德福德1970年也有过与之相较的间接处理。除此之外，本文的论点至今尚未被明确讨论过。[1]具体来讲，在分析私人性或曰可分割物品市场中的配置时通常都要引入凸性约束，而我们要讨论的凸性约束与之很相似。我们要证明，在这类凸性约束之下，满足熟悉的萨缪尔森第二组条件，也未必会导致帕累托式的有效率配置（Pareto-efficient allocations）。我们的分析认为，更严格一点地讲，即便使个人的边际税负价格等于个人对公共品的边际估价（即某种林达尔税份额分配[2]），违背了那些二阶条件仍可能造成无效率的结果。

---

[1] David F. Bradford, "Benefit-Cost Analysis and Demand Curves for Public Goods", *Kyklos* 23, No. 4 (1970): 775-791.

[2] "Lindahl tax-share distribution"。林达尔税是指一经济体的整体税负中个人承担的份额。在林达尔税体制下，对于某公共品，每个人都按其自己的边际获益付钱。因此，对该公共品，一个人评价越高，就付税越多。所以，林达尔税有时也被称为"获益税"。它由瑞典经济学家林达尔提出，目的是针对不同个人在公共品上可能存在的偏好差异，解决公共品的最优供给量问题。在林达尔均衡点上，一公共品的供给量达到最优水平。那时，经济体中所有个人在整体上愿意为该物品一新增单位支付的钱等于供应那个物品的边际成本。（引自维基百科）——译者

从萨缪尔森最初出现在其1954年论文中的处理开始是有益的。[①] 在发展其分析时,他运用了两种极化类型,纯私人品和纯公共品。对后者,他称之为"集体性消费品"。采用他的标注法,前一种物品,$X_1,\cdots,X_N$,具有加法关系的特征,

$$（1） X_j = \sum_{i=1}^{s} X_j^i$$

而公共品,$X_{n+1},\cdots,X_{n+m}$,具有相等关系的特征,$X_{n+j} = X_{n+j}^i$,从而在这个由个人（$1,2,\cdots,i,\cdots,s$）构成的共同体中,每一个人都有资格消费或使用同样数量的公共品。

在效用函数和生产函数方面,萨缪尔森将表面上显得相当普通的限制加在了他的模型之上。对于前者,他指出:"……我假定,每一个人,对于其消费的所有物品（集体性的以及私人性的）,都有一组逻辑一致的序数性偏好,它能被概括为一种有规律的、顺滑且凸的效用指数 $u^i = u^i(X_1^i,\cdots,X_{n+m}^i)$ （当然,该效用指数的任何单调展开还是某种可接受的基数性偏好指数［原文中的斜体字］）。"[②] 对于生产方面,萨缪尔森指出:"……我假定,有一组与所有产出总量相关且有规律的、凸且顺滑的生产可能性列表。这些产出包括私人品和集体品,或者, $F(X_1,\cdots,X_{n+m}^i) = 0$,且 $F_j > 0$,比率 $F_j/F_r$ 是确定的并从属于普适化的报酬递减法则。"[③]

然后,萨缪尔森进一步展开他那套"最优条件"。当然,在此处我们特别感兴趣的是他对其著名的第二组假设条件所做的陈述。它被定义为如下形式:

$$（2） \sum_{i=1}^{s} \frac{u_{n+j}^i}{u_r^i} = \frac{F_{n+j}}{F_r} \ (j=1,\cdots,m;r=1,\cdots,n)，或者 (j=1,\cdots,m;r=1)$$

---

[①] Paul Samuelson, "The Pure Theory of Public Expenditure", *Review of Economics and Statistics* 36 (1954): 387–389.

[②] Ibid.

[③] Ibid.

他在其1955年的"图解阐释"一文中扩充了自己的分析。在这里，我们只对这篇论文中的一个观点感兴趣。在一个脚注中，萨缪尔森写道：

> "即使拿一种公共品与一种私人品相比较，所画的无差异曲线仍会具有通常的、凸向原点的形状。这个假定，以及关于递减报酬的假定，都可以被放松而无损该理论。确实，我们能认识到一种可能的情形，即通过使无差异曲线向前弯曲，甲之蜜糖成了乙之砒霜。这并不影响这项分析，但将回答一个批评者的小异议。在数学上，我们可以在无损普适性的情况下，放松严格的相等性，设$X_2^i$等于$X_2$的**任何函数**。[注意：这里的$X_2$表示公共品；斜体字补充]。"[1]

如我们将看到的那样，毕竟，该批评者的异议有可能最后并非那么次要。但我们将在后面回到这个脚注上来，尤其是还要回到萨缪尔森1966年的比亚里茨论文上来。

我们将证明，就公共品而言，以类似于在私人品互动分析中所采用的那种方式假定，在偏好排序上，或者更基本的，在消费组合上，存在凸性，是不恰当的。非凸性所以有可能从"公共性的本质"中产生出来，可以说正是由于随之而来的福祉含义。即使是就在萨缪尔森的初始条件中得到严格定义的极化公共品而言，也无须靠第二组萨缪尔森条件来确保帕累托最优。从某些读者较熟悉的角度出发，我们将证明，由于那些可从这一结果中推断出来的福祉含义，个人的边际估价曲线可能向上斜，而不是向下斜。

---

[1] Paul Samuelson, "Diagrammatic Exposition of a Theory of Public Expenditure", *Review of Economics and Statistics* 37 (1955): 351.

我们从聚焦于**测量维度**开始。请回忆一下萨缪尔森对其极化情形的定义，$X_{n+j} = X_{n+j}^i$，还请回忆一下，他假设一个凸状效用指数 $u^i = u^i(X_1^i, \cdots, X_{n+m}^i)$。当然，这里面并无错误，但我们的观点是，这里的凸性假定并不像其看上去的那么简单，也不像被多数经济学家明显看待的那样。

在个人效用函数中的是什么呢？常规的反应认为，就其最抽象的形式而言，效用函数描述着一个人对所有潜在可用物品和服务的趣味或偏好（穷人可以将钻石列为其总效用函数中的一个自变量，尽管事实是他的收入约束可能使钻石永远是他可望而不可即的）。我们，至少在常规模型中，并不**仅仅**将那些供实际挑选的物品和服务纳入效用函数。当我们审视凸性假设在公共品理论中的作用时，这一差异变得很重要。

布坎南（1966、1967）强调了在公共品理论中对他所说的**生产单位**和**消费单位**做出仔细区分的益处。[①]他强调，做出这一区分的必要性源于核心的"公共性"特征本身。请考虑与之相对的极化情形，即纯私人或曰可分割物品的情形，比如说苹果。在这种情形中，无须顾虑测量维度，没有必要区分一个被生产出来的苹果和一个被消费掉或可被用于消费的苹果。一个苹果就是一个苹果，对于把"苹果"直接置入个人的效用函数，我们不会有任何疑问，这是直接进入生产者生产函数的同一批"苹果"。但是，请考虑极化的公共品。"公共性"的本质特征是某物对共同体中所有人的同时可用性。但是，此处的"某物"是什么呢？它是被生产出来的、可使用的单位，即**生产单位**，它们本身就体现着若干消费服务，即包含于所供之物以内的消费单位。

为了阐明问题，我们可以用大写字母$X$来定义生产单位，用小

---

[①] James M. Buchanan, "Joint Supply, Externality and Optimality", *Economica* 33 (November, 1966): 404–416; and "Breton and Weldon on Public Goods", *Canadian Journal of Economics and Political Science* 33, no. 1 (February, 1967): 111–115.

写字母$x$来定义消费单位。所以，一个单独的$X$单位自身之内就有若干个$x$单位，比如说$(x_1, x_2, \cdots, x_s)$。

我们可以引入一个例示，即塔洛克那个熟悉的灭蚊模型。[1]为了在最初就摆脱涉及不同估价时可能出现的含混，我们假定，共同体中的所有人都具有同一的效用函数。而且，为了摆脱其他的复杂问题，我们在开始时假定，所有的人都定位于空间中的某一个点。这个例示中的公共品是什么？为了捕捉到潜在的效率获益，这个共同体的成员必须共同消费的是什么？什么是他们必须从公共品供应者那里"购买"的，或者说什么是他们必须为自己生产的？**每周向沼泽地喷洒的杀虫剂是多少磅？**在我们的术语中，这是一种被定义在生产单位（大写字母$X$）中的物品。

然而，在"购买"这种公共品上，人们估价的是什么？他们间接地赋予$X$种种价值，即这些价值是从直接赋予那些$x$的价值中推导出来的。它们，在该情形中，是**降低了的蚊虫叮咬可能性**。在这两种物品当中，哪一种物品应适用于标准的凸状属性呢？看来，恰当的回答应是那些小$x$，即消费单位，蚊虫叮咬的减少。一个人的效用函数应告诉我们，他愿意用多少面包、牛奶和美元来换取蚊虫叮咬或叮咬概率的减少。

但是，这组物品上的如此定义的凸性未必意味着在$X$（必须进行财务选择的生产单位）上的凸性。要想确保当在个人效用函数中用$X$替代$x$时，凸性得以维持，必须对生产单位和消费单位之间的函数关系（或曰$x^i = x^i(X)$）施加一些特别的限制。然而，对于强加这些所需限制，似乎没有任何逻辑上或技术上的根据。在这种情况下，结论必然是，通常面向$x$的个人效用函数，在$X$上可以是非凸性的。

我们可以靠引入一个例示来很容易地证明这一点。设想，对

---

[1] 请参见 Gordon Tullock, *Private Wants, Public Means* (New York: Basic Books, 1970).

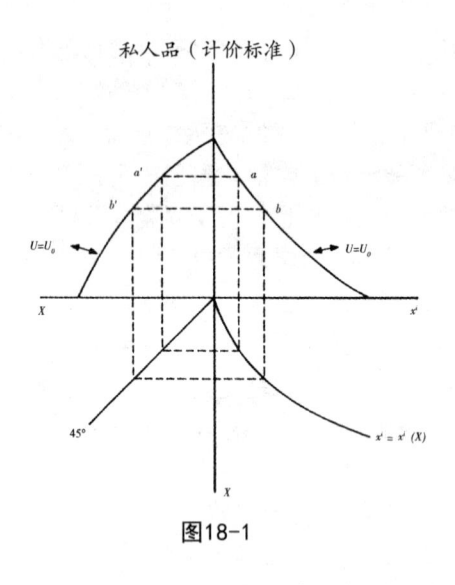

任何一个人$i$，其$x^i = x^i(X)$关系有特征$\partial x^i/\partial X > 0$和$\partial^2 x^i/\partial^2 X^2 > 0$。只要这个函数的一阶导数增长得快于$x^i$与计价标准品（numeraire）间边际替代率的下降，个人$i$的$X$与该计价标准间的边际替代率就将增长，而不是下降。后一项将体现为两个分立的成分，对$x$（进入效用函数的物品）和该计价标准的估价，以及$x$与$X$之间的"生产"关联性。图18-1阐释了这种情形。设定一个人位于一个特定效用水平上，给定小写字母的$x^i$和一计价标准间的凸性偏好，并给定$x^i$与$X$之间的关系如所描绘的那样，则随之而来的$X$与那个计价标准之间的无差异曲线就是凹向原点的。

图18-1

其规范性福利含义是很清楚的。如公共品被定义为大写字母的$X$，且是唯一能被集体"购买"的物品，则设定边际估价值总合等于供给该公共品的边际成本，可能实际上描绘了一个最低位置，而非一个最高位置。

在上述模型的那些正式条件下，通过将那些$x$纳入生产函数以替代$X$的办法，我们可以将标准的凸性约束返还给效用函数，或者若愿意的话，返还给那些被恰当定义在小写字母$x$上的消费组合，即返还给那些消费单位。如果实现了这种转换，则那些小写字母的$x$，消费单位，就是在递增报酬条件下被生产的，而非凸性就会因那些熟悉的福利含义而成为该生产组合的特征。那就是说，在所论及的相关范围内，消费单位都是在下降的边际成本条件下被生产出来的。源于这一方法的问题关系到将消费单位置入生产函数中去的适宜性。当然，这样的置入与将生产单位置入效用函数的做法恰成对偶。可供共同或曰集体消费的物品就是被生产出来的物品，即组合投入的合成结果。如果我们考虑到非递增报酬标准假设的技术基础，则恰当的单位似乎就是因组合和使用种种投入而在物质上产生出来的结果，如被喷洒于沼泽地中的杀虫剂。恰如其对偶的情况一样，将凸性约束扩展至消费者在物质上所接受的事物好像在逻辑上和分析上都缺乏基础。

我们还将指出，这种方法只适用于我们在初始模型中预设过的那种**很专门的情形**。为了证明这一点，我们只需改变这一个特征，其余那些条件可以被再次表述。被定义为$X$的公共品，在等式条件（$X=X^i$）的意义上，依然是纯集体性或曰公共性的。我们可以仍然保留那个群体中所有人都具有同一效用函数的假设。并且，我们可以假定，在技术上只存在一种能生产该公共品的方式。$X$的每一个单位都体现着被同时提供给共同体中所有人的$s$个消费单位，$x^1, \cdots x^i, \cdots, x^s$。

然而，请考虑这样一种可能性。在任何两个人之间，比如在$i$和$j$之间，$x^i(X)$和$x^j(X)$之间的关系是非线性的。具体来讲，让我们假定，先前陈述的条件对于这两人之一（$i$或者$j$）成立。即，要么$\partial x^i/\partial X > 0$，$\partial^2 x^i/\partial X^2 > 0$，要么$\partial x^j/\partial X > 0$，$\partial^2 x^j/\partial X^2 > 0$；并且，这两个函数$x^i = x^i(X)$和$x^j = x^j(X)$，不可能被线性地从一个转变成另一个。在这样的设定情境中，可能没有办法来转换那些小写字母的$x$，即那些消费单位，以使它们得以恰当地进入企业（生产者）所面对的生产函数。这一困难所以出现，当然是因为，当生产在变化时，$X$的一个单位之内不会总包含同样的消费成分组合。

请注意，我们丝毫没有偏离极化公共品的那些约束。消费上没有任何竞争；无论产出的$X$有多少数量，都不可能按零边际成本增加另外的消费者。并不"拥挤"，没有"堵塞"。公共性的范围不受限制。在共享群体的规模上，不存在牵涉效率的"局域性政府边界"（local government limit）。排他性是不可能的。尽管有这些非常苛刻的定义性约束，我们仍已证明，在效用函数和生产函数上那些听来很合理的凸性假设之下，那些被认为对实现配置效率必不可少的熟悉条件并不必然产生出这样的结果。①

那些从事形式性公共品分析的人们并未注意到这里所论证的观点。对此，我们甚是惊讶。据我们所知，萨缪尔森本人在其1966年的比亚里茨论文中最接近于认识到我们的观点。那篇论文中含有一个脚注，它需要详尽引用：

> 同样的物品是否出现在两个效用函数中，会受到被用来表现变量的定义和符号的影响。因此，我们可以在你的和我的函数中保有焰火；但是，不改变该情形的素材，设想我们将其再定义为互不相同的变量，在空中炸开的焰火 $y$，由你（或可由你）观看的焰火 $z$，由我观看

---

① 从测量维度数与凸性约束间的关系来看，公共品理论中的这一关系与出现在合成消费者商品理论（the theory of composite consumer commodity）中的这一关系之间有着一种勉勉强强的相似性。后一种理论主要与加里·贝克尔及其同事们（"经济学理论"）相关联。在这后一种理论中，某人需要一种合成商品，$Z$，但为了确保获得这个 $Z$，他必须借助于某种家庭生产函数，使他能够将投入要素 $x_1, x_2, x_i$ 结合起来。这些投入当中，有一些可以是市场物品（market goods）。因此，$Z$ 的每一个单位，在被消费时，都体现着若干个 $x$；似乎与我们的 $X$、$x_i$、$x_j$ 关系相似。在某种意义上，该合成商品模型是公共品模型的对立面，而非相似物。在市场中购买的是小写字母的"投入"，而最终被消费掉的是这些投入的合成物。对后者偏好上的凸性并不必然意味着对前者偏好上的凸性；在这个方面，类似性是成立的。然而，我们确实拥有着源于市场中个人行为的广泛经验证据，它们告诉我们，那些 $x$ 和 $Z$ 之间的隐性函数关系是确保凸性的恰当形式。在公共品理论上，我们手头没有这样的证据。而且，在这一点上，分析的整个目的确实是不同的。公共品方面的普适理论并非实证性的，它显然是规范性的。其目标是设定那些为实现配置效率而必须满足的正式条件。或许，我们应当指出，某些合成商品理论方面的作者（如 J. Muth ["Household Production and Consumer Demand Function", *Econometrica* 34 (1966): 699–708] 和 R. Willis ["A New Approach to the Economic Theory of Fertility", *Journal of Political Economy* 81 (March-April, 1973): part Ⅱ, 514–564]）曾明确地对相关生产函数的曲率施加了限定，其他作者并没有这么做。然而，这一部分理论的微观经验视角要求相对少地强调本文所讨论的那类正式约束。

的焰火$v$。这时，再说没有任何变量真正进入了一个以上的效用函数，我们在此拥有的是"纯私人性"物品，就可能是误导性的。不管怎样，通过如此的符号变化，所有公共品现象都能被认定为不复存在。这证明，在任何形式性界定中，有些词，诸如"不可简化地"（进入效用函数）一类，是必需的。在那项最近的分析中，对于那些能由市场来最佳处理的私人品现象，仅通过同时审查那些变量以及它们如何进入那两种效用函数和技术方约束，我们就能诊断其存在状态。[1]

萨缪尔森真的几乎到达了我们的论点。他正确地指出，一种方法，若将每一个小写字母的 $x$ 都定义为一个不同变量，会导致一种除"纯私人"物品外别无他物的模型，同时，也导致了一个对于制度的潜在相对效能无丝毫意义的模型。为了使他的形式性分析对市场失灵问题有意义，萨缪尔森必须坚守那些大写字母的 $X$，这是我们称之为"公共品"的生产单位。根据他的例示，他本来理应看到，在空中炸开的焰火 $y$ 是唯一能够进入那**两种**效用函数的变量，但同时，标准的凸状属性，可恰当地适用于那些 $z$ 和 $v$，却不会在无**另加**约束的情况下被轻易地扩展至那些 $y$。

在其比亚里茨论文的附录中，萨缪尔森以不同的方式又一次非常接近于认识到我们的观点。他在那里写道："即使，在语义上，一个变量可以被置入一个以上的个人效用函数，我们仍不会拥有一种**标准的**公共品情形，除非该变量以标准的方式进入生产可能性边界和产业生产函数。而且，讨论到的这个变量或许并不具有一普通的（私人性或公共性）物品所有的回报和其他属

---

[1] Paul Samuelson, "Pure Theory of Public Expenditure and Taxation", in *Public Economics*, ed. J. Margolis and H. Guitton (New York: Macmillan, 1969), p. 108.

性。"①随此命题而来,萨缪尔森进一步提出了一个例示,即一种同时具有可分立成本方面和共同成本方面的物品:向某半岛上的夏季住宅供应的电力。在这个例示中,他认识到,有可能出现凸性问题。不过,在这个例示及这篇附录中的其他例示中,萨缪尔森好像是要暗示,这样的话题所以会出现,只是由于脱离了他的那些极化模型,而不是由于"普通的公共品"。

现在,我们返回先前引述的1955年论文的脚注。通过允许向前弯曲的无差异曲线,萨缪尔森似乎只是想说,在有些范围内,共同体的有些成员对公共品所做的边际估价有可能是负的。并且,如果他们确实如此,则这些负值就必须被纳入任何最终的总合解。但是,在该脚注的最后一句话中,萨缪尔森写道:"在数学上,我们可以……放松严格的相等性,设$X_2^1$等于$X_2$的任何函数。"这句话看上去极其含混,并与该脚注的前面部分完全无关。恰如我们的分析已经证明的,如果对所有消费者的物质流是线性相关的,就能在消费单位上定义生产,但要依据那些已出现的、与生产组合中的凸性有关的问题。如果消费流并非如此关联,这似乎很可能曾是萨缪尔森那位无名批评者头脑中的想法,就必须承认这种消费组合中存在非凸性的可能。②

布坎南,在其1966年论述共同供给的论文中,尤其是在他1967年对布雷顿—威尔登争论的评论中,专门审视了那样一类模型。在那些模型中,个人之间的可测度消费流是不同的,但它们是按照符合所有公共性标准的、可共同使用的生产单位被生产出来

---

① Paul Samuelson, "Pure Theory of Public Expenditure and Taxation", in *Public Economics*, ed. J. Margolis and H. Guitton (New York: Macmillan, 1969), p. 115.
② 大卫·布拉德福德("收益—成本分析与需求曲线")间接地认识到,在凸性假设上,私人品模型和公共品模型之间存在差异。不过,他的兴趣被引向了收益—成本分析方面的工具运用。并且,他显然并未意识到这对于正式公共品理论所具有的意义。
我们感谢大卫·里斯。在我们已完成本文草稿的实质性部分之后,他使我们注意到了布拉德福德的论文。

的。然而，他忽略了凸性约束问题。因为，当技术允许这些消费成分间的组合发生明确变化时，他的兴趣在于推导那组最优性条件。即，布坎南的兴趣基本上在于这样的问题："我们应将消防站定位于哪里？"结果，对于假定消防站的位置在技术上是确定的和不变的那种模型，他过于轻易地跳了过去，未做任何详尽的考察。布莱恩·埃里克森好像在其1973年的论文中做了相似的事情。在那篇论文中，他强调，当允许在公共品设施上出现"拥挤"时，即当非竞争性特征被限定于某些成员范围内时，也许会出现种种可能的非凸性。[1]埃里克森显然未能注意到，即使对极化模型的如此偏离未被引入进来，那些非凸性仍可能存在。

就我们所知，那些将公共品的定价纳入一般均衡情境的经济学家全都接受了最初的萨缪尔森阐释方式，却没有认识到测量维度问题的深远影响。例如，邓肯·弗里，在其1967年初的文章和1970年的论文中，单纯地预设了一个同时内含私人品和公共品的经济体，对它们的定义类似于萨缪尔森的那些初始命题。并且，他假定，对这些物品的偏好排序和生产函数都是凸性的。[2]在其关于林达尔均衡存在的证据中，弗里构建了一个全私人品经济体，方法是扩展商品空间，使每一个人的"公共品集都变成一个分立的商品群"。[3]看来，这些分立的商品集都相当于我们模型中那些小写字母的$x$。然而，在弗里的处理中，这些物品集，按其初始的定义，必须处于与公共品的一对一关系之中。也就是说，在弗里那个联合经济体中，任何人的"私人品集"与初始模型中的对应公共品之间

---

[1] B. Ellickson, "A Generalization of the Pure Theory of Public Goods", *American Economic Review* 63 (June, 1973): 417–432.
[2] Duncan Foley, "Resource Allocation and the Public Sector", *Yale Economic Essays* 7 (1976): 43–98; and "Lindahl's Solution and the Core of the Economy with Public Goods", *Econometrica* 38 (January, 1970): 66–72.
[3] Foley, "Lindahl's Solution."

都存在着完美的映射关系（mapping）。用我们的术语来讲，他不允许在$X$的数量和任何$x^i$的数量之间有任何差异。本文中所识别出的那些非凸状可能性将存在可持续林达尔均衡的情境限定于这种无差异性所寓意的那些边界之下[1]。

---

[1] 对于由弗里最先提出的一般均衡分析法，还有一些作者做出过贡献。但从我们对他们的分析的理解来看，这些作者并未实质性地改变弗里在这方面的处理。

## 税收和政府债务

## 第十九章 跨期的税种选择：赞成间接税的一种依据？

与弗朗西斯科·福特合著

### 一 引论

该如何纳税？这个问题已被讨论了许多世纪。但在正式的政府财政理论中，或在现代财政系统的制度结构中，这个问题都仍未得到解决。对直接税和间接税的比较继续在财政理论的文献中占据中心位置，而所有国家的政府，新的和老的，都面对着这两种税收制度间的抉择。

我们并不主张对那些公共财政领域的学者们都已熟悉的分析模型做进一步的精练。由巴龙最先提出的、广为人知的"超额负担"定理[①]（"excess-burden" theorem）以及新近对它提出的种种批评，都不是我们在此关注的，除非证明该定理在解释我们自己的模型上有益。笼统地讲，这么说似乎是正确的，即尽管种种"次优"论有着公认的贴切性，但绝大多数当代理论家都承认这样一种观点，即在其他事情相等时，根据公平和效率这两种标准，值得推崇

---

[①] E. Barone, "Studi di economia finanziaria", *Giornale degli economist* 2 (1912): 329–330 in notes.

的是直接且综合性的税种，而非间接且从量性的税种。我们将挑战这一立场，并且，我们将证明，依据一种不同且显然全新的财税选择分析法，可以辨明一种赞成从量商品税的理由。我们并不断言这种理由是一个定论，并且，作为已被提到的、倾向于反对本文所强调观点的其他考虑也可以被引入进来。我们的基本意图不是为从量性间接税本身作辩护，而是相反，利用这一传统问题来例证一种已提出的财税制度分析法所具有的效能。[1]

## 二 税种分析的方法论

我们的分析法与传统上采用的那些方法截然对立。在我们的方法中，有两个分立但密切相关的元素。首先，我们的分析基于个人的算计，那就是说，基于个人参与集体决策过程时所做出的选择。我们考察个人在为履行其纳税义务而力图挑选"受偏好"手段时的种种行为。在某种意义上，这一方法，包含着巴龙定理，在很大程度上隐含于帕累托式的福祉分析之中，但个人选择的中心地位是在我们的模型中才被明确的。我们并不将财政问题构想为在个人和群体的行为模式基础上判定不同制度的种种结果，相反，我们是将其构想为，当要求个人在这些替代性制度中做选择时，他所面对的抉择。

在这样的设定情境中，第二个主要元素自然而然地浮现出来。通过从一开始就聚焦于个人对税收工具的选择，我们几乎被必然地导向了视这些工具为**制度**而非不具有空间或时间维度的纯分析性手段。这不意味着我们主张堕入传统的"制度主义"方法论。但我们确实建议将财税制度的准永久性纳入分析，并承认财政决策一旦被

---

[1] 实质上，此处所用的相同分析法曾被布坎南和塔洛克更普适性地用于对各种政治决策规则的选择。请见 James M. Buchanan and Gordon Tullock, *The Calculus of Consent* (Ann Arbor: University of Michigan Press, 1962)。

做出后所具有的持续影响。

关于直接税和间接税的讨论，几乎无一例外，都始于这样一种假定，即一项选择必定只在一种单时期的情境中做出。据我们所知，尚无人尝试将这种比较扩展至多时期的情境；尚无一人曾假定被选中的税收工具将在若干个收入或会计时期中始终有效。而导入这样一种时间序列的模型与正统的单时期模型相比，要更合逻辑，也更现实。无论如何漫不经心，只要看一下几乎任何政府的财政经验，我们就一定会认识到，决策的效果往往相对长寿。税收制度和开支计划一样，往往会在一系列会计和预算期内一直有效。这种被观察到的政治史所反映的也不是非理性的集体选择。制定集体性或曰群体的决策是费钱和耗时的，那些可被最终纳入某单项显性决策的合意和妥协，都出自针对复杂细节的讨论、争辩、博弈、相互而边际性的调整，这往往是一种多阶段的过程。与此完全相似，组织对既存制度的变革也是成本高昂。如果分析结果对现实世界中的那些问题将具有哪怕是些许适用性，对于集体选择，以及个人在其形成中的参与，就必须从某种长期制度的背景中来考察。

## 三　对单时期分析的总结

巴龙证明，就个人而言，如果接受单时期模型，在同等产出的情况下，理性上"应该"偏好直接税，而非间接税。这个论点已被用无差异曲线的方法详述了多次，这里无须重复。利特尔证明，严格来讲，只有在将一种一次总付税（a lump-sum tax）与一种具体的商品税（commodity tax）做比较时，才能得出巴龙的结论。[①]弗里德曼、罗尔夫和布雷克都证明，只有在实现帕累托最优所必需的

---

① I. M. D. Little, "Direct vs. Indirect Taxes", *Economic Journal* 61 (September, 1951): 577-584.

所有剩余条件都得到满足的情况下,才能将巴龙定理从单一个人扩展至共同体。[1]然而,在这里,我们无须关注后来这些针对基本分析的批评,因为,至少从开始起,我们将始终处于个人选择的层面上。在这个限定于单时期的模型中,在同等产出的情况下,理性的个人将永远偏好直接税,而非间接税。其理由很简单,通过这种方式,他能享有最广的选择范围。[2]

为了将此与我们的后续分析联系起来,我们要把这个适用于单时期情境的问题表述如下:追求效用最大化的理性个人,面对某种既定纳税义务,为履行其义务,"应该"选择一次性定额缴付、对其收入征收比例税、基于其收入的累进税、基于总消费支出的综合税,还是基于一种商品消费的从量税?在像这样的一个模型中,第一个替代项为个人提供了最广的选择面,它将比基于收入的比例税更受欢迎,因为后者当然要在测得收入和非测得收入之间有所区别。而这种比例税,就其本身而言,将比累进税更受人偏好,因为累进税另外导入了一个因素,区别待遇。接下来,累进税选项,与更少综合性的支出税相比,将被理性地选择。而最后,基于单一具体商品或服务的税种成为这批税种里最不讨人喜欢的。然而,只有当允许个人在每个分离的时期中对这些替代项进行选择时,或者只有在这些单时期模型的结果能被普适化从而适用于一个时期序列时,这些熟悉的结论才是有意义的。

---

[1] Milton Friedman, "The 'Welfare' Aspect of an Income Tax and an Excise Tax", *Journal of Political Economy* 60 (1952): 25–33, reprinted in *Essays in Positive Economics* (Chicago: University of Chicago Press, 1953), pp. 100–16; Earl E Rolph and George F. Break, "The Welfare Aspect of Excise Taxes", *Journal of Political Economy* 57 (1949):46–54.

[2] 兰开斯特已证明,扩大个人选择范围,而非采用较常见的无差异曲线方法,能够导出整个分析。请见 K. Lancaster, "Welfare Proposition in terms of Consistency and Expanded Choice", *Economic Journal* 68 (September, 1958): 464–470。

## 四　引入时间

让我们现在问一个与前面相同的问题，也只是现在，让我们假定，个人认识到，税收工具，一旦被选定，将不仅在某单一时期内生效，而且还将在一连串的时期内一直有效。我们可以将这些时期定为$t_0, t_1, \cdots, t_n$。得出的结果有可能与单时期模型中的那些结果有所不同。

首先，我们要在确定性假设下建立一个模型。假定，我们考察其选择算计的那个人，在做决策的时候或曰那一刻$t_0$，确切地知道他在每个时期（$t_0, t_1, \cdots, t_n$）中的收入将是多少。我们还假定，他眼前在的决策过程反映出对跨期欲求或曰需要上的预期波动有着某种考虑。从$t_0$来看，他对其在每一个后续时期中的欲求也是确切了解的，尽管这些欲求无须是跨期稳定的。

在具体展示财税选择论题之前，先就个人的理性行为确立某种总体原则是有好处的。为了方便，我们可以假定，个人进行储蓄只是为了还债或为未来消费攒钱。这符合近年来几位经济学家就储蓄行为提出的生命周期模型。[①]在这样一种模型中，在$t_0$上，收入流的现值等于消费支出流的现值。

为了避免混淆，首先有必要区分在消费项目上的花销与对这类项目的实际消费。为了简化，我们将假定，这些行动是同时性的。这意味着，所有耐久消费项目的服务都是在消费实际发生的那一刻被购买或租赁的。现在，让我们将消费分为两类，但眼下我们并不建议对该分类作刚性的定义。第一类消费包含那些旨在满足可被称为"基本需要"（basic needs）的服务。第二类消费包含那些着眼于满足可被称为"余留需要"（residual needs）的服务，因它们在某种意义上没有第一类需要那么紧迫。尽管任何特定分界线都有随意性，但对于每个人或家庭来讲，

---

[①] 为了解含有其他相关文献索引的综述性讨论，请参阅 M. J. Farrel, "New Theories of the Consumption Function", *Economic Journal* 69 (December, 1959) 678—696。

某种这样的区分是存在的。在正常的事务排序中，某些需要必须得到满足，而其余需要则在机会出现时（主要取决于收入）才会得到满足。

正统的理性标准认为，个人将使每个时期中花费于每种消费服务上的每1美元的所获效用都相等。这可以意味着，区分"基本服务"和"余留服务"的任何企图都是误导性的。然而，如果收入是随时间而波动的，则随意的观察都会表明，只有在相对富裕的时期内才可能消费余留性项目。但是，在一个确定性模型（a certainty model）中，这样的行为将是非理性的，因为个人，通过其储蓄活动而获得的结果，"应当"近似于在稳定收入流条件下观测到的那些结果。换言之，基于价格比率保持不变的假定，不考虑在收入上或需要上的种种预期波动，从$t_0$来看，他应当使所有时期中任何两个消费服务项目间的边际替代率相等。如果需要将因时期而异，当然，这种等同化就未必意味着任何一种服务在每一个时期中的消费流都相等。[①]从$t_0$那

---

[①] 对于每一个时期来讲，标准的必要条件成立。即对于任何两个物品，$i$ 和 $j$，$i \neq j$，有

(1) $\dfrac{MU_i}{p_i} = \dfrac{MU_j}{p_j}$ 在一组 $i$ 中，$j=1, 2, \cdots, m$

在包含若干时期的模型中，该标准的收入约束并不适用。在被恰当确定的生命周期的诸时期中，个人在每一时期中为满足式（1）而行动。如果我们假定，诸分立物品或服务之间的价格比率在时间上始终不变，则在做计划的那一刻，实现多时期均衡的必要条件变成：

(2) $\left(\dfrac{MU_i}{MU_j}\right)_{t_0} = \left(\dfrac{MU_i}{MU_j}\right)_{t_1} = \cdots = \left(\dfrac{MU_i}{MU_j}\right)_{t_n} = \dfrac{p_i}{p_j}$

其中，括号外的下标表示从$t_0$至$t_n$的各个时期。

在式（2）中无须引入任何明确的贴现因子，因为根据假定，要到消费发生时才支付价格。因此，对晚于$t_0$的各个时期来讲，边际价格和效用是按某种共同因子来贴现的。尤其请注意，满足式（2）并不要求趣味在时间上始终不变。可以靠这两种项目的大量不同"组合"来实现边际替代率的相等。如果我们假定，个人对要赚得的收入没有控制，且进一步假定，收入的支付滞后一个时期，则总的收入约束就变成：

(3) $A_{t_0} + \dfrac{y_{t_1}}{(1+r)} + \dfrac{y_{t_2}}{(1+r)^2} + \cdots + \dfrac{y_{t_n}}{(1+r)^n} = \left[\sum_{i=1}^{m} p_i q_i\right]_{t_0} + \dfrac{\left[\sum_{i=1}^{m} p_i q_i\right]_{t_1}}{(1+r)} + \cdots + \dfrac{\left[\sum_{i=1}^{m} p_i q_i\right]_{t_n}}{(1+r)^n}$

其中，$A_{t_0}$为最初持有的资产，而$p$、$q$和$r$则分别为价格、数量和贴现率。

如果允许个人在不同时期中改变其收入（赚得的钱），式（3）就不对路，必须用一组生产约束来取代它。但是，该分析的基本内涵并不要求这种普适化。因此，在此讨论中，个人被预想为在式（3）定义的收入约束基础上行事。

一刻来看，个人将计划好一个跨越若干时期的储蓄、花销模式，从而使得在每个时期中，任何两种物品（比如说面包和煤炭）间的边际替代率等于它们的价格比率。如果举个例子，我们考虑一个双季节年，并将其视为一个时期序列，理性的个人将计划他在全年的花销，以确保他对面包和煤炭的需要相对而言在每个季节中都能得到同等的满足。在冬天的季节里，他不会仅仅因为对煤炭的需求很大而克扣面包。在夏季，他也不会因为无须在煤炭上花钱而任自己胡吃海塞。当然，在夏季期间，他将储存其部分收入以便满足其在整个时期序列上对煤炭的多变需要。这个例示意味着，在一个时间序列中，无论是收入还是需要都可能发生变化，当个人试图使其预期效用的现值最大化时，必须将这些变动考虑进来。

现在回到个人财税选择问题上来。我们提一个与先前一样的问题，但这次是在一种多时期的情境之中。个人，为了履行某项具体纳税义务，将如何选择？为了简化这个问题，我们假定，政府必须维持一笔净政府债务（a deadweight public debt）。这使我们能够将税收问题本身从财政账户的政府支出方中分离出来。其次，我们要设法排除税负在群体中不同个人间的分配问题。在此我们假定，每个人都已给他在总纳税责任中分派了一个预定份额。凭借这组假定，我们终于到达了这样一种模型，它用等现值税义务（equal-present-value tax obligation）替代了单时期的、正统分析模型中的等收益义务（equal-yield obligation）。

如果允许个人拥有充分的选择自由，他将偏好在其想要的时候、按其想要的方式来纳税，不受时间或制度上的限制。在这个多时期模型中，这种无规定性的纳税等于在讨论单时期模型时引入的、更熟悉的一次总付税。如果个人能选择纳税的时机和方法，他就能最优地调节其跨期的开支计划。除了那些源于任何净纳税的收入效应外，不会有任何时间性扭曲被引入进来。

在被提给该个人的问题中，这一最受偏好的替代项是被明确排除的。我们只允许他考虑下列选项：(1)某种每年等额的税，它的确定与收入或需要中的波动无关；(2)基于每年所获收入的比例税；(3)基于每年所获收入的累进税；(4)基于每时期中所有消费花销的比例税；(5)基于每时期中某具体消费项目的比例税。在这些次优替代项中的任何一项下，都会有某种扭曲被导入跨期的消费—储蓄模式之中。这些制度中的每一种都刻画着现实世界中的一种税收工具，我们的问题是，究竟哪一种制度包含的扭曲最小？个人"应该"选择哪一个替代项？

## 五 跨期调换

如果在某种限定的、我们能在某一时刻明确的意义上，资本市场是完美地和无成本地运行的，则那些正统结论就不会被改变。基于某单一消费项目的从量税依然是其中最不值得向往的。如果个人有能力，在不另增制度成本的情况下，按照被用来贴现总纳税责任的利率（即按照政府的借贷利率）借钱或放贷的话，就需要做到，在任何税制下都不会引入时间性扭曲。由此，可以基于使各个单一时期中（单时期模型情境）的行为扭曲或模式扭曲最小化的原则，来排列这些税制的偏好顺序。依靠进入借贷市场，该个人就能够借入资金或贷出资金，以使其跨期的消费花销保持某种无扭曲的模式；他将不会受到税收工具形式的影响。

然而，这个有关资本或借贷市场完美性的必要假设极其苛刻。个人也许有能力贷出资金，并因此按政府的借款利率进行储蓄以备未来消费。他们通过购买政府债券来做到这一点。另一方面，假定个人，即使在收入可确切预测的时候也能按此同样的利率来借钱，似乎完全不合现实。贷款人无须掌握潜在借款人拥有的信息源，再说，即使他们得不到这类信息，仅风险方面的种种考虑就会使私人借款的利率超出政府的利率。另外，如果比较两种借款方式，一种方式依托于按人力资本预期的未来收入，另一种方式依托于非人力资本，则种种制度因素就会使前一种方式只有在各种高于后者的成本条件下才变得可能。还有，在正常环境中，正是作为贷款人或借款人进入资本市场的过程，才给个人带来了某种正的转换成本。

当允许模型中存在诸如此类的不完美性时，对于在诸税种选项中进行的决策来讲，适宜的私人或曰个人贴现率可能不同于政府在提出那些替代项时所使用的"客观"利率（"objective" rate）。在这样的环境中，理性的个人必然力争选择那样的税收工具，即它要求个人通过资本市场实现的转换量是最小的；那就是说，这种税收工具只需他实施最小量的跨期收入调换。个人的目标未被改变。他将力图在征税后尽可能地借助时间使诸对应的边际替代率保持相等。[1]

现在让我们假定，在征收任何税之前，个人已处于一种"用计划谋求"均衡的地位上。也就是说，无论什么时候，从时刻$t_0$来看，他都已经形成了一种时间上的储蓄和支出模式，它能使不同时期中的对应边际替代率相等。[2]现在，我们面对的他负有一项纳税义务。我们按照在政府贴现率基础上算出的现值条件来定义这项义务。该理性个人将力图挑选最少诉诸市场的税种替代项。他将选择那样一种税收工具，即它将给他所计划好的跨期"均衡"消费模式带来最少的初始干扰。如果预期到收入和需要在每个时期中都相

---

[1] 此处所引入的资本市场不完美性在类型上与弗兰克·H. 哈恩新近一篇论文中讨论的不完美性相似。请见他的"Real Balance and Consumption", *Oxford Economic Papers* 14 (June, 1962): 117-123。

[2] 此处我们只关注在$t_0$上的个人算计。实际上，当到了$t_1$点时，他可以有一组无须与我们有关的、不同的"最优"计划。对于这后一种观点，请见 Robert H. Strotz, "Myopia and Inconsistency in Dynamic Utility Maximization", *Review of Economic Studies* 23 (1956): 165–180。

等,那些正统结论就继续成立。但如果我们允许在收入或者需要上存在某些预期波动,就必须根据具体的时间性扭曲来修改这些结论。如果预见到需求在时间上比收入更稳定,则由于时间扭曲因素,基于每一时期所获收入的累进税往往将比年度税或比例税更受欢迎。在这方面,必须将可能的时间扭曲所带来的干扰与"模式扭曲"合在一起。后者在关于各式税收工具相对效率的正统分析中曾几乎成了注意力的唯一中心。当然,不可能先验地规定,在任何特定环境中这两个因素中的哪一个将更重要。但显而易见的是,当只考虑时间性扭曲因素时,累进税将比按收入征收的其他税种更受欢迎。这种税,能使纳税责任集中于在无法求助于借贷市场的情况下预期花销的边际效用较低的时期。[1]这样,我们现在寻求考察的问题是,是否因同样的理由,人们会不欢迎依托于消费支出的综合税或从量税,而欢迎哪怕是累进性的所得税呢?看来,答案显然是否定的。这两种消费税中的任何一种,在预期需求会在时间上比收入更稳定的情形中,都显然引入了那些熟悉的模式扭曲。因此,从引入了时间性扭曲的角度来看,在同一时间里,它们不会比累进性所得税更受欢迎。

然而,如果我们假定,预期需求在时间上比预期收入更具有波动性,就得不出这些结论了。为了简化,我们假定,收入被预期为在每个时期中都相同,但消费方面的需求则被预期为在各时期之间急剧地变化。第二个因素必然导致,在不求助于借贷市场的情况下,花销的边际效用将随时间而急剧变化。如果资本市场中的种种不完美性引入了级差成本,个人所做的最终调整就可能包含这样一种时间上的消费顺序,它允许在每时期的余留服务消费上出现相当大的变化。在这种情形中,对某余留消费项目征收的从量消费税,

---

[1] 对累进性所得税的这一"辩护"由詹姆斯·M. 布坎南在一篇论文中提出并进行了讨论。(James M. Buchanan, *Public Finance in Democratic Process: Fiscal Institutions and Individual Choice* [Chapel Hill, N.C.: University of North Carolina Press, 1967, pp. 225-240 )。

完全可能含有较少的整体扭曲，甚至可能少于累进性所得税，原因是它有可能减少时间性扭曲。

对于预期其需求和收入都随时间而波动的个人来讲，合理的做法是，从时间上调整其对余留性消费服务的消费，以使这些消费"被归集"于消费花销的边际效用较低的时期之中。也就是说，只是在他的总需求水平相对不高时或在他的收入水平较高时，他才会计划来满足那些余留性消费需要。当认识到，在许多场合里，不同时期中的服务之间显然可以互替时，这种行为，即使在最受限制的意义上，也无须违背理性准则。余留性消费中的某些项目显然是可以推迟的，必然是如此。例如，个人一年只"需要"一个假期。对他来讲，如此计划他的假期是合理的，即将这个假期定在某个收入高于通常或者对其余服务的"需要"低于通常的时期里。①

对余留性消费的如此归集无疑肯定反映了人类的行为。如果我们允许这样的归集，很显然，当财税选择被提出来时，依托于具体消费服务的税种有可能，在某种意义上，是最值得向往的替代项。那些正统的模式扭曲足以由归集缴税（bunching tax payment）所增加的好处来抵消。在花销的预期边际效用不高的时期里，只有这样的税种才使得归集缴税成为可能，且正是这样，才使得时间性扭曲被最小化。当讨论各种从量消费税时，一个熟悉的定理称，当征税所依托的项目以较低的需求价格弹性为特征时，就能使扭曲最小化。但当对时间性扭曲有了一定认识之后，这个定理亦须作修改。最受欢迎的税种在征收上所依托的对象应兼有低的需求价格弹性和高的需求收入弹性，前一特征减少模式扭曲，后一特征使时间性扭曲最小化。

当与基于每时期收入的累进性税种相比较时，基于某单一可推

---

① 在把余留消费中的可推迟项目与耐久消费品区分开时，应很小心。我们在此无须关心耐久品—非耐久品的区分。我们已经假定，所有的服务都是在它们被使用时买到。一项被推迟的服务所具有的特征是在时间上不会作为"需要"而重复出现。

迟余留消费项目的税种能允许对纳税责任进行调节，这不仅因为收入是因时而异的，还因为对基本消费物品和服务的需要水平也是波动的。要证明这一点，我们假定，在开始时预期，收入是稳定的，但对基本消费服务的需要是波动的。让我们比方说，有一个家庭，预期在下一个十年（这被认为是适宜的规划期）中，每年将获得一万五千美元的年收入。在这十年期间（从$t_1$至$t_{10}$）内，预期有一个儿子将在年份$t_3$、$t_4$、$t_5$和$t_6$期间上大学。在不通过资本市场进行调整的情况下，所花之钱的边际效用在这四年中将高于这十年中的其他年份。在这个模型中，累进性税种将要求每年缴纳相同的总额。但是，如果允许这个家庭做选择，它在很大程度上会"偏好"将纳税归集于那几个年份里，即先是$t_1$、$t_2$，然后是$t_7$、$t_8$、$t_9$和$t_{10}$。如果这种税能依托某种余留消费项目来征收，而这个家庭又计划只在那些年份中推迟购买和使用这种余留消费项目，他们就有能力做到这一点，而无须利用资本市场，无论是作为净贷款人还是作为净借款人。例如，去欧洲度假可以只被"计划"进那些儿子不在大学学习的年份里。尽管依托于度假支出的税种肯定会含有种种正统的模式扭曲，但与被考虑到的其他税收工具相比，这样一种税可能在时间上确实扩大了面向个人的选项范围。

有趣的是，在这个模型中，当按照所引入的时间扭曲来排列各式税收工具时，依托于所有消费支出的综合税会变成所有税收工具中最不值得向往的。依托于某项余留消费的从量税可以将纳税责任归集于花销的预期边际效用不高的时期里。所得税，无论是比例性的还是累进性的，都是让纳税责任在时间上均等分布。而综合消费税，比较而言，会要求纳税人在对基本消费项目的需要可能正处于最大的年份里支付较高的总纳税额。这个结论或许值得注意。因为，它与这样一种观点正相反，即综合消费税，可能在某些方面比所得税更"有效率"，因为它排除了针对各种储蓄活动的差别待遇。结果上的这一对立例证了我们的分析法与传统分析法之间的基本差异。①

通过在收入和基本消费服务需要的预期跨期波动上做出不同的假设，可以构建出许多其他的模型或者例示。但这里无须对这些模型或例示做详尽阐释，因为我们的主要目的是证明，在某些条件下，个人有可能选择靠缴纳某种从量商品税来履行一项纳税义务。

当我们更进一步地放松理性假设时，这些结论当然会被有力地强化。如果道德顾忌影响着行为，使人们趋向"量入为出"，并导致他们认为"吃光老本"或"债台高筑"是令人厌恶的，或至少是不明智的，则旨在实现有计划消费的任何"均衡"模式所必需的那些边际性调整就不会发生。即使是从某单一时刻来看时，在诸分立时期中，消费项目间的边际替代率也不会相等。对任何理性计划均衡点的这类偏离越突出，从量消费税的优越性就越大。

当然，消费花销上这种理性规划出来的均衡模式是永久性收入假说的标准版，该假说要么表现为有限视野的生命周期版，要么表现为无边界的李嘉图版。只要经验数据在任何一种形式上支持该假说，从量消费税在使时间性扭曲最小化上的那些优越性就被减弱。只要经验数据表明，个人对消费的计划是基于每一时期中的测得收入，而不是基于永久性收入，间接税工具的那些相对优越性就被增强了。

---

① 对于我们的分析法与"对储蓄的双重征税"论之间的关系应做出解释。这个论点由J. S. 米尔、欧文·费希尔、路易吉·艾瑞迪和其他人提出。这套理论，基于效率方面的理由，相对于某种综合所得税，支持征收某种综合支出税。因为，所得税对储蓄活动另眼相待。只有在引入了税负在群体中不同个人间的**分布**时，这个论点才是有意义的。它与我们的模型不相干，因为我们将分析专门限定于单独的个人在面对某种按现值条件定义的既定纳税义务时所做的算计。在预设的有关储蓄行为的生命周期型模式中，支出的现值必须等于收入的现值。如果根据每一时期中所获得的收入（包括先前诸时期中存储的收入果实）对个人征税，则税率往往会在一定程度上低于综合支出税条件下为产生相同现值所必需的税率。

## 六 放松确定性

到现在为止，我们都假定，被我们考察其算计的那个人是在确定性条件下进行选择的，即他在选择时确切地了解其未来的收入前景、未来的需要以及所考察财政制度的预期寿命。在任何说得通的现实世界情境中，这样的选择是不可能的。但人们必须以某种方式，作为某种集体决策过程的参与者，在诸财税工具当中做出种种选择。了解一下当这一假设被舍弃时在确定性假设之下达到的那些普适结论会如何变化，是很有好处的。

当个人对未来的收益前景、未来对物品和服务的需要或曰欲求没有把握时，就不可能让他对一组等现值税种选项做选择。如果预见到他的收入会有波动，但这种波动的幅度和方向却不可预测，就没有办法来确定一项所得税义务的现值。同样，如果预见到他的消费模式会因时而异，但其变化的方式不可预见，我们就不可能确定一项综合消费税或从量消费税的现值。这个人，就必须在不清楚诸税种中的哪一种将事实上向他强加最大总纳税责任的情况下，在若干可能的财税制度中进行选择。显然，这个因素在他的选择算计中变得很重要。完全撇开上面讨论过的那些考虑以及出现于更正统税收分析中的那些考虑，在其他情况相同的条件下，该个人将力争使其总纳税责任最小化。在如此做的过程中，他的行为将取决于他对未来收入和未来需要的种种预期。然而，意义深远的是，正是由于该个人对自己的前景没有把握，他也就吃不准哪种财税工具将使他自己的个人纳税责任最小化。因此，被公认为即使在概念上都不可能被从任何不确定性模型中排除的种种分配性考虑将挥之不去，但不会像它们表面上可能显现的那么重要。如果个人不清楚哪个税种替代项将在事实上使他的总纳税责任最小化，他将倾向于根据那些非分配性考虑，诸如先前讨论过的时间性"效率"算计，来进行选择。

单一的时间因素往往会降低各种纯分配性考虑的重要性。被选定制度的预期有效期越长，分配，与更受限制的效率标准相比，就变得越不重要。由于这个原因，我们在确定性假设下提出的分析对不确定性模型仍有其契合性。有一个例示可能很有帮助。假定，一个人对其跨期收入前景没有把握，也吃不准其基本的支出需要。但是，他可以承认，存在着某些标准，它们将大致和近似地测度出特定未来时期中其收入的未调整边际效用。例如，他可以说："如果我的收入足够高，或者我对基本消费项目的需要足够低，我或许会让自己穿定制西装，让我的妻子披貂皮披肩。对我来讲，这样的物品在收入的边际效用方面似乎是相当好的独立尺度。因此，如果有一种税是与这类项目挂钩的，则在收入的边际效用因我对基本服务的需要出人意料地高或者我的收入由于某种原因出人意料地低而处于最高水平的时期中，我可以维持某种保险措施，以避免受制于沉重的纳税责任。"在某种意义上，选择基于可推迟余留性消费项目的间接税和做出从所得税中免除某个基本消费项目的决策，所反映出的是同一类的内心算计。我们在下面对这一点做进一步的思考。

在这种不确定性模型中，我们无须为了导出个人对从量商品税的合逻辑偏好而就资本市场的完美或不完美做出特别的假设。由于未来的收益和需要是不确定的，关于时间上"最优"或曰"均衡"的消费模式，就整个概念而言已多半失去其意义。个人将，多多少少自然而然地，期望他那些支出的边际效用会因时期而异。在具备完全确定性的场合，个人有可能因正统的时期内扭曲而偏好直接税，讨厌间接税。因为，他对借贷市场的求助能有效地排除种种时间扭曲，并如其所愿地平衡其消费模式。然而，如果引入了不确定性，就可能看到他会选择间接税。

至此为止，我们一直假定，个人是由那些普通的效用最大化考虑驱动的。而一种略广一点的个人选择概念允许我们将一些其他因素引入倾向于支持已有结论的分析之中。第一个因素涉及未来时期中的主观或曰"感受到"的纳税负担。就在从各式税收工具中做选择的那一时刻，个人会预测他在后来诸时期中对自己眼下所做决策的反应，并有可能在其眼前的选择上受到这种预测的影响。例如，他有可能意识到，在每个纳税日，所得税会给他带来一种真正的"有感"负担。另一方面，他可能认为，在商品税中可能不会有这样一种负担感。因为他是在支付某具体商品价格的同时纳税，这是一种纳税幻觉，且个人，在其较理性的时刻，是可以认识到这一点的。但尽管如此，他仍会以这样一种方式有意识地选择他自己所要承担的未来税种，即使后续的主观纳税负担最小化。

第二种考虑涉及个人自己对余留项目消费的伦理态度。他可能完全明白，在有的场合，他是其激情的奴隶，并且，因为这一点，他有可能相当理性地选择对某些具体消费模式设置障碍。禁奢税就能够从某种个人选择算计中导出。尽管如此，此处必须高度注意将这种态度与家长主义态度区别开。因为，凭借着家长主义态度，个人试图为社会群体中的他人（而非其自己），设立准则。

## 七 总合问题

当然，不会允许个人一个一个地独立选择那些可借以免除他们集体性纳税义务的财税工具，充其量会允许他们直接地或迂回地参与群体选择。这样的选择，一经做出，就必然对整个集体的所有成员强加种种标准的或曰统一的制度。像上面所叙述的那种个人选择分析，能在什么程度上被用于有关群体选择的讨论呢？

必须考察个人决策中的彼此一致性。虽然孤立个人私人对某特定商品征税也许是合理的，但他可能不希望集体对特定项目的消费征收统一的税。对于要据以征税的商品或服务，可能不存在实质性的合意。对某物，一个人认为是非必需品或奢侈品，且对它的购买是收入边际效用的一种相当好的独立尺度，而第二个人却可能认为是一种基本消费项目，是生活、幸福和安乐所不可或缺的。如果存在着这一类广泛歧异，群体选择的个人参与者就完全可能放弃对间接税的任何支持。另一方面，各种社会群体在许多方面又具有一定的同质性，并且，在相对小的群体中或在一组相对少的可能被征收从量消费税的特定商品上，有可能获得即使不是百分之百也是实质性的合意。只要存在这样的同质性，某种程度上，至少是基于我们曾讨论过的那样一些考虑，针对特定商品的间接税就有可能从一种群体选择过程中产生出来。例如，这种选择的个人参与者可能认为，他自己的香槟酒消费是其相对"福祉"地位的一个良好标志。另一方面，另一个人则可能认为，他妻子对貂皮披肩或法国香水的消费是一项更好的选择。在经历了预期的讨论、争辩和妥协之后，他们完全可能同意，一组商品，包括香槟酒、貂皮披肩和法国香水，为典型个人（average man）支出边际效用提供了相当好的指标。

在实现群体决策上的个人选择总会合问题告诉我们，对于地方性政府单位来讲，间接税制度的适用性相对更大。集体性群体越小，其成员就越具有同质性，从而对于被作为征税对象的具体商品或服务看法就越是一致。此外，小型集体性群体的开放本性提供着安全阀，而这在防止对持异议的少数人进行压制性盘剥上是必不可少的。

当然，在对税收工具所做的集体选择中，不可能完全排除家长主义因素。一项集体决策中的每一个参与者，他可以是投票者、政治领袖或者官僚，在"价值"方面都持有一组偏好。这不仅针对他自己，而且也涉及他所属社会群体中的他人行为。此处要强调的要点不是此类因素的缺失，而是一个事实，即要推动一种对从量商品税的集体偏好，其实无须有这些因素的存在。这种性质的"外部效应"并非必要。酒类在绝大多数政区里都会被课以重税，这是因为选民和政治领袖们认为，对于典型个人，"应当"不鼓励其饮酒。但同样，那些酒类税之所以会被接受，是因为典型个人自己清楚，他在任何时候都能通过节制饮酒来避税。在某种基本的哲学意义上，依托于特定商品的间接税使纳税人享有的最终选择要多于直接税，这完全是因为间接税是从量性的。可以说，他保留着一种根据时间另作选择的能力，因为与他在直接税条件下所能保留的选项相比，他享有着一个更广的替代项范围。这种能力有可能永远得不到运用；实际上，个人愿意希望他将永远不会发现有必要以这样的方式来减少其纳税义务。但是，存在着这一更广的潜在选择范围，对于该个人来讲，也许是具有决定意义的。

## 八　税种与政府开支

该论点曾在税种分析的正统情境中被提出来。通过假定政府有义务为一项净债务（deadweight debt）支付固定的利息费用，我们曾能够讨论对税收工具的选择，而不考虑对政府支出计划所做的选择。在一种更具普适性的情境中，税种和政府支出是被同时选定的。如果认为政府开支就是能靠"面向全共同体的综合性收费"来筹资，比如，就像国防开支那样，则这项分析的很大部分就依然有效。然而，即使在这些情形中，也有另外的种种因素进入了个人的算计，对这些因素应作简短的讨论。我们将把这项讨论限定于为普遍获益计划进行筹资的活动。但我们假定，总开支不是像在利息费用模型中那样被事先固定，而是假定，开支水平可以是群体选择的任何水平。

现在，个人必须考虑另增出来的**总合纳税责任**问题。他自己的份额将部分地取决于群体选择有多少钱要由政府来支出。而且，在就税收制度所做的决策和就政府支出计划规模所做的决策之间，有可能存在着重要的相互依存性。**在其他条件相同时**，个人所想要的是尽可能最大的普遍获益计划，并伴之以尽可能最低的个人纳税责任。如果他对政府开支获益的评价相对地高于他的伙伴们，则即使他想到间接税所含有的纳税幻觉将导向一个膨胀的政府部门，他仍可能选择间接税，而完全不顾及其他的种种考虑。另一方面，如果他相对而言对他自己本人的纳税责任更感兴趣，他就可能出于同样的理由支持直接税。

这些考虑和另外那些考虑都是重要的，但在本文中，对它们只能点到，不能分析。只有一个更深一层的因素应被提及。个人可能意识到，当有源于既存税种的岁入可用时，集体的花钱决策多半更讨人喜欢。在这种情况下，基于余留消费上特定商品或服务的间接税就变成了一种手段，它能确保政府开支与余留性消费项目上私人开支的扩张一起自动或准自动地扩张；并且，与之相似，当余留性项目上的私人开支缩减时，确保政府开支的准自动缩减。

## 九　总结

本文并不就间接税提供一套可普遍适用的规范理论。我们已经证明，可以在种种个人选择算计的基础上理出一种赞成征收从量消费税的根据。对正统财税分析的背离表现为这种对个人选择的聚焦，以及引入了作为制度的财税工具。制度的选择成本高昂，且一旦被选定后，要想改变它们也代价不菲。将时间明确引入模型，并引入个人对那些预期将跨期持续存在的制度所做的选择，使我们能够证明，在确定性条件下，间接税有可能是最受欢迎的工具。该结果可以被推广至共同体，但这一步极大地依赖于存在着对于一组商品或服务的某种合理共识，因为这类商品或服务的消费为收入在诸分立时期中的边际效用提供了一个尺度。

我们一度提到了对余留消费项目的从量征税和在所得税中免除基本消费项目这两者之间的高度相似性。更细致地考察这两种做法将很有好处，因为这两者都存在于现代财政体制之中。这两种安排都已被引入进来，以便对税基中基本消费物品或服务上的波动需求有所认识。把像医疗和教育那样的基本消费项目排除出所得税基础涉及这样一种认识，即当处于这类开销很高的时期时，单凭收入并不能为计算相对纳税责任提供恰当的尺度。在任何一种情形中，与在无豁免的综合所得税下所保有的自由相比，纳税人所保有的行动自由都要更大一点。在这两种情形中，都存在纳税人通过被改变的消费模式来调整其自身纳税责任的自由，但又有不同。在存在免税方案的条件下，个人只能通过消费那些特定项目，比方说医疗服务，来减少其纳税责任。而在从量商品税条件下，他能够通过减少其对一种或数种项目的消费来减少其纳税责任，这就为他留下了一个基于花钱于哪的、较宽的替代项范围。

这项分析的有趣副产品之一是对**综合性**消费税或支出税的排序相对较低。已理出来的、赞成从量消费税的根据完全依赖于征税对象的特异性。在某种个人选择算计的基础上，很难看出如何才能导出任何赞成综合间接税的论点。当然，那些静态消费模式中的正统扭曲小于它们因从量征税而发生的扭曲。但是，这样的扭曲永远能靠基于收入的税种来最小化，因为这些税种也是按时间扭曲的程度而受偏好的。

# 第二十章　财税流动性的效率边界[*]

## 与查尔斯·J. 戈茨合著

## 一　引论

1956年，查尔斯·M. 蒂伯特[①]发表了"地方政府支出理论精要"，这篇论文已成为地方政府公共财政理论中的经典。[②]或许主要是回应实践中的现实情况，自那以后，经济学家们将越来越多的注意力投入了由地方性政府单位承担的物品和服务供应。人们已认识到，传统的讨论缺乏严谨性，实际上它是一个公平准则与不成熟分析的粗糙混合体。自从蒂伯特的模型在这个混乱而复杂的密林中提供了某些明显的实质进展以来，毫不奇怪，传统讨论的那些局限经常被忽略了。[③]

---

[*] 本文的研究部分获得了福特基金拨款赞助的支持。
[①] Charles Mills Tiebout（1924—1968），美国华盛顿大学教授，主攻经济地理学、地区经济学、公共经济学，因提出"蒂伯特模型"而著名。(引自维基百科)——译者
[②] *Journal of Political Economy* 64 (October, 1956): 416–424., 大约与此同时，同样的分析也由乔治·J. 斯蒂格勒实质性地提了出来，但严谨性较差。请见他的"The Tenable Range of Local Government", in *Federal Expenditure Policy for Economic Growth and Stability* (Washington, D. C.: Joint Economic Committee, 1957), pp.213–219。
[③] 在总体上强调蒂伯特假说的解释潜能而非其局限的论文，请见 Bryan Ellickson, "Jurisdictional Fragmentation and Residential Choice", *American Economic Review* 61 (May, 1971): 334–339; Martin McGuire, "Group Segregation and Optimal Jurisdictions", prepared for a meeting of the Committee on Urban Economics, Toronto, 1971 (mimeographed); Wallace Oates, "The Effects of Property Taxes and Local Public Spending in Property Values: An Empirical Study of Tax Capitalization and the Tiebout Hypothesis", *Journal of Political Economy* 77 (December, 1969): 957–971。

我们的目的是对蒂伯特有关地方性公共品供应的模型做一次批判性的再考察。这个模型的那些效率特性是人们熟悉的,这里将间接地提及它们,而那些人们不很熟悉的效率**边界**则将被强调。我们要证明,即使当蒂伯特的调节过程被理解为一种概念上的理想化形式时,它里面仍然有着种种固有的无效率性。具体而言,我们忽略了两点:(1)地方共同体之间的种种财税溢出问题;(2)种种区位上的集聚几乎必然要引入的所有疏离性问题。[①]我们的目标就是在对其最有利的情境中考察蒂伯特调节。

蒂伯特力图证明,尽管所提供的物品具有"公共性",但只要恰当地向地方政府单位分派提供某些公共性物品和服务的任务,且只要人们保有跨政区的个人迁徙自由,就会有某种效率创造过程在起作用。他的分析只得到了部分的呈现,但对萨缪尔森提出的一个否定性命题做出了肯定的回应。萨缪尔森认为,对无法具有排他性的公共品来讲,没有办法利用市场式的分权化来达到差强人意的有效率结果。蒂伯特认识到并承认,种种制度刚性将使得财税流动性调节过程甚至比市场调节更不完美。尽管如此,他还是在一个被公认为极端化的模型中清除了这些不完美性。在那个模型中,财税搜购者(fiscal shopper)确保在均衡点上达到帕累托效率前沿。正如市场性物品和服务上的细心采购者往往确保实现最优性的必要条件得到满足一样,细心的迁徙者会在不同的共同体当中进行挑选,找出能在地方的公共性物品和服务上为他提供多样配套组合的共同体,他们往往会确保那些实现帕累托最优的必要条件在地方化的政

---

① 溢出问题曾被广泛讨论过。关于这些讨论,请见 Alan Williams, "The Optimal Provision of Public Goods in a System of Local Government", *Journal of Political Economy* 74 (February, 1966): 18-33; Burton Weisbrod, *External Benefits of Education* (Princeton, N. J. : Princeton University Press, 1964). 有一项对蒂伯特过程的评论唤起了对疏离性问题的最早注意,请见 Charles J. Goetz, "Fiscal incentives for the cities", (mimeographed; paper prepared for meeting of the Committee of Urban Public Economics, Philadelphia, 1970)。

府经济部门中得到满足。

据我们所知,蒂伯特的模型尚未经受过明确的透彻推敲,而他的分析却已稳获广泛的认可。保罗·A.萨缪尔森在其1958年论文的附录中简要地讨论了"地方财源与婚姻数学"。[1]尽管他承认,蒂伯特的解"在解决该问题上有所前进",但萨缪尔森从一更普适的角度拒绝了这个解。他这么做,部分是基于个人决策制定中存在的迁徙门槛(migration threshold),部分是基于在受限制的自愿选择下缺乏可证明的非最优性。在一个有趣的潜在结婚伙伴模型中,他证明,最大效率无须出自对依序偏好的结婚伙伴(ordinally preferred partners)做简单配对组合。虽然他的讨论惯以隐晦为特征,但萨缪尔森好像是主张,财税引发的迁徙大概相当于同类人之间的婚姻。对此,他基于效率理由明显予以拒绝。也许不幸的是,这一批评既没有被萨缪尔森本人也没有被蒂伯特或其他人详尽阐述。

我们要聚焦于两个特征,这些特征排除或至少严厉地弱化了源于蒂伯特调节过程所创均衡的标准效率特性。第一个特征是**区位实情**(the fact of location)。在经济的私人品或曰市场部门中以及在地方性的公共品部门中,空间维度对于任何资源配置来讲都是切实有关的。忽略这些维度或假定它们不存在,就排除了该问题的核心部分。第二个特征是,在按空间定义的地方公共品稀缺性上**缺乏业主性所有权——企业家权能**。如我们的分析所要证明的,地方性的政治共同体不可能按配置效率标准所要求的那样扮演追求利润最大化的独特角色。

---

[1] Paul A. Samuelson, "Aspects of Public Expenditure Theories", *Review of Economics and Statistics* 40 (November, 1958): 337–338.

## 二 区位固定性

缺乏业主性企业家权能对任何调节过程都施加着一种严重的限制。尽管如此，如果我们能无视区位固定性，则可能发生的调节过程仍会趋向具有诸最优性特征的市场型均衡。在这样一种模型中，个人将在不体现出地理维度的适宜替代项当中做选择。若要举例说明一种没有区位固定性的情形，一个途径是引入某种消费俱乐部或者生产俱乐部的设定情境。[①]我们假定，在形成或组建俱乐部上，禁止私人赢利活动。如果存在着要靠共同消费或共同生产来博取的获益，这些获益必须由参与这些活动的成员们来发现和利用。个人将，在一定范围内，自愿地就诸效率标准可能指明的共同行动达成合意，而某种近似的"俱乐部"均衡也就有可能实现。在这种支持该模型的理想化设定情境中，个人将发现自己面对着大量的俱乐部，这些俱乐部面向着消费方面或者生产方面的每一种活动。

这个模型中的概念性均衡分析法的典型特征在所有方面都与竞争性均衡中的那些特征不相上下。同样的服务或设施对不同的人将索取相等的"价格"。在每一个俱乐部内，只要所提供的服务是相同的，每个成员所做的支付就是相同的。因共同的或曰合作的行动而有可能实现的总获益在均衡点上将被耗尽。实现帕累托最优的那些必要条件都将得到满足。

在我们看来，蒂伯特的分析充其量可以被理解为一种早期的

---

[①] 詹姆斯·M. 布坎南曾考察过单个俱乐部均衡的标准效率前提，他将重点集中于具有可竞争设施和服务的消费俱乐部上。请见他的 "An Economic Theory of Clubs", *Economica* (February, 1965): 1-14。布坎南的模型已被解释为能适用于地方公共品理论，尤其是米切尔·珀林斯基所做的解释。请见 Mitchell Polinsky, "Public Goods in a Setting of Local Governments", Working Paper, pp. 705-777 (Washinton, D. C., The Urban Institute, October, 1970)。如本节中将要提到的，该俱乐部模型所以不可能以这样的方式轻易扩展，完全是因为区位固定性问题。

开拓性尝试，它所描述的调节过程本质上属于一种**非空间性的**志愿俱乐部世界。看来很清楚，蒂伯特实际上并没有想让别人以这样的方式来解读他对地方性公共品问题的分析。他将他的分析构想得适用于地方性公共品情境。尽管如此，他还是感觉到了区位固定性将引入的那些难题。因此，在他的正式模型中，他引入了这么一个假定，即所有的个人收入都来自红利（dividends）。这提供了一个手段，得以在实质上从该调节模型中排除区位固定性。如果所有的收入都获自红利，则个人对空间区位的实际选择将与私人经济部门中的资源配置无关。然而，应当注意这一解释的含义。在这个模型中选择俱乐部时，个人被预想为并非在经济内同步进行着他在私人部门活动里的区位调节。对他来讲，那些俱乐部是更有效地获取特殊服务的手段，并不要求他在任何补充意义上改变其在私人部门中的行为。在调节中不存在任何"用脚投票"，没有迁徙或流动之类的事。俱乐部服务和设施多种多样，其需求者们本身是按他们在那些服务的数量—质量上的相对偏好（包括对隐秘的偏好）自愿分层的。地理上的分层或曰分类既不意味着，也不是按必然会体现出来的收入和财富水平来分层，间接的影响除外。请注意，在这个志愿俱乐部的世界中，个人可以严格地按照在经济的私人品部门中的最高个人生产力这一标准来进行空间定位。也就是说，在这个模型中，没有任何因素阻止严格意义上的私人品产出价值和公共品产出价值的同步最大化。

在概念上，地方政府在其中向居民供应公共性物品和服务的情境完全不同于这种理想化的蒂伯特模型。人们为自己确定空间区位。他们的收入并非只取自红利，且他们的空间配置并不影响经济中私人品产出的总价值。地方政府既有地理维度，也有成员关系维度。任何模型，若想要反映在任何调节过程中起作用的那些力，即使是在最抽象和最精练的分析层面上，都必须把这种区位实情与业主企业家权能的缺失一起，系统地纳入进来。

### 三　关于迁徙调节的模型

财税会引发人员在分立的共同体之间迁徙，而这将发生在地方性政府单位至少集体地提供了某些物品和服务的环境里。人们将，至少在一定范围内，"用脚投票"，而他们对诸区位替代项的选择牵涉到某种蒂伯特式的调节过程。然而，当区位固定性和业主式企业家权能缺失被考虑进来时，这种互动过程的均衡解在特征上**并不**具有种种效率特性。

在一个经济体中，当体现着种种联合效率的公共品被与私人品一起生产时，对资源的配置应该使得（源于私人品**和**公共品的）总产出价值最大化。实现最优性的准则是，个人应以这样一种方式来为自己做空间定位，即每一个人对总价值（私人的和公共的）的贡献在所有区位上都相同。如果所有的人都处于这种情形中，最广义上的交易获益将被完全耗尽。更重要的是，在对某个竞争性私人品均衡点的任何偏离中，个人都不会给其他人带来某种正的或负的外部经济效应。在均衡点上，个人的私人回报与其在所有替代项（包括那些区位替代项）上的边际**社会**产出相同。

当我们引入地方供应的公共性物品和服务时，这个结果并不继续有效。在正常情况下，将会存在种种财税外部效应，它们牵涉到一个人在两个共同体之间的任何转换所带来的种种获益和成本。一个人的税款，无论是在哪里被征收和使用，都会既给他自己也给相应共享群体中的**其他人**创造出公共品投入，并且允许每单位公共品对于每一个人的成本随着群体规模的扩大而下降。因此，任何迁出都会给所有仍留在原共享群体中的那些人带来某种负外部经济效应，同时给所有属于迁徙者进入政区的那些人带来某种正外部经济效应。这样的效果指向对所有的成本或曰税收方面的外部效应都是相同的。地方财税账户中的获益方面还可以成为迁徙借以施展外部效应的手段。如果地方所供物品和服务的"公共性"特征足够强，从而增加一个迁入者的需求能导致公共品数量的某种增长，并因而带来共有的净获益，则地方财税账户中的获益方效应就可以与税收方效应等量齐观，并加强税收方效应。但是，当地方性物品展现出非公共性或曰私人品特征时，它们也可以抵消或阻抗税收方外部效应（如拥挤）。[①]

为实现帕累托最优性而必须满足的那些必要条件是这样的，即对于某一个人$i$，以及每一对区位替代项$X$和$Y$，有

（1）$MVP_X^i + MVG_X^i = MVP_Y^i + MVG_Y^i$

其中，$MVP$表示边际的私人品价值或产出，而$MVG$表示边际的公共品价值或产出，它们都源于下标所示共同体中某个人的区位。用$N$来表示一个地方财税共同体中的人员数[②]，用$B$来表示某人获自可供那个共同体享用的公共性物品或服务的总获益，用$T$来表示个人的总纳税额，则$MVG$项可被细分为：

（1a）
$$MVP_X^i + (B_X^i - T_X^i) + \left[\frac{\partial(\sum B^j)}{\partial N_X} - \frac{\partial(\sum T^j)}{\partial N_X}\right] = MVP_Y^i + (B_Y^i - T_Y^i) + \left[\frac{\partial(\sum B^j)}{\partial N_Y} - \frac{\partial(\sum T^j)}{\partial N_Y}\right]$$
$i, j = 1,2,\cdots,N, \ i \neq j$

当他从一个共同体迁往另一个共同体时，或者当他考虑这些区位替代项时，该个人会意识到将由他本人分担的获益和税额。正因为$MVP$包含着可通过市场交易实现的"消费者盈余"，那些圆括号中的数项，$(B^i - T^i)$，反映着个人在指定政区中获自区位的"财税盈余"（fiscal surplus）。前面已指出过的那些财税外部效应被

---

① "公共性"不是一个物品或服务的技术中所固有且与获益人数无关的特征。对一个小群体而言是纯公共性的物品，对一个大人数群体来讲，可以切实地变成私人性的。对这些观点的背景性讨论，请见 James M. Buchanan, *Demand and Supply of Public Goods* (Chicago: Rand McNally, 1968)。
② 为了阐述上的方便，我们将每一区位上的人数定义为连续变量，而非一种只可取整数的变量。这极大地简化了对均衡条件的规定，但不会影响任何重要方面的实践性结论。

概括在式（1a）中带有方括号的数项中。个人在其自己的决策过程中将不把这些值考虑在内。[1]相反，在蒂伯特式的调节均衡中，下面这些条件将得到满足[2]：对于所有的 $i$

$$(2)\quad MVP_X^i + (B_X^i - T_X^i) = MVP_Y^i + (B_Y^i - T_Y^i).$$

### 模型1

为了证明财税流动的那些效率边界，我们可以简要地审视若干模型。请考虑这样一种情形。有两个共同体，$X$ 和 $Y$。其中，每个共同体都提供某种相同数量的萨缪尔森纯公共品。每个地方单位都有着同样的总花费。这个模型的有趣特征是，在将地方性公共品引

---

[1] 空间租作为一种均衡实现装置所具有的明确作用应当得到澄清。在其最简单和最抽象的形式中，我们的那两个共同体可以被设想为两个岛，每一个岛都大得足以充分满足对空间的所有潜在需要。这是一种极端情形，在这种场合，空间本身不可能得到任何正价格。很自然，在这个模型中，即使包含了那两个共同体之间真正的区位差异，空间租仍不可能发挥调节装置的作用。然而，更现实地假定，私密性，对空间的消费，是一种具有正价格（一种"租"）的稀缺品。这会如何影响前面提出的那些等式呢？如果我们希望将空间明确纳入那些等式，我们只需要对式（1a）和式（2）增添一个附加项。

让 $S$ 等于某迁徙者对他在一共同体内所消费空间的总估价，$R$ 等于所支付的总租金（每空间 $X$ 的单位租金量）。显然，$(S-R)$ 被附有恰当下标后应被加式（2）的两边以反映每一共同体中空间消费方面的净得益。在最优性方程式（1a）中，由迁徙者创造的私人价值上的变化 $S$，被一个相反符号的数项所抵消，这个数项代表该共同体中其对空间利用已被暗中改变的所有其他成员。这样，似乎是

$$\left(S_i - \sum_j \frac{\partial j}{\partial N}\right),\quad i \neq j$$

应当被加入式（1a）的两边。给定一迁入者所消费的空间很小，且标价出让该空间的原住民人数相对很大，我们可以说：

$$R \approx \sum_j \frac{\partial S_j}{\partial N},\quad i \neq j$$

这是因为，土地的边际租金率（边际估价），在一定范围内，趋近于空间消费对那些已放弃该土地的人所具有的平均估价。因此，那些同样的 $(S-R)$ 项可以被加入式（1a）和式（2），在这种情形中，我们的那些结果是不变的。另一种可能是，我们更愿意把这种效果归入整体化的 $MVP$ 私人净产出项。

[2] 严格讲，这个条件涉及的是大于号（>）而非等号（=），因它假定，$X$ 是均衡区位。请见第四节中关于区位租的讨论。

入该经济体的情况下,满足实现最优性条件的两共同体间人员配置依然不变。那就是说,当:

(3) $MVP_X^i = MVP_Y^i$

时,达到帕累托最优。所以出现这个结果是因为假定,在这两个共同体中,每个共同体所供应的公共品在数量上都是固定的和相同的。对纯粹性的这一假定不仅确保对于任何及所有的人员配置都有 $B_X^i = B_Y^i$,而且还保证有:

$$[\partial(\sum B_X^j)]/\partial N_X = [\partial(\sum B_Y^j)]/\partial N_Y = 0$$

而且,我们知道,在这个模型中,

$$T_X^i = [\partial(\sum T_X^j)]/\partial N_X, \text{ 以及 } T_Y^i = [\partial(\sum T_Y^j)]/\partial N_Y$$

因此,关于最优性的总体表达式(1a)简化为式(3)。

在这个模型中,任何对满足式(2)来讲可能是必要的、由财税引发的迁徙都将是无效率的。[①]如果这两个公共品供应地的私人生产力函数不同,则蒂伯特机制在此模型中可能失败的方式是显而易见的。那时,如最优性条件式(3)所要求的,为了使边际私人产出相等,$N_X$ 和 $N_Y$ 的取值就必须不相等。接下来,当 $MVP_X = MVP_Y$ 时各个 $N$ 值都相等的一个含意是,在较大共同体中的个人享有较低的税负份额和较高的财税盈余 $(B-T)$。在这些环境条件下,最优性(3)与均衡条件(2)不一致,且个人迁徙的后果将是在私人回报函数具有较高生产性的地方引发过度集中。另一方面,如果这两个地方在所有方面都相同,条件(2)和条件(3)将同时得到满足,那么人员在这两个共同体间的分布就处于最佳状态。[②]

---

[①] 这正是马丁·费尔德斯坦在批评布坎南—瓦格纳的分析时暗中采用的模型,而他的结论与这里所得出的那些结论相同。请见 Martin Feldstein, "Comment", in *The Analysis of Public Output*, ed. J. Margolis (New York: National Bureau of Economic Research, 1970), esp. p. 160。

[②] 但请注意,俱乐部之间的最佳分布并不必然意味着正确的俱乐部数目。如果在一个地方的私人回报下降得非常慢或者根本就不下降,则完全有可能的是,最普适意义上的最优性可以要求公共品只在一个地方生产。

**模型2**

在这里，我们保留了模型1中的假定，但现在我们允许那些共同体根据居民的人数和偏好来调节他们的供应，使之对应于公共性物品或服务的**相异**水平。[①]实现帕累托最优或曰效率的总体条件依然如前面式（1a）中所陈述的。但现在，这些条件不可能像在模型1中那样被简化为式（3）。合乎帕累托式效率的人员配置将不会以边际私人品产出的等式为特征。如在模型1中一样，当式（2）得到满足时，蒂伯特式调节过程将达到一种均衡。人们将忽略式（1a）中方括号里的那些数项。该问题关系着这种忽略所引入扭曲的指向。

假定，蒂伯特过程产生了式（2）的均衡配置，但观察到地方性政府单位，$X$ 和 $Y$，提供着不同数量的公共性物品或服务。然而，在两个共同体中，那些物品或服务都依然处于纯"公共性"的范围之内。请考虑，在这样的设定情境中某一个人从 $Y$ 到 $X$ 的转换。这一转换将会改善还是恶化这种符合帕累托准则的配置呢？这需要评估式（1a）中每一边的财税外部效应。

在这个模型的诸假定之下，一个移入者不可能强加任何净成本，并且我们知道，对应于总人口数的任何增长，方括号中的每一项都取正值。这意味着，一个人从 $Y$ 到 $X$ 的转换将在接收共同体中产生净财税获益，并在丧失人口的共同体中产生净财税损害。然而，没有任何手段来为式（1a）中两个方括号里的数项设定相关的绝对值。尽管布坎南和瓦格纳的分析集中于模型3所要讨论的情形

---

[①] 在任何单一共同体中，公共品供应上实现效率的必要条件是，

$$\sum_{i=1}^{n}\frac{\partial B}{\partial Q}=\frac{\partial F}{\partial Q};$$

即，加总的边际估价等于边际成本。但是，满足这些条件的公共品（$Q$）的数量本身将取决于 $n$ 的大小。向内迁入将增加一共同体内一种纯公共品的有效率数量；而向外迁出则将减少它。参见 Paul A. Samuelson, "The Pure Theory of Public Expenditures", *Review of Economics and Statistics* 36 (November, 1954): 387–389。

中，但他们的观点是，对应于有较大公共品产出的共同体，方括号中各项有较高的取值是模型2的正常后果。他们使其分析基于一项几何图形。并且，他们隐含地假定，现实世界中的实例都将属于产生这一结果的调节类别。在这种情况下，蒂伯特调节过程不会再在公共性物品和服务相对充裕的共同体中引发最优的人口集中。[1]在相反的情况下，即见到$X$正在提供较大量的公共品，且在带有$X$下标的方括号中各数项的取值小于带有$Y$下标的方括号中的数项，则蒂伯特调节机制会在地方政府预算相对充裕的共同体中产生人员的过度集中。

**模型3**

我们现在舍弃由地方共同体提供的物品或服务必须具有**纯"公共性"**这一限定。这些物品，在严格的非排他性意义上，依然是"公共性的"。一个单位，只要可供相应地方共同体或政区中任一人员享用，就是可供所有人享用。但是，现在允许，就这些物品的具体物理数量所做的估价取决于将要共享这些物品的人数。看来，这类"非纯粹型"公共品刻画了地方政府预算中许多科目（如消防、警察服务、保健设施、供水和排污设施等）的外在特征。[2]

对实现帕累托最优性所必须满足的必要条件，所做的规定仍是前面模型（1a）中的那个。但是，这个模型的确改变了被包括在方括号内各数项中的财税外部效应。如已指出的，税收方面的外部效应永远按相同的指向起作用。向内移入必然减少共同体中其他人在每一单位公共品上的税负成本，而向外迁出必然会增加其他人在每

---

[1] 请注意，在下列两个条件同时具备或只具备其中之一的情况下，通常都可预期一个共同体会供给较大数量的地方化公共性物品和服务。这两个条件是：(1) 较多的总人口，及/或 (2) 较高的平均收入和财富。请见 James M. Buchanan and Richard E. Wagner, "An Efficiency Basis for Federal Fiscal Equalization", in *The Analysis of Public Output*, pp. 148-150。

[2] 关于此处分类上的普适性讨论，请见 Buchanan, *Demand and Supply of Public Goods*。

一单位公共品上的税负成本。然而，获益方面的外部效应只有在模型2的那些严格纯公共性假定之下才是单一指向的。[①]在那种设定情境中，迁入者的税负份额（位于任何高于零的数值上）会给他移入政区中的所有其他人带来某种公共品获益，而根据假定，这些人并不在乎该共享群体中的人数。但是，如果我们引入了非纯粹性，这个结果就再也不成立了。

在形式上，我们可以按下列方式陈述向内迁入对共同体成员的影响。在共同体中，对于任何人，$j$，他的公共品获益函数现在包含着一个关于人数的自变量，即 $B^j = B^j(Q, N)$。其中，$Q$ 表示公共品的数量。某迁入者对 $j$ 的效用的影响就变成，

（4） $\dfrac{dB^j}{dN} = \left(\dfrac{\partial B^j}{\partial Q}\dfrac{dQ}{dN}\right) + \dfrac{\partial B^j}{\partial N}$。

在模型2中，$j$ 的效用函数中没有明确的人数自变量。在这种情形中，都只存在着式（4）中右边的第一项。而且，由于公共品被预设为在整个对应范围内都保有正值，所以对被孤立考虑的获益方面来讲，一个迁入者对 $j$ 的效用都具有正效应。然而，在模型3中，必须对式（4）中的最后一项做估价，并且当设施和服务中出现拥挤时，这一项通常将是负的。不仅如此，第一项的符号现在要依赖于 $dQ/dN$ 究竟为正还是为负。当该公共品变得更加拥挤时，如果随共享成本增长而来的价格效应被边际估价表的整体下移所淹没，则负的产出变化就会发生。

关于蒂伯特过程所将产生的扭曲方向，即使在这个模型中，仍不可能将其普适化。看来，只要以拥挤形式表现出来的公共品非纯粹性变得重要了，断言这里的蒂伯特过程多很可能导致总人口在那些公共品数量较大的共同体中过分集中，就似乎是很合理的。而这将进一步意味着，在那些较大的共同体和收入水平超过平均线的共

---

[①] 在模型1中，所以不存在获益方面的外部效应，是因为有了那些关于纯公共性和不变物品量的联合假定。

同体中，可能存在人员的过度聚集。①

我们在本文中的目的并非为按社会向往的方向调节总人口在跨地方性政府单位之间的分布导出政策启示，尽管这一点可能很重要。如这项分析已经表明的，在看似描述得很合理的模型2和模型3之内，不能在普适意义上导出这样的启示来。要想走到这一步，需要对我们已认定的那些财税外部效应做实际值的经验估计。而我们在这里的目的要更有限得多，即评估蒂伯特调节过程的种种效率边界。我们所提出的问题是："用脚投票"的前景确实能使人们至少在某种很近似的程度上为满足帕累托效率标准而做出他们自己在地方性政区中的定位吗？我们并未添入扭曲任何经济调节过程的"噪音"；我们没有纳入移动成本、搜寻成本、决策门槛，等等。我们在其概念的理想化形式上考察了蒂伯特过程。如对诸模型的考察所表明的，我们对这一问题的答案是否定性的。因此，我们的总结论与萨缪尔森在其简短评论中得出的结论一致。或许很不幸，具有地方性公共品的世界不同于私人品中的竞争市场。

## 四　业主式制度的缺失

在第三节的分析中，地方性政府单位提供的物品和服务在非排他性的意义上都是"公共性的"。这个假定确保着，当一个人可以在一共同体的时间性区位系列中承担不同角色时，式（2）中的$B$项对他的价值不发生变化；"先行者"和"后来者"享有着同样的获益。当然，$B$项无须对所有人都取同样的值，但非排他性要求确保，就任何个人而言，其在形成共享群体上的时间角色与他的获益

---

① 这正是布坎南和瓦格纳得出的结论。并且，他们的政策重点也基于这一结论。尽管根据美国的既存现实，这一结论似乎看上去高度合理，但它完全取决于既存的人口分布是否属于特定的类型。这在根本上是一个经验问题。

毫无干系。

对式（2）中的T项没有做任何假定，并且，在这一方面，故意地任边际调节分析处于模糊状态。式（1a）中陈述的那些必要条件都充分普适，毫无含混之处。但我们没有具体设定式（2）中的T项，我们也没有说明这些T项是如何被导出的。不这么做，我们就不可能确定那些帕累托相干的财政外部效应到底是否存在。

我们所证明的是，在一定的隐性设定值下，蒂伯特过程产生出一种并非最优的均衡。在其最广泛意义上的交易获益不会被耗尽。不会自然地产生出"买卖"来吸收尽所有潜在的可实现获益吗？种种财税外部效应，如果它们存在，不会被内部化吗？

一种私有城市体制

实际上，如果借以实现地方化公共性物品和服务供应的制度能具有业主所有权安排的那些特征，这样的内部化就可能发生。设想有一群人共同消费按区位定义的、非可排他的公共性物品和服务，他们发现自己是在从一批私有供应商（"私有城市"）购得这些物品和服务。[①]请考虑这样一种情境，其中，所有非可排他物品都由私人提供，并假定上述模型2的诸特征占主流。请回忆一下，这个模型中，方括号里那些数项都取正值。在这种情形中，难道我们不应当期望，那个共同体X的供应商会向潜在的迁入者提供一笔补贴，并且，在其极限情况下，我们不应当期望，那些分立的共同体—供应商之间的竞争会使外部效应的价值相等？在迁徙者的决策算计中，这可以被处理为T项价值中的一个负项。而共同体Y的供应厂商当然可以采取同样的行动，向潜在的迁出者提供一笔补贴以使其留在原处。如果一个潜在迁徙者的决策账户两边都发生这类调

---

① 某些退休和度假共同体就是在财产基础上组建起来的。

节，他的选择将基于社会的正确估价，迁徙性调节就将产生合乎帕累托效率的结果。

### 对财税外部效应的集体内部化

看来，也许一个集体也可以在人员中做类似的区分，从而实现所有财税外部效应的内部化。然而，对非可排他物品的内在需求可反映在一些客观标准上，一个集体只有使个人税负份额脱离这方面的所有标准，才能对人员做如此的区分。税负份额将只与个人收入进款中**区位租**成分的大小挂钩。区位租，如果有的话，也是一种余值。它是，与下一档最有利区位相比，个人因处于其当前区位而享有的获益。要想使这样的租有可能存在，需要我们对前面第三节中描述的条件稍加改动，即在那些等式中用>号替换每个=号。即要想使一个人的有效率区位是共同体$X$，他在$X$中的回报必须**至少**与其在任一其他区位$Y$中的回报一样高。在厂商理论中，这样的区位租在均衡点上不复存在。因为，对于所涉及的区位优势，永远存在着大量的同等潜能竞价者。然而，若是消费者，个人的效用函数可以是独一无二的，做出区位选择的个人在支付上只需与下一个最高竞价者一样多。

正是通过各不相等的更高税负份额对区位余值的吸收，为对那些个人$T$值的讨价还价提供了主要理由。例如，在模型2的那些条件下，一个人可以期望，一地方政区中的财税余值将与区位租在其私人回报中的重要程度呈**反向**变化。

请考虑一个模型2中诸条件下的双人共同体。其中，获益方面和税负方面都存在着源于向内迁徙的正外部经济效应。在该共同体内，第一个人，$A$，从区位租（"土地"或某种其他按空间来界定的资源）获取其全部收入。第二个人，$B$，从工资获取其全部收入，没有一点区位租。这两人的收入进款相同，且他们持有的总资产价值相等。而且，他们俩对该共同体所供给的公共品有着相同的偏好。在这些条件下，简单的平等准则将要求，在这两个人之间，总税负份额应该相等；而标准的效率准则将要求，边际税率也应是相等的。但是，让我们设想，出现了一个潜在的迁入者，他本身在所有方面都与B相同。A和B都意识到了这个迁入者将给共同体带来的有利财税外部效应，并且，他俩都同意要平摊为诱使C迁入该共同体所需要的那笔补贴。

然而，一旦实现了这一迁徙，B显然能观察到，在**所有**方面都与他相同的C享受着比他自己更有利的待遇。既然B是该共同体中一个不获取区位租的"边际性"成员，他就可以轻易地威胁，如果享受不到与C同等的待遇，他就退出该共同体。这个系统变得毫无稳定性，除非A认识到，他的区位租进款是向C支付补贴的唯一财源。为了使B和C留在该共同体内且享有同等地位，A必须同意负担总税额中的较大份额，尽管在客观测得的收入—财富状态上他与B、C二人是等同的，尽管这三人中对公共品的偏好是同一的。然而，A愿意接受这一明显不利的财税待遇，因为在那些预设条件下，他将获得某种净获益。但是请注意，如果B和C被免除**所有的**纳税义务，就不会产生任何获益。这种情形将排除所有税额方面的正外部经济效应，且在一个规模较大的共同体中，A的状况显然要劣于其在一个规模较小的共同体中，或者至少不会比其在一个规模较小的共同体中更好。

这里考察了在模型2的那些条件下总税负份额与区位租的关系。这种关系并不改变该共同体中那些实现帕累托最优的准则。给定任何一种共享群体的规模，这些准则都被概括在覆盖所有纳税人—受益者的加总边际估价与边际成本的等式之中。但是，这个在公共品数量上实现最优性的条件必须得到另一个条件的补充，即在地方性公共品世界中实现最优个人空间定位的条件。而这第二个条件，即使当满足那些从个人主义角度来理解的标准萨缪尔森式准则意味着边际性税负份额上的恒等时，仍可以且通常将包含**超边际性**税负份额上的种种差异。①

在个人收入进款中，总税负份额与区位租份额之间的关系，如对模型2的界定那样，只有我们依然处于纯"公共性"的范围之内，才是单一指向的。如果我们在非排他性与拥挤可能性并存的情况下考虑地方公共性物品和服务的供应，式（1a）中那些外部效应项的确切取值就可能为负，而非为正。在这种情形中，区位租的接受者在这个从概念上来看是有效率的内部化过程中就变为剩余索取者，而不是像前面那样成为剩余付款人。

## 五　财税流动的实际情况

一个地方性财税单位，如果它力图遵循严格的效率准则，将面临诸多困难。那些困难，从第四节的讨论来看，是显而易见的。即使所有物品和服务始终是完全非排他性的，无差别待遇的税种仍不适于为它们的供应筹资。而差别待遇方面那些依据收入、资产或支出准则的普通形式也不会导致有效率的税负份额。个人的总税负将不得不依托于有关联的财税替代项，而这些替代项又必须与收入、资产拥有或私人物品支出无关。确实，看来很有可能的是，就许多地方性单位来讲，收入相对较高的接收者将拥有比低收入接收者更多的有效财税替代项（相对意义上较少以区位租的方式获取）。②在这种情况下，一地方性财税共同体中，高收入、高需求成员的总税负可能不得不低于低收入、低需求的

---

① 当存在任何形式的非可排他性时，正统的边际成本定价规则无法提供完全明确的规范。这方面的例子有若干，本文所考察的这个地方公共品模型只是其中的一例。
② 以当代中心城市—城郊间迁徙问题为背景对这种可能性所做的详尽阐释，请见James M. Buchanan, "Principles of Urban Fiscal Strategy", *Public Choice* 11 (Fall, 1971): 1–16.

成员。（当然，前者的边际税负可以仍然较高。）

应该很明显的是，地方性政府单位根本不会也不可能按照效率准则所指明的那种方式行事。一个财税共享群体在此基础上组建和运营就违背了**自由迁徙**的核心理念，而这个理念正是蒂伯特调节过程最初据以建立起来的基础。迁徙自由是指一个人可以根据非歧视性的财税待遇来选择地方性政府辖区。那就是说，一个人很肯定，如果他迁入一个地方共同体，他将被允许同等地获取那个政区中可享用的非排他性物品和服务，并且，他将为这些物品和服务纳税。而在纳税的依据上，他与在某种可客观测度的意义上与其同类的共同体居民们**毫无二致**。在旧居民与迁入者或曰新居民之间的财税差别待遇虽为实现效率所需要，却违背了资源流动的核心意图。如果没有其他情况，种种宪则性规定肯定将阻止地方政府采用专以增进区位效率为目标的政策。个人享有"在法律面前平等"的保障，且按照法院对此所做出的解释，任何公然针对个人的、不直接与如收入或资产那样可客观测度的依据挂钩的税收差别待遇都将被视为非法。

完全撇开那些宪则性话题不谈，正是地方**治理**的主旨使得有效率的财税调节变得困难。如果一地方共同体中的所有公民都享有终极免税权（ultimate franchise），要想勾勒出一种看似合理的、将产生某种有效率政策组合的公共选择序列就变得几乎不可能。如果区位租的接受者属于少数，且如果模型2的那些条件成立，则构想一个可在区位租中找到财税补贴来源的序列就变得相对容易。然而，在这样一个模型中，没有任何事物能确保对其他财税来源的利用。而没有这类财源，恰当的调节甚至将得不到近似的实现。如果模型3中的那些条件存在，且如果这些条件确实带来了财税上的负外部经济效应，效率就会提出，应征收进入费。但是，几乎不可能指望一种开放的免税权将这些资金返还限定于区位租的接受者。如果我们容忍被限定于区位租接受者的免税权，则对于两种已提到过的情形，预期将会有相反的结果。看来，就像在稳获区位租的人和不获取区位租的人之间的情况那样，在不同等分布的成本和获益间存在着根本性的矛盾，没有任何办法来回避那些矛盾。对于实现配置效率以及政府单位所供物品和服务中非可排他性或真正的"公共性"，这种分布是必要的。

我们并没有在本文中强调这一点，但仍然存在着一个最后的难题，即筹划最优的差别待遇措施必须以相关人的信息为基础，而就算对地方性政府实施差别待遇的能力没有任何可操作性限制，仍没有任何机制使政府能借以得到这样的信息。虽然我们谈到了使某些个人持续受益的区位租，但只有对相关个人的效用函数有了相当多的了解，才可能测算这样的租金存在与否。[1]一个政府也许知道它能够且应当实施差别待遇，但它能知道该针对谁以及该实施到什么程度吗？

虽略显曲折，我们还是在前面第三节中那些等式里的$T$项上达到了一种严密的概念定义。我们将期望，如果任何一个人按法律上可接受的公平准则被归属于某一个财税类别，那么通过共同体对归属于同一财税类别的所有人进行总纳税额估算，任何人的总税负都将与这种群体的总纳税额成比例。[2]这意味着，在地方公共财政的现实世界里，个人化的税负份额不可能被校准至计入诸财税外部效应的程度。因此，第三节中对那些模型的分析无条件地成立。

---

[1] 查尔斯·J. 戈茨详尽地提出了偏好显露的持久性问题。请见 Charles J. Goetz, "Fiscal Structure for the Cities", Committee on Urban Public Economics Seminar Series, November, 1969。

[2] 从经济学家们较为熟悉的角度来看，我们可以说，必须按照某种人均价值来估算税负，然而效率准则会要求应按边际价值来分派净税负（及/或获益）。这是从概念上把握布坎南和瓦格纳在其论文中所用分析法的一个途径。我们避免在此处的讨论中运用这些术语，这是因为，正如这项分析所表明的，财税外部效应因财税类别的不同而不同，而任何平均值或边际值将不得不只适用于那些类属明确的成员。

## 六　结论

如果私人品部门中不存在区位租（蒂伯特的红利收入模型），非排他性地方公共品的区位维度就不会因迁徙调节而产生任何问题。具有相同需求模式的个人将简单地把他们自己组成有效率的"财税俱乐部"。另一方面，如果具有非排他性的物品和服务并不同时体现出区位特征（志愿俱乐部世界），区位租在私人经济部门中的存在将不会是配置上无效率的一个源泉。个人将，再一次，把他们自己组成某种有效率的消费—购买单位集。但是，区位租确实存在，且非排他性物品和服务有着某种区位维度。然而，即使是这样的环境条件组合仍不会产生出无效率，除非在区位或曰空间稀缺性方面缺乏业主所有权。如果所有的有价"空间"都被私有，如果业主所有权单位之间的竞争在所有方面都切实有效，配置就会有效率。但总体来看，使由迁徙产生的外部效应内部化要求在税负份额上实施一种地方政府未必有能力付诸实施或哪怕是正确计算的人际差别待遇。

我们此项分析的结论注定是无现实对应性的。财税引发个人在创造效率的共同体之间迁徙，确实有一些因素在这种迁徙上发挥着作用，而且那些创造效率的共同体也许确实较那些阻碍效率的共同体更具优势。如果我们稍稍拓宽我们的目标，在个人效用函数中导入可供利用但未被采用的选项，则完全撇开本文中考察的那些标准效率特性，在"用脚投票"机会中提供给个人的保护就拥有着内在的价值。[1]萨缪尔森说过，蒂伯特过程"在解决该问题上有所前进"。如果在供应被限定空间的非排他性物品和服务上，财税分权

---

[1] 请见Burton Weisbrod, "Collective-Consumption Services of Individual Consumption Goods", *Quarterly Journal of Economics* 78 (August, 1964): 471–477。

化的替代项是在中央政府层面上提高财税集中度,则萨缪尔森的这一判断肯定能被认可。但是,还是根据萨缪尔森的看法,我们必须论定:"在政府的每一层面上都依然有公共品决定方面的重要分析问题尚需研究。"①

我们的分析与布坎南和瓦格纳提出的一个重要且对应的假说完全一致。该假说的大意是,由财税引发的迁徙要对1971年北美人口过度集中于巨大且不断成长的都市圈负责。他们的特殊分析不可能在多数通用模型的分析基础上得到严谨的支持,因为那些模型中无效率性的**方向**不确定。尽管如此,在做出有意义的尝试来对该假说的含意做经验性考察之前,似乎有必要分析一下体现在蒂伯特假说中的伪范式。在这个蒂伯特解中,没有任何因素排除了该过分城市化假说所可能具有的合理性。

---

① Paul A. Samuelson, "Aspects of Public Expenditure Theories", p. 338.

# 第二十一章 约束政府岁入配置的税收工具[*]

## 与杰弗里·布伦南合著

……政府服务,只有当其报偿只源于它们的实施效果并与其实施上的勤勉度成比例时,才能做到最好。

——亚当·斯密

## 一 引论

在一篇更早的论文中,我们从一个侧面考察了一种服务于利维坦[①]的"税收宪则"。[②]在那里,我们主要关注可把对税收制度的立宪性选择用来规范政府活动总**水平**的那些方式以及与之相关的从私有经济部门汲取财力资源。为了聚焦于立宪性选择的这一方面,我们假定,对政府所征岁入的**配置**系由外因设定(即与税收系统本身无关)。[③]这里,我们用"配置"(disposition)来表示两种岁入的混合,一种岁入被直接用于生产或曰供应由纳税人和消费者评价的

---

[*] 我们感谢弗吉尼亚理工学院公共选择研究班的成员们所做的有益评论,尤其要感谢马克·克雷恩和 E. C. 韦斯特的有益批评。
[①] "Leviathan",在本文中它指拥有庞大官僚体系的政府。——译者
[②] "Towards a Tax Constitution for Leviathan", *Journal of Public Economics* 8 (December, 1977): 255-273.
[③] 明确设计出这样的情境,是为了使我们先前的讨论与对税制改革的传统处理相一致。这个做法允许我们把我们的分析与税收政策中那些熟悉论题(税基的综合性、税率结构的累进性等)联系起来。

物品和服务，另一种岁入被导向为政治家和官僚们提供各种特权。岁入的**配置**，如这里所定义的，显然是财政系统的整体效率方面一个重要因素，并且上一篇论文已分析过，其重要性无疑不亚于岁入**水平**。[1]我们在目前这篇论文中的目标主要是聚焦于这种岁入配置问题。

本文的分析与我们更早的讨论有着一些共同的关键特征。我们再一次分析了某一个人在立宪阶段上的选择算计，在那里，个人处于罗尔斯式"无知之幕"后面的某种"初始立场"上。同前面一样，这种立宪性选择的实施对象就是允许政府在后立宪时期中利用的不同基本税制安排集。并且，如在我们前一篇论文的处理上一样，我们提出这个选择问题的设定情境是，预计利维坦式的偏好将成为后立宪时期中政府活动的特点。即我们假定，政府——一旦获准掌握了意味着征税权的强制性权力——将利用这个权力来实现其自己的种种目标。在这样的一个模型中，单个选民和纳税人只在立宪阶段上控制财政系统；他们实质上无权在后立宪政治情境中影响政府的种种财政活动。

我们的目标就是把这个关于政治过程的基本模型用于控制岁入配置的种种前景。即使潜在纳税人—受惠者能够凭借内置于税收宪则中的约束手段抑制那些利维坦式政府机构的总岁入需求（即使岁入征收额的总**水平**得到了恰当的约束），潜在纳税人如何才能确保那些征得的岁入额被专用于供应他所看重的物品和服务呢？一旦确立了征税权，什么将阻止利维坦利用岁入来增进其自己的特殊目的呢（史上某时期的奢华法院；向作为另一阶级的政治家—官僚提供高薪、福利、惬意的工作条件）？

当然，可以构想出各种各样的强制执行机制。在这里，我们主

---

[1] 决定支出结构总效率的第三个因素超越了**水平**和**配置**，它是作为诸分立公共品组件的预算开支构成。尽管我们的分析在这方面确有一定意义，但我们并不在此明确讨论这个因素。

要聚焦于那些可被内置于**税种结构**中的机制。税种约束的特殊优点在于，与大多数显而易见的替代方式相反，它们恰恰是在利维坦强权的结构中内置了将权力用于谋求"公益"的自动兴趣：它动员起利维坦的天然欲望来确保在很大程度上以纳税者们所向往的方式运用岁入。这种财税宪则，在此基本意义上，变成了自我执行性的。在自我执行性财税宪则的这一因素中，核心构件是一种特殊形式的专款型税种；而我们的这项讨论就是旨在说明产生出这种专款型税种结论的论证思路。就我们所知，这是一个在传统分析中尚未有人认识到的论点。

本结构如下。在第二节中，我们提出基本模型。在第三节中，我们在其最简单的变形中考察该模型，并从该情形的基本几何图中导出我们的核心结论。在第四节中，我们引入更为复杂一点的代数处理，然后在第五节中我们推进到一个更具现实性的模型。第六节包括对分析的总结，并尝试将其与税收政策中的实践性议题联系起来。

## 二 基本模型

垄断性政府（利维坦）所供公共品（或公共品束）的数量，$G_S$，被确定为

(1) $G_S = aR$，

其中，$R$是征收到的总税收额，$a$是那些岁入中被专用于公共品（$G$）上的花费所占的比率。在前面那篇论文中，我们考察的是，通过对税基和税率结构施加恰当的宪则性约束所可能对$R$建立的限界，它伴有一个由外因给定的$a$值。在这样一种背景中，赋予利维坦某种岁入最大化目标是很贴切的，不论其是最适于在尼斯卡

宁式官僚模型[1]中来构想，还是最适于按某种"纯盈余"模型来构想。在后一种模型中，最大化目标是征收到的税收额超过公共品花费的余额。实际上，$a$被固定意味着，在任何一种情形中，岁入最大化都是一种理性的行为方式。在"纯盈余"模型中，最大化目标变成$(1-a)R$。而这，由于给定了$a$，$G$是与$R$同时最大化的。

但是，显而易见的是，$a$的取值有可能取决于被选定的税制，而正是这种关系是我们想要在本文中考察的。让我们设想，我们将立宪过程想象为一个建立"君主制"的过程。在该体制下，可以按标准方式将一位"国王"视为一个效用最大化追求者[2]。看来，在这个背景中，没有任何特别的理由将这个"国王"想象为收入最大化追求者以外的任何主体。所以，我们赋予它这样一个最大化目标$Y_k$，其中：

（2）$Y_k = R - G_S$

（3）$\quad = (1-a)R$

给定式（3）后，如果$R$和$a$不相关，该"国王"将以$R$的最大化和$a$的最小化（即将$a$设于零）为目标。但是，如果能以某种方式，使$a$与$R$正相关，$Y_k$的最大化就不可能包括$a$的最小化。认识到该国王最大化问题中的这一方面，就在开始时选定分派给国王的税收工具上，为潜在纳税人—受惠者的立宪策略提供了一种有利的情境。

在更深入地探讨这种策略之前，有必要仔细地说明这个"国王"与该政治共同体中其他成员的关系。如果预期要由政府来提供

---

[1] 在尼斯卡宁模型中，由于那些约束都内在于政治过程之中，$a$实际上是一（unity）。利维坦凭借生产超额的$G$供应量来获得其在"盈余"上的等价替身。请见 William Niskanen, *Bureaucracy and Representative Government* (Chicago: Aldine, 1971)。

[2] 当然，这里的"君主制"和"国王"都只是为了便于阐释而人为构想的。国王可被理解为一种简略表达。它代表一批被恰当选定的政治家—官僚，他们的行为在那些后立宪政治情境中产生种种财税后果。或者，它甚至可以代表在一个循环联盟背景中的决定性多数派。在那种情境中，多数派盘剥少数派。对于后一种情境，本文的第五节大概更契合。

的物品和服务$G$，在非排他性意义上是名副其实地"公共性的"，且若"国王"与其他消费者一起共享着那些获益，则即使$a$的取值始终完全处于"国王"的掌控之中，它也不会降至零。那就是说，如果他的效用函数含有$U_k$一个代表$G$的自变量，同时又含有一个代表能被独家享用的私人可分割物品的自变量，则严格的效用最大化计算将涵盖$G$的某种供应，并因此涵盖$a$的某种取值。主要是为了简化在此处的论证，我们在一开始时要假定，该国王完全外在于该共同体的其他成员，即它并不因供应$G$而稳获任何正的获益，即使这里的$G$可被描述为一种供该群体中所有其他成员享用的纯集体消费物品。在第五节展现了一个略微更复杂一点的模型，它允许该"国王"成为公共品获益的共享者之一，且/或允许$G$在该"国王"自己的效用函数中成为一个直接自变量。

我们还应当协调我们的两个假定，一个是将"国王"视为盈余最大化追求者的假定，另一个是将个人置于无知之幕后面的初始立场假定。在接下来的模型中，我们把这种"国王的"盈余处理为潜在纳税人-受惠者的一种潜在成本。也许有人会断定，在实现立宪性透视所需要的真正无知状态中，每个人都会根据其自己成为国王的可能性来评定，在哪种情况下，至少在某种期望值的意义上，国王所偏好的后立宪期财富转移可以被认为是无成本的。对这一可能的批评，可以做出若干种回应。首先，看来如此设想是合理的，即大量有利于该"国王"或曰"统治阶级"的再分配将违背置身于无知之幕后面的人们所偏好的方向（无论那些受偏好的分配具有罗尔斯式的特点还是其他的特点）：这样的"不正当"再分配隐含着一种预期成本，尽管它并不必然达到相关财富转移的全部数量。其次，属于"国王"的这种盈余有可能引发浪费的"寻租活动"，这在一定范围内，会耗尽这种盈余本身的全部价值（而依据有关个人行为的某些假设，这种浪费实际上还可能超过那些盈余）。再次，借以获得这种盈余的过程有可能包含福祉损失，在此背景中，源于集体品供给的任何得益都不可能落实。最后，有某种历史证据显示，"国王"曾被设想为与共同体完全分立，处于"宪则"之外——统治者（及军队）被从外部输入，有时候是志愿性的。

因此，除了我们明确指明为其他情形的场合，我们都将假定，该国王并不从公共品供给中受益，属于国王的盈余对社会而言是纯粹的损失。这两个假定都可以被显著地弱化而无损核心结论，但在开始时分析这种极端情形很方便。

## 三  纯盈余最大化追求者的公共品供给：几何图形分析

我们这个利维坦模型的典型特征是，在没有任何约束迫使他采取不同行动的情况下，该"国王"将把$a$设为零，即对于被公民们看重的公共品$G$，他将不作任何供应。他将仅仅使税收额（$R$）最大化，并且他将把这些税收额全部用来资助他私自消费的物品和服务。我们要提出的问题如下：在立宪阶段，可有什么办法来挑选税制，以便使$a$不被设为零——从而至少将提供某些$G$？

按照我们就后立宪时期政治过程所做的那些利维坦式假定，潜在纳税人—受惠者们对政府所供$G$的数量没有任何直接控制权。如何才能诱导该"国王"供应一定数量的$G$，并将此作为其自己谋求效用最大化行为的一部分呢？如果通过供给$G$，总税收额会上升得足以增加$Y_k$，则这样的诱导就会出现。也就是说，在$a$和$R$之间存在正关联性的条件下，提高被专用于资助$G$的岁入在总岁入中的比率$a$，则在一定的场合，可以提高$(1-a)R$的值。

总岁入额$R$，是税基和税率结构的函数。因此，为了在$a$和$R$之间形成所需的正相关性，税基和税率结构，$R$的实质性决定因素，必须是可变的，并以某种方式与$G$的供应相关联。这意味着，税基，无论它是一个支出项目还是一个收入项目，当反映在纳税人—受惠者的独立行为调节中时，都必须与G的供应**互补**。

对税基变量B，可以规定其处于纳税人—受惠者的某种直接控制之下。而公共品变量G，按我们的假定，处于政府的直接控制之下。由此，我们拥有了一个反应函数序列，它可以被例示在一个熟悉的图形中。在图21-1中，我们沿横坐标测度G，沿纵坐标测度B，两边都是美元单位。现在请考虑曲线$NN'$，它在超出生产约束的范围内被画为水平状。这代表随着G的数量增长，B的均衡消费水平点轨迹；或者换一种说法，这代表着反应曲线（最优线、脊线），体现着纳税人—受惠者针对G的每一种可能水平在"供给"B上做出的效用最大化反应。请注意，在沿着$NN'$的对应范围内，对可征税基础（B）的"供给"并不因G的供应而变化。在这样一种情形中，政府将根本没有动力把征收到的任何税收用于供应丝毫的G。它可以靠对B征收最高的可容许税率来实现R的最大化，然后通过把全部R用

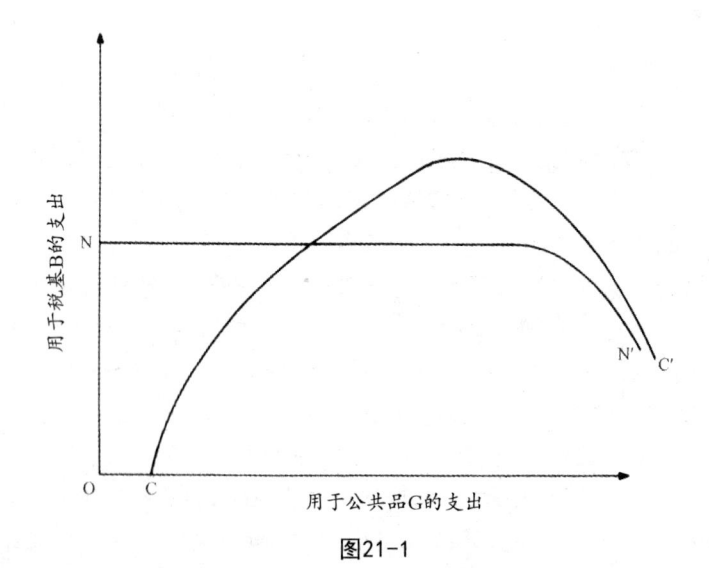

图21-1

于满足其自己完全私人性的需要,实现$Y_k$的最大化。请注意,这看起来正是在某种全综合性收入税基(Full comprehensive income base for taxation)下确实会盛行的关系。因在那种情况下,可行的计税基础就是全部的个人收入。

在一种与此相反的情形中,$B$与$G$高度互补。图21-1中的曲线$CC'$描绘了这种情形。请注意,在此处,由纳税人—受惠者"供给"的可征税基础的数量,至少在一个很大的对应范围内,是随政府所供$G$的数量一起增长的。并且,如图21-1所显示的,有可能存在这样一类情形,即没有某种正的公共品供应,任何岁入征收都不可能:个人将完全不在$B$上花钱,除非存在某些$G$可与$B$一起消费。

为了确定将有多少$G$被供应出来,有必要说明税收总额与税基间的关系。为此,我们假设,政府被限定于专门的税率结构。这种税率,为了便于处理,我们定其为比例性的。①这允许我们在图21-2中描绘出个人所消费$B$的均衡数量与$G$的水平之间的关联性,前提是存在追求岁入最大化的比例税率($t^*$),且被用于指明的税基$B$。这由$QQ$来表示。在总体上,它将不同于图21-1中的$CC'$。曲线$QQ$勾画出了在设立了岁入最大化税种的条件下,纳税人—受惠者在创造可征税基础上的种种行为调整(在对应范围的任何部分上,$QQ$的位置都可以高于、低于或吻合于$CC'$。因为在这里,准确的关系基本上依托于对该税基变量的需求的收入弹性)。在图21-2中,曲线$QT$把从基于$B$的岁入最大化税种所征得的税收额与$G$的那些供应水平联系起来。对应于$G$的每一个供应水平,从横坐标到$QT$的垂直距离代表着总税收额。而$QT$和$QQ$间的垂直距离代表着在$B$上的净税额支出。

基于图21-2中说明的那组关系,追求盈余最大化的"国王"将

---

① 有一场讨论与税率结构和最大岁入成果间的关系有关,请见 Brennan and Buchanan, "Towards a Tax Constitution for Leviathan"。

图21-2

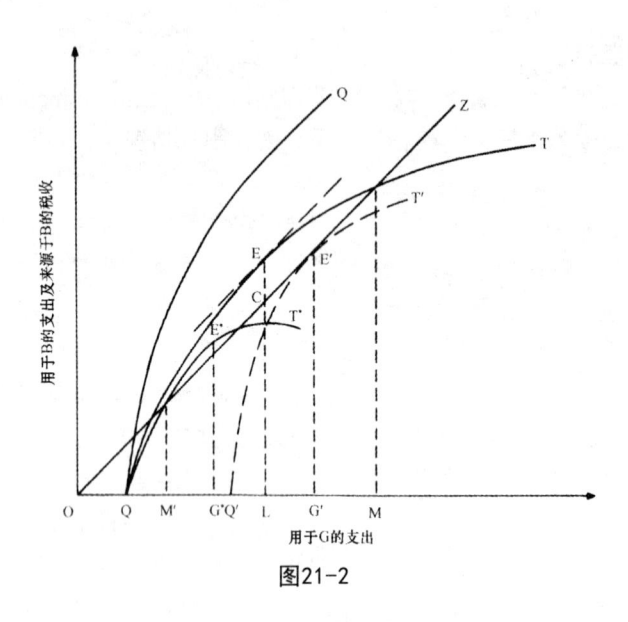

选择在G上花多少钱呢？在给定他被限定于税基B和某种比例性税率结构的情况下，我们能够靠构建一个始于原点的45度射线OZ来回答这个问题。既然所有的变量都是按美元单位来衡量的，一个在该45度线上的状态位置就意味着，从该税种征收到的**全部**税款都要被用于G的供应，不存在任何净盈余。显然，如果B是唯一的可用税源，位于M'左边的那些点就都不可行：在这个最初的范围内，靠向B征税而能够获得的最大岁入不可能将G的供应量维持在一开始就产出如此税收额所需要的水平上。而处于M'和M这两点之间的那些状态点**都是**可行的，因为这些点上，在所需G上的花费水平能够通过向指定税基（B）征税而融得资金。如果那些关系恰如图21-2中所描绘的，"国王的"盈余就会在E点达到最大化。在该点上，生产更多G的"边际成本"等于由那项供应所产生的"边际岁入"（在那点上QT的斜率为1）。在这个点上，在G上的花费由OL（等于LC）来测度，而总的岁入征收额为LE，并伴有一笔最大化的盈余$EC$。被花费于$G$上的税款所占的比率，即前面提到的$a$，是$LC/LE$。这个例示证明，在一个如无税基约束则在$G$上的花费将为零的情境中，税制——具体讲就是选择某种恰当的税基——可以有助于在无任何强制力的情况下确保该"国王"（或更普适地讲，垄断性政府）把一部分税收款用于资助受重视的产出，以使国王自己的效用最大化。然而，这个适于政府或曰"国王"的盈余最大化解可以产生出多种$G$的供应水平，这取决于被选定的税基以及该税基与公共品间互补关系的准确形态。例如，请设想，选定了某个税基$B^*$，从而图21-2中的$QT$转变为$QT^*$那样的形态。净盈余在$E^*$点达到最大化。但是，对于受重视的公共品来讲，$G^*$可能并非预期的有效率花费水平；这样一种立宪性安排有可能将$a$提高到只会使政府的花费受到过分限制的水平。

不管怎样，这个建构确实意味着，在那些可能的税基当中，如果根据它们与公共品间的不同互补程度，不受约束地进行选择，就可以宪则性地施加一个最优解。这将要求应如此来选择这个税基，即当"国王"按照可容许的、实现岁入最大化的比例税率对这个税基征税时，唯一可行的预算立场要求几乎所有征收到的资金都应被用于供应该物品；而且，这些资金将按照在立宪层面上所预测的那样恰好购买有效率的数量。这样的一个解显示在点$E'$。在那点上，$G'$是在该公共品上的预期有效率花费水平，且那一点上的$QT'$表明，在$E'$上的状态是政府方面实现可行预算行为的唯一可能状态。对追求岁入最大化并谋求额外补贴的"国王"来讲，没有任何盈余被遗留下来供其剥削。在像这样的宪则"精调"（fine tuning）之下，确保预期有效率花费水平的问题被纳入了另一个问题，即确保所征收到的税款被有效率地花费出去。

至此，对这项分析可能提出的批评会指向那个无约束选择假设。这样的"精调"也许是不可能的，尤其是当认识到，那些有利于可行税基运用的互补关系也许在数目上极为有限，且即使在那些可行的税基中，这样的互补关系仍可能范围很窄。总的来看，实现有利于纳税人—受惠者的受约束最优化，将要求在两个方面之间进行权衡，一个方面是允许国王获得额外的盈余，另一个方面是接受与理想水平有差距的公共品花费水平。

的确，每一种税基都会形成不同水平的$G$和不同数量的国王盈余，对税基的无约束选择遥不可及。我们必须面对这样一种可能性，即根本**没有任何**适用税基来迫使国王生产任何的$G$。因此，要想证明该核心命题上的某些切实限界，请考虑图21-3。如果相对于所议公共品而言，一个被选定税基过于狭窄，也许就证明一种能成立的预算解是做不到的。例如，请考虑像图21-3中曲线$Q_3T_3$所描绘的那种情形，该曲线与45度线没有任何接触。作为一个例子，请设想，有人试图专靠向汽车空调征税来为高速公路融资。大概，一个依托于如此狭小税基的岁入最大化税种所产生的税收额将远远少于哪怕是维护道路的所需资金量，遑论道路建设了。第二种可能性也

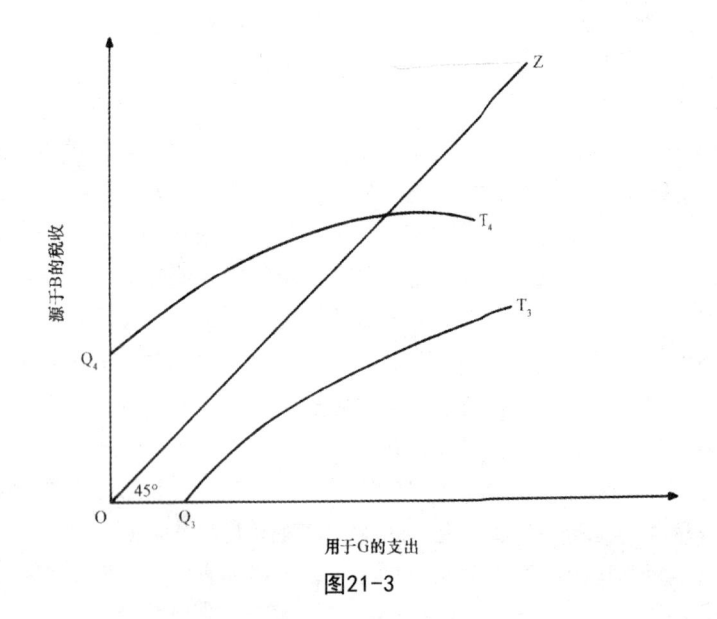

图21-3

许是，某选定税基与该公共品之间的互补性在强度上不足以提供任何激励来促使追求盈余最大化的"国王"供应公共品。请考虑一种如图21-3中曲线$Q_4T_4$所描绘的情形。除非受到其他约束，否则尽管在该税基和该公共品之间存在互补性，该"国王"仍愿意通过将$\alpha$保持为零从而不提供任何该物品来使他自己的盈余最大化。

为了使被选定税基的惩戒性力量约束住政府在税务收入配置上的财政行为，需要的是这样一种税基，它与公共品之间有着**很强的**互补关系，**且**范围广泛足以为该物品的供应融资。并非毫无疑义的是，这样一种税基将适用于纳税人—选民有可能需要的每一种公共品。但是，我们可以想到，在某些例子中，这样的所需关系确实成立——高速公路—公共道路就是一个这样的实例。没有公路网，将很少有私人购买和使用的汽车。有了公路网，汽车的使用就被"供给"出来了。因此，一个总体的宪则性前提是，即那些专靠向汽车（或许还包括其他由私人购买的道路使用投入——汽油、润滑油、轮胎等）征税来融资的道路，将使政府，即使在纯追求盈余最大化的"国王"模型中，仍肯定会愿意把其部分税收用于道路的建设和维护。

## 四 盈余最大化追求者：代数处理

内在于我们核心命题中的那些基本关系以及这些关系必须在其中起作用的种种界限，都可以在一个简单的代数处理中得到更充分的把握。

在这个模型中，"国王"追求的目标是使下列$Y_k$最大化：

（4）$Y_k = R^* - G$。

我们已具体说明，为了依托在$G$上的花费，应选定税基，所以我们可以写出下列关系：

（5）$R^* = aB^*(G)$，

其中，$B^*$是税基$B$的总合值，即征收旨在实现岁入最大化的比例税时的税收总额，而$a$是征收到的税收额在$B^*$中占的比例。然后，将式（5）代入式（4）并对$G$微分，我们得到：

$$(6)\quad \frac{dY_k}{dG} = a\frac{\partial B^*}{\partial G} + B^*\frac{\partial a}{\partial G} - 1$$

为了使对政府行为的约束效应存在，这个表达式必须在某处大于零，或者在极限上（in the limit）等于零。

$B$和$G$之间的互补性意味着

$$(7)\quad \frac{\partial B^*}{\partial G} > 0。$$

但这不足以确保

$$(8)\quad a\frac{\partial B^*}{\partial G} + B^*\frac{\partial a}{\partial G} > 1$$

尤其是因为对$a$的唯一要求是

$$(9)\quad 0 < a < 1$$

然而，在这些合理假定之下，我们将指出，$\partial a/\partial G$很可能为正，并且，式（8）中左侧的第二项可能占优。因此，似乎有可能的是，条件（8）将对$G$的某些正值成立。完全有可能构想出这样一类情形，即在不违背互补性假设的同时，实现岁入最大化的税率$t^*$在$G$上升时下降。但是，总的来看，这似乎不太可能。

不过，让我们设想，条件（8）未得到满足。是否有某种简单的途径来提高使它可被满足的可能性呢？我们可以首先观察下将源于**综合性来源的额外或曰附加岁入捆绑于"国王"**（政府官署）能够从特别税基$B$中汲取的特殊岁入会有什么效果。因此，作为对式（5）的替代，我们有

$$(10)\quad R^* = (1+\beta)aB^*(g)$$

其中，$\beta > 0$，且

$$(11)\quad \frac{dY_k}{dG} = (1+\beta)a\frac{\partial B^*}{\partial G} + (1+\beta)B^*\frac{\partial a}{\partial G} - 1$$

显然，如果$\partial B^*/\partial G$和$\partial a/\partial G$都超过零，对于在相应范围内的给定$G$值，由于$\beta>0$，式（11）超过式（6）；并且，存在**某个**$\beta$值，它将确保对应于$G$的正值，式（11）为正；而且，$\beta$值越高，使式（11）为零的$G$值就越大。[①]因此，通过提高$\beta$值，我们能够做到两个确保，即确保该"国王"将愿意提供某些$G$，以及确保由此获得的$G$在数量上增加（至少增至那种互补关系停止的那一点）。

尽管在分析上接受了这一修订，但它仍可能面临挑战，根据是，它似乎与那些基础性的制度假定不一致。尽管可以想象这样一种可能性，即该"国王"筹集**综合**岁入的能力会与源于税基$B$的岁入挂钩，但看来确实像是另一种情况，即他一旦获准掌握某种较综合性的税源后，将只使用那个税源，并将所有的岁入都花费于私人物品。然而，在一种更具现实性的制度情境中，或许有可能建立一个官署机构，其唯一功能是从某种综合性税源筹集岁入，而对它的约束是将它直接交给另一些公共品供给官署机构，使它与后者从被派定的互补性税基筹集岁入的活动直接挂钩。[②]

如果连这看上去也不太可能，只要给"国王"派定若干税基，**它们都与**公共品（$G$）互补，则在任何情况下，就可以取得大体相同的效果。请设想，将存在整整一套潜在税基，$B_1$，$B_2$，$\cdots$，$B_n$。考虑到将$B_1$和$B_2$分派给追求盈余最大化的"国王"，供其用作可能的税基。在这种情形中，

（12）$\quad R^* = a_1 B_1^*(G) + a_2 B_2^*(G)$，

且

（13）$\quad \dfrac{dY_k}{dG} = a_1 \dfrac{\partial B_1^*}{\partial G} + a_2 \dfrac{\partial B_2^*}{\partial G} + B_1^* \dfrac{\partial a_1}{\partial G} + B_2^* \dfrac{\partial a_2}{\partial G} - 1$，

---

① 给定图 21-1 中$CC'$和$NN'$的形态所隐含的二阶条件，即$\partial^2 B^*/\partial G^2 < 0$。
② 此处所描述的这样一种安排与基于"财政努力"标准授予地方单位的抱团拨款（bloc grants）或岁入份额返还之间存在着某种类似性。然而，这两种情形中的目的则几乎不可能更为对立了。根据那些"财政努力"标准，目的是要确保地方政府从居民那里征收到足够高的税。而根据我们的模型，正相反，基本的目的是要确保税款被花费于公共品上，而不是官僚们的特别待遇上。

其中，

(14) $\frac{\partial B_1^*}{\partial G}$、$\frac{\partial B_2^*}{\partial G}$、$\frac{\partial a_1}{\partial G}$、$\frac{\partial a_2}{\partial G}$ 均大于 0。

与前面一样，对于相应范围内的那些$G$值，式（13）超过式（6），并且，对应于式（13）为零（如果它存在）的$G$值超过了式（6）中的$G$的对应值。因此，通过给政府征税人员添加都与$G$互补的税基，我们既提高了证明供应某种公共品（某种$G$）有利可图的可能性，也提高了$G$将有的供应水平。

前面的论证可被综合在一个简单的图解之中。在图21-4中，$DD$代表潜在纳税人所预测的、将在后立宪时期中占优势的公共品（或公共品束）$G$的总合需求曲线。这个预测代表着他在一种纯立宪情境中的无知之幕后面所做的最佳估计。$MC$线指示着公共品供应上（预期的）"有形"成本（按被放弃私人品计算的一单位$G$的机会成本）。然而（按照我们为讨论而设计的整套分析），即只有在制度安排中包含了另一项制度成本（表现为"国王的"盈余）的情况下，这样的公共品才能得到供应。

因此，$G$的供给曲线在所有点上都位于$MC$线的上方，且这条曲线可以取两种形状。如果可以实行这样一种制度，即将从综合性融资活动筹得的资金与互补性税基捆在一起（即某种美元换美元的安排），并从这样的互补性税基征收追加岁入，则这条"供给曲线"就可以如图21-4中光滑的$SS$曲线所描绘的，成为一条在$MC$上方连续上斜的曲线，它允许$G$有一个单一最优值，即$G_\beta$。在这一点上，该"国王的"盈余被最大化，达到$(P_\beta - MC)G_\beta$。

如果源于派定税基的追加岁入在制度上不可行，因为这似乎很有可能，则可以采用另一种替代策略，即派定**多个**与$G$互补的税基。在图21-4中，这种情形下的这条"供给曲线"连接着多个分离的点，$B_1$、$B_2$、$B_3$、$B_4$，它们还将勾画出一个非下斜的序列。在这种情形中，$G$的受偏好供给水平将不得不选自两个替代项，$G_2$和$G_3$，因

第二部分 应用

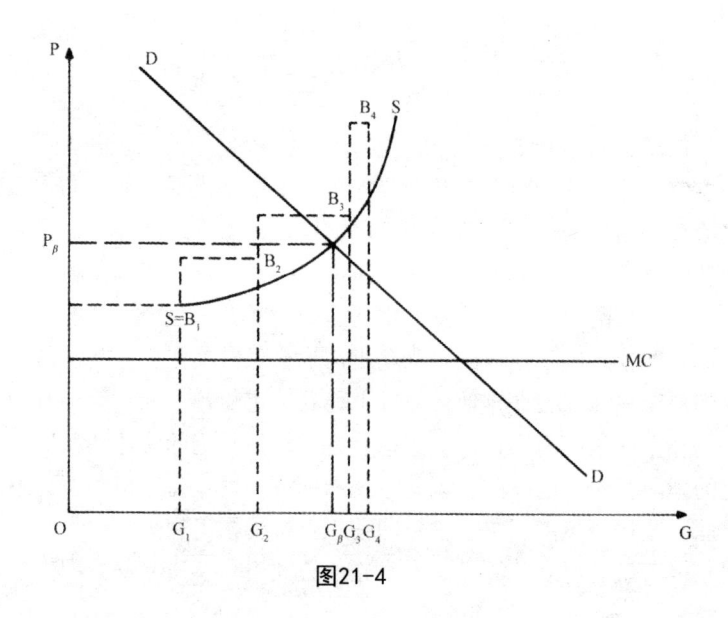

图21-4

为假设的那些制度约束在本性上排除了精确的边际调节。当然，完全可能的是，点$B_1$将位于$DD$之上。在这种情形中，立宪性选择卷入了一种二者择一的抉择，要么分派税基，允许在某种太高的价位上有太多的$G$（按提取的盈余额计算），要么一无所有。在某种意义上，如此处所说明的，图21-4所描绘的是，在给定就后立宪政治过程所做出的那些假定和给定税基已按最有效率的方式分派给了"国王"后，关于政府部门规模的立宪性决策所涉及的那些基本要素。[1]

---

[1] 阿特金森和斯特恩最先在公共品和作为最优配置预算中一个决定因素的税基之间导入了互补性，尽管他们的规范性重点与本文完全不同。请见 A. B. Atkinson and N. H. Stern, "Pigou, Taxation, and Public Goods", *Review of Economic Studies* 41 (April, 1974): 119-128。

## 五　盈余外获益最大化追求者

在转向可能的政策含义之前，按照一种被更广泛共享的政府印象修改这项分析会有所帮助。如果改变这个模型，从而允许那些供给公共品的制度——那些国王、官僚、政治家或法官——在某种程度上不像前面那种处理使他们所显现得那么难以驾驭，将会对有关税收工具的理性宪则选择产生什么影响呢？那些最自私的国王或官僚，即使是出于纯粹的自利动机，也会供给**某些**公共品。而如果他们自己也在那些非排他性益处上稳获一定份额的话，就更是如此了。一个国王，为其自己受益，会愿意供给一定的法律和秩序、一定的国防、一定的消防，因此也就能期待，民众将连带受益。不仅如此，政治决策的制定者们，即使不直接受国民约束，也可以是一些正值可敬的男女，并受某种真正的公共责任感所驱动。国王们可以很敬业。

现在我们想要容许这一点，但同时仍保留那个假定，即政府的意图在于岁入的最大化，不论其来自综合性税基还是指派给它的那些税基。我们要考察一个模型，其中，由于该"国王的"效用函数，将有某种 $G$ 得到供应。在图21-5中，假定某种任意选定的税基产出了属于"国王"的最大岁入 $O\bar{X}$。如果该"国王"如前所分析的那样，是一个纯盈余最大化追求者，他自然将为其个人用途而全部扣留这笔岁入。但是，如果 $G$ 被作为一个自变量纳入他的效用函数，他将想要提供某些 $G$。在这种情形中，该"国王的"偏好可以体现为一组按 $B$ 和 $G$ 来定义并展现出诸标准特性的无差异等高线。当然，在"国王"手中的岁入美元价值和被花费于公共品上的美元价值之间，转换比率是一。由此，该"国王"所面对的"价格线"就是那条始于 $\bar{X}$ 并向右下画出的45度线。在 $H$ 点达到均衡；为

第二部分 应用

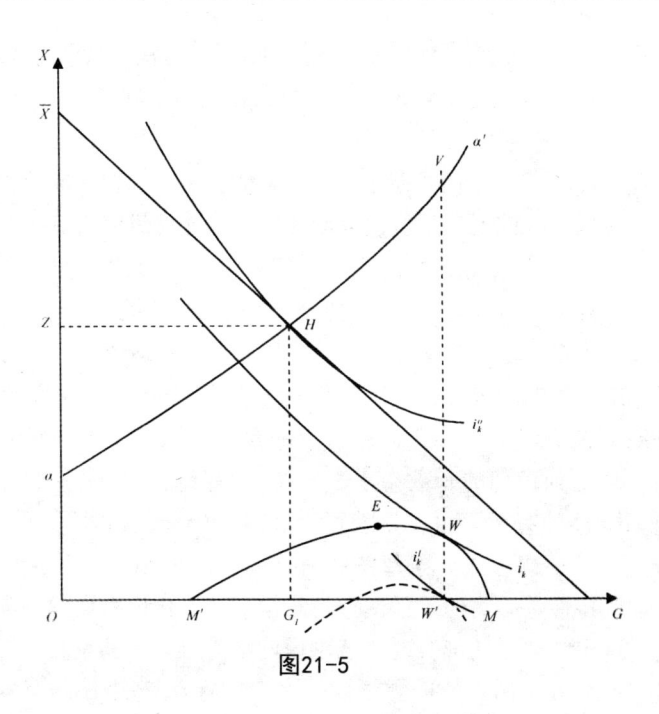

图21-5

供给公共品而"放弃"的岁入量是$\overline{X}Z$；被作为盈余而保留下来的岁入量是$OZ$，而比率$\overline{X}Z/O\overline{X}$就是前面讨论过的$a$。这个比率不过是该"国王"用征得岁入来消费$G$的平均倾向。

图21-5中的曲线$aa'$表示该"国王"被分派到较综合性的、与在$G$上的花费无关的税基时诸均衡状态所处的点（请注意，$a$为一，将意味着这条曲线正位于横轴上）。

在图21-5所描绘的情境中，用一个与$G$互补的税基替代被假定为勾画出曲线$aa'$的独立税基，会是什么后果呢？要回答这个问题，通过把盈余与$G$的供应水平挂钩，我们可以将图21-2转入图21-5。请回忆一下图21-2，在$M'$点，不存在任何净盈余，而在$L$点，盈余升至最大值，但在$M$点又跌回零。我们直接将这些结果转入图21-5，保留同样的标记。现在，曲线$M'EM$代表"国王"所面对的那些转换可能性。他将在$W$点达到均衡，因$W'$是在$G$上实现的总花费。请注意，这个解，与盈余最大化模型中在$E$点达到的均衡相比，包含着较多的公共品和较少的盈余。

现在，基于$W'$点所显示的$G$的供应量，通过比较获取该供应量的成本（按该"国王"所留盈余额计算），能够说明有这个互补税基约束与无这个约束之间的戏剧性差异。在有该约束的模型中，这些成本表现为纵向距离$W'W$。但是，在无此约束的情况下，为了获得同样的$G$，这些成本升至$W'V$。如果假定，纳税人—受惠者要面对一组无限制的选择替代项，在概念上，作为一种极限情形，他将有能力使被保留（浪费）的盈余减至零，同时又确保在公共品上的花费达到预期的有效率水平。在图21-5中，如果我们假定，$W'$是所向往的有效率水平，就可以选取一个展现出种种互补特性的税基，而要想形成一条像图中所画的、过$W'$点的虚线那样的曲线，这些特性是必需的。请注意，与盈余最大化模型中的同类曲线相反，这条曲线在其部分对应范围内能处于零以上的位置（在就该"国王的"效用函数的所需特性做出假定后）。盈余被减至零，是因为该"国王"赋予$G$一种独立的边际估价。

## 六 税收政策展望

本文的分析间接地为一种特殊形式的专款型税种提供了效率论证。其规范性含意是，政府的每一种活动，每一项预算内容，都应当为其分派一个或一组专门指定的税收工具，对这些税收工具的设计不仅要确保岁入额足以和适于实现该活动的预期理想水平，而更特殊的是，要在该税基与该政府活动之间导入互补性——且互补性越强越好。我们提到了那个最显而易见的现实世界实例——靠汽油和/或汽车税种为道路融资。靠向收听者征税来融资的政府广播为另一个实例。该论点主张，只要可能，各种专项收费和通行费都应被用于政府对可分隔服务的销售，哪怕是以一定的设施闲置为代价；不太可能的是，适用于某种物品的税基能比该物品本身更具有互补性。

有些较少引人注意的例子值得一提。厄尔·汤普森最近曾主张要对资本征税来为国防融资，其根据是资本积累导致了外来侵略的威胁。[1]在涉及国内的法律和秩序时，可以做一种类似的论证。汤普森的论据是，在没有资本税的情况下，受人垂涎的资本将被过度积累。一个言外之意是，资本和国防开支是互补的。因此，我们的分析指向一个与汤普森的判断相似的推论，但出于略有不同的理由，并伴有不同的附加条件，即对源于资本税的岁入，应明确指定其要被用于抵御外来侵略者的国防以及在国内提供法律和秩序。[2]

我们上述做法的目的是要提出一些有可能应用我们分析的例示。我们并未试图来决定这些就税收政策而提出的准则能否被推广至现代政府预算的所有方面。我们也还没有考察过在一种真正的立宪情境中做出理性选择所必需的若干信息条件。但不管怎样，专款型税种的大体制度是相似的。规范性公共财源理论中的传统常识曾谴责专款型税制。其实质性理由是，对岁入使用的任何限制大都会减少预算决策者的灵活性，而他们却负有在不同活动中分配政府总开支的责任。这种反对专款型税基的规范性论点是在一种关于政府过程的仁慈君主印象中孕育出来的，这种构思幻想有一个集权化的决策制定者，他脱离国民，却永远有动力来严格地按照国民的利益（即"公共利益"）行事。这样一种印象既与那些民主决策过程模型不一致，也与那些允许政治家和官僚们扮演某些自利角色的模型不一致。一旦在某种与现实稍有任何相似性的制度情境中来理解政

---

[1] Earl Thomson, "Taxation and National Defense", *Journal of Political Economy* 82 (July-August, 1974): 755–728.
[2] 在这种普适意义上，显而易见的是，该分析与将公共品获益和税收资本化为土地价值的讨论和分析相关联，尤其在一组人们可在其间迁徙的地方政府背景中时，更是如此。

府，专款型税制作为一种获取更有效率财税后果的手段，其作用就必须被重新考察。

在后维克塞尔式公共选择理论中就已提出过一种支持种种专款型税种的论点[①]，而将该论点与此处出现的论点作比较将是有益的。如果假定，即使在后立宪层面上仍要民主地做出政府支出方面的决策，则在要求将获益与成本直接联系起来上就会存在不证自明的论据。选民们，或者他们的代表，如果在比较获益和成本时能针对每一项分立活动而不是针对一个多成分的预算，他们就有可能更理性、更有效率地选择后果。靠通用性资金融资，注定要在几乎最不确定的条件下进行财税选择。

我们的分析，在其关于后立宪政治过程的基本假设上与标准的公共选择模型不同。我们明确舍弃了这样一种假设，即在后立宪时期中，预算开支和税收是通过切实的民主表决过程来决定的。对专款型税种的论证直接源于这样一种政治模型，其中，各时期内（in-period）的财税决策是由追求岁入最大化的政治家—官僚们做出的，他们也许至少拥有某些权力来获取部分税收额作为他们自己的盈余。而通过宪则使税基与公共品的供应强行挂钩就变成一种手段，对实际承担财税决策的那些人发挥惩戒作用。正是这样，我们的分析在民主决策模型中并非毫无容身之处，它可以被解释为是在强化前面提到过的其他论点。一种看似合理的民主制模型包含着那样一类企图，即依靠循环的多数派联盟，以不利于少数派成员的方式，使对多数派联盟成员的净财税转移最大化。支持专款型税种的惩戒作用论也完全适用于这个模型，就像它适用于更具冷嘲性的官僚支配模型一样。所需的全部条件只是将"多数派联盟"这个词替换为本文前面的"国王"这个词。

---

[①] 请见 James M. Buchanan, "The Economics of Earmarked Taxes", *Journal of Political Economy* 71 (October, 1963): 457–469. 还请见 James M. Buchanan, *Public Finance in Democratic Process* (Chapel Hill: University of North Carolina Press, 1967), esp. chapter 6。

我们的基本论点其实很简单。切实设计好的专款型税种可以限制政府（任何政府）所能盘剥纳税公众的程度；可以赋予政府一个正向的激励，使其提供纳税人所想要的物品和服务。对于决策制定者们，无论他们可能是谁，完全能够让他们保持"诚实"。在给定各种政府活动的本性、规模和广布性以及我们眼下所观察的种种制度后，这样的考虑肯定是有切实意义的。

# 第二十二章 关于财政信仰的对话

与理查德·E. 瓦格纳合著

## 一 引论

在撰写和出版《赤字中的民主》（1977年）一书的过程中，我们就意识到，我们将引发来自许多阵营的对抗。我们抨击了宏观经济政策上的凯恩斯主义正统观念，但出于阐释的目的，我们又接受了凯恩斯主义模型的核心特征。我们这么做是因为我们想要聚焦于在民主政治制度范围内运用诸凯恩斯主义戒律的方式。凯恩斯主义政策理论对政策的处理就像它们是由仁慈和全知的专制君主所颁布。而我们主要追问的是，一旦我们考虑到了种种结果都出自民主过程这一明显现实之后所可能有的政策行为。尽管在《赤字中的民主》中有若干处显示了我们的预设前提中有关宏观经济学的那些方面，但我们的主要重点并不在于宏观经济分析本身。如我们在那本书中所承认的，我们并不否认，那些重大的未决论题仍然存在于宏观经济分析中，对它们的处理与政策执行无关。而且，毫无疑问，这些议题值得经济学家们去努力和关注。但是，政策方面的"政治经济学"不也值得注意吗？

我们的宏观经济立场不可能被简单地描述为是凯恩斯主义的、货币主义的，或者马克思主义的。因此，毫不奇怪，注意我们的是一批迥然不同的批评者。在具体回应这些批评者之前，我们应当对卡尔·布伦纳教授以及那些做出了贡献的批评者表达我们的谢意。说到底，作者所能得到的最差待遇是被忽略。睿智的批评以相互尊重为其标志。我们希望这篇简短的回应够得上我们那些批评者的水准。

## 二　谁是凯恩斯主义者？

托宾教授对我们就美国凯恩斯主义者所做的批评进行了个人回应，但在回应过程中，他严重地误解了我们的论点。即使允许我们偶有很具误导性的夸张发挥，我们也没想要说，凯恩斯主义于1961年在华盛顿达到了全盛。凯恩斯主义经济学并非真是被装在牛仔布旅行袋中从剑桥、明尼阿波利斯和纽黑文带来的。《1962年经济报告》中的政策建议也没有一举扫清那些长期停滞的僵局。要是这一理解描述了我们对历史纪录的解读，我们本应点出较多的人名，赞誉应受赞誉之处，我们还应努力整行整段地引证。不过可以肯定，这样一种解读会赋予1961年初或任何其他时代的特定政策顾问们太多的影响力。凯恩斯主义经济学是以一种时断时续的方式来到华盛顿并进入我们政治家的意识，该过程始于40年代，中经50年代，直至进入60年代。它的到来经由整个战后时代中崭露头角的政治家们所阅读的教科书，它流行于50年代的学术和智识论述，它还流行于这个时期的财经新闻业。

我们并不认为，那些卡梅洛特经济学家们（the Camelot economists）成就了一次不朽政变①并控制了经济政策的贯彻，尽管

---

① "Camelot"，英国地名，传说中亚瑟王宫殿的所在地，也是亚瑟王召集骑士圆桌会议商讨国是的主要场所。据该传说，亚瑟王的名字是阿托利斯，他是英国尤瑟王的私生子，因而自小被秘密寄养于某贵族家里，除了大法师梅林外无人知晓其身世。尤瑟王去世后，无正式王位继承人，众臣趁机争权夺利。大法师梅林向大主教提议，伦敦有一块神秘石头中插有一剑，剑上刻有铭文："从石中拔出此剑者为不列颠之王。"众骑士争相前往拔剑但都未果。阿托利斯本无资格角逐王位，却在无意中拔出此剑，从而荣登英国王位，成为亚瑟王。后有人揣度，"石中剑"乃大法师梅林为助阿托利斯继承王位而设置的计谋，从而亚瑟王的登基类似于政变。——译注

托宾教授好像认为我们是这样想的。卡梅洛特经济学只不过代表了这样一个过程的顶点,即贯穿于政府政策的经济现实观从古典版实质性地转变为凯恩斯主义版,关于我们经济秩序的主导信念蜕变为凯恩斯主义的。因此,我们批评的矛头所向是一代经济学家,而不是一小批可轻易确认的个人。那些人,当政治家们最终开始实行他们曾一直在接受的重复信息时,没准是可以成为先锋的。

## 三 政府债务理论

在我们的批评者中,至少有三位批评者质疑我们书中所体现的政府债务理论。托宾指责说,我们的论点把"无未来负担"立场归属于凯恩斯主义经济学家,"并不符合事实"。这一指责仍然部分地与托宾误解了我们的目标有关。我们要求任何人去读一下1945—1965年的初级教科书,并找出并非偶尔顺带提及的政府未来债务负担。这场讨论中的绝大多数都在于另一方面,即认为错误的是古典立场,而非其基本真理。有趣的是,在这一点上,我们几乎不可能比引证托宾教授本人在1954年的提问和回答做得更好了:"债务融资……会给未来世代造成某种'负担'吗?在学界经济学家当中,答案一直是……'不会'。"[①]

然而,先不谈诠释。凯恩斯主义者们,即使在今天,接受我们努力在《赤字中的民主》和其他地方提出的那种债务负担理论吗?如果托宾正确地概括了凯恩斯主义者的观点,那么看来很清楚,他们并不接受。他只是在资本积累受到债务发行的负面影响时才承认"未来负担"的存在。但债务融资的这一可能效应只

---

[①] James Tobin, "The Burden of Public Debt: A Review Article", *Journal of Finance* 20 (December, 1965): 679.

是其基本作用的一个副产品。与征税相比，债务发行，对于当期的纳税人、选民和对选民意愿高度敏感的立法者来讲，减少了费用，而对将在未来时期中生活和投票的人来讲则增加了费用。这个事实过于简单，无须重复，唯有高深的经济学家们在持续地拒绝接受它的种种逻辑结论。

罗伯特·巴罗充分领会了债务理论中的这个核心论题，我们欢迎他对我们的论点所做出的建设性批评。使我们感到鼓舞的是，被长期遗忘的李嘉图等价定理（Ricardian equivalence theorem）找到了一个精彩的当代捍卫者。巴罗的观点是，我们的政府债务模型较接近于凯恩斯主义者，而非李嘉图主义者。但这只是部分正确，因为在债务问题上，李嘉图主义理论、凯恩斯主义理论和我们理论间的联系要求考虑两个分立的维度。李嘉图主义理论以及我们自己的理论都表明，政府债务将把税负的时间定位从当前的纳税人转向未来的纳税人。在这一方面，我们与李嘉图主义者站在一起，而与凯恩斯主义者相对立。未来的纳税人，无疑，要么与当前的纳税人是同一批人，只是变老了，要么是当前纳税人的孩子。巴罗提出，当前的纳税人会充分考虑到债务融资所必然要带来的未来纳税义务，在这种情况下，债务融资和税收融资在后果上将是无法区分的。这样的同一性所以产生是因为，在应对债务融资上，当前纳税人将增加他们的储蓄，并且所增储蓄的数量将足以分期偿还到期的债务。

我们所以不同于李嘉图主义者是因为，我们并不认为，未来的税收会被充分贴现。我们认为，政府债务所以不同于征税，完全是因为我们，不像巴罗，并不认为人们是带着寿命无限的展望行事的。尽管在我们与李嘉图主义者的争论应留待经验上的验证，还是让我们注意避免扩大此处的既有混乱。我们并不关心这些替代性融资工具对民间经济的不同影响。我们的主要关注在于，就其对**政府经济**的影响而言，债务发行是如何不同于征税的。尼斯卡宁是正确的，因为他指出，我们的命题是，因政府开支的效果是降低政府感知的价格，所以债务融资将提高政府开支。而这一命题必将引出另一个命题，即债务融资将增加总合开支。尽管如此，我们的书所关注的是债务融资对于政府部门的意义。

我们的论点意味着，大量使用债务融资会降低政府感知的价格，从而产生出更大的政府债务。尼斯卡宁提出证据来支持这一观点。在一个关于联邦开支的模型内，尼斯卡宁发现，税收融资重要性的相对下降（债务融资运用的相对膨胀）带来了联邦开支的增长，并具有一个约0.6的弹性，这意味着用100美元的债务取代100美元的税收会增加约6美元的政府开支。

在支持李嘉图等价定理上，尼斯卡宁的证明是在哪里离开了巴罗的命题呢？如果认为债务的成本低于税收，为什么竟然还会采用税收融资呢？也许，在这里，我们应当区分平均感知和边际感知。看来，若认为在政府支出上靠债务融资比靠税收融资成本更低，就会出现很强的借钱倾向。请设想，我们预设这样一个合理的命题，即任何岁入来源的被感知成本随着对那个来源的运用而上升。当边际的被感知成本相等时，将会产生一个债务和税收之间的均衡分布。在这个边界上，李嘉图定理将开始生效。但总而言之，债务融资将会提高政府开支。

在结束这一节的过程中，我们可以简短地讨论一下那些被用来显示债务融资倾向的经验指标。巴罗和戈登都认为，我们不正确地解释了第二次世界大战后的时期，因为在这个时期中，债务对GNP的比率一直在下降。巴罗进一步提出，债务/GNP比率下降这一不变模式对所有战后时期都成立，他还根据这一观察指出，历史上的债务融资模式未曾有过任何变化。

而我们要争辩说，债务/GNP比率并不适于手头的这项分析任务，而债务的实际数量才是恰当的量值。我们所关注的是个人在某种政治背景中所采取的行动。对于这样的理性政治行为，某种债务/GNP比率的种种模式并无切实意义。有切实意义的是，借钱的能力降低着政府的价格，使之低于若只采用税收融资时的政府价位。这，也只有这，才是与我们的观点切实契合的方面。债务对GNP的比率持续下降这一点不具有任何行为意义。

观察到的政治家行为和观察到的政策讨论模式也支持我们的核心假说。我们看不出，在对税收融资和债务融资所做出的反应上，政治家们是普遍无差异的。不存在这种无差异性似乎意味着，李嘉图等价定理并未充分刻画经济现实。从历史上来看，前凯恩斯主义时代关于政府债务的讨论都伴随着关于为分期偿债而预备偿债基金的讨论。一笔偿债基金，事实上，就是一项制度性安排，它的效果近似于李嘉图定理所描述的那些结果。而且，我们还要在所有的政府级别上观察债务限制。这些考虑都意味着，在所有的时代里，政治行动都不出我们在所议论题上之所料，即承认用宪则性—制度性安排来约束债务融资倾向的必要性。

## 四 理性预期和公共选择：一种警告性批评

巴罗重构了政府债务上的李嘉图定理，这种重构源于宏观经济政策理论中的理性预期假说。对于这一假说的产生，巴罗本人做出了重大贡献。如我们在自己的书中所指出的，我们并不接受这样一个观点，即理性的含义对于私人选择和公共选择来讲是相同的。我们提出，选择是在制度情境中发生的，而理性经济行为的特殊表现形式取决于制度情境。人可以在所有行动中都基本上是理性的，但在市场选择和公共选择之间，选择所导致的后果仍将是不同的。

我们将把我们在此处的评论限定于巴罗将理性预期说扩展至政府债务理论这一点。在市场交易理论中，只要有足够数量的参与者具备有效率行事的知识，结果就会等同于在所有参与者都具备这种知识时所出现的种种结果。只要有足够数量的交易者拥有信息并依此行动，则种种边际性调节将确保运行都趋向于均衡位置。这样的均衡与君临所有交易者的全知全能者所产生的均衡不分伯仲。

然而，当我们把这些经济学工具的运用扩展至解释非市场情境中的行为时，在推广理性预设上必须持有更多得多的谨慎。人们并非必然缺少理性，而是经济行为所需的信息基础较弱。与此有关的是，政府中的利润动机缺位会弱化按所拥有知识行事的激励。这些差异意味着，也许没有机会能使那些拥有适当信息的参与者为了形成与全知全能者所生结果等同的均衡结果而行动。

请考虑一个简单的例示。在一个竞争性的木工和管子工劳力市场中，总群体中也许有不足百分之五的工人能察觉这两种职业在报酬上的差异，并愿意因此而改变职业。然而，也许正是这少数人的改行意愿将足以确保木工和管子工的工资水平被均等化。当然，如果该群体中的所有工人都知道这种工资差异并愿意为之转行，这个结果也会产生出来。但是，现在请考虑这样一种情境，其中，比如说，对于某专项政府开支，存在着债务融资和税收融资的选项，而个人必须在这对替代项之间"投票"。假定，如在我们的市场例示里那样，那百分之五的投票者完全了解，在这项表决中，他们（且只有他们）知道，从现值的角度来看，这两个替代项是完全等价的。但其余95%的投票者并未意识到这种等价性，而是相反，认为债务融资的成本要低于税收融资。那么，是否存在这样的机会，使得其行为符合经济学理论预期的那些人能够使结果与可在市场情境中出现的结果等价呢？在我们看来，这样的机会实际上极其有限，在必须于征税和发债之间做出的公众选择中，中位投票者们多半是不了解情况的人。

我们永远都不应忽略一个事实，即传统的经济学理论，尽管在关于知识的通常预设前提上很有问题，但它表现得很不错，因为它是按边际设定价值的。而公共选择理论中，则与之相反，没有为套利（通过少数人在边际上的活动）留出多少空间，至少在有关民主过程的简单模型中是如此。认识到市场与政治制度之间的这一基本差异意味着，那些源于某种市场选择模型的命题不可能自动地适用于公共选择。因此，由于政治性或曰公众性选择的后果有别于预期会在市场选择下出现的那些后果，就必须对各种信息流、学习动机和制度约束导致这种差异的途径给予多得多的关注。

## 五　两个假说

　　威廉·尼斯卡宁从经验上考证了我们书中提出的两个假说。他的论证尽管支持赤字增加政府开支的观点，但拒绝了赤字通过刺激货币扩张产生出通货膨胀的论点。巴罗同样未能发现对赤字影响货币供给这一命题的支持。当然，归根结底，如果我们要理解赤字与货币扩展间的关系，我们需要有一种关于货币供给过程的理论。毫无疑问，我们考察美联储的行动与议会的愿望间关系的结论并不就是一种货币供给过程理论。相反，我们对这一论题的观察只是表达了这样一种认识的重要性，即美联储并不真的独立于议会。因此，由于政府的借款条件可能导致对可贷资金的需求增大，当立法机构有超支岁入的愿望但又不希望增大的政府借款需求推高借款利率并排挤民间投资时，一般来讲，美联储将不会使立法机构失望。在我们的框架中，货币供给的扩张速度将随政府赤字而灵活变动。在一个关于货币供给过程的完整模型中也要纳入其他变量。

　　经验证据诠释方面的问题自然有赖于被用于检验的模型的可接受性。尽管我们对巴罗和尼斯卡宁提出的货币供给过程模型有一些疑问，但这个专题文集不是启动货币供给理论考证的场合。在这里只须说明，我们发现，巴罗和尼斯卡宁各自的结论和阐释尽管并非定论，但都富于启发性。在引入一个变量来解释实际支出与"正常"支出间的差异对货币供给的冲击之前,巴罗发现赤字与货币供给之间是正相关关系。尽管巴罗对这个变量的解释是它说明了政府开支在战争期增长和在萧条期下降的原因,但因其所使用的自适应滞后结构,这个变量也辨识出了一个政府支出递增的时期。这正好让我们回到了赤字、货币和政府开支间关系的问题上。与此相似,尼斯卡宁也发现了赤字与货币供给间的正相关性。但尼斯卡宁还发现,在加进了一个代表自1966年以来时期的哑变量之后,赤字与货币供给之间的关联会消失。然而,什么因素能解释在60年代中期货币供给过程所发生的这种转变呢?也许,我们三个人毕竟并没有那么大的分歧。在我们能讲清楚之前,我们将需要在货币供给理论上做更多的工作。

关于预算赤字和政府增长之间的因果关系,还可以提出一些别的问题。唐纳德·戈登在其论文中识别出了我们论点中的一个薄弱环节,维克托·戈德堡在其对原稿的一个发表前版本所做的评论中也强调了这个问题。我们的假说,即使在我们就中央政府拨款、配套要求(matching requirements)、行政和司法规定以及其他联邦压力做了调整之后,仍"解释"不了战后几十年里观察到的州和地方的政府开支激增。尼斯卡宁的证据支持我们的推理,即债务融资将导致政府开支膨胀,因为债务减少了政府感知的价格。这个部分似乎既对联邦政府是正确的,也对地方政府是正确的。但是,联邦政府的货币创造权力好像还给联邦开支增添了另一种膨胀动力,而州和地方开支中的增长还仍是个谜。

再说一遍,毫无疑问,我们绝不能把一个特殊系数误认为整个模型。开支因许多原因而增长,而债务融资只是一个原因。永远有可能的是,为描述一个完整模型所需要的其他因素将使州和地方政府的开支增长快于联邦政府。在没有这样一个模型的情况下,不同的开支增长速度对于我们的债务融资理论究竟意味着什么就只能处于未定状态。或许,戈登是正确的:也许即使伴有严格的预算平衡且没有凯恩斯主义的经济政策理论,我们大体上将仍会有我们所观察到的那种开支激增。也许,历史,即使在局部上,也不可能靠学界小文人的观念影响力来"解释"。如果确实如此,我们也就与我们同事中那样一些人为伍了,他们所致力于其中的是由种种谜题、定理和证明组成的非现实世界(the escapist world)。但是,在某种终极意义上,我们全然拒绝相信,人们,以及他们的理念,不可能对各种重大事件施加某种控制。

## 六　政治过程模型

克雷格·罗伯茨指责我们政治幼稚。他预设了一个大一统政府的模型,这个政府专注于增进其自身利益,这种利益的直接体现就是政府部门规模的最大化。以此为基础,他对真实记录做出了另一种解释。凯恩斯主义经济学,在罗伯茨看来,不过是被用来对我们自第二次世界大战结束以来所见证的大规模权力攫取进行系统辩护。他的解释要求不依赖于任何误差、错觉或习惯性影响。其模型中的行动者都冷静理性,对他们需要什么及该如何得手都知道得一清二楚。

唐纳德·戈登论文的最后部分找到了与克雷格·罗伯茨批评的共同根据。戈登提出,《预算和官僚》[①]中的所持立场和呈现在《赤字中的民主》中的立场之间可能存在矛盾。在前一本书中,注意的焦点是部分独立且不可控制的官僚在造成所见到的政府增长加速上的行为。但是,这一势力的存在无须排除我们书中所讨论的那种互补性元素。我们并未声称凯恩斯主义的偏向是唯一意义深远的

---

[①] 参见 *Budgets and Bureaucrats: Sources of Government Growth*, ed. T. E. Borcherding (Durham, N. C.: Duke University Press, 1977)。

解释因素。我们的目的是分离出这个因素，并批判性地考察其影响。在我们看来，在其他的时间和场合考察另外一些因素并不矛盾，因为它们与我们书中所处理的这一个因素要么相互抵消，要么相互补强。

我们不否认，在这个垄断政府模型的许多方面与我们所观察到的现实之间有着显而易见的一致性。但我们持有与托宾相同的观点，即这样一个完全封闭的模型根本没有为由规范引发的政策讨论留有任何空间。如果我们所能做的一切只是描述那些自利的代理人在代表政府时的行为，那么作为经济学家，我们活动的意义何在？可以肯定，必然存在着可能实现的改良，而且，在实现这种改良上经济学家肯定能扮演某种角色。在讨论的这个层面上，我们的立场位于以托宾为一方和以罗伯茨为另一方的中间某处。我们并不对提供规范性政策建议绝望，尽管罗伯茨的模型暗示我们应当绝望。但我们也不期望普通的政治家具有圣人的贤明，尽管托宾的模型暗示我们应当期望。我们既非精英治国论者，亦非极权主义者，除非这些标签将被贴在这样一个人身上，他对于经济政策管理上的代议制民主能真诚地努力评估其局限性。当这些局限性得到公认时（而我们认为它们必须如此），我们就相当明确地采取一种立场支持导入种种约束性规则，即支持一套明晰的、将政治滥权（political excesses）关进笼子的**财税宪则**（fiscal constitution）。而我们自己促进改良的规范性途径就在于争取发展和贯彻这样的规则。如果受到追问，罗伯茨将不得不称现存的局面是没有希望的，托宾将不得不寻找政治上的更贤明之士，我们则基于对政治现实的周密考虑，寄希望于种种约束性规则。

我们并不是说，我们此书中提出的这些约束性规则，从这个术语的任何正统意义上来看，都是最优的。（我们并不完全清楚在这样的语境中"最优的"一词意味着什么，我们只是在戈登开始谈论政府债务的"最优"规模时感到不得要领。）我们同意托宾的意见，需要大量的分析和对话，但我们更坚持认为，规范性政策讨论应当转向不同规则的层面，而不是在既存政治过程范围内转向不同的政策权宜之计。我们并不认为，有效的财税货币宪则将解决我们时代的所有难题，我们也不认为这种宪则的缺失是源于越南战争。我们的诉求更温和得多，即一种有效的财税货币宪则能够直接对政治决策制定者们产生所向往的影响，而通过对这种影响的认知，能把种种稳定化因素引入经济之中。

## 七　宏观经济学视角问题

巴罗和托宾认为，我们本应对宏观经济学做出更多的直接贡献。要做到这一点，需为我们的分析选定的目的就将与我们已选定的那些目的相当不同。我们的主要兴趣不过是认真地探讨这样一种直率的观察，即是政治家们，而非经济学家们，在制定经济政策。经济政策源于政治过程，它们的经济影响自然有赖于经济秩序的特性。在考虑这种影响上，我们确实具有一种宏观经济学的视角，在我们的书中，有若干处揭示了这种视角。

实际上，正是借助于我们的宏观经济学视角的过滤来认识对经济政策的政治性贯彻，才使我们能够将凯恩斯主义政策的经济后果描绘成是有害的。在我们看来，经济秩序本质上是稳定的，而货币性扰动以非中性的方式在短期内起作用。[1]一个增进货币和财政稳定性的制度框架将增进市场经济的协调性能。但在现存制度框架范围内贯彻经济政策，结果是造成经济的不稳定。市场经济中的价格信号被政策所扭曲，从而导致经济的失调。然而，当

---

[1] 参见 Richard E. Wagner, "Economic Manipulation for Political Profit: Macroeconomic Consequences and Constitutional Implications", *Kyklos* 30, no. 3 (1977): 395–410。

眼见的经济环境状况都要通过凯恩斯主义的经济秩序愿景来过滤时，矫正这些失调的经济管理似乎就呼之欲出了。一个在本性上显然是非凯恩斯主义的经济体，通过贯彻经济政策，能显得是凯恩斯主义的。换言之，我们对宏观经济学的看法能使我们客观地描述凯恩斯主义经济政策的那些政治性偏误，证明它们是明显有害且应对经济不振负责。

## 八　结论

　　《赤字中的民主》完成于1976年夏。自那时以来，我们又多出了两个年头的预算史。这两年并未否定这本书的核心假说，即美国已上了一条永久性赤字融资体制的贼船，这套体制的范围不可小觑且可能是不断催化的（accelerating）。我们在书中承认，且在这里要再次肯定，在某种程度上，我们的目的过去是、现在仍然是建设性的对话。若眼前过程的后果被认定为不合愿望，则只有凭借对那些后果的事先预见才能避免它们。我们无须为了让自己从经验上确信悬崖就在那里而摔下悬崖去。事先发现悬崖就在前方且只要我们能调转方向就仍然可以防止灾难，不是要好得多吗？

　　我们不接受这样一种指责，即我们在这本书中没提供任何像样的**分析**。我们试图分析的是政治制度的运行，因为在后凯恩斯主义时代里，宏观经济政策正是借这些政治性制度而被制定出来的。我们邀请其他经济学家来做同样的事。我们的分析可能有或大或小的错误。在就公共选择者们的行为建模上，我们可能没有像克雷格·罗伯茨所建议的那么悲观。或者，我们没有像巴罗所力主的那样，赋予终极纳税人—选民以足够程度的理性（和政治控制力）。或者，也许如尼斯卡宁和戈登都提出的，在经验上，可从数量上测度的记录在某些方面并不支持我们的分析。我们认为，各种安排或规则确实左右着后果，在此意义上，我们是制度主义者。最终，对我们的政治活动分析的检验以及我们对历史记录的解释，都将根据经验来定成败得失。但我们的担心是，说服那些固执的专业同行们所需要的证据来得太晚，从而不允许及时地导入必要的宪则改革以使之发挥作用。说老实话，我们更感兴趣的是，开启一场能产生预防措施的对话，而非获取真正的经验凭证，或者被贴上一个属于这个或那个阵营或学派的标签。如亚当·斯密使我们确信的，一个国家中确实存在着大量的毁灭隐患。不过，要想保护仍然易受那些隐患伤害的事物，防御性对话是必不可少的。

# 第二十三章 效用最大化政府的比例所得税和累进所得税[*]

## 与罗杰·康格尔顿合著

## 一 引论

在《自由宪章》（1960年）中，F.A.哈耶克提出，针对个人收入的比例型税制可与保护个人自由的社会秩序相兼容，而累进型税制则不行。[①]他论证说，对于政府利用其固有财政权的行为，比例型税制本身就将施加充分的约束性影响。从他的讨论出发，我们可以推断，哈耶克将支持一种针对征税权的宪则性限制，即允许征收比例型所得税，但反对实施累进型税率。

据我们所知，尚未有人充分地分析过这样一种约束对政府财税主管权的准确效应。本文的目标是在一定程度上填补这一空白。我们将在一些高度简化的模型中考察在比例型约束下的政府行为，我们还要把这样的行为与累进型税制下的预期行为做比较。我们将分析最高税率约束在比例型条件和累进型条件下的种种效果。在本文的第一部分中，我们将忽略税制在创造可税收入的激励上所具有的影响；种种激励效应在分析的第二部分中引入。

---

[*] 我们感谢杰弗里·布伦南和黄有光的有益建议。布坎南在本文中的部分工作获得了国家科学基金提供的部分研究支持。

[①] （Chicago: University of Chicago Press, 1960）, chapter 20, pp. 306—323.

在我们能使分析有意义之前，需要具备某种有关政府决策制定行为的模型，并就针对财税主管权的非税约束做出某些设定。我们将从很抽象的角度来为政府行为建模。我们只假设，政府的那些财税决策是由纳税公民中的某个子集制定出来的，他们要少于整个政治体的全员联合体。这种制定决策的集团可以被构想为某种多数派联盟，代表着两个主要政党中的一个。同时，全体纳税人被划分为这个多数派的成员和少数派的成员。换一种方式，我们可以考虑这样一种情境，即统治集团或委员会（极限情形是一个人）为政治体做决策。在这种情形中，绝大多数的纳税人属于非统治性或有可能遭盘剥的群体。对于统治集团和被统治集团的成员们所享有的相对税前收入水平，我们无须作任何具体设定。"穷人"可以是也可以不是统治联盟的成员。就我们的分析目而言，最低所需的全部条件是所有潜在纳税人总体应被划分为两个明显不同的子集。在本文后续各节的正式分析中，我们将采用简化的双人情境设定。其中，一个人被标识为"统治者"，另一个人被当作潜在的"受盘剥者"，即被统治者，他对自己的财税处境毫无影响力。

很明显，一种针对政府征税权或曰主管权的约束或曰限制，如果不同时伴有针对开支权的约束，就没什么意义。如果一个政府能以差别待遇的方式实施直接的收入转移，则任何统治联盟的成员就都能够摆脱宪则所能对税收方施加的任何结构性约束，在被盘剥群体的总收入中为他们自己攫取任何所向往的份额。在随后的分析中，我们将政府的开支权明确限定于为公共性物品和服务融资。这些公共品按经典的萨缪尔森意义来定义，它们体现着消费上的完全共同性和非排他性。这个前提条件可以被放松，以允许供应非纯粹的公共品，甚至供应完全可分割的物品，只要我们保留这样一个假定，即对于政府所实际供应的任何物品和服务，共同体中的所有个人都同等地共享其产生的获益流，而且，这些物品和服务是不可再出售的。

## 二 比例性、无税率约束、无激励效应

请考虑一个高度简化的双人（A、B）模型。它具有两种物品，一种是私人品Y，另一种是公共品G。公共品可按照固定的单位成本（C）享用，该成本是按私人品单位来定义的。在每个时期中，初始的或曰税前的私人品（收入）生产在数量上为$Y_a$和$Y_b$。而根据我们不存在激励性努力的假定，每个时期中，人们将持续地生产出这些数量的私人品或曰收入，不考虑被制定出来的税收—开支决策，或者由谁来制定这类决策。

现在假定，法规明确规定，对这两个人（A和B）的私人品收入必须按相同的统一税率（r）征税，且这项比例税的收入必须被专用于为购买—供应G提供资金。

在开始时，我们将假定，征税—开支的主管权被排他性地赋予B，他变成了"治理者"或曰"统治者"。现在我们能够直接着手在预设的情境中来解B的效用最大化问题。请注意，在这个模型的诸假定下，A，即被统治者，不面对任何选择。而B的效用是一个双自变量函数，即他的税后$(Y_b - rY_b)$可用收入（私人品）和公共品G。该函数如式（1）所示：

(1) $U_b = u_b[(Y_b - rY_b), G]$

选择能使$U_b$最大化的G值恰是B的权力，并且我们假定，B是通过选定r（要对这两人的收入实施的税率）来做到这一点的。该政治体的预算约束如式（2）所示：

(2) $rY_a + rY_b = cG$。

对r求最大化后，一阶条件在式（3）中得到满足：

(3) $\dfrac{\partial u_b / \partial(Y_b - rY_b)}{\partial u_b / \partial G} = \dfrac{(Y_a + Y_b)/c}{Y_b}$。

## 第二部分 应用

毋庸赘言，这个解正是熟知的实现单个均衡的正切条件。

我们可以在图23-1中用图形来描绘这个解。在该图中，公共品（$G$）的数量表现在纵坐标上，而私人品（$Y$）的数量表现在横坐标上。我们把这两人的相对税前收入水平分别设定在$Y_a$和$Y_b$，且$Y_a$为$Y_b$的两倍。$B$所面对的机会轨迹显示为连接点$(Y_a+Y_b)/c$和点$Y_b$的直线。在点$(Y_a+Y_b)/c$上，整个共同体的所有私人收入全被用于购买公共品$G$；而在点$Y_b$上，不购买丝毫的$G$，且$B$保有他自己初始的全部私人品产量。$B$的均衡点位于$E$，在该点上，$Og$单位的公共品和$Oy_b$的私人品被$B$消费掉了。

我们只是直接考察了$B$的税前位置和税后位置，而$B$，我们已假定，是决策制定者。但是，请注意，$A$的税前位置要参与决定$B$的效用最大化位置，其途径是借助于$B$的机会轨迹的截距和斜率。在此处所考虑的这个模型下，这个轨迹要靠一些参数值来定位，即生产该公共品的成本以及$A$和$B$的税前收入水平。

现在请考虑$A$的位置，$A$是有可能要遭受财税盘剥的人，因为他无权去影响$B$的税收—开支决策。如果$A$在偏好上和初始的税前

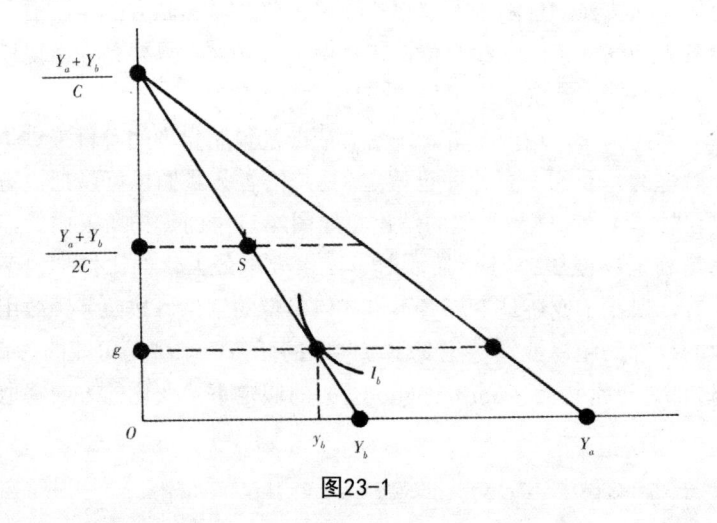

图23-1

收入上都与B相同，则将决策制定权授予B就无损于A，即使从机会成本的意义上来看亦然。因为，A最偏好的位置将等同于B的最偏好位置。在这样的一种设定情境中，政治性决策规则实际上将无关紧要。在这种情形中，A的机会轨迹将与B的轨迹吻合。为使这项分析更具普适性，我们允许A和B的税前收入有差异，同时继续假定它俩有着相同的效用函数。在图23-1的建构中，A的税前收入显示为$Y_a$，它2倍于B的税前收入（显示为$Y_b$）。

图23-1中，A所面对的机会轨迹是连接纵轴上与B相同的截距和横轴上$Y_a$点的直线。与B的机会轨迹一样，在给定比例型约束的条件下，一旦C、$Y_a$和$Y_b$的值被设定，A的这条直线就是不变的。B在制定共同体财税决策上的行为并不影响A的机会集。如果如图23-1中所画出的，A在收入上高于B，则在整个范围内，A的机会轨迹必然位于B的机会轨迹的外侧。不仅如此，如该建构所显示的，A的税后私人品消费与B的税后私人品消费间的相对关系必然等于这两人的税前私人收入之比。这一点必然如此是缘于这样一个事实，即他们两个必然共享相同数量的公共品；因而，不考虑B的效用最大化选择，这两个人都必然按照税前2∶1的私人品比，沿着图23-1中的同一条水平线定位。在这两个人之间，只要允许出现任何私人品消费，消费就不可能完全均等。

到此为止，这项分析就统治者或曰决策制定者的身份来讲是完全对称的。我们一开始即已假定B是统治者；我们也可以把决策制定权转给A，并得到类似的结论。如图23-1中的建构所表明的，当决策制定权被从B转给A后，对于谋求效用最大化的比例型税率将上升、保持不变还是下降得不出任何确定的结论。按照各种效用函数的标准凸状属性，这些变化方向中的任何一个都是可能的。在G与Y都是正常物品（normal good[①]）的假定下，变化的方向将取决

---

① 经济学中称消费量与收入水平正相关的物品为"正常物品"或"正常商品"。——译者

于合并的收入和那些在作用上彼此相反的替代效应。如果我们固守A和B在效用函数上相同的假定，A的效用最大化位置在A的机会轨迹上的定位将取决于这两人的收入比和对G需求的"价格"弹性。在比例型税制下，并因为拥有较低的初始收入，B必然在所有水平上都面临着低于A的单位公共品税负—价格。B的税负—价格由其机会轨迹的斜率来确定。决策制定权从B到A的转换，仅由于替代效应，就将倾向于减少对G的需求。但这样的一种转换还包含着向更高收入水平的移动，并且，如果G是正常物品，这往往将增加对G的需求。如果这两种效应正好相抵，则财税主管权在个人间转移的结果就是，在G的数量上和比例型税率（r）上将不存在任何变化。在这种情形中，比例型税率还将保证使公共品供应上的标准效率条件得到满足；而任一个人的效用最大化位置都还确保实现公共品均衡的那些林达尔条件得到满足。①

## 三 比例型税制、有最高税率限界、无激励效应

在保留比例型限制并继续假定税收对这两人创造私人品收入（Y）的行为无任何抑制作用的同时，扩展这项分析以证明那些最高税率约束的效果是相对容易的。施加最高税率约束实际上会按该约束水平截短统治者和被统治者双方的机会轨迹，在图23-1中，该约束水平被画为50%。这样一种约束可能影响也可能不影响统治者的效用最大化位置。如果B是决策制定者，并且在新的约束之前均衡是沿着S以下的那部分轨迹定位的，就不会有任何变化。但是，若初始位置位于S之上，这项约束就将变为起约束作用的，且由于B一直处于S点

---

① 有一项早期的讨论严格聚焦于比例型税制所可能具有的效率属性上，参见James M. Buchanan, "Fiscal Institutions and Efficiency in Collective outlay", *American Economic Review* 54 (May, 1964): 227–235。

上的角点解中，生效的新税率将是所允许的最大值。请注意，在这种比例型情境中，因与收入有关，施加于税率的限制和施加于总税收额或总开支额的限制在效果上是没有任何差异的。

## 四 累进型税制、无税率限界、无激励效应

现在，我们可以在保留相同的政治性决策制定模型和那些相同的开支方约束的同时，将这种普适性比例型约束下的结果与预期在缺乏这样一种约束时可能出现的那些结果进行比较。但是，我们不能简单地假定对政府的所有税收约束一概阙如。我们需要规定一个前提，即与诸如政治权力而非收入有关联的、任意的差别待遇都被禁止，并且还有，纳税额应至少与收入成比例。

在这个模型中，我们应预料到，结果将在很大程度上取决于谁是政府。"穷人"在属于政治主导联盟时的效用最大化行为和"富人"在处于这样一种地位时的效用最大化行为之间，将存在一些重大的差异，而这组差异在比例型约束下是不存在的。由于引入了所得税累进制度，就必然地将一种重要的潜在政治性冲突因素引了进来。

如在我们先前的处理中那样，我们在开始时将假定，$B$，其赚得的税前收入只及$A$所赚得的一半，是统治者。个人$B$，根据最后确定的$G$的数量，自由选择他所偏好的税收结构。与前面一样，我们假定，不存在任何的效用相依性。

只要$B$对于这一限界上的公共品不厌腻，我们就可以预料到，**所有**高于其自己所得水平（$Y_b$）的收入都将被按最大的百分之百税率征税。个人$B$无成本地稳获某个数量的公共品（$G$），而这个公共品量是靠在$(Y_a-Y_b)$收入范围内从$A$身上征得的税入额而成为可能的。我们在图23-2中描绘了这些结果，该图在建构

图23-2

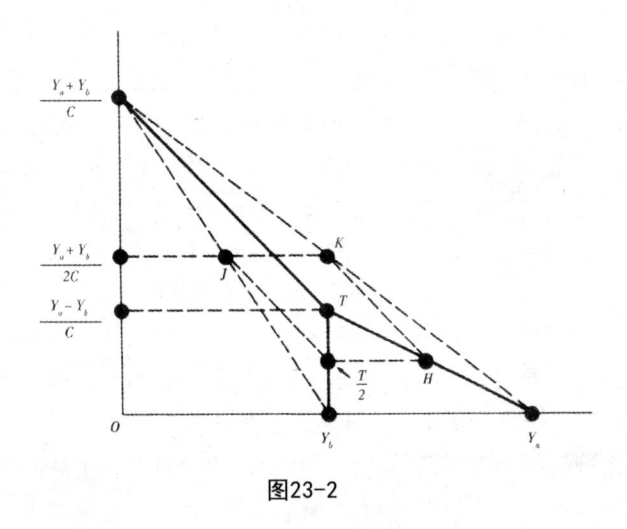

上类似于图23-1。对$A$高于$Y_b$的收入征收最高税额的结果是$B$的位置从$Y_b$转移至$T$。超出这个限界后，$B$和$A$两人的机会轨迹都由连接$T$和$(Y_a+Y_b)/C$的线段来定义。请注意，在这个无限累进的模型中，如果均衡结果位于或高于$T$，私人品和公共品**双方**的最终消费分布将完全均等。[1]哈耶克关于该效应的隐含命题，即税收的累进性内在地暗含着税后收入的均等化，在这个模型中成立，即使当我们将政府的财税活动限定于为真正的公共品融资且禁止直接的收入转移时亦然。

在图23-2中，$B$（我们开始时规定其为统治者的那个人）的机会轨迹，与在比例型约束下适用于他的机会轨迹（被表现为始于$Y_b$的虚线）相比，每一处都位于后者的外侧。与此相反，$A$的机会轨

---

[1] 这个结果与杰里迈亚斯和扎德库海所证明的、出现一个独立调节模型下的结果相关。他们证明，在一定的偏好格局下，即使没有任何集体行动，由于公共品的某种相互作用，所有物品的消费将在所有个人之间均等化。参见 Ronald Jeremias and Asghar Zardkoohi, "Distributional Implications of Independent Adjustments in an Economy with Public Goods", *Economic Inquiry* 14 (June, 1976): 305-308。

迹则每一处都位于其在比例型约束下适用轨迹的内侧。

这个模型，因统治权的转换，显然转换上是不对称的。如果是A而不是B成为决策制定者，他所采用的税率结构将定出某种最低的可允许累进限度，以借此改善自己的境况。而这，无疑就是比例型税率。在这种情形中，A的机会轨迹与在比例型约束下适用于他的机会轨迹相比，依然保持不变。

有意思的比较只有在B被认为具决定性时才会出现。在累进税条件下，与在比例税条件下的情况相比，G的供给数量将会更多还是更少呢？如图23-2所表明的，仅仅依据各种偏好排序的标准凸状属性不可能得出任何确定的答案。如果解位于T之上，统治者B，与其在比例税条件下所面临的税负相比，将支付某种更高的边际税负价格（其机会轨迹的斜率）。但他也将享有一种更高水平的私人品收入。再说一遍，如果我们假定这两种物品都是正常性的，我们就会有按相反方向作用的收入效应和替代效应。[1]

## 五 累进型税制、有最高税率限界、无激励效应

现在，我们可以来考察在某种累进税情境中建立最高税率限界的种种效应。在所分析的简单双人模型中，我们已证明，在没有那些税率限界时，如果B是决策制定者，A的收入中高于B的收入的那部分都将承受100%的边际税率。在这样一种设定情境中，看上去最合理的税率限制形式也许是限定可允许边际税率的那种。请设想，最大的边际税率被设定为50%。这个限界将限定在整个括

---

[1] 杰弗里·布伦南曾强调，在累进型税制下，边际税负价格上的这种转换是与中位投票者模型中的比例型税制正相反。参见 Geoffrey Brennan, "A Note on Progression and Public Sector Size", *Public Choice* 32 (Winter, 1977): 123–129。

号范围内,即在$(Y_a-Y_b)$内,从A身上征得的税入额所资助的公共品供给只及在完全充公性税率下所资助供给量的一半。个人B发现,他自己的位置变为图23-2中的$T/2$。但这个位置并未如无约束累进税情形那样将他带至与A完全同等的水平上。在$(Y_a-Y_b)$的范围内,在按最大边际税率缴纳所得税并资助了$T/2$的公共品供给之后,A发现自己位于H。

如在前面的情形中一样,B将面对一种带有一个折弯的机会轨迹;现在,他定位于$T/2$,而非T。从这一点起,该轨迹将与从H画出来的A的轨迹并行。在那个最高税率限界上,B会发现他自己位于J,而A将位于K的位置。不考虑B在其机会轨迹中所做的效用最大化选择,B的税后私人品收入将低于A,其差额恰好等于那个最高边际税率乘以税前收入差额。与无限界累进税条件下的收入完全均等化相比,只要允许有任何的私人品消费,就仍会有某种级差存在于被限定税率的模型之中。请回忆一下,在比例型税制下,除了所有资源都被投入公共品的极限情形外,私人品收入或消费的税后比率始终等同于税前比率。相比之下,根据被限定税率的累进税,税后比率会变得有利于低收入接受者,但绝对级差依然如由最高边际税率所决定的那样。

这个建构意味着,对边际税率规定最高限界,与更直接地限制用于总开支的总税入额的相仿尝试相比,也许是一种抑制潜在税收盘剥的更有效手段。在图23-2的语境中,请设想,将总征税额限定在总收入的一半,即限定在$(Y_a+Y_b)/2$,是可取的。更进一步,请设想,这一限制可以靠明确的税率约束或者靠对税入额的整体约束来实现。例如,如果最高的可允许边际税率被设定为50%,显然符合这个总目标,则B所面对的机会轨迹将是上面所讨论过的那种,即在$T/2$处带有折弯。另外,在更全面的总税入额约束之下,统治者B的机会轨迹将是在T点折弯的那种。如图23-2中的建构所表明的,在总岁入额约束下的机会轨迹全部位于由税率约束所定轨迹的外侧。在这种情形中，税率约束变得更具限制性。

## 六　比例型税制、无税率约束、有激励效应

至此为止，我们曾假定，纳税人创造税基（收入）的行为在所有可能税率下都是不变的。那就是说，税前，个人持续地赚得同样的收入，不考虑被强加的税率。这一假定在分析上的便利之处是显见的，它使我们能在两个维度（公共品数量和私人品数量）上构建那些模型。当我们放松这一假定以允许种种激励效应存在时，我们就必然地在创造可税基础（$Y$）之外引入了某种第三"物品"，非可税的"闲暇"或者纳税人时间的其他可欲"产出"。

首先，让我们对前面所建立的这个简单模型只做这一点改变，并在此条件下考察比例型所得税制。在此双人共同体中，蒙受潜在税收盘剥的那个人，即是被统治者而非统治者的那个人，总体上，与外部强加给他的那个税率之间有着某种逆向的关系，并将因此关系而改变其生产$Y$的行为。当面对统治者时，这种行为变化涉及对其机会轨迹的某种压缩。因此，在这个行为调适模型下，统治者的境况，与其在潜在的受盘剥纳税人不可能根据税负进行调适的模型中相比，无疑是变差了。与之相反，潜在的被盘剥纳税人则无疑处于一种改善了的状态中。只要他能够将其部分精神性所得转入非可税选项，并借此而"选择撤出"，那么与被以某种方式杜绝了这类转换相比，他的境况是得到改善的。

而那位统治者或曰决策制定者解决其效用最大化问题的方式则很像其在那个简单模型中的情形。但处于现在这种情形中，他要做到这一点，需要考虑两个方面，即一方面要考虑他自己那些从非可税活动（$L$）实现种种消费获益的机会，另一方面要考虑潜在受盘

剥者在多种税率下的预期行为调适。

通过考察被统治者A的最优化问题可以预见这些调适，这是一个在更简单模型中不存在的问题。被统治者的效用函数包含的自变量有税后私人品收入$(1-r)Y_b$、所供给的政府服务$G$，以及非可税收入$L_a$。他的任务就是使下式最大化：

$$(4) \quad U_a = u_a\left[(1-r)Y_a, (r/c)(Y_a+Y_b), (L_a^* - \ell Y_a)\right]$$

在这个具体设定中，由于$r$和$Y_b$是由统治者决定的，被统治者A实际上只有一个单一的决策变量$Y_a$。还因为，对$Y_a$的选择决定着非可税收入（闲暇）的数量。这个量适用于$L_a^* - \ell_a Y_a$，其中，$L_a^*$是非可税品$L$的最大数量，而$\ell_a$是$Y_a$和$L_a$之间的转换率。对$Y_a$求最大化后，一阶条件在式（5）中得到满足：

$$(5) \quad \frac{\partial u_a}{\partial(Y_a-rY_a)}(1-r) + \frac{\partial u_a}{\partial G}\left(\frac{r}{c}\right) + \frac{\partial u_a}{\partial L_a}(-\ell_a) = 0$$

从而，通常的严格凸状假设意味着，所形成的税基数量$Y_a$在函数上是与税率（$r$）相关的。

在给定被统治者的调适函数$Y_a=y_a(r,Y_b)$后，统治者B所面对的最优化问题就被完全设定。B的效用，像A的效用一样，取决于他对税基物品的消费$Y_b(1-r)$、他对政府服务的消费$G=r/c(Y_a+Y_b)$，以及他对非征税品或活动的消费$L_b=L_b^*-\ell_b Y_b$。他的效用函数可被呈现为式（6）。

$$(6) \quad U_b = u_b\left\{(1-r)Y_b, (r/c)[Y_a+y_a(r,Y_b)], (L_b^*-\ell_b Y_b)\right\}$$

在这个公式中，统治者有两个决策变量：（1）比例型税率$r$；（2）他将创造出来的可税品数量$Y_b$。在他的控制下，政府服务的数量$G$和非可税活动的水平$L_b$是由这两个变量决定的。对$r$和$Y_b$求最大化后，一阶条件在下式中得到满足：

$$(7) \quad Y_b \frac{\partial u_b}{\partial(Y_b-rY_b)} = \frac{1}{c}\left[Y_b + Y_a + r\frac{\partial y_a}{\partial r}\right]\frac{\partial u_b}{\partial G}$$

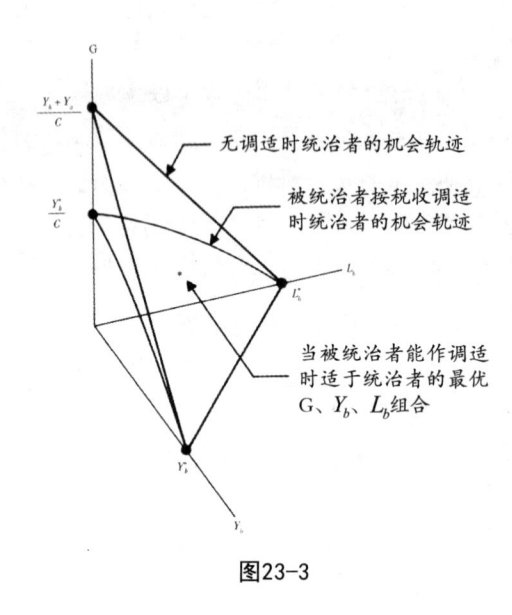

[图片：三维坐标图，标注包括 $\frac{Y_a+Y_b}{c}$、$\frac{Y_b}{c}$、$L_b$、$L_b^*$、$Y_b$、$Y_a$、G；标注说明"无调适时统治者的机会轨迹"、"被统治者按税收调适时统治者的机会轨迹"、"当被统治者能作调适时适于统治者的最优 $G$、$Y_b$、$L_b$ 组合"]

**图23-3**

$$（8）\quad \frac{\partial u_b}{\ell_b \partial L_b}=(1-r)\frac{\partial u_b}{\partial(Y_b-ry_b)}+\frac{r}{c}\left(1+\frac{\partial y_a}{\partial y_b}\right)\frac{\partial u_b}{\partial G}$$

这个结果被描绘在三维的图23-3中。图中，$y_a(1)=0$，$\partial y_a/\partial Y_b \leq 0$，$\partial y_a/\partial r<0$。请注意，不考虑A的调适函数的形式，则除了税率为零的那些点之外，统治者的机会轨迹在每一个点上都将低于潜在被盘剥者不能或不作调适时所适用的轨迹（在图23-3中被描绘为位于弯曲三角面之上的那个三角面）。只要被统治者A根据变化的税率进行调适，统治者B的境况就变差，而潜在被盘剥者的境况则变好。

如果统治者是这两人中财产较少的那个人，则比例型税制—公共品组合的那些效用均等化效应就小于无调适场合中的那些效应。通过转移其努力从而摆脱那些创造可税基础的活动，潜在被盘剥者弱化着公共品供应的效用均等化潜能。相反，如果统治者是这两人中的较富裕者，则在有行为调适的情况下，公共品供应上的那些效用均等化效应事实上将可能比无调适时更大。在这种情形中，被统治者就可以在一定程度上主要靠损害统治者的利益而在政府所供服务上"搭便车"。

## 七 比例型税制、有最高税率约束、有激励效应

在这种设定情境中导入某种最高税率限界，在作用上很像在无行为调适情境中的情形。分析上的那些细节可以忽略。但我们应注意，在纳税人有可能转向非可税消遣并不再创造可税基础的情况下，施加任何最高税率约束的可向往性是被降低的。在这种情形中，对于那些给纳税人带来效用的非可税机会，保护其有效性，能成为施加税率约束的一种好替代物。①

## 八 累进型税制、无税率约束、有激励效应

现在，我们变换情境设定，允许统治者对收入征收累进税，同时对税率无约束，但现在，不属于统治联盟的那些人中存在着行为调适。如前面所指出的，最后的结果将因统治者或曰决策制定者的不同而大相径庭。授权于高收入者往往会产生出已讨论过的比例税模式。因此，我们可以将分析限定于低收入者为统治者或曰治理者的情境。

在这个带有无激励模型的政治框架中，我们证明，统治者将通过向所有高于其自己所得的收入实施100%的税率来实现效用最大化。但当纳税人有能力转向种种非可税机会时，这一戏剧性结果就

---

① 在他们关于税收宪则的第一篇论文中，布伦南和布坎南将他们的分析聚焦于靠存在非可税选项或机会来确保的总税人上的潜在限界。参见 Geoffrey Brennan and James Buchanan, "Towards a Tax Constitution for Leviathan", *Journal of Public Economics* 8 (December, 1977): 255-273。

不再成立。而且,实际上,在前面所讨论的那种情形中,一个追求最优化的治理者,对于任何已形成的可税收入,无论其达到了多高的水平,都永远不会实施这种没收性的税率。对于超过了统治者收入水平的所有收入,即在整个($Y_a - Y_b$)范围内的收入,实现效用最大化的税率方案将会是这样一种方案,即它在该统治者预见到 $A$ 在替代性税率下会向非可税机会调适的情况下,使源于 $A$ 的税入达到最高。如布伦南和布坎南在相关分析中已经显示的,根据那些线性假设,满足这一最大产出标准的税率方案将是比例型的。[1]这意味着,统治者将对所有高于其自己所得的收入实施某种统一的税率。他将不会在该较高收入的范围内实施累进型税率。一旦在那些超过决策制定者自身所得的收入范围内实施了追求岁入最大化的税率(或税率方案),该统治者会发现他自己处于其机会轨迹的一个折弯点上;他可以无成本地享用某一特定数量的公共品($G$)。当然,该决策制定者将始终处于这一位置上,还是将选择扩大 $G$ 的生产,使之超过这一点,要取决于这个效用函数的形态和该公共品的成本这两个方面。超出了这个限界,他就必须为每单位公共品支付一笔税负—价格,其数额与潜在被盘剥纳税人所支付的一样多。我们假定,这个政治框架中的决策制定者没有能力在征税上实施差别待遇;他不可能一面对 $A$ 的所得中低于 $Y_b$ 的那部分征税,一面又对 $B$ 在这一范围内的收入予以免税。

## 九 累进型税制、有最高税率限界、有激励效应

各种非可税机会的存在往往会限制任何追求效用最大化的统治者将强加给纳税人的税率。在前面所考察的模型中,针对高收入的岁

---

[1] 参见 Geoffrey Brennan and James Buchanan, "Towards a Tax Constitution for Leviathan", *Journal of Public Economics* 8 (December, 1977): 255–273。

入最大化税率（或税率结构）可以明显低于宪则所可以实施的任何"合理"最大值。累进税率——公共品财政的消费均等化潜能在统治者是那两人中财富较少者的无激励情境中是显然存在的，而在潜在纳税人能够靠转入非可税选项来做出行为调适的场合，即使没有明确的税率限界，这种潜能也会被弱化。一个纳税人，只要能根据税负"选择退出"，则除了借助于财税过程的消费均等化意图外，他还能为自己确保他所看重的消费。从效用均等化的角度来看，决策权定位于富裕者不改变这个基本结果。如已指出的，在这种情形中，统治者将选择某种比例型税率体系。但行为调适必然使得被统治的"穷人"境况改善，富裕的统治者境况变坏。如果可税基础的形成与诉诸非可税选项这两者之间的替代弹性相对较低，对于抑制潜在的财税盘剥来讲，最高税率限界就可能是值得向往的。如在无激励模型中一样，在低收入者是决策接受者时，有效的最高税率将确保，有可能受盘剥的高收入接受者和低收入者之间在最终私人品消费上的级差得到维持。在这种情形中，诉诸非可税选项的另增机会将确保税基消费上的级差比无行为调适情形中更大一点。

## 十 结论

在一组非常简单的模型中，我们尝试了，在就政治决策结构和政府开支做出具体假设后，分离并分析比例型所得税系统与累进型所得税系统之间在运行上的差异。当然，在各种差异更大的假设之下，可以创建出其他的模型来。尤其是，如果我们放松了政府开支约束并允许政府实施直接的收入转移，就会出现其他的结论。因为认识到了这一局限，我们的这些结论应被理解为只在这些范围内才有意义。

任何比等人头税（equal-per-head taxes）更具"累进性"的税

制系统，在与用于真正公共品的开支相结合时，必然在某种绝对意义上使对"物品"的最终消费均等化。根据定义，个人获取等量的公共品。并且，如果这些公共品的供应是靠等人头税之外的任何方式来融资的，就必然导致某种形式的消费均等化。

就比例型税制而言，当纳税人不根据税负调适税前收入时，不管税率如何，不同收入水平上的纳税人之间的私人品消费比率在税前和税后都保持相同。当然，由于与比例型税率直接相关，私人品消费（或消费可能性）上的那些绝对级差是缩小的。

就累进型税制而言，当纳税人仍然不做行为调适时，因与受资助公共品的数量和该税率结构的累进性相关，私人品的最终消费在相对意义上和绝对意义上都倾向于均等化。在无约束的效用最大化模型中，对所有高于统治者所得的收入施加的税率将是完全没收性的。

即使纳税人不根据税负作行为调适，若在可容忍的最高税率上存在宪则性限界，则无论是在比例型税制下还是在累进型税制下，都能抑制趋于消费均等化的倾向。然而，如果能允许纳税人保留那些根据税负转入非可税效用创造活动的机会，则这样的宪则性税率限界就可能远非如此重要了。对于政府的那些财税权力来讲，这类机会的存在完全可以是比任何正式限界更重要得多的制衡。当种种非可税选项的作用很大时，哈耶克对累进型税制的主要顾虑就无须出现。当然，这类选项的存在，无论是在比例型税制下还是在累进型税制下，确实弱化了税的**普适性**。但是，被公认为值得向往的普适性特征，作为一种抽象目标，必须与非普适性在限制潜在财税盘剥程度上的功效相匹配。

# 第二十四章　宪则性契约中的强制征税[*]

## 一　引论

人类并不，或许也不可能，存在于孤立状态中，且我们所看重的绝大多数事物都严重依赖文明秩序的存在，而这种秩序只有集体性的组织来确保。人并非国家，但与国家对立的人是一种同样不恰当的说法。人类有赖于国家。本文将要探讨的问题是这样的，在一个将价值源泉排他性地定位于其个体成员的社会中，个人对国家的依赖性对于强制征税的合法性具有怎样的蕴涵。

在满足可广为接受的伦理规范的同时，集体能从个人强制汲取出多少呢？自由主义者给出了一个清晰的答案：零。被强制汲取的任何税额支付都等同于盗窃，且都应被如此标示。这种结论完全依赖于一种判断，即个人拥有着界定完好的"自然权利"，这些权利不依赖于在文明社会中的存在。契约论者不可能做出这样一种判断，他对这个问题的回答必然要更复杂。

如果维克塞尔的那些契约性准则被直接运用于集体决策的立法阶段，且也只是在这个阶段上，契约论者的回答才与自由主义者的回答完全一致，但这只是因为税收变成了自愿性的，而非强制性的。[①]在这种维克塞尔式的建构中，集体本身在下面这种情形中是合

---

[*] 我感谢我的同事维克托·范伯格和澳大利亚国立大学的杰弗里·布伦南所提供的有益评论。
[①] 请见 *Knut Wicksell, Finanztheoretische Untersuchungen* (Jena: Gustav Fischer, 1896). 此书的主要部分被翻译出版为《公共财政理论经典》中的"公正税制新原则"("A New Principle of Just Taxation", *in Classical in the Theory of Public Finance*, ed. R. A. Musgrave and A. T. Peacock (London: Macmillan and Co., 1958), pp. 72–118 )。

理的,即仅当对花费的目的和为这项花费筹资所需的税负分配这两方面都存在普遍合意(在极限情况下是全体无异议的合意)时才对公民征收税费。合法性的标准在于形成合意的过程;而对于税收的绝对水平和税负份额的分布这两方面,它始终不置一词。

如果将这种基本的契约论方法扩展至立宪阶段,并用它来对不同的集体性决策制定规则做终极挑选,这种关于合意性的维克塞尔式检验在当期的、后立宪的或曰规则约束下的阶段上就不再是充分的了。[1]在这个基础性的契约论建构中,没有任何因素主张这种有组织集体所面对的每一项财税选择都将采用某种维克塞尔式的全体无异议规则或近似全体无异议规则。看来有可能的是,在立宪性审议层面上,从概念上的全体无异议合意出发,为进行财税选择导出一些低于全体无异议的规则。种种适用于代表选举和立法机构决策的多数票决表决规则可以从立宪性合意中产生出来。在这种场合,对于立法上的多数派可能推出的强制征税有什么限制?

为了进行我的讨论,我将视下列立场为既定,即在宪则性契约中为集体的征税权设置**某些**限制。对立法中的多数派,将永远不授予财政上的全权委托书。谋求无约束财政领域的诉求不可能在任何契约论建构中获得彻底合法化。我已在其他地方为这些限制提出了原则性的论证。[2]我在本文中的关注点是弄清楚这些限制可能是什么。

在与杰弗里·布伦南共同撰写的前一部著作中,我们分析了个人对税负边界的选择,不过是在一个模型的种种限制范围内展开分析的。这个模型在假设中排除了我现在所探讨的问题。在我们的那

---

[1] 参见 James M. Buchanan and Gordon Tullock, *The Calculus of Consent* (Ann Arbor: University of Michigan Press, 1962)。
[2] 请参见我的书,《自由的界限》(*The Limits of Liberty* (Chicago: University of Chicago Press, 1975), esp. p. 73) 以及我的论文,"Taxation in Fiscal Exchange", *Journal of Public Economics* 6 (1979): 17-29。

部书(《征税权》)中[1],我们提出了这个专门问题:假定有某种预设的花费,它服务于集体性目的,并受到欢迎,那么,对于这种授予政府的征税权必须如何来施加限制,以便确保所征得的税入始终尽可能地接近于该受欢迎花费所要求的水平?我们说明,回答这个问题需要就两个方面建模,即政府运用该受托征税权的行为和公民们对征税的反应。而我要在本文中考察的另一个且也是更困难的问题是,个体之人在所向往的或曰所偏好的总合集体花费水平上所做的立宪性选择。这是一个必须在启动布伦南—布坎南的分析操作之前就设法得出答案的问题。

我的关注点主要不在于为创造足以资助"保护性"或"生产性"国家的岁入所必须征收的税种。这两个形容词中的第一个描述了集体在维护法保护伞(legal umbrella)方面的种种活动,而人们正是在法保护伞下彼此互动的。国家维护法保护伞的活动包括保护财产权,因为这些权利可以被界定在这种基本契约中;这些活动还包括为促进这些权利的自愿交易而提供的强制履约。向集体的所有成员提供这些服务事关真正的"公共性"。

然而,除了这些保护性或曰最低限国家的活动之外,政府还可以提供别的真正公共性或曰集体性的消费物品和服务,那些物品和服务在技术上表现出一些明显的特征,即在消费上具有内在的非竞争性以及不存在有效的排他手段。这两类物品和服务都需要资金支持,因此都必须靠征税来获取岁入。

在某种意义上,为资助这两组活动所需要的税收必须是强制性的,因为一个人对于他无论付钱与否都能享用的物品和服务也许就不愿意付钱。不过,对于为这些活动而征税,并伴随也许是必要的最低限强制,要想导出一种立宪阶段上的契约论正当性,并非难事。只要这些物品和服务真是"公共性"的,并因此而按

---

[1] *The Power to Tax*, Cambridge: Cambridge University Press, 1980.

同等的获取条件供所有人享用，就必然存在某种手段来分派税收份额，使之足以资助这项供应达到一种有效率的水平，它将在概念上满足对当期合意性的维克塞尔检验。但是，在调节税收份额以便就每一时期的每一种物品都稳获实际的合意上，预期有一些困难。这些预期难题可以是诸如证明诉诸某些决策规则是正当的，因这类规则将允许某种强制性征税，但这种征收却无法通过甚至是概念性的全体无异议检验。①但不管怎样，将财政资助限定于真正的公共品将确保对这样的税收设置严格的上限。与我在本文中提出来探讨的问题相比，在任何情形中，为这样的税收导出契约论正当性的问题都会变得微不足道。我想要在此处探讨的这个专门问题是，有可能对强制征税做超出保护性国家和生产性国家范围的扩展。对于为资助**纯再分配性的收入转移**而征税，我们能导出一种契约论的一立宪性授权吗？

在第二节中，我描述了一个高度简化的模型，它允许在一种看似最有利于财政性收入转移的设定情境中考察该基本问题。第三节被用来处理某些基础性的哲学前提。在第四节中，我考察熟悉的罗尔斯式建构所可能派生出的结果。第五节借助于几何性阐释展现了一些替代性结果。在第六、第七、第八、第九节中，放松了初始模型中那些被简化的假设，并分析了这些放松的含义。第十节中对整个论证做出了概括。

## 二 关于初始分析的限定性假设

我提议设定这样一些环境条件，即当推动实施高水平强制征税的动力是人们在立宪阶段上对在后立宪期内缩小收入差距的偏

---

① 请参见布坎南和塔洛克的《同意的计算》(Buchanan and Tullock, *Calculus of Consent*)。

好时，这些条件可能是最有利于形成立宪期合意的。对这个初始模型，有四个限定性假设。

### 1. 所有的价值产出都是社会租

我假设，在供应保护性—生产性国家服务（最低限度是保护各种权利和强制履约）上，若无集体性或曰政府性活动，任何价值生产都不可能。在霍布斯式丛林中，人们的生活就是贫困、肮脏、野蛮和短命。这个假设，在被单独地和在孤立状态中用于个人时，好像看似足够合理。但是，对于这个初始模型，我将假设，在任何有组织的共同体中，若其涵盖范围小于或窄于政治体的全体成员，就不可能有任何价值生产。我还假设，只存在一个政治体。这组假设确保生产出来的所有价值都是"社会租"（social rent）；不具备有组织的集体活动，就根本没有任何产出被生产出来。

### 2. 对全收入的测度可以不依赖所见到的个人行为

像假设1一样，这第二个假设就其性质而言是技术性的而非行为性的。我假设，在任何后立宪期中，都存在着某种手段来测度一个人生产或创造价值的能力（此处称其为"全收入"），而无论是否见到该人运用了这样的能力。需要这样一种独立尺度是为了评估适宜的财政收费（作为税收或者转移支付）。

### 3. 无超额负担[①]

剩下的两个假设是行为性的而非技术性的。我将在开始时假设，对于税收或曰政府支出（包括转移支付接受额），没有任何私人部门的行为反应。人们消费、工作、储蓄，且完全处于相同的模式之中，不考虑财政过程中税收或支出方面的水平和结构。财税结构无任何激励效应；超额负担为零。

---

① 也称"税收的超额负担"（the excess burden of taxation），或者税收的"扭曲成本"（distortionary cost）、"固有损失"（deadweight loss）。在经济学中，它是指税收扭曲人们的经济行为，使经济行为的数量和类型与无税收自由市场中的不同，从而给社会带来了福利损失。这个概念最初由亚当·斯密提出。（维基百科）——译者

### 4. 无寻租

最后，我将在开始时假设，那些赞成对政府征税权施加宪则约束的布伦南—布坎南理由都不存在。我假设，在各后立宪时期中，政府的运行完全符合人们在立宪阶段上所指示的偏好，符合被反映在立宪阶段合意中的意愿。在政治代理人方面，无人试图扩大岁入征收规模，使之超出满足预期将发生的集体花费需求的最低必要水平。在这样的代理人方面，也没有任何人努力引导支出方式偏离公民们在宪则中所向往的支出模式，使之趋向满足代理人偏好的支出方式上去。而且，在税收和收入转移（负税收）的场合中，在征收额到支出额之间不存在净损耗（net slippage）。税收—收入转移过程的效率臻于完美。

## 三 社会租属于谁？

如引论中所指出的，对于自由主义者或者当期的维克塞尔主义者来讲，在为纯粹的收入转移提供税收融资上不存在任何赞同立宪性授权的理由。①然而，立宪主义者—契约论者对于真正的收入转移过程也许不会那么消极。就一个在立宪性选择上被置于某种无知和/或不确定性之幕后面的人而言，当他或她考虑对纯财政性收入转移进行授权的可能时，哪些因素将贯穿于其思考呢？

请回忆已引入的第一个极端假设。在文明秩序的保护伞之外，

---

① 维克塞尔明确表示，他所提出的程序性准则所要实现的目的是增进税收上的正义，而非产出最终分配上的正义。他并不对税前分配做先入为主的判断，但他主张，在这种分配上的任何调节都属于法律而非税收的原则领域。

在后立宪期内，只要在一组靠税收融资的收入转移上出现了普遍合意，则根据定义，所涉及的效用就不会有真正的转移。那些为向他人转移收入而同意被征税的人，即使是集体地而非私自地这么做，也是自愿的，因此，在此过程中，并非受到集体的强制。

任何人，无论是单个人还是与覆盖范围小于全体成员的群体结成同盟，都不可能创造出价值来。因此，在这种情形中，所有的价值产出都可被归因于秩序的存在，而秩序是由集体而非私人供给的。在这一设定情境中，所有的产出都是社会租。

在给定存在文明秩序的条件下，有价值的产物将借助于市场互动而产生出来，而市场将大体上根据相对生产力在个人之间配置税前的产出份额。[1]当然，存在着最低必需的保护性服务和受偏好的纯集体消费品供给量，为了给这些事物融资，必然会发生对产出的某种汲取（withdrawal of product）。我假设，为了阐释的需要，这种汲取的数量大体相当于总产出价值的10%。那么，处于某种恰当定义的无知和/或不确定性之幕后面的那个人，将选择把这种税额征收限定在这个大体10%的范围内呢，还是有某种理由，为了给再分配性的收入转移融资，授权这种后立宪期的税额征收超出此范围呢？

如果10%的税收水平完全是在宪则上获得合意和授权的，则经济体中余下那90%的有价值生产成果将最终在个人之间按各种生产力来配置，就像是由为保护性—生产性国家服务融资而实施的某种税收份额配置来调节一样。但是，如果认可了社会租的假设，这套

---

[1] 在技术上，这个陈述可以被理解为关于经济中生产组织方式的一种预设，但它是一个不会被认真质疑的预设。它等于是说，在给定建立和实施了有关产权和契约的普适规则之后，生产将会被有效率地组织在许多分立的单位（企业）之中。这些单位将与其他单位和个人做交易。全部有价值的产出都是**社会性**租金的假设，就其被界定的意义而言，不应被理解为是在暗示，整个经济体的生产都被最有效率地组织进了一个整体性的"团队"之中，从而在任何情况下，即使是依据那些关于产权和契约的普适规则，也不会有任何手段来测度团队中不同部分的相对生产力。正是在这样一种设定情境中，所有的产出都将是租，无论我们是否添加"社会性"这个词作为修饰语。在此处所构想的分权化生产交易组织中，尽管所有的价值产出都被归类于**社会性**租金，但对投入的报偿无须体现为任何企业或产业之内或之间的租。在给定关于产权和契约的普适规则之后，分权化而非集权化或曰整体化的生产组织会有效率这样一个预设，对于本文所探讨问题的产生是必需的。如果整个经济体被最佳地组织为一个整体性"团队"，至少在正常讨论的意义上，就不会存在任何"再分配"问题。

特殊归算（imputation）只是许多可能被选中的配置方式之一，且就其本身而言，它看上去是很任意的。难道在那大幕之后，不会有人认为，在余下那90%的价值中，至少有一部分可以如在立宪阶段就已得到估价那样，为实现某种更值得向往的最终分配而被恰当地供奉于资助收入转移吗？如果我们以别的方式提出这个问题，怎么才能对这样一个问题做出否定的回答呢？

该模型已被精心建构，从而那种"生产力伦理"对自由主义者提供不了多少或者根本提供不了任何支持。在这套伦理完全站得住脚的情况下，或许可以根据种种**外部**生产力（external productivities）来证明价值分享的合理性。但在一个必然包含集体组织和文明秩序供给的模型中，这种伦理不可能被扩展到从种种**内部**生产力（internal productivities）的角度来支持分享。在一个运行中的、充分竞争的市场经济体里（并忽略为法保护伞的融资），对投入的支付往往等于外部边际产出而非内部边际产出。而且，在某种意义上，按这两种产出间的差异来衡量的租金，在配置上，被公认为是任意的。①如果现在我们在保护性国家服务上引入覆盖全体成员的集体供应（inclusive collective provision），使之作为一种即使在具有分权化生产的经济体中也是创造全部价值的必要投入，那么在从按全覆盖来定义的生产力角度归算价值份额上，就会存在一种固有的不确

---

① 一个投入单位的外部边际产出被定义为那个单位在其得到最高估价的替代性用途上所能生产的价值；这种外部的产出价值是确保该投入始终处于被指定用途上所必需的；这种价值变成了该投入对于那个利用企业的机会成本。与此相反，内部边际产出是指，在被指定设施中的总产品价值里可归因于所论及投入的存在的那部分差额。这种内部产出所测度的是，如果该投入单位得不到利用，那个企业所要蒙受的潜在机会损失。但是，除非外部边际产出等于内部边际产出，否则内部边际产出就不是投入单位对于企业的必然机会成本。内部边际产出价值和外部边际产出价值之间的差额变成了真正的租，并且，在竞争性市场过程的运行中，投入所有者和投入利用企业之间对这种租的分享是不确定的。

关于内部边际产出和外部边际产出间种种差异成为投入报偿的基础这一点，有一个实践应用的例示。参见 James M. Buchanan and Robert D. Tollison, "The Homogenization of Heterogeneous Inputs", *American Economic Review* 71 (March, 1981): 28–38。

定性。集体,不会只像其他投入所能做的那样,仅按其所供投入的机会成本来测算其应得份额,集体本身能够索要一个远远超出那种水平的份额。①或者,如果我们把此论题置于我们的分析语境之中,那么,个体的人们,处于选择制度规则的立宪阶段上,也许会同意,要根据某种标准来分享社会租,而不会同意这么一种原则,即规定,在为那些被用于国家服务的实际投入筹集资金上,由集体强行攫取的将是必需的最少经费。似乎不存在任何听来合理的根据可以建议,所有超出此最低限的社会租都应在制度上分配给提供市场投入而非集体投入的人。尤其是因为,按照我们的假设,这些投入的外部生产力是不存在的。没有这些投入,国家不可能创造任何价值;但没有国家的服务,这些投入也不创造任何价值。②

## 四 罗尔斯的解

在回答这一基础性问题上我所曾提出过的最熟悉的尝试,同时也是从一种基本的契约论视角来这么做的尝试,是约翰·罗尔

---

① 参见 J. R. Kearl, "Do Entitlements Imply That Taxation Is Theft?" *Philosophy and Public Affairs* 7 (Fall, 1977): 74–81.

② 必须细心地澄清集体性投入,比如说**秩序**,与普通投入单位之间的性质区分。普通投入单位可被用于生产集体性投入,它们既可以在国家部门中起作用,也可以在市场部门中起作用。没有任何根据表明,被用于国家部门的普通投入在报偿上应当多于其市场部门的对等物。但这并不等于说,国家,作为集体,在立宪性选择过程中不可以获得授权为其自己的投入进行某些征收,甚至超出必要的市场相关报偿水平。

请考虑一个十人共同体的简单例示。在无知之幕的后面,每个人都知道,若没有一个警官,不可能生产出任何价值。这个警官必须由这个集体本身来雇用,而在其他情况下,若有某个替代者来充当警官,则他也许会在私人部门中生产价值。在立宪性层面上,这个集体将永远不会获得授权向这个被雇为警官的人支付超出其机会成本的工资。但是,根据立宪阶段的合意,这个集体亦完全可能获得授权,从私人部门的产出中抽取一笔总价值(税收),其数额超过集体所雇单一警官的机会工资。

斯的方案。①通过采用一种精心定义的无知之幕建构，罗尔斯设立了一批理想化的缔约者，然后预期他们会就引导社会组织的两项基本正义原则达成合意。这两项原则是按辞典编纂方式排序的。第一项是最大同等自由原则（the principle of maximal equal liberty），第二项是初次物品分配上的极大极小或差异原则（the maximin or difference principle for the distribution of primary goods）。

经济学家以及罗尔斯的其他批评者们几乎把注意力全都集中于差异原则上了，他们并未认识到，第一项原则，最大同等自由，也具有种种分配性后果。外在退出（从某政治体迁出）和内在退出（分离）都必须被列为可举出的罗尔斯式自由。没有这项自由，第一项原则不可能得到满足。将对这两项自由的保障纳入获得合意的立宪性安排之中，将确保第二项罗尔斯原则只适用于社会租，且只适用于超出个人或群体的外部边际产出的那部分价值。

在被概括于第二节中的那组受到高度限定的假设中，被生产出来的所有价值都是社会租。个人在退出政治体或者分离并形成种种新政治体上拥有着同等的自由。但是，根据假设，在这两种情形中的任一种情形中，他们都不可能生产出丝毫价值来。另外，在预设中，对全收入是能够测度的，并且，人们在行为上相同，不考虑税收和收入转移的水平。在这种纯化的设定情景中，如果我们将有价物定义为相应的罗尔斯初级物品，则运用罗尔斯的这项差异原则将使价值在所有个人中的分布均等化。这一完全均等化结果或曰解的出现，还将源于一种标准的功利主义立场或者一种直截了当的均等化准则。在这种情境中，一个真置身于无知之幕后面的人将同意这样一套宪则性安排。这组安排将指示政府，在一个时期内，实施某种税收—收入转移方案，使所有人在税后和收入转移后都处于同样状态上。罗尔斯所以得出了相异的结果，只是因为他没有采用我在本文中引入的第三项限定性假设。他的分析隐性地承认另外那三项限定。

---

① John Rawls, *A Theory of Justice* (Cambridge, Mass.: Harvard University Press, 1971).

## 五　对罗尔斯解的修正

在这里，对这四项假设，我并不想放松其中的任何一项。我在这一节中的目的是要提出，即使在这些高限定性的假设之下，也不应预期，在那些将自己置于真正罗尔斯之幕后面的那些人当中，能靠立宪期的合意而产生出完全的均等化。这种罗尔斯式的操作，就像功利主义的操作，忽略了关键性的重要因素。这些因素，在被纳入模型之后，必然会改变解，也许这种改变还会相当大。预期，在个人间的税后和收入转移后收入达不到充分均等化的安排上将出现契约性合意。

为什么那些理想化的缔约者竟会同意那些不产生充分平等的安排呢？因为，他们置身于那重大幕之后，所有的产出都是社会租，能根据财政目的来评估全收入，不存在超额负担，政治代理人都不寻租。无论如何，那些缔约者都将认识到，伴随着分权化的生产组织，对价值生产能力的任何分配都必然包含着某种对可分立个人或群体的"自然"归算。那时，这些个人或群体就能够对可以被生产出来的潜在价值提出至少是名义上的索求。也就是说，个体之人将给那些"自然的"分派附上推定的"权利"。[1]因此，这些潜在价

---

[1] 请考虑一个例示。其中，所有的产出都是农业性的，且都是由单个家庭在小块土地上分别生产出来的。那些极端假设都成立：在文明秩序之外不能生产出任何价值来；全收入是可测度的；没有超额负担和寻租。但是，种植、锄草、挖取马铃薯的人终将会给那些马铃薯附加一项诉求，即"他生产的"，因而对于集体为了收入转移的目的而"获取"这些马铃薯的任何做法，他都将做出否定性反应。而这种否定性反应将被那些在无知之幕后面参与立宪性对话的缔约者们预见到。

无论如何，这个农业例示都告诉我们，当经济体的生产过程变得不再能体现出个人或家庭与可观察产出间的直接关联时，与较原始结构下的反应相对比，对于集体"获取"的否定性反应就会降临。因此，当个人变得与产出的物品和服务越来越疏离时，在马克思主义的意义上，我们应预料到，理想化的缔约者们，置身于无知之幕后面，将倾向于同意某种较高水平的分配性收入转移。向工业社会转变与收入转移国家的兴起这两者间的联结，可以通过这一方式，在概念上从这种契约论式的算计中推导出来。当经济转变至超越了工业化并趋向服务社会时，这个模式也许可能被逆转。

值在个人中的任何**再**分配,对于一部分人来讲,都意味着是在对他们视作在某种名义意义上为"他们所有的"价值产出实施某种"强夺"。在被税收强夺的一单位价值中产生的预期损失和通过收入转移而获得的一单位价值所派生的预期获益之间,将存在一种清晰的阈值差(threshold difference)。这种阈值差将被理想化的缔约者们预见到。它必然导致在这样一些安排上达成合意,即它们在价值的最终分配上将体现为较少的而非充分的均等化,即使是在那些极端限定性假设始终生效的我们这个模型中亦然。[1]

### 效用函数的几何图示

以上勾勒出的原则性论证,通过借助于简单的效用函数图形,能得到更方便的表达。缔约者将预见到,在任何后立宪期内,每一个人(任何人)的偏好都能用一个标准型的效用函数来描述。该缔约者不知道他创造与市场有关联的税前收入的能力将是什么,因此不清楚在税前和收入转移前他的效用水平将是什么。但是,该缔约者将预见到,不管这个定位在哪里,在该函数中都会存在一个折弯,它将这个位置与靠税收—收入转移过程能够达到的低于和高于该位置的那些点联系起来。在一单位价值的边际损失(通过税收)和一单位全收入的边际获益(通过接受收入转移)之间将存在一个

---

[1] 关于对某种分配的选择和对各种再分配制度的选择之间的区别,有一项整体性的讨论成果。请见我的书《自由、市场和国家》中的第14章"分配性和再分配性准则"。("Distributive and Redistributive Norms", chapter 14, *Liberty, Market, and State* (London: Wheatsheaf Books, 1986)。

在某种税前、收入转移前的分配和完全平等之间存在着一个连续的谱系,而获得合意的解在该谱系上的精确定位,将取决于所做出的其他制度性选择,尤其是要取决于那些建立税收系统结构的制度性选择。只要税入征收直接依托的基础是按照与市场有关联的所得来测度的,并依据因人而异的税率,所指出的阈值差就仍然是重要的。但是,如果应该"从一开头"(off the top),比如说,先于任何与市场相关的个人间价值归算,就在制度上授权集体抽取税入,这种阈值效应就将变得不很突出。这样的一种结构将需要税率上的比例性以及某种总计的、非个人收入的税基。为了我在此处的目的,我将忽略这些相互关系。

关于个人对不同税收制度的偏好,有一篇高深的讨论报告,尽管并不严格属于无知之幕建构的范畴,参见 Charles J. Goetz, "Tax Preferences in a Collective Decision-making Context", Ph. D. dissertation, University of Virginia, 1964 (Ann Arbor, Mich.: University Microfilms, 1965)。

## 第二部分 应用

预期的阈值差。

在图24-1中，在所有收入水平上，潜在的、与市场关联的税前和收入转移前的收入的预期边际效用都显示为$MU_i$。该函数始终保持下倾，且为了简化而被画成直线，因为对我的目的而言，全收入函数二阶导数的符号无关紧要。该函数的逆镜像显示为$MU_j$。如果，在这个双人情境中，相应的制度选择将是对某种理想分配的选择，缔约者当然将选择那个完全均等的位置，它被显示在点$Y_E$上。然而，如已指出的，这种选择并不在种种分配之中，因为决定这些分配的因素都不在立宪期缔约者的控制之内。有意义的制度性—宪则性选择存在于那样一些安排之中，它们都将从与市场有潜在关联的、税前的、收入转移前的分配格局开始实施某种再分配。在无知之幕的后面，缔约者不可能确定自己的选择后身份；他不清楚自己将是$i$还是$j$。然而，他能够预见到初始的税前分配将位于$Y$点上，个人$i$获得一笔$OY$的全收入，个人$j$获得一笔$YZ$的全收入，而他们的效用水平由$MU_i$和$MU_j$上的那些位置来显示。

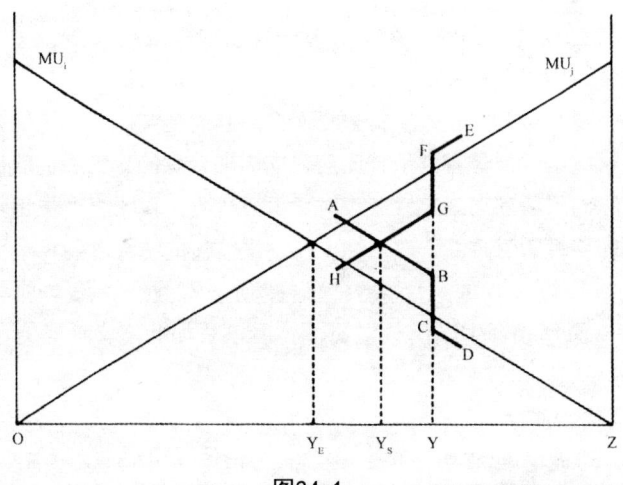

图24-1

阈值效应显示为税收—收入转移曲线中的不连续点,它们的轨迹都通过每个基础效用函数的初始位置。对于个人$i$,对应的函数是显示为$ABCD$的曲线;对于个人$j$,对应的函数是显示为$EFGH$的曲线。该理想化的缔约者,因不清楚他将在位置$i$还是位置$j$上找到自己,将选择这样一组再分配性安排,它们会产生出一个位于点$Y_s$的位置。请注意,正如图24-1所描绘的,这个获得合意的位置包含某种转变,该转变始于与市场有潜在关联的税前位置,但这个合意位置将达不到完全均等点。正如这个建构所表明的,与这个特殊格局全然无关,只要边际效用函数中的那些不连续点被认为总体上存在,宪则上所偏好的解就必然达不到趋向市场所形成的税前、收入转移前分配的那种平等分配。如果阈值差足够严重,相对于预期将出现的初次分配不平等,缔约者也许会选择未经矫正的或曰市场的位置,尽管事实上理想的分配仍是体现为完全均等的分配。[①]

## 六 分离、社会租及外部边际产出

如我已反复强调的,在第五节中导出的那些结果都出现于契约论的设定情境中。这种情境被精心设计出来,以代表这样一些环境条件,即当要为纯粹的收入转移融资而在后立宪期实施高水平的强制征税时,这些条件是最有利于就此达成立宪期合意的。当我们放松第二节中概述的那四项高限定性假设时,可以预见,对于将产生出较低水平收入转移税的财政性—政治性安排,理想化的缔约者们将会赞同。

我将按被提到的顺序来放松这四项基本假设。第一项假设涉及经济体的"联合生产函数"属性。所以要如此定义,是为了确保

---

[①] 从图24-1中的几何图形来看,如果那些垂直位移(显示为$MU_i$上的$BC$和$MU_j$上的$FG$)大得足以重叠,则那个初始位置将是在宪则上受偏好的。请注意,作为市场位置,$Y$是被转变为趋向均等分配的,并且随着阈值的增大,这个结果就更可能出现。

经济体（尽管是分权化的生产组织）中的所有产出价值都能被归类为社会租，因为生产必须依赖集体所提供的秩序。在模型中，可以听起来很合理地设定，处于孤立状态中的个人，在靠他们自己且没有某种法律保护的情况下，没有能力生产出价值来。但是，成群的个人可以形成联合体。这种联合体，通过从单一政治体的全体成员关系中分离出来，组织起他们自己分立的法律—政治秩序供应，从而使价值能在这样的秩序范围内被生产出来。[1]只要存在这样的前景，或者置身于那重大幕之后的人们在考虑诸替代性财政安排时预见到这样的前景存在，则在能被恰当地归类为社会租的价值中，税前的份额就可能戏剧性地缩减。

联系一下种种投入中外部边际产出的存在和测度，或许能使此处的观点得到最佳的呈现。在正统的价格理论中，一个投入单位的外部边际产出就是那个单位在其最佳替代用途上所能掌握的报偿，其对于潜在购买者—使用者的真正机会成本。在我们那个初始的被限定模型中，当所考虑的是面向整个经济体的"生产函数"时，任何投入都不存在丝毫的外部边际产出。任何个人，不管是单人还是结伙，都不可能在这个集体之外生产出价值来。如果我们现在引入某种分离选择权，并认识到，个人可以成群地脱离最初组织的那个集体，并为供应文明秩序而形成他们自己的独立政治体，则对可以视他们自己为这类分离联合体潜在成员的那些人来讲，他们的外部边际产出显然变为正值。

人们将强烈地感觉到，对于自己在某种替代政治情境中有希望

---

[1] 假设存在某种初始的全覆盖型政治体，在此范围内，我将专注于借助分离选择权而有可能存在的内在退出。与此很相似的分析可以被扩展到某种个人或群体拥有外在退出选择权的设定情境中去，即存在着很多分立的政治性单位，在它们之间能发生迁徙。对外在退出的分析比较复杂，因为它必然牵涉到若干单位；另外，这种分析比较熟悉，因为财政理论中，在蒂布特模型的题目下有过关于它的讨论。

有一篇初步的论文进一步发展了对通过分离实现内在退出的分析。参见 James M. Buchanan and Robert L. Faith, "Secession and the sharing of Surplus: Toward a Theory of Internal Exit", presented at the Public Choice Society Meeting, New Orleans, February, 1985。

获得的价值地位，他们享有着"道义上的权利"。当所有的缔约者在决策的立宪阶段上考虑种种财税安排时，这样一种认识将充溢于他们之中。在需要为对他人的收入转移融资时，如果有一群人必须为此而成为净纳税者，他们就有可能脱离已组成的集体，另创一个分离集团。这样的前景，对于在真正无知之幕后面形成的任何合意所将派生的财政强制，无疑将产生限制作用。从前面第五节中的讨论来看，其后果将是突出净纳税额和收入转移接受额之间的那些预期阈值差。

不过，强调这样一点很重要，即在关于社会租的假设上所做的这一改动，并不会从立宪性考虑中完全排除为资助再分配性收入转移而实施强制征税的财税安排。只要向整个政治体的全部成员供应保护性—生产性国家服务有着独到的优势，与潜在分离单位（或其实是其他的外部政治体）中的同类服务供应相反，将依然存在某种空间，使得有可能对后立宪期的税收—收入转移制度进行选择，这个空间将包括很多的替代选项。在实际的分离选择权未被行使时，净纳税人群体实施有利分离的前景也许只倾向于减少获得合意的收入转移税收水平，而非全然排除这样的税收。也就是说，某些社会租将存留下来，并且，这种租为实现契约上认可的收入转移税收提供了一种潜在的源泉。

如果事实上确实存在着某种退出选择权，对服务于再分配意图的财政性收入转移来讲，它的水平将受到真正的限制。在这些情境中，充其量，只能迫使那些净纳税者为这些成本掏钱，即保护性—生产性国家服务的全部成本，外加一笔收入转移，其数量等于形成一个分离联合体的种种成本。[1]作为就财税制度选择所能够在其中进行的可行制度空间所做的预测，这些实质上很谨慎的考虑都将进

---

[1] 有可能论证说，处于无知之幕后面的人们将就罗尔斯两大正义原则中的第一项，最大同等自由原则，达成合意。在这种情形中，可以进一步提出，人们分离并形成新政治体的自由是一项数得上的罗尔斯式自由。在这种情况中，符合诸正义标准的共同体必然允许这样的一种退出选择权。关于这一观点的某些蕴涵，有一篇讨论文章，参见 James M. Buchanan and Loren Lomasky, "The Matrix of Contractarian Justice", *Social Philosophy and Policy* 2 (Autumn, 1984): 12–32。

入那些理想化缔约者的算计之中。它们本身，并非我的基本关注点，我所关注的是在任何定义好的可行性边界之内对契约上偏好的强制征税水平设置约束。

## 七 全收入的非可测度性

现在我要放松第二节中那组限定性假设中的第二项。这项假设预设，在技术上可以做到不依靠任何观察到的行为测度个人在创造价值上的自身能力。没有某种这样的假设，无论是否在极端形式中，似乎都无任何理由来为一种再分配性财税结构作契约论的合理性证明。

对这个观点，可以援引图24-1，即那个简单的双人例示，来加以阐释。如图中所画的，预期个人$i$将有能力实现水平为$OY$的全收入，个人$j$将有能力实现水平为$YZ$的全收入。他们的效用水平与他们的预期全收入直接相关。但请设想，全收入，生产价值的能力，是不可能测度的；不依靠一个人的外显行为，就没有办法来估算他的价值生产能力。请设想，实际的价值产出全都是可在经验上测度的事物。

在这种设定情境中，不可能靠直接参照所见到的收入创造行为来决定某个人的恰当财税义务（或正或负）。在图24-1中，$OY$和$YZ$，如果现在被定义为衡量着实际的已产出收入，就完全可以代表那些具有**同一**全收入的人所做选择的行为后果。个人$i$可能因干活较多，创造了收入$OY$；而个人$j$则可能因游手好闲，创造了收入$YZ$。在这种情形中，某种税收—收入转移系统，基于观察到的已产出收入，对于理想化缔约者们可能达成合意的几乎任何目标而言都将是有悖常理的。

然而，如果对全收入的独立测度在技术上根本不可能，某种不合理的财税性收入转移前景就必然会排除在所有再分配结构上达成契约论式合意的可能性吗？对这个问题，不可能先验地给出任何答案。答案将取决于缔约者们就个人的价值生产能力与他们运用这种能力的所见行为间的经验性关联所做出的预测。如果这种关联强烈为正，即如果绝大多数被观察到创造了较低收入的人所以如此是因为具有相对较低的生产能力，而在高收入情况下则与之正相反，则一种再分配结构就未必会严重地动摇那些正当的契约论目标。尽管如此，该契约性合意将预示这样的前景，即任何这样的系统都将包含一些不当获取收入转移支付的人以及一些被不当征税的人。

看来，关于各种再分配性安排的基础性宪则选择所受到的影响，在方向上是清楚的。对施加于初始模型的第二项限定性假设，任何放松都将具有这样一种后果：当理想化缔约者们在财税选择的立宪阶段上达成了某种合意并由此派生出了收入转移的要求，而为了给这种收入转移融资需要实施强制征税，这时，放松这项假设会降低这种征税的水平。即放松第二项假设所起的作用在方向上与放松第一项假设相同。从图24-1中的几何图形来看，按所见收入征收1美元税额的预期效用损失和基于所见收入的1美元收入转移的预期效用获益之间，存在着对应的阈值，而放松这项假设的效应是扩大这一阈值。为了使这个结论更具普适性，只要预期经济体中所见收入水平上的差异反映着个人的自愿选择，而非个人性的外生因素，契约上导出的强制征税必然是较低的。

## 八 导入超额负担

我将放松第二节中规定的第三项限定性假设，这项假设涉及后立宪期财政运行中缺乏个人作为纳税人和转移收入接受者的预期行为反应。首先有必要考察无行为反应的可能，但必须是在一种确实的经济框架中，而非依据为了明晰和简化而对模型做出的那些假设。在什么条件下不可能存在行为反应呢？而且，在这些条件下，存在着合乎宪则上所评估的、有利于对再分配制度进行选择的直接后果吗？

一个体之人，面对着按某种其拥有名义索求权的税基或税源来衡量的强制纳税义务，如果在整个相关的私人选择阶段上都不存在任何非可税的效用创造机会，将不会改变其行为。如果存在非可税的效用创造机会，且在这些机会和那些可税机会之间存在着连续的、无限制的变化，这个谋取私人均衡的个人，在税前，将会在行为上做出反应。无反应就表明，不存在非可税机会。一种按全收入或曰潜在收入"最佳地"征收的税种将符合这一情况。在这种情形中，将不存在任何归因于种种超额负担效应的预期效用损失。然而，在制度上，仅仅凭各种信息要求，不可能在税收上做出这样的概括。而且，这一点也将被我们的理想化缔约者们认识到。人们必然预期，税收将引发行为反应；个人将通过转向种种非可税机会来做出反应，并且这将涉及多种效用损失。

相似的结论也适用于收入转移方面。在这里，与面向净纳税者的非可税机会相类似的是对转移收入接受额的资格要求（eligibility requirements）。与在合乎理想概念的纯收入转移方案下所能取得的结果相比，这种资格要求又将涉及预期的效用损失。理想化缔约者们将会考虑这种被概括于超额负担主题下的效用损失。并且，与将出现于无超额负担模型中的税收水平相比，缔约者们的宪则性合意将反映出一种体现着较低征税（及收入转移支付）水平的制度安排。[1]虽然，与无超额负担模型中的水平相比，这些被选定的制度

---

[1] 在此处预设的这种情境中，在给定某种被同步决定的收入转移预算水平后，缔约者们还将倾向于同意对税收和收入转移制度的这样一种选择，即这种制度将使预期的行为反应最小化。他们所以愿意这么做是因为，在立宪阶段上，他们将预见到那些按超额负担来衡量的效用损失，且将做出努力来使这些固有损失（deadweight losses）最小化。尽管这个模型在目的上与加里·贝克尔所导入的模型相当不同，但产生这个结论的分析却在许多方面与贝克尔的分析相类似。参见 Gary Becker, "A Theory of Competition among Pressure Groups for Political Influence", *Quarterly Journal of Economics* 98 (August, 1983): 371–400。

安排将体现出某种较低的收入转移预算，但没有手段来确定所取得的最终的、税后的、收入转移后的状态在特征上将表现为更多的还是更少的余留分配不均。既然在总体上，财税激励方面的效应是降低所产价值的水平，那么与立宪期合意在无行为反应条件下将产生的状态相比，某种较低的收入转移水平有可能产生出某种更接近均等的分配状态。

## 九　导入寻租活动

现在我要来放松这四个限定性假设中的最后一项。这项假设规定，后立宪期中的政府，在按照宪则秩序的指示执行任何传给它们的财政制度上都行事合乎理想。做出这一假设完全是为了简化前面阐述的目的，而这样的政府行为在任何合乎现实的模型中都是难以置信的。在给定政治代理人在行为上所要服从的种种约束后，必须就他们寻求增进其自身利益的行为本身进行建模。[①]在这里，我还是不想推出一个专门的模型；就我的目的而言，我只是提出这么一个假说，即对前面假设的政治完美性范式将存在某种预期的背离。这种财政过程自身就将伴有某种预期的岁入浪费或损失，即所征收到的税收额中，有一部分将不会按那些宪则指示中所要求的那样，被作为转移支付输送给指定的接受者。相反，这些资金中的一部分将被导向利益输送（以实物偿付或者现金形式），其对象为那些充当政治代理人的人，或者这类代理人设法向其输送利益的那些人。

初始模型中的这一变化对结果的影响与放松另外三项限定性假设所产生的影响相同。现在，由于理想化的缔约者将认识到，财税

---

[①] 在我的书，《征税权》（*The Power to Tax*, Cambridge: Cambridge University Press, 1980）中，杰弗里·布伦南和我考察了一个关于政府行为的单一岁入最大化模型的种种含义。

性收入转移,无论在宪则上获得合意的公平标准可能多么强烈地要求这类措施,在模型上,再也不可能将其建模为是对纳税额的一元对一元转换(dollar-for-dollar repcacememts)。因此,与在一个理想化运行的政治体下所能获准的收入转移水平相比,将会在一个较低的收入转移水平上达成合意。[①]

我们可以参考图24-1那个双人模型中的简单几何图形。在税收上所征收到的岁入额和被指定接受者最终获得的转移收入额之间存在着某种错位,对这一点的预见将产生的效果是扩大相应边际效用函数中的间断点规模。

## 十 总论概括

我在本文中的目标可谓雄心勃勃,即在一种着眼于规范分析的普适性契约论框架内,针对为再分配性的收入转移支付提供融资而实施的强制征税,导出可能的限界。我的意图并非建立精确的限界,而是针对有可能将征税主管权授予立法机构的情况,就若干有影响力的技术性因素和行为性因素对这种立宪性授权所产生的影响,勾勒出大致的作用方向。

我的分析始于一个自由主义的否定断言,即所有的税收都是盗窃。我将维克塞尔的全体无异议准则扩展至立宪性选择的层面,在这个层面上会考虑到那些当期或后立宪期收入转移国家的种种可能活动。税收—收入转移的主管当局将受到种种宪则性约束的限制,但与我在以前著述中讨论这些限制措施的做法不同,本文并不包含

---

[①] 任何可取的税收—收入转移政策,虽符合正义目标的要求,但在执行上要借助于某种政治制度的运行,因而面临着困难。杰弗里·布伦南和詹姆斯·布坎南所著《规则的理由》一书的第八章中对此有一些详细的讨论。(Geoffrey Brennan and James Buchanan, *The Reason of Rules*, Cambridge University Press, 1985)

对这类原则性限制的论证。我在本文中的关注点是分析这类宪则性约束的内容。

作为第一步，我建立了一个模型，它似乎可能最有利于实现对财税性收入转移的立宪性授权。对这个模型，存在着四项高限定性的假设。首先，所有的价值产出都是社会租，即若不存在覆盖政治体一切成员的法律性—政治性秩序，就根本生产不出任何价值来。其次，我假设，测度个人的当期全收入在技术上完全可以做到，无须依赖任何所见行为。再次，个人对税收和收入转移毫无反应。最后，政府在执行立宪期合意的要求上行事完美。

即使在这一高度受限的模型中，分析仍然表明，收入的完全均等化，这或许看上去是专一地聚焦于理想化分配准则所必然要求的，将永远得不到立宪期缔约者们的同意，因这些缔约者将考虑到在个人中进行任何价值**再**分配所带来的种种效用损失。在这个纯化的设定情境中，有可能达成宪则性合意（尽管并无必然性）的安排是那些转变最终价值配置的安排，这类安排将使价值配置偏离原初与市场相关的、税前和收入转移前的、趋近平等的归算，而那些将推进完全均等化的安排，则永远不可能达成合意。

接下来，这些限定性假设被依次放松。第一项假设，按照定义，将全部有价值产出都归结为社会租。尽管对于孤立状态中的个人来讲，这样的归因可能听来合理，因这样的个人在某个共同体—集体之外极少能生产出价值来。但是，即使是在涉及个人时，这项限制仍会因存在外在退出而变得难以成立；而在涉及个人的群体时，它会因内在退出的存在而变得难以成立。组织成集团的目的可能是从全覆盖型政治单位中分离出来。在这种情形中，分离出来的集团将被要求提供其自己的保护性—生产性集体服务。该分析意味着，因考虑到外在退出或内在退出而使价值产出的社会租属性发生任何弱化，都将使立宪期缔约者们估计到，当税收攫取超过了机会成本的恰当数量限度时，效用损失也将增大。对于初始纯粹模型中已表明的平等，这一认识将强化背离的倾向。

第二项假设设定了全收入的可测度性。放松这一假设的后果指向了同一方向，即趋于更低水平的强制征税。在实践上，要被用作税负义务估算基础的收入必须是由行为形成的、恰当的契约论式税基，它在将纳税额和收入转移额与全收入挂钩上必然存在着误差。那些理想化的缔约者将认识到这种对概念上理想测度值的偏离，并将通过对税前和收入转移前的归算赋予更大权重来使这样的误差最小化。

关于无超额负担的第三项假设，当被放松后，将改变纯模型的那些结果，其改变的方向与已考虑过的前两项放松相同。最终，这项涉及政治代理人行为的假设在被放松后，其效果会与那些已提到调整的直接效应合在一起。那时，这样一种做法，即为了供应保护性—生产性国家服务而对各种报偿实施某种价值归算，并由此调整价值份额的配置，使之显著背离其税前、收入转移前的配置，可能会引起质疑。

这项分析并不适于建立强硬和快捷的限制。然而，它确实推进了论证，使之不再停留于有关契约性过程本身的准则上。根据阐释，从这种理想化的立宪性契约中产生出来的是针对最初所提问题的"正"解。而这个最终答案必然会被允许去囊括全套可能的财政安排。本文的分析所做的就是，就参与立宪性活动的个体缔约者的算计提供另一种洞察。

对于任何立宪期对话来讲，环境性参数当然至关重要，且对其作用的某些趋向可以很容易地预见。只要人们将他们自己设想为全覆盖型政治共同体的成员，而非孤立状态中的个人或者潜在分离集团的成员，强制征税的范围就被扩大了。只要保护性—生产性服务供应上的真正公共性扩展至整个全覆盖型成员身份的范围，同样的结果就成立。只要人们在利用自己的能力上是同质的，测量恰当税负义务的空间以及由此而实施强制征税的空间就增大。同样的结果还源于对财税性安排所作反应上的同质性。而最后，只要代理人们如宪则性合意中所规定的那样，为增进"公共利益"而行动，税收中包含的损失和体现在转移收入接收额中的效用获益间的阈值就会被降低。这些关键参数上的反方向转变，当然，将产生出方向相反的结果来。

# 第二十五章 组织理论和财税经济学：社会、国家和政府债务

## 与维克托·范伯格合著

## 一 引论

预算赤字的量级和明显的持久性已使得经济学家们的注意力重新聚焦于有关政府债务的基础理论。尽管在核心论题上，20世纪80年代这场论战不同于50年代和60年代初的那些争论，但这两场讨论中的共同因素都是宏观经济学方法视角的主导地位。布坎南在1958年对凯恩斯主义宏观经济学家们发起了挑战，尽管只获得了部分的成功，但它可以同样的效力适用于70年代和80年代的大部分宏观经济政策讨论。

在本文中，我们的目的不是延续或拓展这场关于政府债务的基本经济学理论之争，我们不打算考察相对立的税收融资和债务融资各自所具有的宏观经济后果，这个问题已占据了这场受欢迎争论的大部分。我们的目的与此不同，我们是要证明，可以采用基础性的组织理论将注意力拉向一些相关的维度，这些维度曾始终隐含在布坎南的论点之中，使他与其批评者们判然有别。[①] 尽

---

[①] J. M. Buchanan, *Public Principles of Public Debt* (Homewood, Ⅲ.: Richard D. Irwin, 1958); J. Ferguson, ed., *Public Debt and Future Generations* (Chapel Hill: University of North Carolina Press, 1964); J. M. Buchanan and R. Wagner, *Democracy in Deficit: The Political Legacy of Lord Keynes* (New York: Academic Press, 1977).

管我们分析的要旨支持布坎南对体现在正统观点中的宏观总合法（macroaggregation）所做的批评，但此处所采用的论点与布坎南早先提出的那些论点很不相同。①有些宏观总合论观念将经济体或共同体处理为一个整体单位，但我们批评的目标并非这种观念中隐含的有机体幻觉。相反，我们背离这种正统处理的根据在于它没有能力来恰当地区分"国家"与"社会"或"经济体"，这个失败模糊了整个政府债务问题中那些关键的维度。恰如我们将论证的那样，如果将国家恰当地理解为一个**组织**，并且将其本身与"社会"或"经济体"区别开来，则对这场政府债务争论中那些核心观念的重新诠释就会使国家自身得到肯定，尤其是对于诸如"内部"债务和"外部"债务间的区分、政府债务的切实影响，以及债务负担之类的问题。

## 二 作为一个组织的国家

像俱乐部、联合会、工会和企业那样的组织可以被很有意义地处理为运行**单位**，而不会在方法上违背个人主义的分析框架。在一个组织内，通常使人们联系起来的那些方式都允许共同的决策和协调的行动。这种实现共同努力的能力反映着一个事实，即个人，作为组织中的一个成员，将其部分资源提交给了组织的控制和权力系统。组织成员身份的本质是服从权力系统（无论这一系统是如何构建的），因为组织要求无论什么资源都应被界定在组织领域的范围之内。在一个组织内部，由个体成员们汇聚起来各种资源都服从于

---

① 布坎南对其所谓"新正统"的批评，主要目标是某种宏观经济学视角。这种视角，通过聚焦于"构成国民资产负债表的总合性总量"（Buchanan, *Public Principle of Public Debt*, p. 41），隐含地采用一种关于国民或共同体的有机体概念，这种概念与个人主义的经济学传统有着内在的矛盾（第36页）。布坎南的重点在于这种概念所固执的总合幻觉，即将"经济体"（"社会"、"共同体"）处理为一个整体单位，从而要就该整体单位来评估政府债务的成本和获益间的相应权衡。

统一控制。并且,在实施这种控制时,组织能被很有意义地处理为一个决策制定单位和行动单位。其统一的准则都体现在描述组织权力结构的种种规则之中。

人们,在具体的资源提交承诺下,成为特定组织的成员。这样的承诺因组织类型而异。在这个意义上,组织间的差异,如一个高尔夫俱乐部、一家商务企业和一个政党之间的差异,可以根据对各种组织所作资源提交承诺的种类和范围来加以说明。一个组织的**宪则**,不论它是明确的还是隐含的,都规定着成员身份的条件(the terms of membership),包括说明一个人的资源中要服从组织控制的份额。在所有成员的资源份额合在一起交由组织控制的情况下,组织宪则还就个人参与这种组织控制系统的权利做出界定。[1]

"社会"或"经济体"并非一个组织。"社会"(或"经济体")是一种概念性建构,一个有用的名称,它指称某个人类群体中诸社会经济关系的总合,而这种群体通常是按地理维度来定义的。社会(或经济体)并非一个组织性单位,它并不控制其成员以某种方式汇聚起来的资源。尽管"社会成员"的说法在实践中常被用到,因而可以说一个人是某一社会(经济体)的组成部分,但其意义与适用于组织中成员身份的意义有很大的不同。社会(或经济体)并不作为一个权力系统而存在,作为成员的个人并未将他的某一部分资源禀赋上交给社会。

与此相对照,国家,在前面定义的严格意义上,**是**一种组织单位。国家是生活于社会中的人们所构成的政治性组织,它扮演着一种"保护性"机构的角色[2],即建立和执行社会互动发生于其中的

---

[1] J. S. Coleman, *Power and the Structure of Society* (New York: Norton, 1974), p. 38ff; V. Vanberg, *Markt und Organisation* (Tübingen: Siebeck [Mohr], 1982); V. Vanberg, "Organizations as Corporate Actors", Working Paper, Center for Study of Public Choice, George Mason University, 1984.

[2] J. M. Buchanan, *The Limits of Liberty: Between Anarchy and Leviathan* (Chicago: University of Chicago Press, 1975).

法律框架。在其这样的角色中，国家通常握有一种垄断性地位。正是借助于一个组织，种种联合集体行动得以遂行。如同任何组织一样，人们只是凭借其资源禀赋中的规定份额而成为组织成员，国家的法定领域也只延伸至人们作为公民而上交给国家权力机关的那些资源。与绝大多数组织一样，在承诺交由组织来控制的资源和仍处于组织范围之外的资源之间，分界线可以是模糊的。在私人领域和政府领域之间，因伴有种种不明晰性，可能存在着种种错位。尽管如此，撇开某种完全集权主义结构的极端情形不谈，对于所有的国家来讲，恰如对于所有的其他组织一样，在作为公民的个人可能承诺交由国家控制的资源和个人保留下来由他们个人或在非国家性组织中自行处置的资源之间，还是能做出有意义区分的。[1]

从这一区分的角度来看，可以清晰地设定"国家"和"社会"之间的分界线：国家包括了个人以其公民身份参与的全部关系，而社会则除了包括所有这类关系外，还要加上个人以其私人身份参与的那些关系。

当然，将国家理解为一种组织，并不忽略使国家有别于其他组织的独有特征。既然国家是借以确立和执行"游戏规则"的机构，国家就在很大程度上控制着制度环境，人们正是在这种环境之内以其所有的私人身份，单人地或有组织地，展开其活动的。然而，尽管事实上整个社会是靠国家的支持而得到法保护伞，但是，在公民

---

[1] 在承诺提交一个组织的个人资源和仍然处于组织范围之外的资源之间划出宪则上定义的界限，作为一个论题，与相对立的完全责任和有限责任之间的区分有所不同。例如，一个商务企业，在其自己的范围内，拥有着其所有者—成员根据企业宪则已承诺提交给企业权力系统的资源。无论是有限责任还是完全责任，该企业对其所有者—成员的资源所享有的处置权都被限定于那些按宪则做出了承诺的资源，并不延伸至其成员们作为个人所拥有的任何其他资源。所有者—成员们是否对外部针对企业的索求权负完全责任的问题并不改变企业作为一个组织在法定范围上的界定。

在这样的背景中，将国家视为一个"有限责任组织"看来是符合共通理解的，也符合国际上的法律惯例。国家的成员们，即那些公民们，并不对国家的债务负有个人责任。一个债权人，不可能将针对比如说阿根廷的合法索求转变为针对某个作为个人的阿根廷公民的索求。

们作为公民、作为"国家"这个组织的成员所做（或也许是要求他们做）的事情和人们在法保护伞的约束范围内以其种种私人身份所做的事情之间，始终有着一种关键的区分。

## 三 政府债务和私人索求权

前面就政府债务理论的核心论题进行了梳理，它具有一个直截了当的含义。在50年代占主导地位的凯恩斯主义宏观经济学中，以及——常常是较隐晦地——在80年代的宏观政策讨论中，都在内部政府债务和外部政府债务之间做出了一种类型区分。在这里，**内部的**和**外部的**这两个词是指对两类政府债务的区分，一类是由借款国公民们持有的债务，另一类是由外国人持有的债务。典型的推论是，经济体内的人们所持有的政府负债义务，与经济体外的人们所持有的负债义务相比，某种程度上压力较小，从而前一种债务在某种意义上不是净债务，因为经济体内的人们握有着与之对应的索求权。

如果我们考虑一个诸如高尔夫俱乐部或商会那样的组织，那么认为这个组织所引发的债务本身应当切实地由那些成员个人的私人存款来相抵，无疑将显得很荒谬。在那些被置于组织领域之内的资源（作为组织成员的人们已将它们交由组织控制）和处于组织领域之外的资源（尽管它们仍归构成组织成员的人们所拥有）之间，是可以划出一条严格界线的。那些仍然留在组织明定领域之外的资源是**外在于**该组织的，与非成员们拥有的资源绝无二致。举个例子，如果，一个乡间俱乐部为给一个游泳池融资而发行的债券应当由其成员来购买则如此造成的债务仍然是外在于这个俱乐部的，除非是在一种特殊的情形中，即成员们负有某种义务，**以他们作为成员的身份**购买这种债券。如果成员们，作为其成员身份的一个条件而有义务购买俱乐部的那些债务凭证，则靠这种"债务"为一项开支融资与靠成员们的直接捐赠为同样的开支融资，在许多方面将是等价的。

如果，与此相对，成员们没有任何这样的义务去购买该俱乐部所发行的债券，而是相反，在某种严格自愿的基础上来购买这些有价证券（放贷），则债务融资和那些捐赠融资替代项在效果上就会相当不同。如果在组织的"内部"借款和"外部"借款之间做出一种区分，则贴切的分界线就在这样两类贷款之间，一类是能**根据种种成员义务**而从成员们那里获得的贷款，另一类是通过与非成员或处于其严格私人身份中的成员们进行协商而获得的贷款。给成员们以其各种私人身份贷放给组织的贷款贴上"内部借入"资金的标签是有误导性的。因为，"内部的"一词意味着，相应交易活动全都始终处于组织中具有成员身份的人所构成的集体之内。此处，这样一种术语运用将忽略一个基本事实，即只有组织确实作为一个核算单位而存在也只有它的债务责任和索求权能进行有意义的对比。而对在组织中持有成员身份的人所形成的特殊群体则不能说同样的话。这种群体并不作为一个集体单位而存在，它并不全面地包括了组织成员们的全部资源禀赋。

这些论点适用于"国家"这种组织，尽管这种特殊组织有其专属特征。如果，政府为了给其种种开支融资，运用其宪则性权力向公民们征税或者**命令**公民们购买债券，并以此作为延续成员身份的一个条件（强制借款），则财政运行就显然是"内部性的"，而融资的这两种方法在许多方面就将是等价的。也就是说，征税和强制贷款宜于被归类为"国家"这种组织的内部融资手段。[①]

---

[①] 在概念上，这样的强制贷款能区分出三种不同的类型：首先，**不可让渡**的贷款，它形成系于初始购买者的索求权；其次，**可让渡**的贷款，它形成可被转让（如通过遗赠）给组织其他成员的索求权，但不能转让给非组织成员；再次，**可交易**的贷款，它形成可被出售或转让给任何人（包括非组织成员）的索求权。在某些背景中，强制贷款这三种类型间的差异或许饶有趣味，但此处将忽略它们，以避免使我们的分析复杂化。

然而，如果政府向其借款的人恰好是公民，但他只是以各种私人身份进行活动，并自愿地（即并非因其作为公民而负有的部分义务而）购买债务凭证，则这样的借款对于组织本身来讲就只是外部性的，就好比是向并非公民者（外国人）借钱一样。与那场政府债务论战中实际界定内部—外部的区分不同，此处采用的组织性概念框架意味着，内部政府债务和外部政府债务之间的恰当区别并不在于一方是公民们提供的贷款，另一方是外国人提供的贷款。区别在于这样两类贷款之间：一类是公民们因其公民身份条件所必须提供的贷款，即由政府靠行使正式设立的财政权力向公民们征收的强制贷款；另一类是通过对债务凭证的完全自愿购买来提供的贷款，无论购买者是公民还是非公民。如上面所强调的那样，除了那些对政府权力毫无限制的情境之外，作为公民而成为"国家"这种组织的成员的个人，与从他们的所有资源禀赋角度来刻画的个人，并不完全等同。

如果在政府对个人行使的权力上设置了宪则性约束，则在所有这类情境中，从某种国民资产负债表核算的意义上就整个"社会"或"经济体"加总所有的索求权和债务责任，就变得具有误导性，且归根结底是不恰当的。[1]可以就个人和组织（包括国家）构建资产负债表，但经济体根本不是一个，可有意义地讨论索求权和债务责任的社会性单位。

---

[1] 要像阿巴·P. 勒纳（参见 Buchanan, *Public Principles of Public Debt*, p.12）所做的那样，论证说"对于国民债务（national debt），即由民族国家对本国公民所欠的债务……并不存在任何的外部债权人……我们对我们自己欠债……"，是模糊了"国家"（state）这个组织起来的单位与"社会"或"经济体"之间的基本区分。如果勒纳用"民族国家"（nation）来表示**国家**（state），并用"我们"来表示处于其作为国家成员的身份中的所有公民，则对于所谓的"国民债务"，是有一个"外部债权人"的，即处于其**私人身份**中的公民们。也就是说，因为公民的资源中有一部分仍然处于国家的领域之外，"我们对我们自己欠债"的说法纯属误导。被归因的集体，即"我们"（"社会"、"经济体"），根本不作为一个"核算单位"而存在。只有在完全极权主义的系统这样一种极端情形中，"我们对我们自己欠债"的命题才是有意义的。

如我们的讨论所揭示的，国家，作为一个组织，同样是负有义务的，而公民们在未来的成员身份条件同样会受影响，无论债务是由公民持有还是由外国人持有。只要债务凭证是被自愿购买的，贷款的来源就仍然与国家的资产负债表无关；所有的债务都是外部性的。那些债务凭证持有者们（无论他们是经济体内的人还是经济体外的人）的索求权，都进入私人的资产负债表，它们不属于该政治组织的范围。

## 四　政府债务的后果：负担问题

在由来已久的政府债务论战中，一个核心论题是，征税和借款，作为政府支出融资的手段，有怎样的相同点和不同点，这与谁承担所作支出的负担这一问题关系尤为密切。传统的讨论聚焦于这两种融资工具对经济中的储蓄和资本积累所产生的宏观经济影响，尤其聚焦于李嘉图等价定理或其当代版（巴罗中性定理）所含诸假定的现实性上[1]，而此处所用的组织理论框架则意味着一个不同的重点。既然作为一个组织的国家是借款单位，则在使用这种融资工具所导致的后果中，首先应当加以分析的是那些关系到组织中既有成员和未来成员的后果。为了讨论这些后果，尤其是讨论对未来各代成员的影响，做几点术语方面的说明是有帮助的。

---

[1] 请对比一下李嘉图（*The Works and Correspondence of David Ricardo*, ed. P. Sraffa with M. Dobb [London: Cambridge University Press, 1951–1955], 1: 244–246, 4: 149–200）和巴罗（R. J. Barro, "Are Government Bonds Net Wealth?" *Journal of Political Economy* 82 [1974]: 1095）的研究。关于进一步援引此文献的讨论，参见 R. G. Holcombe, J. D. Jackson, and A. Zardkoohi, "The National Debt Controversy", *Kyklos* 34 (1981): 186。关于对等价定理和中性定理的细致区分，参见 J. M. Buchanan and J. Roback, "The Incidence and Effects of Public Debt in the Absence of Fiscal Illusion", Working Paper, Center for Study of Public Choice, George Mason University, 1985。

如果我们用"团体行动"（corporate action）这个词来定义被归因于有组织单位（一个俱乐部、一个工会、一个企业、一个国家）本身的那些活动，那么由这样一个单位采取的借款行动就可以被称为"团体借款"。运用第三节中的分析，当贷款是由组织的**成员们按他们作为组织成员的身份**提供给组织时，我们可以称其为"内部性团体借款"，而当贷款是由以其私人身份自愿行动的人们提供给组织时，则不论他们是否为该组织的成员，我们都可称其为"外部性团体借款"。在团体借款行动发生当时的组织成员群体和团体借款行动发生后的组织成员群体之间做出分析性区分后，"未来成员"这个词就可被用来作为后一群体的名称。① 显然，团体借款隐含着未来成员的种种义务，即他们要分期偿债并支付债务利息，因而赤字意味着用未来的偿付为当前的政府支出融资。在这种意义上，一般而言是团体借款，但具体讲就是政府债务，显然意味着，不谈种种获益考虑（换言之，不考虑如此实现融资的支出所具有的特性），**偿债**的负担被转嫁给了未来的组织成员或曰公民——纳税人。

如何判断债务负担的这样一种时间位移，将取决于特定的环境。如果，在相应的还本付息期内，成员群体始终与债务发生时一样，则这种融资安排就仅牵涉该相同群体内的某种支出延期，类似于个人靠借款来为当前支出筹钱的某种情形。然而，如果这个成员群体在相应时期内发生变化，就意味着，依照该群体的构成所实际发生的变化，在这项靠负债来融资的支出上，一些受益者或者所有受益者能够将偿债的负担部分甚至全部地转嫁给其他人。在这个意义上，团体借款就会对各自组织中未来成员身份的条件产生负面影响。除非是这样一种情形，即借款为生产性投资提供了资金，它在

---

① 根据这个定义，组织中的"未来成员"，可以包括既有成员（只要他们在债务发生之后仍然留在组织之内），以及在债务形成之后加入组织的新成员。

整个相应时期中产生了足以补偿债务负担的获益。①

既然团体借款可以允许团体支出的当前受益者向其他人至少是部分地转嫁成本,那么在一个组织的预算实践上,采用这样一种融资工具似乎是一个诱人的选项。但是,这种诱惑能实际生效的程度显然取决于该组织的预算决策是在怎样的约束之下做出的。

## 五 团体借款的原则和机会成本

一个组织靠负债来为各种团体开支融资的可能性依存于两组条件。首先,必须存在某些(明确的或暗含的)宪则性规定,它们允许该组织借款,并定明了在考虑借款时所需遵循的决策制定程序。其次,必须有潜在的债权人,他能够购买那些债务凭证。潜在债权人向该组织放贷的意愿取决于他清楚贷款将得到归还的前景和如此放贷的机会成本。在内部团体借款和外部团体借款之间,潜在债权人的机会成本是根本不同的。对外部债权人来讲,向某一组织放贷的机会成本等于他提供的这笔资金在最佳替代用途(也许是向另一组织放贷)上的价值。而对内部"债权人"(即按照延续成员身份的条件被迫认同放贷的组织成员)来讲,其所面对的选择并不指向资金的种种替代性用途,而是相反,是究竟认可这项强制贷款以便仍然留在组织之内,还是舍弃成员身份并完全离开组织(或者因未能履行一个人的成员义务而在组织内面临强加的任何惩罚)。当放

---

① 在这种情形中,且若非有特殊说明的情形,政府债务会给未来世代强加一种成本,一种不可能被排除的成本。如果未来世代将选择公开地或隐含地(靠通货膨胀)拒不履行该项债务,后果只是转变影响范围的最终分布,并非排除了它。

请注意,组织成员们以其成员身份而承受的某种净债务负担,在跨时期的转移上只取决于靠负债来融资的支出相对于国家借款利率的生产力。成员们为抵消未来偿债对个人的影响而以其私人身份在储蓄上做出的种种可能调整,对于成员们因其组织角色而承担的、随债务而来的未来偿付义务不会产生任何影响。

贷是成员身份得以延续的一个前提时，组织成员只能靠自身脱离组织来避免提供内部贷款。

**私人**组织中有一些结构性特征往往会抑制为给浪费性的投资或消费融资而实施的外部借款。决定组织融资惯例的既有成员，及/或潜在债权人，在决定为了给团体支出融资而借入或提供一笔款项时，通常都有相当的理由把对未来成员身份条件的影响纳入考虑。在成员权利可交易的情境中（如法人公司中的股份），如果预见到对成员身份的未来条件将产生负面影响，就可以认定，这种预见将减少成员权利的价值（价格），而这将限制既有成员将团体借款用作服务于非生产性支出的融资工具的倾向。而如果，成员身份的权利不可交易，但由于其他原因，既有成员们有兴趣使成员身份条件保持足够的吸引力以招揽新成员和保留既有成员，则相似的论点也是适用的。在这两种情形中，既有成员们都面临着一种权衡，一方面是源于债务融资的潜在好处，另一方面是各种潜在的损失。损失的来源，要么是可交易成员权利的价值下降，要么是在债务发生后的时期中该组织因没有能力吸引新成员和/或留住老成员而派生出的种种不利。

不考虑组织既有成员对于靠借款来为非生产性支出融资的好恶，潜在的债权人——无论他们是否为组织的成员——都有他们自己的理由来注意靠债务融资的支出对于成员身份条件的未来吸引力将具有的影响。他们提供的贷款将得到恰当偿还的可能性有赖于相应偿债期内存在着信守组织负债义务的组织成员。当现行的支出及其融资方式使得未来成员身份条件缺乏吸引力时，未来没有成员愿意履行组织负债义务的风险就上升（请注意，破产是"未来成员们"逃避组织负债义务的一种方式），而潜在债权人将相应地不再那么愿意向组织提供一笔贷款。结果，在私人组织中，我们能够发现那样一些机制，它们一方面倾向于给既有成员们提供一种动力，给他们靠负债来为非生产性开支融资的冲动套上缰绳；另一方面为他们从事这样一种融资实践的能力设置外部限界。

## 六 政府债务与作为一个组织的国家

在私人组织的场合,加入(或拒绝加入)和退出上的自由从根本上限制了通过为浪费性开支进行债务融资的方式来盘剥未来成员(债务发生后各时期中的成员)的可能性。人们可以完全拒绝加入,从而拒绝为财力不济的组织承担负债义务。或者,如果人们是这种组织的成员,他们可以行使其选择权,离开该成员群体。作为一项总的原则,人们越易于拒绝加入,或者一旦加入一组织后越易于退出,对未来成员的利益就保护得越好。

国家,在被视为一个组织后,成为其特征的恰好是这种自执行反馈机制的薄弱。一个国家中的各种成员权利通常都是不可转让的[1],且它们通常不是靠明确的决策来获取。生而成为公民的潜在新加入者并不拥有拒绝加入该组织的选择权。同样,随着时间的推移,当他们成长起来足以就自己的去留做出深思熟虑的决策时,退出的成本将比私人组织中的典型退出成本高很多。退出成本相对较高的首要原因,毫无疑问,是**公民身份**和**居住权**通常是配对的,作为一条规则,一个人不可能放弃其在一个国家的公民身份,却又不将其住处迁往这个国家的地理边界以外。[2]然而,正是由于这些高昂的退出成本,在成员身份条件的吸引力发生变化时,相对而言,

---

[1] A. Alchian, "Some Economics of Property Rights", in Alchian, *Economic Forces at Work* (Indianapolis: Liberty Press, 1977), p. 137ff.
[2] 原则上,公民身份和居住权当然是可分立的,这事实可能含有有趣的蕴涵。作为一个**非居民公民**,一个人也许能够摆脱一定的成员义务(尤其,如纳税)而不放弃公民身份。另一方面,一个**外籍居留者**也许要负担那些典型的成员义务(仍然,尤其是纳税),且他也许只能靠重新选定其住所来摆脱这些负担。

第二部分　应用

关于去留的决策将不会很灵敏地做出反应。由此而来，对于任何既有成员的群体来讲，在时间上转嫁成本的诱惑增强了。通过靠负债来为开支融资，并用其收益来创造即期的好处，即期的成员群体能有效地推卸总合财政运行的净成本。①

这同一点的另一面是债权人在表达其向该组织放贷意愿上的可能行为。当他们考虑向一私人组织放贷时，他们必然会评估现行预算实践对该组织中的成员身份吸引力和/或股份转让价格的未来影响。而当同一批债权人考虑向作为组织的国家放贷时，同样的顾虑不复存在。高昂的退出成本，加上未来成员的强制加入，提供了担保，将会有一批人必然地成为该组织的成员。违约的风险依然存在，恰如私人组织的情况一样，但公民们手中的加入—退出选择权相对薄弱始终是国家的一个重要区别性特征，这个特征肯定将影响那些潜在债权人的行为。

在债权人们对待国家债务的态度中，有一个即使关联更紧密但却略有不同的方面，它植根于这样一种认识之中，即未来的成员们不可能使他们自己与过去成员们所引发的欠账完全隔绝。政府债务允许国家的过去成员们遗留下依托未来成员收入的、可强制执行的索求权，对于那些作为国家未来成员的人来讲，这种遗留索求权的价值，在总量上，可以超过传给他们的资产的价值。②与此相反，对于家庭来讲，负价值遗赠在法律上是不可能的；而对于自愿的私人组织来讲，它们在实践上是被排除的。因此，只要尚未确立起对国家征税权的限制，国家的潜在债权人们，对于靠负债来融资的开支，无须顾虑其时间性"生产力"。

---

① 各种国家，毫无疑问，在公民们所面对的退出成本上是各异的。与较多中央集权性的单位相比，地方分权型管辖单位盘剥即期纳税人或未来纳税人的能力较弱（参见 G. Buchanan and J. M. Buchanan, *The Power to Tax: Analytical Foundations of the Fiscal Constitution* [Cambridge: Cambridge University Press, 1980]）。
② Buchanan and Roback, "The Incidence and Effects of Public Debt".

## 七 退出、申诉和民主国家

将成为国家成员的人们,与他们处于某个以自愿加入和退出为特征的组织中时相比,其利益免受潜在财税盘剥的程度会达不到后者。当然,仅此事实并不意味着这样的盘剥必然发生。依然有待考察的是申诉[①](voice)选项的潜在效果,在 A. O. 赫希曼的经典著作中,该选项被说成是在控制一个组织的表现上个人所拥有的第二种基本手段。[②]内部决策制定过程的动力依然有待分析。借以达成组织决策的程序由种种规则来界定,而对于任何组织来讲,这些规则都构成了宪则的一个组成部分。

当在前面的讨论中涉及这样的程序时,我们已隐含地预设,成员身份意味着潜在的参与。即我们已预设,从根本上来讲,组织,在某种意义上是"民主的"。这样一种结构体现着在宪则上确定的行使组织决策制定权的成员权利,其实现方式大致有两类,要么是通过某种表决程序直接地行使成员权利,要么把权力委托给某个指定的代理人或代理人集团间接地行使成员权利。这种关于民主决策的基本预设,在总体上,未必适用于所有作为组织的国家。然而,既然我们关注的基本上是西方各国,我们就将把注意力限定于那样一些国家,即它们确实体现出了指定意义上的民主过程。我们要考察,在财政决策做出之后的各个时期中,民主决策程序在反映将成为共同体成员的那些人的利益上所能达到的程度。

对于任何组织来讲,由于老成员的退出和/或新成员的加入,债务发生时的成员群体和各后续时期中的成员群体通常是不同的。

---

① 这个词的实质含义是用语言来表达不同意见或诉求,如反对甚至抗议。——译者
② Albert O. Hirschmann, *Exit, Voice, and Loyalty* (Cambridge, Mass.: Harvard University Press, 1970).

但这两种成员集合之间永远会有一个交集。只要存在新老成员之间的某种混合，且只要他们**作为成员**的时间视野是各异的，某些人就会比其他人更关心现行眼前组织决策对未来成员身份条件的影响，从而未来各代成员的利益在当前的组织决策制定过程中将有所表达。对于国家来讲，这意味着，只要既有成员们本身预见到他们自己将在后续时期中受到影响，而且只要他们将其后嗣的利益考虑进来，债务负担的时间位移就会受到限制。

然而，与成员的加入—退出维度一样，对应于"申诉"维度，国家作为一个组织，也有其一些专属特征。一个这样的特征就是**投票者**（组织决策过程参与者）集合与其**成员**集合的不一致。在具备民主规则的私人组织中，投票（参与）权通常是在成为成员时获得的。因此，通常情况下，投票者集合与成员集合是完全重叠的。然而，对于国家来讲，人们通常因出生而成为公民或曰成员，但只是在成年期才获得投票权。被授予投票权的人在那些被定义为成员的人中只构成一个子集。

这种不一致性对于政府债务问题的蕴涵一目了然。未获得投票权的人恰恰是那些在利益上将表现得最具长期性或远见性的成员。决策过程偏向了参与成员们那些有时间特征的利益。这些利益将必然展现出某种较短的时间视野，它会不及所有成员能全员参与组织决策时形成的时间视野那么长远。对于所有的成员（和表决参与者）来讲，当他们接近或过了退休年龄时，时间视野必然会缩短，而这会强化此处的这种效果。

如前面所表明的，对于那些当前未获得投票权但将变成国家成员的人们来讲，他们的利益，在某种程度上，将被纳入那些现期决策实际参与者的利益之中。人们对于其儿女、孙儿女、侄儿女、甥儿女乃至陌生人儿女的利益并非一视同仁。未来公民的这些利益当然将缓解既有成员作为投票者把政府开支的成本在时间上推向未来的意愿。然而，似乎没有理由期望，在整个政治过程中，对未来成员的这种关心将完全抵消无人代表未来利益所带来的种种后果。

旨在确保更直接代表未来利益的改革直面着一些其他问题。降低投票年龄直接引出了胜任能力的问题,而为了照顾未成年的被赡养者而加重成年人选票的权重,则违背政治平等的基本准则。类似于由一个监护人充当一个未成年人法定代表的做法,一个"政治监护人"——预设为父母之一,能代表一个"政治未成年人"的利益而投票——是一种可构想出来的安排,但也有一些明显的困难。看来无法避免的结论是,就私人组织而言,能期望既有成员和/或债权人的典型利益足以约束对借债的运用,但不能期望利益动力对国家做同样的事情。为了防备有投票权成员方面带时间偏向的利益,明确的宪则性约束也许是必要的。

当然,这样的宪则性约束有若干形式。针对赤字融资的一项简单禁令,或者某种要求批准这类融资须有立法机构的某种绝对多数赞同的规定,可以证明都是可行的。(在对美国宪法提出的平衡预算修正案中,绝大多数都包含这样一条规定,即任何议案,凡背离规划所定岁入和开支匹配计划的,都必须经国会两院的五分之三多数票批准。)也许,仅仅对政府谋取强制贷款的负债手段设立一条限制性规则就是一项有效得多的约束。另外,在国家预算中对消费和资本性开支进行必要的管理区分,并将负债融资限定于后者,看来或许提供了一种实现改良的前景,尽管在若干欧洲国家中已观察到了这类程序的局限。

## 八 宏观经济政策理论和受限制的国家

在经济学家当中,对于政府债务和赤字的宏观经济学,存在着各种各样的论点,这从经济学家们自己的角度来看时尤甚,而我们有意避免加入其中的任何一方。我们的目的被限定于证明,在经济学家们的论点中始终存在着某些明显的含混之处，而组织理论中的某些基本原则能趋向于澄清其中的某些混乱。尽管我们选定的考察领域是政府债务，但我们这项分析，对于宏观经济政策理论中那些更广泛和更具包容性的论题，显然是有所启示的。

我们的核心命题是，"国家"应被定义为一个组织，它对于其成员们的资源禀赋拥有**受限制的**索求权，并且这个组织本身应与"社会"或者"经济体"明确区分开。或许，与实证性分析相比，这个命题更适宜于规范性分析，但其规范性要旨适用于基础性的政治哲学层面，而非在那之外的宏观经济理论的方法论假定。并且我们认为，在对国家的定义中，将国家对资源的可能控制置于某些限制之下，是一个在西方社会的社会经济学家和哲学家当中获得广泛认可的规范性模型。然而，或许恰如我们的讨论所揭示的，宏观经济政策理论中的很大部分也许在相当程度上，尽管是无意识的，基于一种不同的规范性国家模型，且是一种即使是其从业者也永远不会公然采用的模型。

# 财产权和外部效应

## 第二十六章 私人所有权和设施共用[*]

在经济学理论的文献中有许多阐释性例示,其中一个最著名的例示是好而窄的道路和劣而宽的道路。它是庇古教授在其《财富与福利》和第一版《福利经济学》中提出的,意在为其那个普适性命题增添支持,即将资源从成本递增产业转出来能提高整体的经济效率。[①]这个论断的正确性受到了弗兰克·奈特教授的质疑。在他那篇现在很著名的论文"社会成本解释中的种种幻觉"[②]中,奈特教授用这个专门的道路例示来证明,在私人所有权体制下,通常,价格的调节往往确保着实现最佳资源运用的那些必要条件。这场大争论涉及在具有不同成本特性的产业之间配置资源,参与其中的许多其他讨论者也使用了这个道路例释。[③]

在本文中,我将关注对道路例示本身的专门分析,而不是这

---

[*] 感谢马歇尔·科尔伯格、马尔科姆·霍格、理查德·莱夫特威克、罗兰·麦基恩、杰尔姆·米利曼在本文写作的各个阶段所提供的有益建议。

[①] A. C. Pigu, *Wealth and Welfare* (London: Macmillan and Go., 1912), p.163; *The Economics of Welfare*, 1st ed. (London: Macmillan and Co., 1920), p.194.

[②] Frank Knight, "Fallacies in the Interpretation of Social Costs", *Quarterly Journal of Economics* 38 (1924): 582–606. Reprinted in *The Ethics of Competition* (London: Allen and Unwin, 1935), pp. 217–236. 后面的索引指的是后者。

[③] 关于这场讨论的概况有一篇有帮助的综述,参见 Howard S. Ellis and William Fellner, "External Economies and Diseconomies", *American Economic Review* 33 (1943): 493–511. Reprinted in *Readings in Price Theory* (Chicago: Richard D. Irwin, 1952), pp.242–263。

个例示的普适化。这样的聚焦将要求更全面地考察可为这个例示提供一个体制框架的多种制度结构。从这个方法中会产生出若干有趣但复杂的要点。当目的仅仅是用这个道路例示阐释一些较重要的普适原则时,这些要点往往会被忽略。尽管这项分析的结论不会影响经济学家们在那些更宏大论题上已达成的共识,但当存在设施共用时,它们将改变在设施利用上的那些公认结论。当存在技术性负外部经济效应时,将能看到,资源所有权模式上的变化,作为实现有效率资源运用的一种手段,在效能上很有局限,并非如其被普遍预想的那样。虽然这项分析特别适用于公路政策领域,尤其当对使用者直接收取通行费时就更是如此,但是它可以被很容易地扩展至其他问题,如公共油田、公共渔场和公共狩猎场。

一

我首先要简短地重述一下这个例示。有两条道路,其中一条路较宽但建得很差,它能承受任何流量的交通而不发生拥堵;另一条路较窄,因而其交通承载能力受到限制,但它路面平整,通行速度快。不考虑原初的建设成本。商务性车辆是这两条道路的唯一使用者。

庇古证明,如果对优质道路的使用不设置通行费,会有过多的车辆倾向于走这条路。对使用好路收取通行费将符合社会利益。在这一点上,过去没有、现在也没有任何争议。然而,奈特反对将庇古的论断扩展至普适情形。他还专门指出,在私人所有权体制下,往往可以在没有政府干预的情况下设立正确的通行费。

奈特教授达到这个结论是始于将劳动力用于优质土地和边际土地的推导。他正确地说明,在私人所有权下,市场将倾向于使劳动在这两类土地上的边际(而非平均)产出均等化。但他没有发现,有必要对能借以实现这种配置的多种可能制度安排做出区分。如果此处做出这样一种区分,将是有益的。

最先且被最直接提出来的安排是土地所有者雇佣劳动。当一单位优质土地的所有者多雇用一单位劳动时,他会意识到平均产出的减少。换言之,边际调节是内化于其决策之中的。对劳动的配置将使劳动在这两类土地上的边际产出相等。请注意,只要给定最终产出是在竞争中定价的,则在优质土地的**任何**所有制模式下都会产生这个结果。如果相对于经济体的总生产而言,优质土地上的生产总量不大,在这种土地上就可能存在完全集中化的(单一)所有权。

在实现最优资源配置上具备了必要条件的第二类制度安排是劳动雇用土地。单个劳动者租用优质土地的离散单位。每一个劳动者都基于熟悉的可变比率法则[①](the law of variable proportions)估计对土地单位的需求——在本例中是土地对固定的劳动。与前面一样,劳动者之间的竞争将倾向于使劳动在优质土地和边际土地上的回报相等。但是,为了确保优质土地的全部数量都得到利用,该土地的所有权模式必须能使优质土地单位的定价竞争化。如果优质土地的总量固定且不可再生,则完全集中化的所有权可以导致竞争性的定价,即垄断解和竞争解可以是等价的。[②]然而,这是一种特殊情形,而为了使竞争性定价得到保证,土地所有权模式必须被切实地分散化。如果撤销对不变性的这种限定,且优质土地是可再生的,土地价格就必然位于诸边际成本水平上。在这种情境中,为了形成恰当的资源配置,切实分散化的所有权将永远是必要的。

如果现在导入第三类制度安排,描述市场借以实现有效率资源调节的过程这个问题就变得更加困难。假定,单个劳动者们租用土地,但不是像前面那样按离散的土地单位来租用。相反,现在他们

---

① 意思是说,在短期内,一个双要素生产函数中,一个要素的投入量保持不变,另一个要素的投入量变化,会导致产出发生相应变化。——译者
② 用简单的几何术语来讲,如果垂直的供给曲线从左边切割一条直线需求曲线的中点,这就会是这种情形。

获准购买对总产出平等做贡献并平等分享的权利。劳动者们并不是按可分立的物理单位来租用土地；随着更多的份额被购买，每个劳动者的土地数量就减少。在买进这些份额的过程中，个人并没有能力去顾及他自己的行动所带来的他人平均产出下降。存在着个人生产力之间的相依性，或者用更严谨的术语来讲就是，存在着技术性负外部经济效应。劳动者们将倾向于使个人估计的优质土地上的边际产出和边际土地上的边际产出相等，但这将不会使劳动在这两种机会上的社会边际产出实现相等。如果要将个人生产力之间的这种相依性考虑进来，就必须借助于这样一种制度性的所有权模式，它给优质土地份额定价的方式是促进正确利用的。

## 二

问题已被从较熟悉的土地—劳动例示角度引了进来，可以来重新思考道路的情形了。这两个例示完全类似，但是在分析上，而非制度上。其本质的差异是，在土地—劳动例示上，现实世界中的制度安排通常是第一类或第二类，而在道路情形中，标准的模式是第三类。这一差异解释了，为什么在着眼于阐释普适原则时这第三类调节从未被仔细考察过。这为奈特的那段陈述提供了依据，即"如果我们考虑的是道路所有者雇用卡车，而非相反由卡车租用道路"，例证"就更清楚了"。[①] 按照这个假定，该道路例示就变得等同于通常的或曰第一类的土地—劳动情形，而市场通过某种合理的简单配置过程选择理想的资源调节。优质道路的所有者能够将增加一辆卡车所引起的"每辆"卡车平均产出的下降考虑进来，因此他能够使卡车运输资源在优质道路上和劣质道路上的边际产出均等

---

① "Fallacies in the Interpretation of Social Cost", p.221.

化。然而，紧接着前面所引用的那句话，奈特教授继续写道："任何一种方式的后果都是相同的；即使有某个第三方来租用这两方面，后果依然相同。"为了理解在什么条件下后果是相同的，有一些特定的制度假设是必须详加考察的。

第二类制度安排将产生所要求的边际产出均等化，现在可以来说明这种情形。如果存在一家单一的大型卡车运输公司，它在优质道路和较宽道路之间进行选择，如这两种道路的服务都免费，结果将是这样的均等化。所做出的假定是，即使在这种单一大型卡车运输公司的情形中，最终产出——货运服务——市场仍然是竞争性的。只要我们保留这两种设施在总量上的固定性和永久性假设，上述结论（当道路服务免费时实现最佳资源配置的必要条件就存在）也就成立。如果我们考虑到这些道路设施有折旧，则要想确保这家集中化的卡车运输公司恰当地配置卡车运输资源，对道路服务的竞争性定价就是必需的。

有一种制度安排显然不会产生这种理想结果，即一家单一大型卡车运输公司（大得足以使所需要的调节都内部化）面对着单一的较优机会所有者。在这种情形中，会有过多的资源被投入较宽（免费）道路。因为，赋予优质道路服务的任何正价格都将使大型卡车运输公司限制对优质道路的使用，从而与卡车运输资源在较宽（免费）道路上的边际产出与在优质道路上的边际产出相等的均衡点相比，其对优质道路的使用量会低于这个均衡点的水平。无论最终产出（货运服务）市场是竞争性的还是垄断性的，这个推论始终是正确的。

## 三

然而，已提到的这三种安排都不如另一些制度安排那么有趣或合乎现实，这里将对这些安排做更细致一点的讨论。最有意思的安排是这样一种情形，优质道路的所有权集中化，同时由一个完全竞争的卡车运输产业共同使用该道路。这种情形还将为公路而非任何其他领域的恰当定价政策提供较具建设性的启示。假定，卡车运输是一个完全竞争的产业，由大量的企业所构成。而优质道路归一家单一的利润最大化企业（政府的或者私人的）所拥有。假定该道路是不可毁损的，从而允许忽略整个维护成本问题；这一简化不会影响这项分析。卡车运输公司租用道路，既非对整条道路，甚至亦非对单位时段内路面的可分割份额，而是租用在某特定时段内与数量不定的其他卡车货运业者一起使用该道路的权利。对于单个卡车运输公司来讲，在优质道路的使用上存在着明显的负外部经济效应。道路服务（体现为使用该道路的权利）的边际产出将进入企业决策，而这种边际产出大于该道路服务的总合边际产出。单个企业自己购买一个公路份额的行动减少着所有其他卡车货运业者所持份额的生产力。

经济学家们普遍同意，当存在技术性负外部经济效应时，市场不产生有效率的经济资源配置。道路使用所牵涉的负经济效应显然是技术性的，而非金钱性的。当更多的卡车使用优质道路时，由于拥堵的物理效应，所有卡车的平均生产力只会下降。那些卡车运输公司的生产函数都被改变了。①

---

① 西托维斯基提到了第四类相依性，这是他唯一称之为具有"正外部经济效应和负外部经济效应"特征的类型。而道路使用为这一类相依性提供了特殊但并非不重要的例子。单个卡车运输公司的生产函数不仅依赖于该企业所运用的要素，而且还依赖于其他企业的产量。这符合米德关于负外部经济效应的精确定义。（参见 Tibor Scitovsky, "Two Concepts of External Economies", *Journal of Political Economy* 62 [1954]: 144–145; J. E. Meade, "External Economies and Diseconomies in a Competitive Situation", *Economic Journal* 62 [1954]: 67。）

该道路情形曾被许多经济学家用来例释负外部经济效应的存在。例如，请参见，Jacob Viner, "Cost Curve and Supply Curve", *Zeitschrift für Nationalökonomie* 3 (1931): 221。

R. F. 卡恩能通过一个古怪的推理链条来否定负外部经济效应在这种特殊道路情形中的存在。他把边际私人生产力定义为，在企业的支出和其他要素的总量保持不变的条件下，企业中因一个要素投入量的变化所导致的产量变化，并把边际社会生产力定义为同样条件下共同体总产量的变化。然后，他做出了下面的陈述："在考虑将所有的其他要素（被视为一个合成要素）用于要素'道路'的过程中，我们关于社会边际生产力的定义——而根据负外部经济效应的含义，（接下页）

这是一个重要问题，也超出了对该道路问题的特殊运用，它涉及这样一个根本性的问题，即为什么出自设施共用的技术性负外部经济效应会阻碍市场机制形成实现最优资源配置的必要条件。是因为个体的效用或曰生产力都相互依存吗？或者，是因为有些被共用的资源未被集中化地拥有？或者，这两点其实是一回事？如果强调缺乏集中化的所有权，则实现总体效率所需的全部条件似乎就是在相应资源的所有权上做出某种修改，并伴以对资源服务实行利润最大化定价。在较优机会上实现租金最大化的垄断定价似乎是社会所能向往的安排。[①]使用上的共同性（commonality）可以依然不变。但另一方面，如果确认，市场机制的失灵是源于个体决策之间的相依性，则只要使决策制定活动集中化，或换言之，消除使用上的共同性，就可以产生所需要的效率。在第一种情形中，被共用资源的集中化所有权是唯一被提出来的制度变化。在第二种情形中，被推荐的是集中化的资源所有权和集中化的资源运用决策。

可以首先考察的是单靠集中化所有权就将产生出所需的运用这一论断。这一论断的合理性有赖于这么一种证明，即被共用资源（好道路）的所有者将受利润动机的引导而采用某种固定价格，而这种价格将事实上引发设施的单个使用者们有效率地运用该资源。

---

（接上页）它被说成是存在于边际社会生产力达不到边际私人生产力的场合——要求，增加其产量的企业所占用的道路空间量应保持不变。随之而来的是，可供所有其他企业占用的道路空间量应保持不变。最终，他们的产量都未被改变；而边际社会生产力与边际私人生产力并无差异。"然而，很显然，产量上的任何变化都必须按车辆或每时间单位吨英里来衡量，且必然会改变被考察企业所占用的道路空间量，也必然会改变可供其他企业占用的道路空间量。看来，卡恩先生用他自己的定义设定了一种不可能的情境，并陷在其中不能自拔。（R. F. Kahn, "Some Notes on Ideal Output", *Economic Journal* 40 [1935]: 18）。

① H. 斯科特·戈登在其关于公共渔业问题的分析中对此有明确的表述。他的处理与奈特教授的处理类似。而渔场问题，在绝大多数方面，都与道路问题相类似。参见 H. Scott Grodon, "The Economic Theory of Common-Property Resource: The Fishery", *Journal of Political Economy* 62 (1954): 124-142。

必须强调的是，实际的资源调整必须出自那些个体的竞争性卡车运输公司的行动，而不是出自好道路所有者方面的任何直接行动。

对好道路服务的需求必然起源于那些单个卡车运输公司。如上面那个第二类土地—劳动例释中所讨论过的，如果单个卡车运输公司能按分散的和同质的单位来购买公路服务，则在推导出需求函数上就不会有严重问题。通过将相继的公路服务单位（单位时间内按平方英尺计的道路空间）用于固定的非公路要素量，就会导出单个企业的需求函数来。①可变比率法则将充分发挥作用。如果我们在该图景中略去拥堵，它实质上就是这一情境。对每一家卡车运输公司来讲，都将存在一条下倾的公路投入需求曲线。然后，通过对个体需求曲线的正常加总，就能导出优质道路服务的总合需求曲线。

现在必须导入拥堵了。对于单个企业所获得的公路使用"权利"，其生产力将取决于其他企业对道路的运用。这个另增出来的因素会进入单个企业的购买决策。个体需求曲线将因对交通流量的种种预期而发生位移。

这一点可以在图26-1和图26-2中以几何方式来说明。图26-1描绘了单个企业对于投入（体现为特定时段内使用好路的权利）的需求曲线。$D_1$代表当预期没有拥

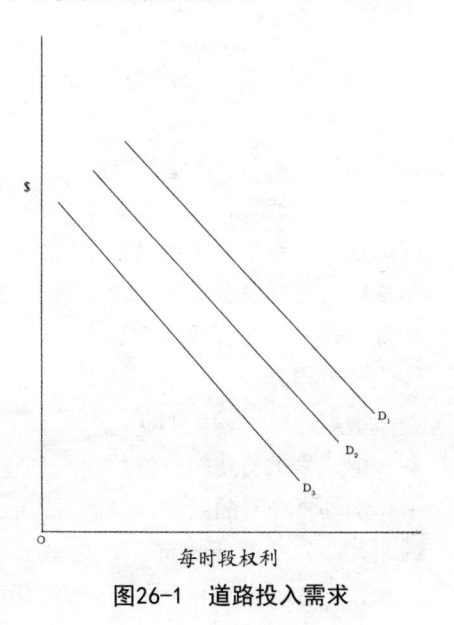

**图26-1 道路投入需求**

---

① 当然，不可能所有的非公路投入都始终保持不变。有一些投入（如燃油、驾驶时间）必然会与公路投入一起变化。

堵时企业的需求曲线。①$D_2$和$D_3$代表在预期交通流量足以产生拥堵时形成的较低需求（边际价值产出）水平。

图26-2是按反转的因素来画的。现在，道路被视为固定要素，而曲线$AP$是卡车资源被用于优质道路时的平均产出。应当指出的是，被反转的要素是就企业总合而言的，而非针对单个的卡车运输公司。这是很重要的一步，因为看上去，围绕该道路问题的绝大多数混乱，根源就在于对恰当维度的界定。（参见第411页脚注1中卡恩对负外部经济效应的否认。）趋于下降的平均生产力并非源于任何一个企业的行动，而是源于所有企业的行动。如果那条基线被视为代表卡车运输资源在免费道路上的平均（边际）生产力，则卡车运输资源在好道路上的恰当投入就位于$OO'$。在这一段上，这两种机会的边际生产力相等。

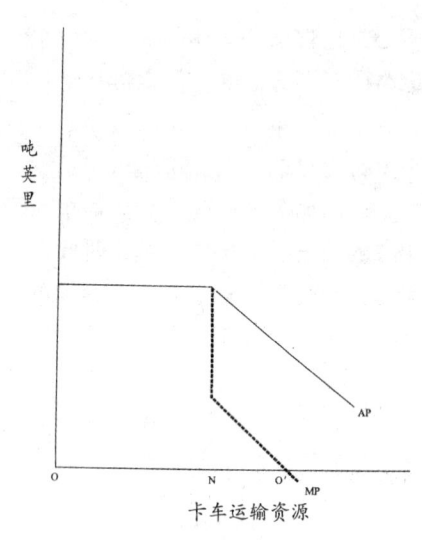

图26-2 卡车运输资源的生产力

图26-2与图26-1的关联只有一点，即在优质道路使用"权利"上，需求曲线的位置是预期交通量或曰被用于固定道路的总合卡车运输资源量的函数。个体需求曲线的下移是由于卡车运输资源的平均生产力趋于下降。如果单个卡车运输公司预计没有拥堵，即如果它预计总使用量少于$ON$，$D_1$就是相应的需求曲线。另一方

---

① 对于免费道路的服务，可以在一个更低的水平上导出类似的下倾需求曲线，但这些曲线对这个论点来讲并非必要。

面，如果它预料总交通量是$OO'$，需求就将是$D_2$。单个企业没有任何力量在$AP$上确定运营点。

除非是在没有拥堵的时候，否则靠简单地加总个体需求曲线，导不出一特定时段内好道路使用"权利"上的市场需求曲线。一旦出现拥堵，个体需求就变得相互依存。道路所有者所必须考虑的就不仅是趋于下降的个体需求曲线，还要考虑当总交通量上升时卡车运输活动上趋于下降的平均生产力。个体生产力之间的这种相依性要求每个企业都尽可能正确地估计所有其他企业的行动，并把这种估计作为其自己行动的依据。当然，所有的企业都相互做出正确的预测是不可能的。然而，在某种交通模式得以确立后，对总交通量做出适度准确的预测或许还是可能的。并且，道路所有者可能也有能力定出某种实现利润最大化的价格来，只是，其不确定性会比通常的垄断者略大一点。

看来很清楚的是，在有拥堵或无拥堵的场合，好道路单一所有者的定价政策都将导致按单位时段"权利"来计算的道路使用，而这不同于图26-2中$OO'$所代表的道路使用。与为使卡车运输资源在这两种机会上的边际生产力相等所必需的交通量相比，所售通行费票证的总数将在好道路上形成较小的交通量。道路所有者谋取利润最大化的定价政策将会对优质设施的使用造成过度的限制。

该结果可以很容易地在无拥堵情境中得到证明。如果任何一种道路上都不存在拥堵，将不会有任何卡车使用差路，而对好路的运营就像它是一种免费品。但是，单一所有权的安排将会给好道路的服务定出一个价格。如果单个企业在这种道路服务上的需求曲线是下倾的，则任何正价格的存在都将倾向于在某种程度上限制对道路的使用。

当存在拥堵时，尽管略微复杂了一点，但结果是相似的。单一的道路所有者将能够把交通量上升时趋于下降的卡车运输平均生产力考虑进来。该边际调整将内化于他的定价决策之中。在只有这个要素被反映在所选价格中的情况下，单一所有者的行动将倾向于促进正确的道路利用。但是，该所有者还将考虑到单个卡车运输公司的下倾需求曲线。只要他把这些资料纳入其定价决策之中，对该道路的使用往往将低于合乎社会效率要求的水平。

只有当单个企业在优质道路使用上的需求曲线为水平状时，由单一所有者向完全竞争的卡车运输产业出售道路投入的制度安排才倾向于在好道路和免费道路之间形成有效率的交通配置。在这种情境中，加总的或曰市场的需求曲线将倾向于只反映趋于下降的平均生产力，而这源于增加了的交通量。对优质道路的垄断性定价（受制于个体决策间的相依性所造成的特定不确定性），在这些条件下将倾向于促进社会所向往的结果。在某些主张单靠集中化的所有权就将产生理想结果的论断中，似乎已经隐含地假设了这种类型的单个企业需求曲线。但这一解说看上去没什么根据。凭借一批固定数量的非道路要素，如卡车和终端站点，一家卡车运输公司在特定时段内为其最初几次的道路通行权利所支付的价格将高于其第 $n$ 次权利的价格。超出其标准运营能量之后，新增的通行将要求实施双班倒、设备保养不足等。换言之，道路使用权与任何其他类型的投入无丝毫不同。可变比率法则，至少在初始阶段之后，是必然要起作用的。

必然的推论是，较优机会上的单一所有权，加上道路服务上的垄断性定价，不产生效率标准所指示的资源配置。垄断性控制只出现于优质道路服务的销售上。在整个分析中，我们一直假定，最终产出（货运服务）市场始终是完全竞争性的。

## 四

现在，要考察较优道路的所有权被假定为分散化的情形。在这个被限定的道路例示中，这种所有权模式是不可能有的，但是，弄清楚如果它真是如此的话将会有什么结果是很有意思的。因此，假定整个优质道路被分解为许多较小的优质道路，其数量多得足以使任何单一道路都不可能显著地影响总交通。如果这些好路在物理上是可分立的，拥堵就将在每条道路上独立地发生。这些优质道路企业中的每一家都将面对一条下降的需求曲线；所以会出现这样的需求曲线，不是因为企业大得足以影响道路服务的总供给，而是因为卡车运输资源在被用于单条道路时其平均生产力是趋于下降的。从前面的图形来看，面对道路所有者的下倾道路服务函数仅仅从构成图26-2基础的那些因素中产生出来。只要这些道路企业的每一家都精确地估算卡车运输资源的下降平均生产力，并且只要各种卡车运输公司都正确地预测每条道路上的总交通流量，对优质道路服务所做的利润最大化定价将倾向于促进总的卡车运输资源在若干优质道路当中以及在优质道路和免费道路之间的正确配置。

这似乎正是隐含于奈特教授论断中的那种制度安排。尽管在那个特殊的道路例示中，因为只有一条好道路，这样的安排是不可能的，但它说明，在设施共用的情形中，确实存在一种为最佳资源利用提供必要条件的制度模式。但要注意若干有趣的特征。设施共用从而相依性的范围被简化为单条小优质道路的规模。且垄断性定价，而非竞争性定价，是单个道路公司所行政策的基础。这里存在竞争性元素和垄断性元素的一种有趣结合。在最终产出市场中的竞争被假定为无处不在。在单个卡车运输公司之间也存在竞争。并且，存在着足够数量的道路企业以使竞争性条件得以存在。但每一家道路企业都必须是一个价格制定者。它遵循某种垄断性的定价政策。这种政策使低于价格的边际收入等于边际成本。企业对价格的唯一控制必然会出现，原因是拥堵或曰道路使用上存在的负外部经济效应；因控制优质道路使用"权利"的总供给而产生的垄断，在集中化所有权条件下是存在的，但在这里则必然阙如。对于存在若干优质道路的情形来讲，这种安排将倾向于使每一条道路上的租金最大化。但要强调的是,对于作为一个整体的优质道路来讲,总租金将**不会**被最大化。因此,当卡恩先生指出,在较优道路上需要有竞争性的所有权而垄断性所有权将导致使用受到过多限制时,他是正确的。①当奈特和戈登两人都声称,较优道路上的总合租金必然会被最大化时,他们是错误的。②单一所有者通过控制道路使用"权利"而产生的那些垄断元素与拥堵无关。通过将这些元素纳入考虑,单一所有者能够从设施使用者身上攫取的总租金将高于存在大量所有者的另一情形时所能产生的总合租金量。

## 五

仍然必须加以考察的是这样一种制度安排,即在较优道路上同时并存着竞争性所有权和竞争性定价。假定,存在着大量的优质道路,其数量足以确保无一道路对总交通有明显的影响。但还假定,这些道路是相互连通的,从而拥堵出现于整个道路系统中,而非某单一道路上。拥堵是优质道路总利用状况的函数,而非任何单一优质道路利用状况的函数。这可以被想象为这样一种情形,即有大量的优质道路以频繁的间隔彼此交叉,而拥堵就出现在十字路口。尽管这种特殊的情形不无牵强,但这种安排并非毫无现实世界的对应性。实际上,这种安排最贴切地类似于负外部经济效应的老套例子,排烟的烟囱。每个道路所有者都将面对道路服务上的水平需求曲线,因为他对要被投放于市场中的优质道路"权利"的总供给毫无控制;每个道路所有者都将是一个价格接受者,因为拥堵根本不是其单条道路上交通量的函数。价格将被定在边际成本上,在这个

---

① Kahn, "Some Notes on Ideal Output", pp. 17–18.

② Knight, "Fallacies in the Interpretation of Social Cost", p. 22; Gordon, "Economic Theory of a Common-Property Resource", p.129.

例示中，它为零。对零价格的解释是现成的。如果在优质道路利用"权利"上存在着固定的总供给，将倾向于存在一个正的价格。这将类似于我们的土地—劳动例示，即劳动者们从相互竞争的地主那里租用分散的土地单位。那时，价格将被设定在市场出清的水平上；或者用几何术语来讲就是，价格将位于总合的需求曲线与垂直的供给曲线相切割（cut）的那一点上。但是，在该公路问题中，并不存在固定的道路使用权总供给。无论使用者的数目有多少，道路服务都不会被"耗尽"。既然某单一道路上的新增使用者不会给单个道路所有者带来任何成本，这类所有者中的竞争将倾向于在通行费上竞相杀价，直至为零。这种类型的**竞争**将导致对较优道路的过度使用。这一点本来可以被隐含地设定在庇古的原初论点之中。当然，对整体较优道路增加使用者，会向整个社会强加成本。但是，既然这些成本完全是因拥堵而产生的，它们就不会由道路所有者承担，而是由其他的使用者来承担，因此它们就不可能影响道路供给并通过供给来影响价格。

## 六

我全面追溯了若干种可能的所有权和定价安排，以便弄清楚这些制度模式中哪一种会产生实现最优资源配置的必要条件。我的发现是，较优道路上的单一所有权加上对资源服务的垄断性定价，将导致无论是否存在拥堵，都会限制对好道路的使用。社会不可能向往这样的结果。过多的卡车将被迫使用免费道路。我证明，道路服务上的竞争性所有权和竞争性定价，将导致当存在拥堵时，与差机会相比，好机会被过度利用。只有在没有拥堵（即负外部经济效应）的时候，这种所有权和定价模式才产生有效率的结果。当使用者的决策之间存在相依性时，只有在中间性模式中，即在竞争性所有权占主流但遵循垄断定价原则的情境中，结局才会符合那些效率准则。只有在这样的情形中，优质道路的所有者才会在进行其定价决策时，只考虑卡车运输资源因拥堵而在平均产出上的下降趋势。

对于这些安排的考察是按它们好像都有可能存在的假设来展开的。如果这项分析被限定于最初那个特殊例示之中，即一条好道路和一条免费道路，则有关道路的任何私人所有权模式都不会独自产生造成实现有效率资源利用的必要条件。有效率的运用可以通过下列三种途径中的任何一种来实现。第一种，可以使卡车运输的运营集中化，并使所有的道路都免费，前提是其他的运输媒介构成了足够好的替代手段，从而使货运服务市场保持充分的竞争性。第二种，可以强制单一的优质道路所有者在拥有的同时也运营该道路，将卡车运输资源视作投入，租用它们，并在一个充分竞争的市场中营销最终产出（货运服务）本身。第三种，政府可以拥有这些道路，并按边际社会成本给道路服务定价。在将这些方式应用于公路运营方面的现实世界问题上时，只有这第三选项才为实现运营效率提供了有意义的准则。①

现在，可以来回答前面出现的那些问题了。关于个体效用或曰生产力相互依存的说法等于是说，某些被共同使用的资源并非被集中化地拥有。但从这一点并不能推断说，单独的所有权变化永远足以产生出有助于达致帕累托效用边界的那些必要条件。单靠所有权变化来获取有效率的资源运用是很困难的，其根源在于那些无法改变的制度现实。在许多情形中，要想使资源运用上的负外部经济效应内化于某单一所有者，必须具备集中化的所有权，但不同时允许该单一所有者对资源服务的总供给实施某种程度的垄断控制，就不

---

① 关于这项准则的讨论，请参见我的《公路服务定价》"The Pricing of Highway Service"，*National Tax Journal* 5 (1952): 97–106. )。

可能稳获集中化的所有权。只要技术性负外部经济效应是源于整个资源种类甚或其中某个主要部分的运用扩张，则很显然，单单所有权变化是不够的。只有在那样一些情形中，即设施共用的范围被限制在全部资源供给（而非最终产出供给）中一个相对小的比例上，才能只靠所有权安排来产生所向往的结果。

尽管本文被限定了范围，即只就若干可能的制度安排，分析其中每一种安排下的道路利用情形，但就共同使用造成使用者的决策间存在相依性这一情境而言，本文所得出的结论可以被很容易地扩展至所有的相关问题上去。熟知的例子有公共油田、公共渔场和公共狩猎场。这项分析表明，比如说在公共油田中，即使原油市场始终保有充分的竞争性，所有权的集中化仍可以引发对油田利用的某种过度限制。如果该油田有点什么优势，使它成为某种独一无二的优质资源，该单一所有者就可以向竞争性购买者们出售钻探"权利"，由此而来，与他自己进行全部钻探相比，他能够稳获更多的租金。只有当单个公共油田是许多相似油田之一时，单一的油田所有权才会促进恰当的采油率。如这项分析自始至终的做法那样，假定最终产出市场始终保持充分的竞争性，这时，若想在无直接政府干预的情况下形成对资源的有效率运用，优质设施上的所有权和运行就都必须集中化。

# 第二十七章　关于帕累托非相干外部效应、强制履行成本和产权萎缩的笔记

我在先前的一篇论文中定义，在一个双人语境中，一种活动作为一个变量进入每一个人的效用函数中，当没有任何办法能改变这种活动以做到改善一方的处境又不恶化另一方的处境时，就存在着一种帕累托非相干外部效应（a Pareto-irrelevant externality）。[1]换言之，即使一方的福祉状况可以因另一方所控制的活动而受影响，但不存在可被获取的潜在交易获益。帕累托非相干性（Pareto-irrelevance）意味着，加害方所享有的"正内部经济效应"（internal economy）在价值上等于或超过了其行为从外部强加给受害方的损失。[2]我在这些笔记中的目的是用这个帕累托非相干外部效应概念来解释支持产权更改的一个理由，这些更改相当于使这个基础结构萎缩（atrophy）。

## 一

我要通过导入一些更有趣和更复杂的论题，先将这种非相干外部效应概念用于眼下很著名的科斯定理。[3]这项定理称，在没有交

---

[1] James M. Buchannan and W. C. Stubblebine, "Externality", *Economica* 29 (1962): 371–384.
[2] 请注意，将无法扩展一种造成正经济效应的活动视为一种负外部经济效应，就能够把正外部经济效应和负外部经济效应都带入这一语境范围内。
[3] 参见 R. H. Coase, "The Problem of Social Cost", *Journal of Law and Economics* 3 (1960): 1–44.

易成本和收入效应的情况下,财产权或曰索求权的分派不影响资源配置。按照通常的诠释,这个定理所证明的是,在一互动过程的各当事方之间,各种交易或曰买卖方向下的配置解无差异。在科斯那个熟悉例示的语境中,无论是牧场主们有权让他们的牛在周围的农田中任意漫游,还是小麦农场主们有权驱逐游走的牛或因牛带来的损害而向牧场主们索赔,最终的资源配置是一样的。在第一种情形中,如果事实上真发生了交易,其形式是农场主们**向**牧场主们支付赔偿或"贿赂"。在第二种情形中,如果真有交易发生,就涉及**由**牧场主们向农场主们付"费"以换取牛的游走优先权。不同的初始权利分派将形成不同的初始状态,借助交易而实现的内部化可以由此开始。那些在完全单边性行为下达致的不同状态包括着那些通常将靠交易来确立的有效率配置后果。①

现在请考虑一个例示。其中,一种外部效应在一组权利下可以是帕累托非相干的,而在另一组权利下则可以是帕累托相干的(Pareto-relevant)。一种权利分派可以引发交易,而另一种分派则可以不引发交易。如果牧场主有权让他的牛在农田里随意漫游,则一旦牧场主占据了他的独立调节均衡点位置,受损的农场主就不可能提出任何可接受的买卖或曰交易。例如,请设想,在这种状态中,牛群随意游走对于牧场主的边际价值是每头牛70美元,而强加于农场主的边际损害或曰损失只是每头牛60美元。在这个设定情境中,不可能发生任何借助交易的内部化。但请考虑另一种权利分派。请设想,农场主在农田上拥有排他权,且这些权利可以**无成本地**得到强制履行(be enforced)。在这样的情境中,私人调节均衡将具有帕累托相干外部效应的特征。对牧场主来讲,要想排除这些

---

① 科斯定理引发了许多争论,其中的争论之一是所谓"贿赂"和"收费"间的对等性。似乎这项讨论的结论已经是,这种对等性关键取决于对起点的恰当定义。
关于制度结构对配置后果的总体影响,请参见我的《外部效应的制度结构》一文,它发表于《公共选择》(Public Choice 14 (Spring, 1973): 69–82),也是本书的第二十八章。

外部效应，并达致他在前一种分派下单方面达到的那种状态，就必须从农场主那里购买牛的游走权。像这样，科斯定理并未被更改。在这一组权利下，由牧场主单方面选定的初始位置是具有帕累托式效率的（Pareto-efficient）；按照定义，没有因帕累托非相干外部效应而需要任何借助于交易或其他方式的内部化。而在另外那组权利下，要想从由单边或曰独立调节形成的初始无效率状态转到在另一种权利分派下无须交易即可实现的有效率配置后果上去，交易是必需的。

## 二

尽管仍处于牧场主—农场主例示的背景之中，但对这项分析可加以扩展。对于前面所讨论的那两种权利分派，我要只专注于其中的一种，即农场主在农田上拥有排他权的那种。如已提到的，如果这些权利能无成本地得到强制履行，该农场主就能够防止因牧场主的牛随意游走而产生的所有损害，其方法无非两种，要么要求牧场主事先同意补偿，要么对所引发的损害收取全部价值，因为这类索赔权在理论上是由一个第三方或代理机构来裁决的。[1]在任何一种情形中，该安排都将体现为从牧场主到农场主的某种收入转移。

然而，如果名义上由农场主拥有的排他权只有在耗费农场主一定正成本的情况下才能得到强制履行，有些损害或曰损失就可能被容忍，不会有任何反制措施。这些成本可以表现为麻烦、

---

[1] 重要的是要区分排他权和损害索赔权。在第一种权利上，必须在提起诉讼前获得潜在受害方的同意；而在第二种权利上，受害方可以不抢先诉讼，但如果提起诉讼和在提起诉讼后是可以索求损害赔偿的。关于"产权规则"和"责任规则"间的这一区分有过一场讨论，请参见 Guido Calabresi and A. D. Melamed, "Property Rules, Liability Rules, and Inalienability: One View of the Cathedral", *Harvard Law Review* 85 (April, 1972): 1089。

耗时或货币支出等。寻求法律援助会打断每日的惯常生活；与社会群体中其他人的关系可能变坏；聘请律师必须花钱；法律诉讼过程所包含的时间延宕可能很突出。当认识到这一点时，农场主或许会发现，强令禁止或预防牧场主的牛所带来外加损害或者在损害发生后索求损害赔偿的任何试图，其成本可能会超过损害本身。在这个数字例证中，损失的价值是每时期每头牛60美元。我们可以假定，损失函数是线性的；无论游走的牛数量有多少，每头牛毁坏的潜在可售小麦价都是60美元。与损害或曰损失函数中这种看似合乎现实的直线性相反，在其强制履行成本函数中，农场主多半会遭遇严重的整体性（lumpiness）。强制履行他对农田的名义产权，其成本多半只是间接地依赖于（如果真有依赖的话）所生损害的规模，至少在损害的某种初始范围内是如此。这里，出于例释的目的，假定该农场主预见到，要想确保其产权得到充分的强制履行，需要有一笔360美元的固定花费。他清楚，由于这笔花费，他能够从牧场主那里得到全部的损害赔偿。①在这种情境中，只要该牧场主使游走的牛在数目上低于六头，农场主就接受这笔外来损失，不作任何反应，以使其利润最大化。该情境变得等同于牧场主而非农场主拥有农田上的名义权利时所见到的那种情形。这种效果恰好似这种负外部经济效应是帕累托非相干的。农场主的强制履行成本阈值使牧场主在行为上能够显得就好像产权分派与名义上存在的那些分派正好相反。在这种情境中，可从外部观察中推断出的产权完全不同于名义上界定的产权，也不同于凭充足的经费即可以靠法律来强制履行的产权。

必须认识到，在引发这种无反应后果上，关键在于数量界限。牧场主，受制于其所面对的种种内在约束，其私人调节以利润最大

---

① 这必然是一笔估计的花费，并超出了任何法律诉讼中可能强加于牧场主的那部分总强制履行成本。

化为主旨。如果这种调节要求牧场主允许**多于六头的**牛在农田里漫游，农场主就会发现，强制履行他的名义排他权是有利的。牧场主将必须为其给农场主带来的损失支付损害赔偿，且可能还要加上一部分强制履行成本。可以认为，牧场主的私人利润最大化行为与他同农场主的互动关系是相分立的，他的这种行为所导致的游走牛是少于还是多于六头，将取决于包含在他自己决策算计中的那些成本—获益变量。此处要强调的要点是，在某些条件下，这种行为有可能违反名义上公认的产权分派，却不引发某个或某些受害方的强制履行反应。

如果牧场主认识到农场主所面对的决策制定环境，毫无疑问，他自己的行为就可能发生策略性转变。他或许会发现，限制他的行动，使之保持在预期可允许的反制范围之内是有利的。在我们的例释中，请设想，牧场主的纯利润最大化行为外生于他与农场主的互动过程，它含有八头损害农田的牛。换言之，如果是牧场主拥有对农田的全部产权，将是这个数量的牛获准在农田里随意游走。如果是农场主拥有排他权，且如果他的强制履行成本已知是整笔性的（lumpy）且总数是360美元，牧场主就会力图使损害低于这一水平，以预防针对损害的索赔。如果八头牛都进农田漫游并被提起了诉讼，该牧场主最少将需要向农场主支付480美元（60美元的八倍）。在科斯定理的条件下，如果必要，他会支付这个总数，并继续允许所有八头牲畜都损害谷物。

不过，让我们设想，牧场主知道农场主所面对的报偿结构。他发现，通过将他的牛群减至五头，可以预先避免一笔480美元的确切支出甚或更多。如果按牲畜平均的获益如我们所预设的，是固定的70美元，则该牧场主将其牛群从八头牛减至五头牛只会损失210美元。因此，缩小牛群的规模是符合其利益的。无论是出于这样的策略性考虑，还是私人行为天然就含有这样的约束，只要农场主的强制履行成本阈值所指示的这种数量界限不被超过，结局就是，名义上的产权分派遭到侵蚀或曰削弱。所观察到的行为模式背离了在严格遵守名义上分派给诸当事方且最终将靠法律来强制履行的权利时将观察到的行为模式。

## 三

当我们转向一种动态的设定情境时,名义产权与实际或曰有效产权之间的可能背离,如在行为模式中所观察到的,呈现出了另外的意义。某种互动过程中的每个当事方在诸后续时期中都会有其自己的决策算计,要想分析一个时期中强制履行或不强制履行的行为对这种后续期决策的影响是可以做到的。

我们已专门假定,在时期1,对权利的分派得到了所有当事方的承认;一旦受损的当事方在强制履行上做了必需的投入,这些权利是肯定能得到强制履行的。进行这种投资的成本代表着实现强制履行的唯一障碍。对于接下来为权利的强制履行建立模型来讲,这提供了一个起点。在这个基期($t_1$)之后的诸时期中,我将假定,界定最终将由法院强制履行的产权,取决于两个元素,而非一个元素。在名义产权上存在着公认的初始分派,这在时期1中是强制履行的确切依据。另外,在后来诸时期中的最终强制履行将取决于所观察到的权利模式,它们反映在先前诸时期内的行为之中。

在时期1,我们知道,基于受害方或潜在受害方启动的法律诉讼,有效履行名义上界定的产权分派,概率为1。即

$$(1)\quad P(E)_{t_1} = \frac{N}{N} = 1$$

其中,$P(E)$表示概率,$(E)$表示在下标所指明的时期中对名义权利的强制履行,而$N$则定义一个代表名义权利分派的指标。但是,在时期2,我们有

$$(2)\ P(E)_{t_2} = \frac{(N - O_{t_1})}{N} < 1$$

其中，$O$定义一个指标，它代表在下标所指明的时期中观察到的权利模式与名义上派定的权利模式之间的背离。由此，我们看到，如果在时期1中，我们例释里的农场主为了充分地强制履行其名义产权而提起诉讼，则在时期2中，形势就变得与他在时期1所面对的形势一样。然而，如果因为数量阈值界限和强制履行成本的整体性，他理性地克制自己，不提起强制履行诉讼，时期2中使名义产权得到强制履行的概率就小于1。在时期2，源于法律诉讼的预期获益，在与成本的任何理性对比中，必然因这个降低了的概率因子而打折扣。即为了使强制履行在时期2变得合理，下面的式（3）必须得到满足：

$$(3)\ P(E)_{t_2} \int_{s=0}^{s=s^*} D > C$$

在由外部强加的数量限制所确定的区间上，由该积分式代表的全部损害或曰损失，因恰当的概率因子而打了折扣，必然小于启动法律诉讼的预期总成本。对这一点，我们已假定，这种成本独立于所受损害的数量。然而，为了具有普适性，呈现在式（3）中的条件可被改写为：

$$(4)\ P(E)_{t_r} \int_{s=0}^{s=s^*} D > F(D)$$

其中，下标$t_r$表示接在基期后的任何时期，而总成本$C$被改写为一个损害或曰损失函数$f(D)$。

结果很显然。如果成功地强制履行名义产权的概率达不到1，时期2中的数量阈值就被扩大得超过了时期1的数量阈值。在时期1中理性地默认了外部对其名义产权的侵犯之后，我们例释中的这位农场主发现，他的强制履行任务在时期2变得更加困难了。

通过纳入另增的调整时期，可以很容易地延展这项分析。请考虑时期$t_m$，在那里我们可以有，

（5） $P(E)_{t_m} = \dfrac{N - \sum_{t=1}^{t=m-1} O}{N}$

这个可以被改写，使得更多的权重能被赋予那些接近于$t_m$的时期。

（6） $P(E)_{t_m} = \dfrac{N - \sum_{t=1}^{t=m-1} w_t O}{N}$

其中，$w_t$允许诸特定时期的观测值有不同的权重。

这个公式使我们能够定义一种名义产权已被完全败坏的情境。在这种情境中，这种名义权利的持有人将发现，无论外部强加于他的实际损害或潜在损害在数量上是多少，强制履行这些产权都是非理性的。当下面的式（7）得到满足时，该条件被定义为存在：

（7） $P(E)_{t_r} \int_{s=0}^{s=\infty} D < f(D)$，其中，$C = f(D)$

这是说，无论外来损害的单位数（科斯例示中游走的牛）是多少，切实地强制履行名义权利的成本始终大于其预期获益。

## 四

对这里概述的分析，可能会有人提出反对，根据是它无法认可一种认识，即潜在受害方的决策算计中具有各种跨时期的关联。也就是说，这个模型隐含地假定，在每一个时期中，关于强制履行或不强制履行的决策只是根据那个时期孤立的成本—获益比较而做出的。可以论证，一种更全面的理性定义将包含这种跨时期的相依性。如该模型所表明的，未来各时期中源于强制履行投资的获益—成本比率会因现期的积极诉讼而上升。理性的行为应当基于对这一点的认识；看来，强制履行的努力会被加强。

但是，对这一点的考虑应当带有一定的谨慎。请设想，在时期1中，预料中的外来损害少于预期的强制履行成本。即，

$$(8) \int_{s=0}^{s=s^*} D < C$$

在这个牧场主—农场主的例释中，只见到有五头牛在农田里游走。单就这个时期而言，农场主方面的强制履行反应在经济上是非理性的。但是，让我们假定，他充分认识到，他在时期1中所做的事与他在诸后续时期中的选择情境是相互依存的。基于这种认识，让我们设想，旨在强制履行时期1中诸权利的法律诉讼是具有制度开创性的。

当时期2到来时，潜在受害方再一次面对着一个**从头开始**的情境。如果关于强制履行成本和潜在损害的估计再次表明式（8）得到满足，农场主就恰好面对着他在时期1中所面对的同样算计。由此，我们能证明，如果种种跨期相依性效应要求，就算在当期是不合理的也仍然要在时期1提起保护性的法律诉讼，那么同样的要求在时期2和每一个后续时期中都将成立。因此，潜在的受害方将在一个无穷序列中的每个时期里都按照违背其单时期利益的方式来行事。无法回避的结论是，纳入这一效应将无助于消除阈值所可能诱发的产权萎缩。只要式（8）中定义的条件在某个初始时期成立，潜在受害方的理性行动过程就始终如一，即不强制履行。

## 五

如果，在一个强制履行必然牵涉成本的世界中，要想使名义上的权利分派得到严格的强制履行，则在蒙受外来影响的当事方那里，损害阈值必须降低。这可以通过两种途径来做到，（1）提高

强制履行的获益，或者（2）减少强制履行的成本。我们可以依次讨论这两个方面。

在第四节的那些表达式中，源于强制履行诉讼的获益是按种种可弥补的损失来衡量的。其实，我们曾假定，受影响的当事方，通过提起法律诉讼，能够预防各种损害，或者，如果是**在事后**，能够就所蒙受的损失作全额索赔，但精确估算下来，他向加害方的索赔不可能**多于**那些损失。对于受害方来讲，只有他所认定的损失能在某种程度上超过他因负外部经济效应本身而蒙受的明面损失时，从事成功法律诉讼给他带来的获益才能增加。当然，对于现行司法体系来讲，这种超额赔偿前景并非全然不着边际（如美国反垄断法规中的3倍赔偿诉讼）。

请考虑我们手头的这个例示。如果允许农场主从牧场主那里索要，比如说，双倍的损害赔偿，即在农田里的牛每头索取120美元，那么若他见到，比如说，有五头牲畜在农田里，他将受到激励去启动法律诉讼。而如果只能认定直接损害的话，他就不会那么去做。在这种新的情境中，他会坚持要求就一笔360美元的花费索赔600美元，从而净获益240美元。然而，让我们设想，触犯法律的牧场主知道有关负外部经济效应的双倍赔偿金规定，也知道农场主所面对的报偿结构。如果他简单地调整其行为，使之不超越某个新界定的、更具限制性的阈值，同样的分析就适用。例如，如果现在只允许两头牛随意游走，即使是加倍估算损害也不会激发农场主在捍卫其财产上的理性反应。为了确保受害方像强制履行成本为零时那样行动，就潜在可弥补损失向加害方提出的索赔额就必须等于实际损失**加上**全部的强制履行成本。对于初始的数量范围来讲，这有可能足以包含所估计外加损失的好几倍。在某种程度上，向被判决对损害负责的加害方收取全部司法费用和诉讼成本符合这里的目的。但是，如果潜在的或实际的受害方苦于各种非金钱成本，如个人的不适、不方便和耗时，则这种设计即使得到充分的利用,也不能确保到位的强制履行。就我所知,直接赔偿极少考虑产权强制履行上这些非常现实的成本。然而,只要它们不被允许,就能预期,在名义的或曰被派定的权利上,必然会出现某种消蚀和根本萎缩。

在牧场主—农场主互动这个熟知的例释中,我们当然能够假定,有可能受损的农场主可以令人信服地从牧场主那里索取损害赔偿金,它足以覆盖所有的估计损失加上所有的强制履行成本,包括种种主观成本。然而,当索赔额超过牧场主在其行为不受约束情况下所能获得的净收益时,若我们对牧场主的支付能力加上种种财务限制,一个不同且更困难的问题出现了。请设想,牧场主根本不可能为每头牛支付70美元以上。在这种情形中,没有任何办法来假定农场主能索取360美元加每数量单位60美元的赔偿。我们已证明,要确保农场主愿意切实地强制履行其在名义上的派定权利,这个开价方案是必需的。请考虑一种情景,其中,牧场主惨淡经营,若不允许他的牛在农田里漫游,其所得收入仅够糊口。如果他不被起诉,他的所得是每头牲畜70美元,高于糊口的水平,但不可能更高。在这样的情形中,农场主充其量能索取这个总数,并在此过程中,使牧场主的所得降至糊口水平。①

如果出于什么原因,不可能允许受害方期待索取足以抵偿所有成本(包括那些纯主观性成本)的赔偿,一个替代性办法就是明确地减少这样的成本。很显然,如果受害方实际上能无成本或近似无成本地强制履行其产权,支持超额损害索赔权的主张就会消失。

---

① 请注意,在我们的整个分析中,焦点都被置于受害方的决策算计上。当我们所关注的是趋向对派定产权实施强制履行的积极行动时,这种聚焦是恰当的。尽管在向其他当事方强加或威胁要强加负外部经济效应的过程中,加害方必然在某种意义上违背了法律或伦理准则,或者同时违反了这两方面的准则,我们还是明确地不去考虑加害方的决策算计。只要能掌控好奖惩系统,从而减少对已确立或已派定权利的外部侵犯,毫无疑问,因受害方无能力进行反制而产生的消蚀和萎缩危险就被减少了。

曾经被或可能被从外部侵犯的已派定产权在强制履行的过程中会涉及种种名副其实的成本，这些成本既有资源方面的，也有个人效用方面的。请仅考虑资源方面的种种成本，它们表现为在法律程序、律师、法庭、办事员等方面的必要货币花费。就我们的目的而言，让我们假定，这些资源都是按竞争性费率来供给的。即使对某一互动过程中遭受外来影响的当事方来讲，体现为这类必要开支的强制履行成本要被减少，但对于共同体中的某人来讲，它们必然是增加的。其含义是，这些成本或至少是这些成本中的一部分是可以被作为政府的一种合法支出转嫁给一般公众，转嫁给纳税人。

在含糊的表述中，若干财政学者可能将法律的强制履行称作一种"公共品"。这看来没什么问题，不过是说，某些总体性的法律结构体现着某种"公共品"的许多必要技术性特征。然而，此处的分析迫使我们要更具体地探讨，当维护名义上派定的产权引发出种种成本时，社会共同体在为这类成本提供资金上所扮演的角色。如这项分析所证明的，使其名义权利受到威胁的当事方摆脱这样的成本将倾向于增强他启动强制履行诉讼的意愿。那么，这一点本身是这些成本应由政府来承担的充足理由吗？为了就此做出肯定的论证，我们必须能够表明，当强制履行反应被及时有效地付诸实施时将会发生什么。到现在为止，我们未曾超出一个隐含的假定，即有效地强制履行名义权利是社会秩序中一种值得向往的特质。但为何如此？看来答案是，只有凭借有效的强制履行才能实现有效率的配置后果，同时，社会中非必要的诉讼成本才能被最小化。

我们可以回到那个牧场主——农场主的例释上来。要么允许足以覆盖所有诉讼成本加上估计损害的索赔，要么减少农场主的诉讼成本，确保有效地强制履行名义产权并迅速地降低不确定性，则互动当事方之间进行真正的缔约性协商就有了基础，并能期待使潜在外部效应充分内部化的合意。如果农场主在农田上的排他权得到强制履行,并且人尽皆知得到了强制履行,牧场主将发现,无论其收入—资产状况如何,从已派定的现状出发进行协商是有利的。源于交易的互惠能被发掘出来;所有的当事方都能处于改善了的状态之中,不会有产权的消蚀和萎缩,不会有在律师和诉讼上的非必要资源花费。① 重大效率获益的存在意味着,在吸收这些成本上,政府投资的生产力实际上可以很大,即使是标准的"公共品"名称好像也未必与之完全相称。

即使在原则上纳税人要负担强制履行产权的成本,仍然存在一个问题,即"哪些纳税人?"将如何分配支撑这类开支的税负成本?在这个意义上,要想支持将这样的税收与名义资产所有权的测得价值直接挂钩,可以从公平和效率两方面来做论证。② 也就是说,强制履行的成本仍然可以由其财产受到外部侵犯威胁的所有者来负担。这项分析所要求的那些制度安排含有这些成本的一种可能转移,即从某互动过程中的具体受害方或可能受害方转向潜在的受害财产所有者共同体。其重要元素是打破个人成本的承受和启动强制履行诉讼之间的直接联结。即使受害方可以间接地承担强制履行的多数资源成本,他仍可能受激励而行动,**好像**这些成本都很低。

## 结论

本文应被理解为一组暂存的笔记,而非确定的结论。我所关

---

① 我曾在一个相当不同的语境中大体上提出过这些论点。请参见我的《政治、财产和法律》("Politics, Property and Law", *Journal of Law and Economics* 15 (October, 1972): 439—452)。有许多资源成本被投入了按广义界定的纯冲突解决活动之中,使这类成本最小化或将其完全排除的制度调整可以产生出种种社会效益,戈登·塔洛克曾在某些细节上对这类社会效益作了精心阐述。请参见他的《社会的两难困境》(*The Social Dilemma* (mimeographed; Blacksburg, Va.: Center for Study of Public Choice, 1974))。

② 关于效率论证,请参见 Earl Thompson, "Taxation of Wealth and the Wealthy", UCLA Working Paper, March, 1972。

注的是，针对在强制履行名义上派定的产权时所可能涉及的经济算计，开启讨论。在这里，这类算计中的许多元素未被充分展现出来，尤其是那些"公共品"方面。如已指出的，本文聚焦于名义所有者在保护和强制履行其权利上的那些算计。对于任何全面分析来讲，其他当事方——故意选择违反名义上既存产权的一个或一批当事方——的算计同样意义重大。

# 第二十八章 外部效应的制度结构[*]

## 一 引论

在外部效应理论中正在形成一个共识，它体现为对小人数互动和大人数互动做出清晰的概念区分。它认为，在一个具有潜在外部效应的关系中，在当事方的人数不多时，会出现类似于市场的自愿性契约安排。[①]尽管讨价还价上的种种困难众所周知，但人们预料，契约性后果是满足广义效率准则的。而在当事方的人数很多时，人们认为，难以承受的交易成本会使效率上可接受的自愿协议无法达成，并且，当外部效应造成显著的影响时，也许就表明要诉诸某种集体性或曰政府性的选择过程。

在这两大类型当中，每一种的内部都发生了从属性讨论。那些聚焦于小人数情形中自愿性契约内部化的学者们，也许不无过分地着迷于现在所谓"科斯定理"的种种特性。这项定理称，在没有交易成本和收入效应的情况下，配置结果不会因产权上的变化而有差异。在这项定理的那些限定性假设下，即使初始的权利分派是处于某种具有潜在外部效应的互动关系之中，仍将获得有效率的配置

---

[*] 1970年10月，我与戴尔豪西大学（该校位于加拿大的海港城市哈里法克斯市，已有250年的历史。——译者）的J. G. 黑德教授有过一次讨论，本文工作的开始就是那次讨论的一个直接结果。1971年2月，本文的初稿曾在芝加哥大学的一次讨论课上报告。1972年年初对该文又作了修改。
[①] 在小人数情形中倾向于靠契约来使潜在外部效应内部化，经济学家们对这一点的认识源于R. H. 科斯的基础性论文，《社会成本问题》("The Problem of Social Cost", *Journal of Law and Economics* 3 (October, 1960): 1–44）。

解。另一方面，那些曾寻求弘扬新古典派庇古式政策处方的经济学家们（这包括绝大多数曾专门致力于种种实践性环境质量问题的学者），引发出交易成本的题目来作为保护策略，这允许他们忽略在小人数外部效应理论上的种种发展。他们的注意力已转向对矫治性方案的具体规划，而在理论上，可以由种种集体性或曰政府性代理机构来导入那样的方案。①

我在本文中的目的是要证明，将潜在外部效应的关系分为小人数情形和大人数情形两类，模糊了那些与制度重组直接相关的考虑。交易成本存在于所有的可能交易之中，但这些成本在这组环境和另一组环境之间可能变化极大。在许多大人数情形中，一互动关系中存在着某种"公共性"方面，但在许多其他大人数情形中，这种公共性又不存在。这两个子类在交易成本上的差异有可能很显著。小人数情形中聚焦于种种两当事方模型必然导致对"公共性"或曰共同消费的忽略，但似乎有过这样一种隐含的假定，即这些方面永远是大人数外部效应的特征。

有一点得到了广泛的认识，即所有的共同消费关系本身都具有外部效应。因此，在严格意义上，无法形成契约性安排的关键可能是存在着**两种**而非一种潜在的外部效应关系。在某种效果的"生产者"和消费者之间可以存在一种外部效应，但在那些分立的"消费者"**当中**也可以存在一种外部效应。其中的第二种外部效应可以没有第一种外部效应的情况下发生，在这种情形中，我们有着标准的集体品（collective goods）范例。或者，其中的第二种可以伴随第一种，在那样的情形中，我们仍有集体或曰公共品范例，但又加上了一种另增的外部效应关系，即在被视为一个当事方的共同消费者群体和所议效应的生产者或曰引发者之间的外部效应。在这两种

---

① 关于这一整体领域中的代表性论文，若要举一个例子的话，请参见 William J. Baumol, "On Taxation and Correction of Externalities", *American Economic Review* 62 (June, 1972): 302–322。

情形的任何一种之中，自愿行动都无法产生完全有效率的结果。与此相对，在没有任何集体品外部效应的情况下，某种效应的生产者和消费者之间可以存在外部效应关系。在这种情形中，无论消费者的数目有多少，自愿的契约性内部化都可以发生。

## 二　扩展既有分类

我们需要一种更为完整的外部效应分类。我建议仅仅从一个互动过程所影响的人数，以及共同消费效率或曰"公共性"存在与否的角度出发，来补充现存的类型系列。当做出了这种扩展时，我们就能证明，在某些情形中，产权分派在决定不同制度安排的效率上可以至关重要，而在另一些情形中则全然不搭界。

我将只从由科斯导入的那个例示出发来阐释这项分析，而自从他那篇论文发表以来，对这个例示已有过大量的讨论。这涉及以养牛者（们）或曰牧场主（们）为一方，以种植谷物的所有者（们）［农场主（们）］为另一方。牛倾向于游走，并在游走过程中践踏小麦，因而毁坏部分农作物。可能游走的牛是分立的，它们之间不存在直接的互动。一头牛在农田中的存在不会影响源于其他游走牲畜的成本或获益。游走的牛与其他任何牛一样，无论其特定位置在哪，都可能踩踏全部小麦作物的一部分。

在这个熟悉的设定情境中，我们可以考察在诸替代性制度安排下实现配置效率的种种可能性。对潜在外部效应中的每一方，我们都允许其人数随产权安排一起变化。我们可以在一个四乘二的矩阵例释中穷尽全部的可能性。在表28-1中，沿着各行，按人数构成列出了不同的所有权安排，而在列中，排出了两种可能的产权安排。

表28-1

| 人数构成 | 权利分派 ||
| --- | --- | --- |
| | 养牛人拥有让牲畜随意游走的合法权利 | 养牛人不拥有在农田上的权利 |
| 一个养牛人，一个农场主 | 1. 趋向有效率配置的双边博弈 | 2. 趋向有效率配置的双边博弈 |
| 一个养牛人，许多农场主 | 3. 因农场主之间的"公共性"互动，导致无效率结局 | 4. 因每个农场主的不让步权势，导致无效率结局 |
| 许多养牛人，一个农场主 | 5. 在竞争条件下以最小的博弈成本得到有效率结局。在买方垄断下可能出现无效率 | 6. 在竞争条件下以最小的博弈成本得到有效率结局。在卖方垄断下可能出现无效率 |
| 许多养牛人，许多农场主 | 7. 因农场主之间的"公共性"互动而出现无效率结局 | 8. 因每个农场主的不让步权势而出现无效率结局 |

绝大多数经济学家所采用的方法是将格子1和格子2并在一起，统称小人数组（正是在这种情境的限定假设范围内，科斯定理被广泛公认为是正确的**并**具有名副其实的预见力），而将所有的其他格子（从3到8）都归入大人数组。在后一种情境中，人们断定，交易成本会阻碍靠契约性安排来实现效率。从这个矩阵所展示的内容来看，有几点变得很明白。请注意，在格子5和格子6所描述的设定情境中，尽管有许多人卷入了整个外部效应关系，但效率是可以通过自愿协议来实现的。还请注意，在有些情形中，责任的定位**确实**影响着实现效率的前景。如我们将证明的，在所有的大人数互动中，责任的定位都影响着参与者之间的博弈可能趋于有效率最终结局的容易程度。

可以依次来考察这些分立的格子。对于格子1和格子2，没什么必要详加分析，因为这些格子的情境已经被彻底地纳入了与科斯定理相连的关系之中。如表28-1所显示的，如果我们不考虑内在于双边讨价还价谈判中的种种可能困难，配置上的效率将很容易产生。如果我们把博弈成本纳入进来，视其为交易成本的一部分，我们就能接受该定理的这么一个版本，它声称，在分立的权利分派和这个解的效率特征并存的条件下，结果是无差异的。

格子3中所描述的情形经常被假定为在特征上对应于许多环境质量问题，如空气和水的污染。在这里，注意力往往被集中于某个人或企业的"反社会性"行为，因为这种行为给许多其他人和企业带来了外部成本（负经济效应）。经典的例示当然就是那个排放烟尘的工厂，它弄脏了邻近主妇洗净的衣物。如我们在前面已指出的，有两种外部效应关系出现在这一设定情境中。在我们的养牛人—农场主例示的语境中，游走的牛对每个农场主强加了负外部经济效应。但是，在若干农场主之间，至少在某种潜在意义上，存在着一种共同消费的正外部经济效应。如果某一个农场主独自与牧场主谈判，争取对游走牛的数量做某种削减并取得了成功，则**所有的农场主都将同等受益**。这样，许多农场主当中就会出现熟知的"搭便车"困境。私自独立行动的单个农场主就可能没有动力在牛的游走上购买足以满足效率标准的全部削减。若有某种集体性—合作性协议，使农场主们能够作为一个群体与该牧场主进行双边谈判，则所有的农场主，与该牧场主一起，都能改善境况。一旦采取了这样一种组织步骤，制度性的设定情境就变得类似于格子1和格子2中所描述的情况。并且，如果游走的牛确实在事实上造成了帕累托相干的负外部经济效应，就能预料，通过随之而来的双边博弈，将对牛的数量做出某种削减。对刚显现出来的负外部经济效应，不可能先验地确定其是否为帕累托相干的。在没有某种集体博弈单位来代表农场主的情形中，我们可以说，所见到的结局将倾向于两种可能，要么（1）完全有效率，要么（2）趋向因游走的牛过多、小麦过少而导致无效率。这种设定情境所澄清的是，借助自愿性契约安排实现效率的障碍在于受负经济效应影响的许多农场主之间存在着具有

"公共性"或曰共同消费的互动关系。

在第2行的生产者—消费者人数下，如果初始状况是无效率的，那么产权分派上的某种转变**能**显著地改变趋向可接受效率后果的路径。现在，请看一下格子4中所描述的情形。与前面一样，有许多农场主和一个牧场主，但牧场主不再拥有允许其牲畜在农田里游走的产权。现在，农田中的全部所有权都由农场主们各自独立地拥有。并且，牧场主在允许他的牛随意漫游之前，必须购得**全部**农场主的正式许可。在这种情形中，若干农场主之间的公共性互动或曰共同消费互动所造成的配置结果有可能与在格子3条件下所达致的那些结果正相反。既然，按照我们的假定，牧场主不可能事先就具体确定究竟谁的农作物将被毁损，既然农田的地块虽被分别拥有但并不分别围有栅栏，那么，牧场主在能够放纵他的牛之前，就必须获得农场主群体中所有成员的一致同意（agreement）。这项要求将每一个农场主都置于一种独一无二的博弈地位上，使他们在面对有可能与牧场主达成的任何协议时，即使该协议案已经得到其所有农场主伙伴的认可，仍能够加以阻挠或否决。这里的这种状况完全等同于集体性决策制定上一项全体无异议规则（a unanimity rule）的作用情形。这一规则所以失败，是因为它允许将每一个人都置于能对抗整个群体中所有其他人的策略性博弈地位上。既然可以预见到，在一个多人数群体中，起码会有一个人将利用这种策略地位占便宜，那么外部效应的"生产者"——在我们的例示中是牧场主——几乎无论对那些替代选项做出怎样的估价，通常都不可能获得有效率结果所可能要求的那种一致同意。即使对于牛的游走，该牧场主的估价将显著地超过其强加于所有农场主的成本，但这些农场主，作为一个联合群体，仍可能证明，不可能达成取得有效率结果所必需的那种一致同意。因此，在这样的设定情境中，与格子3中所描述的情况正相反，我们可以说，在没有一致同意的情况下，所见到的结局往往有两种可能，要么是（1）完全有效率，要么是（2）趋向因农田中走动的牛过少而导致无效率。

有些人提议，通过建立并赋予公民们新的"舒适权"（amenity rights）来解决环境质量问题，但使产生外部效应的物品或服务生产不足的可能倾向是这类建议中的核心缺陷。这个角度以及这种建议，或许都与E. J. 米尚的工作有关。[①]例如，如果向所有的房主分派一种"纯洁空气"和"无噪音声波"的产权，其界定方式是在任何"污染"发生之前征得他的同意，我们将很有把握地预见到，会出现的结果是，把产生污染的活动压低在一种无效率的低水平上。

格子4中所描述的子模式提请人们注意，在清晰地分派做事情、采取特定行动的产权和损害一旦发生后分派损害责任这两者之间必须有仔细的区分。在我们前面讨论过的环境条件下，农场主，只有通过其与牧场主的某种明确协议，才会自愿地放弃自己防止牛侵犯其农田的权利。农场主的这项权利也可以在未曾获得他许可的情况下遭到**侵犯**，并由牧场主对所造成的损害负全责。然而，这是一种本性不同的设定情境，因为必须在损害索赔上导入第三方裁决。变更产权以允许对权利的侵犯并使损害在事后得到评估，将使设定情境转变为一种类似于由政府单位运用征用权的情境。我们这一例示中个体农场主的策略性博弈或拒不让步地位将因这套程序而被排除，而唯一代价是实质性地扩大第三方在裁决上的必要专权。在这个方面，格子3与格子4中的赔偿责任干预（the liability-for-damage interposition）有类似性。如果导入了第三方裁决，在格子3的安排下，通过让某个外部代理人把从牧场主那里获取所需协议的成本按人头分派给农场主们，就可以获得效率。

*许多生产者，一个消费者*

第3行中所描述的设定情境，即格子5和格子6，尚未被广泛讨

---

① 参见，如 E. J. Mishan, *The Costs of Economic Growth* (New York: Praeger, 1967)。

论过，但理解这些模式对于有些政策改革方向而言可能是很重要的。在我们的例示中，现在有了许多负外部经济效应的"生产者"或曰"引发者"，许多养牛人，但只有一个"消费者"，一个承担该外部成本的决策制定者。并且，由于我们例证中那些仔细设定的假设，在诸分立牧场主之间的互动中不存在任何共同消费或共同消费效率。

首先，请考虑格子5中描述的设定情境。其中，养牛人们拥有初始的法定权利，可以允许他们的牲畜在处于单一所有权下的农田中漫游。既然没有任何"公共性"存在，即既然外部成本都排他性地集中于单一的决策制定者，那么如果对农场主来讲与养牛人的协议确实有利可图，他就能与养牛人们谈判种种分立的协议，即他能分头与每一个牧场主做交易。撇开讨价还价上的那些困难不谈，我们可以预言，有效率的后果将会到来。如果养牛产业和种植产业都具有广泛的竞争性，最终产出的价格是在一个更大市场中而非在此处所考虑的互动中确立起来的，农场主作为单一买家（作为一个垄断者）的地位，绝不会影响某种有效率的结局将被自愿生产出来的普适化预言。在这种状况中，农场主不可能榨取买方垄断租金，即不可能使自己支付给牧场主的报偿低于牧场主在另一区位养牛的所得。

在一更具普适性的模式中，应该将单一购买者占有买方垄断地位的效应纳入考虑。如果随着该买方垄断者购买更多的单位，削减负外部经济效应的价格会递增，且如果他不能在分立的卖方当中就价格实施差别待遇，那么在削减负外部经济效应上，与整体效率考虑所必需的削减程度相比，他将倾向于购买较少的削减。我们可以推论，出现的缔约博弈结果大概有两种，要么（1）适度水平上的有效率，要么（2）趋向始终过多产生负外部经济效应从而无效率。当然，如果看不到有任何博弈发生，我们就能断定，初始状态是有效率的。

格子6中所描述的状况含有一种产权倒置。在这里，单一的农场主拥有农田上的全部权利，而牧场主们则没有任何权利可让他们的牲畜漫游。如果没看到有任何博弈发生，我们就还能推断，初始状态是大体有效率的。但如果看到了博弈，我们就应考察这种努力对配置后果的意义。其结局与格子5中刻画的那些结局正相对。如果这两个产业中竞争都占上风，那么农场主的单一卖方或曰卖方垄断地位就不可能影响他向牧场主们出售牲畜游走权的价格。然而，在更具普适性的情形中，这种垄断地位可以允许他盘剥若干买方。如果，他不能在这些买方中就价格实施差别待遇，但能利用他的卖方垄断权势占便宜，我们就应期待，与严格的有效率的条件所要求的数量相比，他将出售较少的牲畜游走权。我们可以推断，这种博弈过程的直观结局有两种，要么（1）有效率，要么（2）伴有负外部经济效应的生产低于其最优数量。

在第3行中，如在第2行中那样，在配置结果上存在着实质性的差异，这些差异派生于该互动过程的双方之间所发生的产权安排转变。在这两行中，效应的指向是相同的；对加害方或曰负外部经济效应"生产者"的权利分派都偏向有助于负经济效应超额供给的后果，而这一分派的倒置则都偏向于负经济效应供给不足的结局。然而，在第3行中，那些无效率都源于这两种情形中单一"消费者"的潜在买方垄断地位和卖方垄断地位。而在第2行中，与此相反，可能出现的无效率都是由于诸分立"消费者"之间的"公共性"互动。在可能被作为建议提出来的制度改革中，这一重大差异有可能被转变为一种有利条件。

*许多生产者，许多消费者*

在讨论具体的改革建议之前，我们应当思考一下表28-1中第4行里描述的那些制度性情境。在我们的例示中，现在有了许多牧场主和许多农场主。在格子7中，牧场主们最初拥有产权，从而允许他们的牛进入由许多农场主拥有的农田。在格子8中,农场主们拥有排他的权利。从我们对该较简单情形的分析中,是能够预见其结局的。那些复杂的互动过程可以通过因子分解变为一组格子3模式和格子4模式,其中的每一个模式中都有许多分立的农场主面对着一个单一的牧场主或曰负外部经济效应的"生产者"。这样的因子分解所以可能是因为我们的初始假设,即那些牧场主们自身之间不存在直接的相依性。一个牧场主的牛在农田中游走,既不提高也不降低其他牧场主的成本。凭借着这个限定,对格子3和格子4的设定情境所做的预测变得可直接适用于格子7和格子8。当牧场主们在该范围内拥有产权时,有可能形成无效率的结局。这些结局呈现出均衡特征,这要归因于外部效应的分立"消费者"(本例示中的农场主们)之间那种"公共性"互动。这种公共性被加进来,是考虑到每一个牧场主的牛在农田里的游走而被包括进来的。因此,就单独一个农场主而言,没有多少或者根本没有激励为了减少农作物受损而启动与某一个牧场主的谈判。而单独一个农场主也没有能力通过与他的一个或几个农场主伙伴结成博弈同盟来大捞一把。一个规模大得足以保证潜在成员(和非成员)们都获益的博弈同盟不可能形成。因此,只要无效率持续存在,其趋向将是相对过多的农作物损害。多半会存在太多的负外部经济效应。

当产权被倒置时,潜在的配置错误就改变方向,如在格子4与格子3的对比中一样。当个体的农场主们获得授权将牛驱逐出无栅栏的农田(包括他们自己拥有的农田)时,将没有任何单个牧场主能够购得要允许他的牛在农田中自由漫游所必需的全部许可,从而几乎无须顾及所涉及诸当事方的相对获益和成本。其原因是,在这里,每一个农场主所处的地位都允许他阻挠或否决与任何一个牧场主的协议。因此,在这样的设定情境中,只要存在配置上的无效率,其指向就肯定是保护那些农田,使之相对地摆脱游走的牛。多半会存在太少的负外部经济效应。

## 三 改革中的制度因素

表28-1中矩阵所展现的内容，加上随后的讨论，允许就制度结构对配置后果的影响做出普适化的预言。只要这种结构本身服从于集体性的更改和控制，这项分析就应当对趋向改革的方式有所启示。在这方面，注意力必须集中于格子3、格子4、格子7、格子8中所描述的情形。如果能够转变这些格子中所描述的制度设定，使之近似于格子5或6中的设定，就可以排除对配置无效率实施精细矫治的必要性。在所有的情形中，这样一种转换都将涉及对互动中"公共性"方面的内部化或曰排除。在我们的例示中，必然会存在某种从"许多农场主"模型向"一个农场主"模型的转换。而牧场主或曰负外部经济效应"生产者"的人数则与此问题无关。

这表明，对于负外部经济效应的许多分立"消费者"来讲，只要这样的效应在他们当中是不可排除的，就应该在他们当中形成某类集体或曰联盟。一旦迈出这一步，一个单一的代理人就能代表该联盟（该群体）。并且，当该单一代理人面对一个或多个分立的"生产者"时，可以预期，可接受的有效率后果会通过双边的博弈过程产生出来。

这个结论足够简单，且当然，早已被认识到。但它经常地不被直接纳入具体的改革建议中。改革建议，就其绝大部分而言，都体现为针对外部效应的个体"生产者们"所面对的选择条件所做的某种集体实施的修改。种种矫治性措施都含有对那些参与者们的直接征税，而这些税种的征收水平则取决于对所加溢出损害程度的某种测度。与这种改革相比，这里所建议的制度改革回避了确定最优解取值的任何意图。而若要想有效率地征收这种矫治性税种，这一步至关重要。这种制度变革只需要向一个单一的博弈代理人授权，让他代表"消费者",同时在他与诸分立"生产者"的谈判中,对可能出现的具体后果不持任何倾向。

这种制度分析法派生出若干优点。首先,将注意力集中于由那个博弈代理人所代表的有效联盟的规模限界上。这种联盟的规模取决于由"公共性"互动关系的边界。如果"消费者"们未通过某种真正的公共性互动而结合起来,那么任命一个代表这种"消费者"联盟的代理人所能导致的结果除了无效率外,别无其他。在我们的例示中,如果每个农场主都给他的农田安上栅栏,从而能自行驱逐牛,就不会存在由一个代理人来代表所有农场主的问题。我们从一开始就处于某种科斯式的设定情境之中,根本无须组建任何联盟。

这一基本观点对于许多污染控制问题有着重要的意义。例如,肯定不会有人主张在**联邦层面上**对水的纯净度施加统一标准。水污染方面负外部经济效应的"消费者"们是某种"公共性"互动中的伙伴,而这种公共性互动是局限于种种分立水系的。也正是对这些分立的"消费者"群体,才有可能任命分立的博弈代理人。

这个方法还将注意力引向了第二个重要(是否也是基本)的原则。代表外部效应"消费者"们的博弈代理人应当摆脱任何的矫饰,如"其目标是服务于'公共利益'"之类。就那些遭受外来负经济效应影响的人而言,他们的利益并非全体公众的利益。即使是共同体的全体成员,作为"消费者"或曰受害方,都应被纳入该联盟之中,这一点仍然是正确的。因为,那些带来或曰强加负外部经济效应的人有着本质上相反的利益,但这些利益却不可能在这种联盟中得到恰当的代表。

该代理人,一旦获得授权来代表那些承受负外部经济效应的人,就可以就更多或更少的外部效应产生活动进行博弈。一个普遍的谬见是假定消费方的真正利益永远是降低他们所受溢出损害的水平。当然,如果没有抵销性的补偿,这种变革方向是值得向往的。但是,如果扩展负外部经济效应给其"生产者"带来的价值超过了给"消费者"联合群体带来的损害值，则后者的利益就在于同意这样一种扩展而非阻止它。在任何一种方向上代表或曰代理"消费者"群体的集体代理机构的权力，当然取决于某种初始的产权界定。如果在某种格子3的设定情境中，变革的方向将倾向于购买限制溢出损害程度的协议。与此相对，在某种格子4的情境中，改革的方向就可能正相反。

在一种总体化的制度改革中，应如何界定产权呢？听来合理的论点或许是，在那些正在形成互动的领域中，现状为实现明晰的界定提供了某种基础。那些"生产者"和"消费者"都可以获得授权以同样的方式展开活动并达到同样的限度，就像在某个眼前时期中一个特定的、未经宣布的日子所观察到的那样。这一权利界定，与代表"公共性"互动共享者的代理机构一起，着力于创建一种制度结构，借由这种制度，种种变革将倾向于带有指向性的效率（directionally efficient）。如果初始的活动处于无效率的高水平上，代表"消费者"们的集体就可以购买旨在削减活动的协议。与此相反，凡是要增加活动，就可以要求"生产者"们适当地补偿该代理机构。在所有的情形中，最终的结局都将取决于该代理机构和负经济效应生产者之间的双边博弈过程。

然而，在"消费者"们的代理人和外部效应生产者们之间达成的协议中会派生出潜在的成本或获益，与这类成本和获益中的个人化份额相关的问题更为棘手，而此处所讨论的制度变革并不解决这方面的问题。代表其成员利益的代理人，若得不到某种手段来计算属于其成员们的个人份额，如何才能恰当地评估源于某特定协议的总合成本和/或获益呢？在理论上，成员们的评价必须被用作这类测度的基础。在实践层面，可以作某种尝试，为加总而估计这些评价，但仍然存在**筹措资金**和**处置资金**方面的问题。如果该代理人要获得一项协议来限制溢出损害的程度，就必须要有金钱花费。而要想获得资金，该代理机构就需要征税权，而这将必然要允许对税收份额做出某种决定。本质上，当该代理机构的决策是出售权利以扩展产生外部效应的活动时，同样的问题也会出现。资金将靠征收来筹措，且这些资金将必须按某种方式分配给"消费者"联盟的成员们。

征税和分红方案

该代理机构如何才能从设定由它代表其利益的那些人手里获得准确的评价数据呢？这种数据可以有两个用处，一个是与负经济效应的"生产者"们缔结交易协议并征收税份额，另一个是分配红利。所有的公共品互动似乎都会在自愿披露个人评价上出现问题——"搭便车"悖论。若预料群体中的其他人将提供足够的资金来获取某公共品，个人就会发现，隐瞒自己的真实偏好是有利的。请考虑这一点如何适用于现在的例示。可以设想，请负外部经济效应的个体"消费者"们就某种"公共品"——对负外部经济效应的某种限制——报出他们的评价。接下来，在为与"生产者"们缔结潜在协议而筹措资金的过程中，这些评价将被用作征税的基础。在这一单向的设定情境中，单独的个人将有激励低报其偏好：他将大大地过低评价对负经济效应的限制。结果，所有个人评价的汇总值将不反映该所议公共品的真实"社会"价值。然而，请考虑其他指向的调整过程。请设想，该代理机构还问那些分立的消费者，对负经济效应的扩展作何评价。这些评价值将有两个用处，即用来测度潜在"生产者"在任何协议中都须覆盖的成本范围，以及用来分配征得资金的红利。在这种情形中，"搭便车"悖论在相反的方向上起作用。现在，个人将有强烈的激励高报他们的真实评价。在这样做的过程中，他们希望从潜在"生产者"们所可能提供的红利中获得一个相对大的份额。其结局多半是无效率的。因为在这种结局中，由于整体上对扩大负经济效应的成本做出了高估，将达不成任何交易。

提出对这个问题的这种解决办法，基础在于并置所讨论的这两种效应。如果要求个人披露他们对负经济效应水平变化的评价，就必须要求这种评价要对两个方向上的变化都有效，从而使"搭便车"悖论以相互抵销的方式起作用。对施加于活动的可能限制，个人将要为其纳税，所以就有很强的激励低报他们的真实偏好。另外，对于该活动的扩张，个人将从其获得红利，所以就有很强的激励高报他们的真实评价。如果现在，要求个人针对这些引发外部效应的活动，根据由代理人和"生产者"间的谈判所确定的变化方向，披露他们对活动水平上那两种可确定的分立变化所做的评价，我们将期待出现某种大致近似于有效率的后果。①

请设想，所有的人都对负经济效应上的变化低报他们的评价，反映出"搭便车"者中的税负方倾向压倒了潜在的分红方倾向。在这种情形中，将要求代理机构带着相对低的总合评价面对活动扩张权的潜在购买者。那时，将会存在一种扩张负经济效应的强前景。人们将会发现，他们的"搭便车"策略与他们的愿望背道而驰；他们将蒙受进一步的溢出损害，却得不到充分的补偿。另外，请设想，所有的人都高报他们对负经济效应的评价，反映出在他们的行为上，问题中潜在的分红方倾向压倒了纳税方倾向。在这种情形中，该代理机构将带着某种相对高的总合评价面对活动水平变化的潜在购买者和出售者。这些"生产者"们将发现，出售他们所持有的权利从而降低负经济效应的水平是有利的。而人们将发现，负经济效应所带来的溢出损害被减少了；但他们将承受伴随而来的税负份额，而这超出了他们自己对所获益处的真实评价。在这两种情形

---

① 当在一个研讨班上报告这项方案时，芝加哥大学的莱斯特·特尔泽教授强烈地反对其隐含的假定，即在对应的决策范围内消费者的评价表都是线性的。只要消费者的评价呈现出显著的非线性特征，对活动水平提高到现状点以上的评价就可能与对活动水平降低至该点以下的评价不一致。在这种情境中，若要在对方向始终无把握的情况下被迫对一种拟议中的活动水平变化报出某种单一的评价，消费者可能会发现，在任一方向上，他自己在变化后都会处于一种效用更低的位置上。这个难题意味着，要想使这个方案得到实施，关于变革的建议就应该以小而不连贯的步骤而非大的步骤来提出。

中的任何一种中，个人方面的策略性行动意图都是南辕北辙。只要认识到了这一点，人们将发现，对于那些被明确为前景的独立变化，按他们自己对负经济效应真实价值的最佳估计提交评价，是有利的。①

## 四　结论

在本文中不可能讨论制度性代理人的运行细节。所勾画出来的这套制度改革将有助于确保针对严重的环境质量问题获得某种贴近的解决方案。那些重大的宪则性问题未获关注。社会将根据什么标准来判断，所见到的环境是否已完全处于非最佳状态，从而需要进行这些改革建议所体现的。有时是戏剧性的制度革新呢？什么时候一个水系或江河流域被污染得需要建立一个该河流所有用户的代理者，并对污染权利进行精确的界定呢？这样的措施本身就代价高昂，且只有在无效率超出了某些限度后，改革上的那些尝试才能被证明是合理的。在关于环境质量的熟悉讨论中，这些更广泛且更基础性的宪则性问题被提到得太少。

本文已被明确限定。首先考察的是潜在外部效应关系中的制度结构。该分析揭示出，某种潜在负外部经济效应的"消费者"或

---

① 呈现在这里的这个方案，尽管是我独立提出的，但与若干已被发明出来的其他安排有着多种关联，且为了达到相同的目的，这些安排得到了相当细致的精心阐述。在这些工作中曾引起我注意的有：Edward H. Clarke, "Multipart Pricing of Public Goods", *Public Choice* 11 (Fall, 1971): 17–34; T. Nicolaus Tideman, "The Efficient Provision of Public Goods" (unpublished manuscript, 1970); E. Malinvaud, "A Planning Approach to the Public Goods Problem", *Swedish Journal of Economics* 73 (March, 1971): 93–112; Peter Bohm, "An Approach to the Problem of Estimating Demands for Public Goods", *Swedish Journal of Economics* 73 (March, 1971): 55–66。

应该强调，我在此处的目的不是推进一个特殊的安排方案，我也没有兴趣从细节上考察运行特征。相反，我的目的是找出像是为把握种种有效率后果而被提出来的制度设定情境。

日承受者中存在着具有"公共性"的互动,而这对于自愿性契约安排的预期失败来讲至关重要。一旦接受了这一观点,在实现所需的制度改革上,方式并无限定。这些改革有一个共同点,即都涉及要授权某个代理者或集体,让它来代表所有"消费者",并由其取代这些"消费者"方面的种种多人反应。由此,这种制度性代理人就被置于这样一种地位上,即直接面对那些会发现引发外部效应对其私自来讲有利可图的个人或企业,并与之进行谈判。该代理人可以着眼于其选民成员的利益,依据按某个选定现状位置来确定的初始活动水平描述,同意出售或购买从事该活动的权利。在这样的限制或扩张中,该代理机构要确定其成员们对"公利—公弊"(public goods-public bads)所做的评价。而能够做出这种判断的基础在于某种专门的设计方案,它利用着对有指向变化的双向展望。

# 第二十九章　科斯定理与国家理论*

微观经济政策上的后庇古式世界中，事情真是相当地简单。这是一个以私人边际成本（产出）和社会边际成本（产出）有可能发生背离为其特征的世界。可以见到，那个经典的邪恶工厂把它的烟尘排放在邻近主妇的洗净衣物上，并在这么做的过程中，向他人强加成本，而这些成本不会被计入其预想中严格的利润最大化算计。对此的矫治方法看来也直截了当，"政府"应当向那个工厂主征收一笔矫治性的税，它直接与产生烟尘的产出（或者，如果必要，与某种特殊投入）挂钩，并按边际性的外部或曰溢出成本来衡量。通过这种措施，该企业将被迫从"社会的正确角度"来比较成本和收益，并在此基础上制定其决策。这样一来，该工厂主的利润最大化目标将引导该企业达到具有"社会最优性"的结果。

自从R. H. 科斯提出他对社会成本的分析以来，事情看上去几乎不那么简单了。[1]科斯的核心洞见在于他认识到，对于任何潜在的经济相依性来讲都存在着两个方面，即任何可能交易中的两个当事方，并且，这确保至少有某种压力趋向完全自愿和自由商定的协议。而且，这样的协议往往确保效率的获得，而无须政府在界定初始权利和强制履约以外实施干预。就手头这个例示而言，如果对那位主妇洗净衣物的损害在价值上超过了企业从允许其烟囱排烟所获得的益处，就会存在一个相互受益的范围，并且涉事双方追求效用

---

\* 感谢我的同事温斯顿·布什、丹尼斯·米勒和戈登·塔洛克所提出的有益建议。
[1] R. H. Coase, "The Problem of Social Cost", *Journal of Law and Economics* 3 (1960): 1–44.

或利润最大化的行为将导致所见的烟尘损害水平至少有某种削减。这种削减，从总产出价值的角度来看，能被认为是有效率的。可以根本不求助于任何政府救济，而科斯也的确主张，政府试图实施的矫治有可能造成无效率。这样的干预有可能预先阻止或扭曲受影响各方之间的谈判。作为其分析的更进一步，科斯提出了关于配置中性的定理，该定理现在被冠以他的名字。这项定理指出，在理想化的条件下，即在没有交易成本的时候和无涉收入效应反馈的场合，自愿商定协议的配置结果将不会因互动过程诸当事方间产权分派的不同而变异。

自1960年以来，大量的讨论涉及了这项定理在存在正交易成本时的种种局限。在这种设定情境中，不同的权利分派可以影响配置后果。不仅如此，对于能被归类为具有可接受效率的自愿商定协议来讲，在某些情形中，交易成本障碍可以高得几乎无法承受，尤其是那些需要许多当事方同时一致同意的协议。由于内在目标是使这些成本最小化，可以用广义的交易成本类别来对不同的制度结构进行分组。

我在本文中的目的不是详尽阐释科斯分析的这些扩展和/或局限，这方面的许多问题已为人熟知，即使一个包罗万象的情形分类也未必臻于完整。我的目的几乎正相反。我要在科斯关于零交易成本和收入效应反馈不显著的假设之内，将科斯的分析扩展至另一些制度情境中去，它们不同于在关于该中性定理的讨论中通常所暗中假设的那些情境。这种方法导向了这样的问题：为什么科斯提出，那些庇古式处方可能产生出无效率的结果？或者，用略为不同的表述，为什么这项配置中性定理在有些界定不良的制度边界上裹足不前了？为什么不能扩展这项定理，使之囊括所有可能的制度变化，即囊括可被广义地理解为产权分派差异的那些变化？若永远假定零交易成本，在隐含的庇古式制度框架中，有什么东西可能阻止当事方之间的自愿协商？如果这项中性定理有效，为什么政治经济学家应当极度关注制度改革本身？

在从其最普适意义上来诠释的这项配置中性定理和科斯的基本政策立场之间，存在着某种悖论（a paradox of sorts）。这项定理在被如此诠释后的一个含义是，古典政治经济学的要旨可能已被引错了方向。亚当·斯密的核心启示指向制度的改革和重建，这被视为在资源运用上确保整体效率的两个手段。且如已指出的，我们永远可以将制度解释为种种特定产权的体现。对政府主管当局，要剥夺其在传统上确立的干预市场经济运行的权利；或者，反过来讲，对于个体交易者，要赋予其权利，让他们根据自己的条件进行协商。古典经济学的核心原理可以被概括为一点，即彰显在种种歧异制度结构下出现的配置结果差异。我不认为科斯会不同意我在此处的陈述。而且我认为，科斯和我都对亚当·斯密心怀钦佩；在斯密对制度结构改革的强调和当代政策对直观结果实施细节性、特例性操控的强调之间，科斯也更推崇前者。

也许令人吃惊的是，亚当·斯密、庇古和科斯共享着关于国家或曰政府的理论。当我们将这套理论考虑进来时，那个明显的悖论就可以被消除。我的论证分几步来推进。首先，有必要仔细地区分产权规则和责任规则。其次，我将证明，政府性或曰集体性行动，如果是在维克塞尔的框架或曰模型中构想的，就不会改变该中性定理的适用性。再次，我将表明，在一个非维克塞尔模型中构想的政府未必改变该定理的适用性，但是，在这样的情形中，因为引入了政府行为，产权会被明显改变。最后，我将提出，政府决策制定理论同时内含于古典经济学和新古典经济学中，且贯穿于科斯的分析之中，而这种理论成了施加于该中性定理的那些似乎悖论性局限的来源。

## 一　产权规则和责任规则

存在着两种规则，一种是对特定个人的权利分派，另一种是当特定个人的行为会给他人带来损害时确定个人责任的规则。科斯在他的基础性论文中，没有在这两种规则间做出仔细的区分。他的例示，现在已为人所熟知，即牧场主和农场主之间的互动，是从承担损害责任的两种规则角度来讨论的。牧场主的牛在邻居的农田中游走，牧场主要么为农场主所可能蒙受的损害承担责任，要么不承担责任。如果牛和谷物在市场上都是在竞争中销售的，则该中性定理表明，无论是哪一套责任规则存在，都将产生同样的配置后果。在前一种情形中，牧场主事先清楚他将为其游走牲畜所造成的损害负责，因而在制定其关于牛群规模的决策时，会把这些偿付作为一项预期成本包括进来。在后一种情形中，农场主知道他不可能从牧场主那里获得任何损害赔偿（并且他必须尊重牧场主对于牛的产权），因而他将发现，如果在边际上，谷物损害的价值真的超过了增加放牧对于牧场主的价值，那么创立对牧场主的偿付以换取限制牛群规模的协议是有利的。

事实上，科斯忽略了一点，即在这两种情形中，制度结构有显著的不同。在第二种情形中，向某种有效率后果的转换是借助某种普通的市场或曰交易过程而发生的。在此过程中，除了两个当事方外，无须任何他人卷入。而在第一种情形中，如科斯所述，必须有第三方的干预，即必须有一个"法官"来评估对已发生损害的收费。在科斯的讨论语境中，这种制度差异无关紧要，因为在预想中，该第三方能够完全精确地测度和评估损害。尽管如此，在更具普适性的设定情境中，这种差异却是重要的。应当要求具有一致性，即对第一种情形不应表述为牧场主**事后**对其游走牲畜所造成的损害负责，而应表述为农场主在其农田上拥有可强制履行的产权，这些权利若非得到农场主自己的同意是不可侵犯的。在这一框架中，牧场主将不得不在任何牛的游走实际发生之前与农场主谈判一项协议。这就把立足于这一侧的制度设定转换成一种类似于相反情形的制度设定。无须第三方，无须法官，**事后**进行干预和评估损害。

我们可以定义这种设定情境为一种产权规则得到确立和强制履行的情境，它与责任规则正相反。[1]这种设定情境要求把注意力直接指向当事双方的动机，即他们都只能靠摆脱初始的无效率状态以获取潜在的可实现剩余。这一情境设定还允许扩展该中性效率定理，使之超越被认为是存在于科斯例示中的那些完全可予反对的环境条件。如果由外部强加所引发的损害在精确程度上是含糊的，第三方在制定解决方案上必然就有必要运用其自己的最佳判断力。相反，如果产权规则得以明确，由于必须得到潜在受害方的事先同意，在确定最终后果所可能落定的范围上，可能的受害方自己对潜在损害的主观估计就变得具有控制作用。毫无疑问，这种评估，与任何第三方所做的估计相比，是对实际价值损失的更好测度。

## 二 维克塞尔的全体无异议

就我在本文中的目的而言，对于按产权规则而非责任规则来定义一互动过程中的当事方所做的详细说明，有助于将关于配置中性的科斯定理与关于政府或国家的基础性概念或理论联系起来。在这个可能采用的最简单模型中，我们可以构想一个政治体，它在成员关系上被限定于直接卷入潜在互动过程的诸当事方，从而能使互动群体在成员身份上与该政治单位相吻合。在此基础上，我们可以

---

[1] 这个术语得自卡拉布雷希和梅拉米德的讨论，他们的论文澄清了这两者之间的区分。如他们所指出的，产权规则"是引发最少量政府干预的赋权形式"。请参见 Guido Calabresi and D. Melamed, "Property Rules, Liability Rules, and Inalienability: One View of the Cathedral", *Harvard Law Review* 85 (1972): 1089–1146; 还请参见 Harold Demsetz, "Some Aspects of Property Rights", *Journal of Law and Economics* 9 (1966): 64–65。
在另一篇论文中，我特地指出在责任规则下有必要诉诸第三方行动，同时要求注意这两种制度安排之间的区分。请见布坎南的"外部效应的制度结构"（Buchanan, "The Institutional Structure of Externality", *Public Choice* 14 (Spring, 1973): 69–82, 及本书第二十八章）。

将当事方之间的"买卖"理解为类似于在维克塞尔式全体无异议规则的作用下所达成的集体性或曰政府性决策。[1]请考虑前面那个工厂—主妇例示,或者科斯那个熟悉的牧场主—农场主例示。在任何一个例释中,我们都可以认为,两个当事方群体构成了政治性共同体中全员性的成员整体。在这种情形中,这两个当事方之间就任何事务所达成的协议都等同于全体无异议的一致。不可能诉诸第三方裁决,其原因很简单,不存在任何第三方。

从这个背景出发,就更容易把"国家"仅仅构想成工具性手段或装置,借助于它,人们试图从事种种旨在实现共同向往目标的活动。当然,对于所有以社会契约为政府起源的理论来讲,这是一个传统的框架。在这种设定情境中,政府部门的所有活动都被从交易的角度来诠释,尽管也认识到,该交易过程明显比构成正统经济学理论中核心主题的交易过程要更复杂。至少在概念上或逻辑上没有必要将"国家"视为一个其存在是与公民们相分立和脱离的实体。

这是集体行动上的严格契约论概念,其中,所有的决策都需要政治共同体中全体成员的无异议赞同,如果我们始终不超出这个概念,且如果我们保留无交易成本的假定,在应用科斯的配置中性定理上就可以超越通常讨论该定理时所要求的那些限制。在这个模型中,集体型或曰政府型的决策制定始终等同于自由商定的自愿交易。因此,极少或根本没有理由去顾及"政府干预"本身。因为,如果没有所有当事方对契约条款的同意,任何宜于被归类为"政府行为"的行动都不会出现。

---

[1] 某种全体无异议规则下的集体性决策制定活动与现代政府财政理论分析上的克努特·维克塞尔的名字相连。因为,他所建议的制度改革包含了在达成税收和支出决策上的全体无异议原则。请参见 K. Wicksell, *Finanztheoretische Untersuchungen* (Jena: Gustav Fischer, 1896). 这部著作的核心部分以英译本的形式出现在一部名为《公共财政理论精要》中的"公正税收新原则"一文中("A New Principle of Just Taxation", in *Classics in the Theory of Public Finance*, ed. R. Musgrave and A. Peacock (London: Macmillan and Co., 1959), pp. 72–118.)。

权利分派上的种种差异，如在那些标准的简单交易情形中那样，在分配性后果上造成种种差异，但该缔约性过程将导致既有效率又无变异的配置后果。请考虑一个经典的例示，它导入了我们可恰当地称之为集体品或曰公共品的事物：大卫·休谟的村民们，他们的效用将因一个草场的排水而增加。该中性定理在被用于这个例示时证明，不论预设的初始状态是个人拥有分立的地块，沼泽性小河从中流过，还是整个草场被界定为共用财产从而所有当事方都可进入占用，从自由商定的契约中都将产生某种有效率且不变的配置结果。凭借某种有效的全体无异议规则，并由于零交易成本，实现效率所需的复杂交易会在个人权利的任何初始结构下发展起来。当然，在诸分立个人之间分享源于交易的总获益将受到既存特定产权分派的影响。如果对这类获益的分享改变了边际上个人对该共用品的需求，即如果存在收入效应，不同的分派就将在配置后果上产生出细微的差异，但是，在此处的这些假定下，产生出来的那些结果将继续是有效率的。

## 三 简单多数票决表决

当在集体决策上放弃了全体无异议的要求时，政府行为就再也不代表自愿交易过程的某种复杂对等物了。[1]如果预定要约束全员群体的决策可以由这个群体中的一部分人来做出，那么某特定个人坚持拒绝蒙受无抵偿的伤害或曰损害就没有了任何保障。政府性或

---

[1] 在与日常选择相对的立宪性层面上有可能使用自愿交易的类似物。也就是说，我们能够在某种预设的全体无异议规则下，分析对某种政治性宪则（达成集体决策的规则）的挑选。然后，也完全可能在立宪层面上从全体无异议的协议中导出赞同非全体无异议规则的逻辑基础。这是在 J. 布坎南和 G. 塔洛克的《同意的计算》中所采用的方法（J. Buchanan and G. Tullock, *The Calculus of Consent* (Ann Arbor: University of Michigan Press, 1962).）。

曰集体性行为的条款一旦不再以个人的契约性同意为必要条件，则个人对于自己将分享预期政府行动所要产生的总获益这一点可能就再也没了把握。由此来看，随之而来的是，集体行动由某个小于共同体全部成员的决定性联盟来推动，这种联盟的成员为改善其地位而启动的集体行动，即使是在零交易成本下，也未必产生出有效率的结果。①任何非全体无异议的表决规则，例如，简单多数票决的表决规则，在净效果上，似乎都将可能是产生出无效率的结果。

然而，与对这个例示的粗略关注所可能给出的启示相比，中性定理要更有说服力。即使是在实施集体行动的非全体无异议表决规则下，如果因背离全体无异议而被改变的产权结构得到承认，如果允许人们就这些权利的交易进行自由协商，有效率的后果通常仍将从缔约性过程中产生出来。经济学家们尚未把非全体无异议表决规则下的产权结构完全纳入他们的正统学说之中，对于此处建议的中性定理扩展，他们往往裹足不前。

请考虑一种情形。其中，个人拥有界定良好并得到所有当事方承认的权利，且众所周知，这些权利能无成本地得到强制履行。如果不实施任何集体行动，人们会通过简单的交易在他们自己当中买卖这样的权利，并确保相互受益。如果实施集体行动，但完全是基于所有当事方的一致同意，则相互受益（或起码无人受损）是有保障的。如果这个条件被抛弃，且个人可以因集体行动而受损失或伤害，则还是基于零交易成本的假定，他们原初所有物的价值必然会被改变。人们再也不握有抵御强加价值减损的、不受侵犯的索赔权。由于批准了未获所有当事方允准而采取的政府行动，一组新的不明晰权利得以存在。任何潜在的决定性决策制定联盟，在我们此

---

① 由于零交易成本，在集体行动上对全体无异议表决规则的任何背离，在立宪层面上都将难以被接受。但此处导入这么一种改动的目的是为了阐述论点，而非证明其在描述上的对应性。

## 第二部分 应用

处的例示中是投票者中的某种简单多数派，对少数派的名义所有物拥有着权利。在本例中，这些权利是模糊的，因为它们的产生完全是基于对多数派联盟的身份认定，而这个联盟在为集体行动而考虑的问题上具有决定性。然而，一旦得到确认，该有效多数派的成员们就拥有了潜在的可出售权利。这些权利可以被直接或间接地用来交易，且缔约过程也将确保取得有效率的配置后果，从而，只要给定关于交易成本和收入效应的适宜假设，这种有效率的后果也将是无变异的。

我们可以在一个高度简化的三人例示中阐明这一点。请考虑一个共同体，它包括三个人：$A$、$B$、$C$。集体决策通过简单多数票决的表决来进行。有某种通用型的可数消费品，对其的最初拥有单位数，比如说，$A$是100，$B$是60，$C$是30。在这种环境中，让我们设想，提出了一项政府工程的议案，它允诺产出30单位的获益，并在这三人当中平均分配。但是，这项工程的总成本是40单位；显然，这项提案是无效率的。尽管如此，如果$B$和$C$能够成功地将他们自己组织成一个多数派联盟，并且如果他们能够向$A$征收这项提案的全部税负成本，他们就能赢得净收益。在这种情形中，结果将表现为下列情况。

| 个人 | 获益 | 成本 | 净收益 |
| --- | --- | --- | --- |
| A | 10 | 40 | -30 |
| B | 10 | 0 | 10 |
| C | 10 | 0 | 10 |

然而，一旦确认$B$和$C$是该联盟的决定性成员，个人$A$就能就交易或曰报偿性支付（side payment）进行谈判，而这对于所有的当事方来讲将是相互受益的，并且这将使那种无效率后果不得实现。例如，若个人$A$能向$B$或者$C$提供15单位的净收益，以使其加入一个

将不同意该工程的不同联盟;或者,如果 $B$ 和 $C$ 都坚持,他们就能够为他们同意阻止该工程向 $A$ 索取一笔 10 单位的支付。这种报偿性支付,在我们的零交易成本假定下必然被允许发生,并将确保所有的无效率工程都被预先阻止,且同样,所有的有效率工程都将得以完成。①

在一种简单多数票决的表决体制中,"选举权上的产权"对于个人的价值从根本上取决于多数派可在其中采取集体性政治行动的宪则性边界。这些价值还将取决于在已定义好的那组既定宪则约束的范围内,潜在联盟获益的技术可能性。这些论题都很有意思,且绝大多数尚未得到解决,但在本文中不适宜详细探讨这些问题。就现在的目的而言,有待认识的要点是,首先,在集体决策过程中,对全体无异议原则的任何背离都会改变权利结构,使之偏离完全由私人部门的权利和义务来界定的结构;其次,即使是基于这组被改变了的权利,在那些被高度限定的、有关交易成本和收入效应的所需假设范围内,配置中性定理依然是成立的。②

---

① 常有人错误地论证说,拥有较强经济权势的个人(在我们的例示中是 $A$),与拥有较弱经济权势的个人(在我们的例示中是 $C$)相比,在形成主导联盟上能发挥更多的影响力。但是,如果在所描述的这种情境中,$C$ 充分认识到了可资利用的盘剥潜能,他能向 $B$ 提供的条件与 $A$ 所提供的那些条件可以完全一样的。在此处的基本算术中,不启动该工程的净获益(10 单位)将由 $A$ 分享而非由 $B$ 或者 $C$ 分享的可能性并不更大。在实际效果上,归因于简单多数票决博弈的冯·诺依曼—摩根斯顿解集(Von Nuemann-Morgenstern solution set)变为:
(5、5、0)(5、0、5)(0、5、5)。
关于这一分析的详细阐述,请参见布坎南和塔洛克的《同意的计算》(Buchanan and Tullock, *Calculus of Consent*, chapter 11 and 12.)。

② 多数票决表决规则所体现的被改变权利结构可能具有多重含义,我在另一篇论文中,就这些含义提出了某些略微更充分的内容。请见布坎南的"福利国家的政治经济学"(Buchanan, "The Political Economy of the Welfare State", Center for the Study of Public Choice Research Paper No. 80823-1-8, June, 1972.)。这篇论文,感谢米尔顿·弗里德曼,是为 1972 年 10 月在弗吉尼亚州的夏洛特斯维尔市举行的"资本主义与自由研讨会"而准备的,并发表于该研讨会的文集中。

## 四　主管当局

在传统的经济政策讨论中，对赞同和/或反对政府干预私人部门的论证极少出现在得到明确界定的集体决策模型之中。就其绝大部分而言，那些对自愿交易过程的后果提出"矫治措施"的人，与那些反对这类措施的人类似，都满足于将政府决策处理为经济体自身内部种种个人评价以外的活动。然而，如果是在任何集体决策制定框架内逻辑一贯地理解这些论点，则能够最易于导出的结构既非全体无异议，亦非简单多数票决的表决。与经济政策讨论最具一致性的政府模型是这样的，即采取集体行动的主管权被赋予一个管理者，一个官僚，一位专家，在预设中，他根据其自己对"公共利益"（或用技术性经济学家的行话讲，某种"社会福利函数"）的理解，为共同体做选择。

因此，扩展我们对配置中性定理的分析，考察一下公共选择上的这个管理决策模型，是有益的。大概因为对这个模型的预设实质上是隐性的而非明确的，所以尽管可以借种种替代性手段来选定代表集体的单一决策制定者，但这些手段极少或根本没有受到过关注。在此处，我们也无须这种关注。严格来讲，下面所得出的那些结论取决于该决策制定者是由神意授予的、民主选举的、随意任命的、在竞争性考验中选拔的，还是世袭决定的。[①] 而我要考察的是这样一个模型，其中，某单一个人被赋予了为整个共同体做决策的权力。这定义着一种专门的权利结构，一种分派，而问题是要确定其配置结果，这些结果将与预计存在于其他结构下的配置结果形成对照。需要指出的第一点与涉及简单多数票决表决时所指出的相

---

[①] 选任方法可以影响决策制定者的动机，并且在此过程中，使隐含于正统概念中的行为假说得到证实的可能性被改变。

同。将决策制定权授予单一个人会改变既存的权利集,即使是在任何强加的政府行动开始之前亦然。这个被指定来代表共同体做选择的人拥有着具有潜在价值的索求权,这种权利在他由宪则授权行动之前是不存在的。

请再次考虑休谟的村庄草场排水。我们现在假定,该村庄不通过某种全体无异议规则来运行,而是授权某单一个人来代表群体中的全体人员,并进一步假定,人们公认,该单一个人的决策将被强制执行。在形式上,这位决策者是选自群体内还是群体外并不重要。但为了简化阐述,我们将假定,他是被从村庄外选来的。我们现在假定,有一个排水工程,其本性是整体性的,但将给村民们带来匀称分布的获益,这些获益是按一千单位**基准**商品来计价的。该工程将耗费一笔总额为八百单位的成本,而税务机构要求匀称地分摊这些成本。该工程显然具有帕累托式效率。并且,如前面已表明的,若给定我们的零交易成本假定,并将所有的"搭便车"行为都归入交易成本名下,在某种全体无异议规则的运行下,该工程将得以启动。问题就变成,在所考虑的其他产权结构下,这个工程必然会被该单一决策制定者选定吗?

假定该单一管理者了解公民们的偏好,或者哪怕是假定他将精确地估计这种偏好,都是不合理的,他必然会在自己的选择算计中一美元一美元地体现其个人的价值。如果该管理者或官僚承担的成本少于其个人获取的收益,他就将选择这项工程。但是,这些成本和获益不是,大概也不可能是,共同体全体公民的成本和获益。很显然,在这个模型中,没有任何因素能确保在该官僚的选择和按正统经济学家们的标准将被认定为有效率的那些结果之间存在一致性。这意味着,关于配置中性的定理失灵了。

但是,如果我们跳出这个幼稚的管理行为模型,该中性定理的适用性就可以得到恢复。通过按其自己的主观评价行事,该官僚有可能无法使在宪则上分派给他的那些产权实现价值最大化。为了证明这一点，让我们假设，该决策制定者很幼稚地，决定反对所提到的那项工程。在这项决策中，他剥夺公民们按1000单位定价的获益，同时又不对共同体征收八百单位的税负成本。在一个大人数群体能轻易达成契约性协议的零交易成本情境中，全体公民，作为一个纳税人—受益人的全员群体，将愿意提供总额至200单位的报偿性支付，以换取在该工程上从不动工到动工的转变。①如果该决策制定者，那个管理者或曰官僚，表示要或者实际地利用这些报偿性支付来确定他的最终选择，该排水工程将被完成。在这个更复杂的官僚行为模型中，配置中性定理显然得到确证。只要该决策制定者在行动中，利用赋予他的产权（代表整个共同体做最终决策的权利），使潜在租金最大化，配置结果将会与在诸替代性权利结构下出现的结果完全相同，当然要伴有那些预设的交易成本、收入效应假定。如在所有的产权分派转换中一样，在相异的权利分派下，分配性结果可以大相径庭。如果该官僚基于他为群体做选择的权利谋求租金的最大化，且与此同时，如果他以个人报偿性支付的形式收取这种租金，就会存在一种收入转移，即收入从初始群体的成员向被选为决策制定者的"外来人"转移。②

即使我们忽略伦理方面的考虑（第五节中将要引入这些考虑），对于将租金最大化作为官僚行为的适宜准则，仍可能出现异议。在受指派的决策制定者能从作为一个群体的纳税人—受益人那

---

① 在数值型例示中，该潜在可捕获租金所以看似为200单位，是因为假定该排水工程的获益和成本都在所有村民中均匀分摊。如果放松这些假定，该决策制定者就能够征收到总额更大的租金。他的潜在收益，在所有的情形中，都将是一个获益和成本间的正差额或负差额中那个**较大**的总数，这是一笔要取自共同体全体成员的总额。

② 这会改变标准经济学家对配置性结果和分配性结果间区分的处理。对有一些目的来讲，如果这种零和特性被限定于某个稳定的"成员"群体，就可以忽略分配性结果。然而，如果一种新的权利分派，如所讨论到的那种，造成了向初始群体外的分配性收入转移，对于这个群体来讲，后果就是负和。当被用于存在交易成本的现实情境中时，这意味着，在有些条件下，一个共同体会发现，容忍配置无效率而不是为了消除它而在分配上向那些获得授权的决策制定者转移收入，是有利的。

里收取潜在报偿性支付的条件下，预设其追求这种报偿性支付的最大化就意味着，该决策制定者本身对于诸替代项持中立态度，即对于这些可为他所用的机会间存在的种种差异，他未赋予任何个人评价。如果，实际上，该官僚或曰管理者不属于该共同体的受影响人员群体，这一假设或许看上去真似合乎现实。然而，如果他是被从该共同体自身的内部选出来的，他自己的评价就必然会被纳入考虑。其实，无论该决策制定者是从原初成员群体的内部还是外部选出来的，他自己的评价都能，且必然，被纳入关于成本和获益的任何正确评估之中。

我们可以返回前面引入的那个数值型例释。请设想，对于那个决策制定者以外的所有人来讲，拟议中排水工程的总获益相当于1000单位的**基准**商品（我们可称为"美元"），而其总成本，对于那个决策制定者以外的所有人来讲，相当于800单位。但请设想，该决策制定者自己，对于沼泽和未排水草场的"自然美"，赋予比如说400美元的货币价值。即使不应当要求他交纳该工程的任何税负成本，在该排水计划中，这笔400单位的价值也必然会变成总机会成本的一个组成部分。在这些条件下，那位官僚将拒绝贡奉给他的那200单位报偿性支付。该工程将不会获准动工。

这个结果意味着配置中性定理失效吗？在这一点上，是从群体的初始全体成员内部还是外部选出该决策制定者的问题变得至关重要。如果选任是内部性的，则在所提出的那些条件下，该工程是无效率的，它在任何权利分派下都不会获准动工。这是因为，在任何一种内部的缔约谈判中，该个人的负面评价都将是一个投入因素，而这种谈判是可以产生某种配置后果的。在这种情形中，该中性定理始终是有效的。然而，请设想，该官僚不属于初始的成员群体。在这种情形中，当权利的分派被限定于初始成员们时，该官僚自己对诸工程替代项的个人评价将不进入、也不影响配置后果。但是，当这个决策制定者被赋予为整个群体做选择的权利时，他的评价就会作为一个决定因素参与进来。在这些条件下，该中性定理将不会有效，除非该决策制定者事实上对诸替代项持完全中立的态度。

这个结果毫不令人奇怪。这项关于配置中性的定理，即使是在其那组被限定的所需假设之下，也极少应该指望能将其推广至体现着群体中相异成员身份的权利分派上去。对于固定的成员整体来讲，这个定理依然完全有效。该定理意味着，即使该决策制定者是被从群体外部选来的，每当有新增的成员被纳入进来时，权利分派上的任何变化仍会在这个新成员整体中产生出同一的配置结果来。

## 五　国家理论

要想从有关政府的基础性概念、模型和理论的角度来诠释科斯关于配置中性的定理和庇古式矫治性政策处方所具有的政策寓意是不可能的。如前面的分析所指出的，在关于政府过程的一定概念下，本应对制度变革（作为产生配置效率的一种手段）给予极大关注的，既非科斯，亦非庇古主义者。如果忽略种种分配性考虑，如果代表共同体的决策制定者都是从群体内部选出来的，则在给定那些决策制定者都由经济私利所驱动这一条件，权利结构所以将改变配置后果，仅仅是因为交易成本水平上的种种差异。然而，科斯讨论中的政策要旨大意是政府或曰集体侵入市场经济中的谈判过程往往会阻滞而非推进趋向配置效率的活动。相反，整个庇古传统的政策要旨是，政府或曰集体侵入市场经济往往是对种种扭曲的矫治，并会导向而非背离那些可满足诸公认效率标准的结果。

可以先考察庇古式的国家模型。那个决策制定者，即获得授权来征收矫治性税种和补贴的那个人或集团，被预设为是按福利经济学家为他设定的那些规则行事的。他的任务是测度源于不同行动过程的社会成本和社会获益。在预设中，这是一项他有能力切实完成的任务。基于这样的测度,该决策制定者将遵循那些设定好的规则,完全无视他在拒绝报偿性支付开价的过程中所可能面对的种种个人机会成本。这种庇古式的政策制定者注定是一个经济阉人。自然,理想化的配置结果与会在决策制定者已完全"腐败"的体制下出现的那些结果完全同一。在后一种体制下,决策制定者们凭借其制定决策的权利,完全追求潜在报偿性支付或曰租金的最大化。然而,如果预期他将如一个租金最大化追求者那样行事,就没有必要像是从福利经济学的那些定理中导出的那样,在规则或曰规范的形式上做精心和细致的指示。在这种庇古式概念的范畴内,代表群体的决策制定者对授予他的决策权,不会也不应当追求其租金价值的最大化。对这一点,要么可被处理为一个有关官僚行为的实证性预言,要么可处理为一种适于官僚行为的规范性命题。

在科斯的概念中[1],似乎有一种在一些方面很相似的诠释随之而来。如果,实际上,政府性决策制定者们在行动上完全是一个租金最大化的追求者,中性定理就意味着,将极少有或绝无对配置结果本身的任何关心。因此,有这类关心存在的证据,就必然标示着对租金最大化行为假说的某种否定。同样,这也可以被当作实证性预言或规范性陈述,即政府性决策制定者,官僚,获得授权来代表整个群体后,要么基于其所掌控的权利而不追求租金的最大化,要么基于道德伦理方面的理由而不应当这么做。在任何一种情形中,科斯对配置效率的关心都在回归,因为一旦使决策制定权从市场转入政府部门,就消除了趋向最优性的谈判压力。

也许,令人惊奇的是,尽管双方的政策立场在本质上是对立的,可这些立场的支持者们对政治过程所抱有的基础概念中存在着共同的元素。在庇古式的框架中和在此处被归因于科斯的框架中,政府

---

[1] 关于对科斯—芝加哥立场的明确陈述,请参见 Demsetz, "The Exchange and Enforcement of Property Rights", *Journal of Law and Economics* 7 (1964): 21-22。

性决策制定者,要么是单独一人,要么是一个做选择的集团的成员,都是和/或都应当是"不可腐蚀的"。在这一方面,这两种关于政府过程的构想似乎完全相同,尽管这两种模型在政府当局所具备的信息可能性上有着鲜明的差异。在庇古式传统中,官僚既掌握信息又不可腐蚀;在科斯的框架中,官僚无知但不可腐蚀。

同意关于政府性决策制定者的这种"不可腐蚀性"特征,且事实上在这个熟悉的用法中引入"可腐蚀的"这个词,意味着,在被授予的、做集体选择的权利所具有的不可让与性(inalienability)上存在着广泛共享的伦理预设。也就是说,可以在必要时接受对集体决策上全体无异议规则的某种背离,但要伴随这么一种认识,即新的、先前不存在的"决策权利"被引了进来,这些新权利具有经济价值,它们有可能被全体公民中获得授权来代表所有人制定决策的那部分人所捕获。但是,可以把这样的权利看作是不可让与的,即,其持有者无权出售它们,或者无权通过直接或间接地攫取个人报酬来剥削其对这种权利的拥有。①本文不宜详尽考察这类伦理预设的正确性,尽管这开启着许多有趣且极易富争议性的分析论题。②

---

① 在"产权规则、责任规则和不可让与性"("Property Rules, Liability Rules, and Inalienability")一文中,卡拉布雷希和梅拉米德(Calabresi and Melamed)相当详尽地讨论了权利的不可让与性。尤其是,他们将注意力引向了若干不可让与性得到认可的例示。请参见前面的(第158页)的注释①。"不可让与性"在所讨论情形中的精确定位可能受到质疑。在将决策制定主管权授予一个代理人的过程中,可能不认为公民们是在转让这种"选择权"中固有的经济价值。在这个框架中,它是全体公民的权利,从而在某些根本的意义上是"不可让与的",代理人绝不可能转让一种他并不拥有的"权利"。但在我的讨论中,是把经验上见到的授予决策制定主管权与一项有价值权利的实际转让(尽管当时预设其为"不可让与的")等同视之。
② 这类态度被广泛共享,但当经济分析是被很细心地提出时,赞同这类态度的伦理基础或许会受到挑战。在推销代表共同体制定决策的权利上,分配性结果上的相对不受欢迎性为支持不可让与性提供了一个充分的理由。在概念上,该决策制定者能够从得到宪则授权的行动中捕获**全部**潜在剩余。在这种极限情形中,那些在预设上进行立宪性授权的人们,即全体公民,发现他们自己从集体行动中毫无获益。只要预见到,授予决策权并伴有不可让与性将产生出正的净收益,公民整体的经济地位就得到了提高。那些标准配置意义上的可能无效率远非那些分配性获益所足以抵消的。

极少能否认这类预设的存在。诸如"选票买卖""互投赞成票""政治偏袒""职位分赃制"以及"政治报偿立法"这些词汇中的贬损性内涵都昭示出,对于政治决策权拥有者方面哪怕是最微小的增加租金回报的意图,负面的态度无处不在。如果这些态度分布得足够广泛,反对官僚性和政治性租金最大化的禁律就可以扩展,使之不限于仅颁布种种伦理性行为规范。被有意识地置入政府系统的奖惩机制可以专门定向,以使这样的租金最大化对于任何被授权来代表整个群体制定决策的人都是无利可图的。指派的官僚,被赋予了公共政策中某一具体方面的主管权后,在道德上或伦理上或许禁不住他接受报偿性支付。但是,他要接受金钱勾引的话,就可能面对严厉的法律处罚。只要这些由宪则确定的约束确保政府性决策制定者的经济私利能控制其行为,使之对(直接或间接)贡奉给他的报偿性支付不做响应,就可以几乎是同意反复地论证说,由该"不可腐蚀者"代表整个共同体选定的任何后果都必然,按照定义,被归类为是"有效率的"。这会产生出一个悖论性的结论,即实现效率的条件都决定性地依存于制度结构,从而即使依据不变的个人评价,那些在一组制度下被断定为有效率的解,在另一组制度下却可以是无效率的。

如果我们满足于按照无任何权利不可让与的假定,将能出自共同体中个人间缔约谈判过程的那类可能后果都界定为在配置上有效率,则避免上述悖论就变得可能。显然,在这种情形中,将不可让与性导入政府性决策制定者的权利使得配置中性定理不再成立。在零交易成本这一高限定性的假定之下,任何活动都将在无政府干预的状态中得到有效率的组织;而没有收入效应的种种反馈作用,配置性后果相对于私人可让与权利的不同分派而言将是无差异的。在诸如这些因素的条件之下,是向政府部门的转换,而非向政府性决策制定本身的转换,引入了权利的不可让与性,而正是这种不可让与性消除了使后果有效率的保障。无论如何,若我们以这样的方式来避免这一明显的悖论，就留下了这样一种寓意，即各种活动立宪性地转向政府部门是一个几乎必然的无效率之源。不过，当把其他的种种考虑纳入进来时，这一寓意未必随之而来。当交易成本得到确认时，尤其是当考虑到种种分配性蕴涵时，"总体而言"，效率可以要求对种种活动的政府性组织方式，以及被必然地委派给官僚型决策制定者的种种权利上的不可让与性。最终无法回避这样一些要求，即对于每一项被提出来的特定制度变革，都必须基于某种个案分析程序，依据其自己的种种优点，来进行考察，并在心中牢记分立的组织决策间的那种相依性。

# 第三十章　企业家活动与外部效应内部化*

## 与罗杰·L.费思合著

## 一　引论

在一种适于市场运行的理想化情境中,将生产—交易过程本身解释为使潜在的相关外部效应内部化的过程,就变得造作和多余。尽管如此,若我们要想超出经济学家们的理想化建构,转入有可能存在按正统意义定义的外部效应的设定情境,从上述角度思考一下普通的市场运行还是有益的。在这样的设定情境中,买卖变得仅存在于若干实现"外部效应内部化"的制度安排之间。在本文中,我们提出,有些特殊类型的经济互动过程是随企业家风险事业的创立而产生的,对于实现这类互动来讲,体现于良好运行的法律结构中的内部化可以优于交易或者公然的政治性安排。我们的目的是,根据对企业家活动的影响以及借由这样的活动而对经济发展速度所产生的影响,来比较使潜在外部效应内部化的种种替代性手段。

R. H. 科斯那篇关于社会成本的论文现在已是经典,其中提出的那个双当事方例示为人所熟知。①在初级的分析层面上,牛牧场主和小麦农场主之间的互动与任何两个普通生意人之间的互动毫无

---

* 特别感谢我们的同事罗伯特·斯塔夫。我们肯定,他所兼具的法学和经济学专长,使我们得以避免了某些严重的无知之错。但对于可能依然存在的疏忽,不可能由他来负责。
① R. H. Coase, "The Problem of Social Cost", *Journal of Law and Economics* 3 (1960).

第二部分 应用

二致；实际上，这一点正是科斯论点中的一个基本点。只要"外部效应"是帕累托相干的，往往将发生交易，从而使该效应"内部化"，并保证出现一个有效率的后果。[1]尽管科斯的讨论中，大部分是从"损害责任"的角度展开的，但服务于科斯分析的隐含模型仍假定，所有的产权都将完全得到界定和强制履行，从而都是可交易的。[2]在卡拉布雷希—梅拉米德的术语中，这种基本的科斯主义分析认定，权益受到某种**产权规则**的保护，这在无交易成本的情况下，确保市场的运行将有效地实现潜在外部效应的内部化。[3]开始时，我们建议比较和对照产权规则和责任规则的运行[4]，并假定两种规则所借以起作用的体制在"内部化"上都不涉及明确的集体化努力。[5]

我们的关注不涉及权益或权利的不同分派所导致的可比配置结果，尽管这个问题在绝大多数关于科斯定理的分析中成为中心。相

---

[1] 关于帕累托相干外部效应的基本定义，请参见 James Buchanan and William Craig Stubblebine, "Externality", *Economica* 29 n.s. (1960): 371。
[2] 请对比 H. E. French Ⅲ, "The Extended Coase Theorem and Long-Run Equilibrium", *Economic Inquiry* 17 (1979): 254。请参见 James M. Buchanan, "The Coase Theorem and the Theory of the State", *National Resources Journal* 13, (1979): 579。
[3] 如果一个希望从其拥有者那里消除某项权益的人必须通过一次自愿交易向该拥有者购买这项权益，且在交易中，这项权益的价值是得到出售者同意的，这项权益就是受某种产权规则保护的。请参见 Guido Calabresi and A. Douglas Melamed, "Property Rules, Liability Rules, and Inalienability: One View of the Cathedral", *Harvard Law Review* 85 (1972):1089, 1092。
[4] "任何时候，如果一个人愿意为一项权益支付一笔客观决定的价值就能打破这项初始权益，这项权益就是受责任规则保护的。"（同上）
有一种相似的区分，但不引入产权规则或责任规则那样的术语。请参见 James M. Buchanan, "The Institutional Structure of Externality", *Public Choice* 14 (1973): 69。
[5] A. 米切尔·伯林斯基曾比较性地分析了产权规则、责任规则和税收—补贴方案。他的重点在于静态效率特性、对权益的保护程度以及信息的影响。这些因素无一是我们此处分析的中心。请见他的 "Controlling Externalities and Entitlements: Property Rules, Liability Rules, and Tax-Subsidy Approaches", *Journal of Legal Studies* 8 (1979): 1, 以及 Polinsky, "On the Choice between Property Rules and Liability Rules", National Bureau of Economic Research Working Paper No. 286, October, 1978。

反，我们专注于在相异制度安排下出现的那些不同结果，因为具体的权利分派正是借由这些制度安排而得到保护或强制履行的。在这方面，我们分析的第一部分是扩展卡拉布雷希—梅拉米德的讨论，而非科斯的讨论。我们也不直接关注这两种安排的种种静态效率特性，那是弗伦奇分析的中心，在很大程度上，也是伯林斯基分析的中心。在更广泛的意义上，我们感兴趣的是被考察的诸选项所具有的种种"动态效率"特性。

我们还主要关注整体性的项目或风险事业，而不是对既存活动的边际性扩展。我们将注意力集中于随一项新创业性风险事业启动而来的预期获益和预期损害。对项目内部的"生产速率"（the rate of production）有某些预测，一旦启动后，这些预测必然会传递出对该事业整体上获益或亏损的任何估计，尽管如此，但其内部的调整范围（几乎所有的外部效应分析中这都曾是注意的核心焦点）却与我们的目的无直接关联。适于我们这项分析的恰当范围在于某项创业性风险事业的启动和不启动之间。

对产权规则和责任规则的种种效应已有过多种比较，它们都集中于参与者在保护名义权益的不同手段下所面对的种种策略环境差异。在产权规则下，必须**事先**购买潜在受损当事方的认可，这使得受损当事方的博弈地位大大强于其在责任规则保护下的地位。因为在责任规则下，潜在受损当事方只能在**事后**通过诉讼提出可强制履行的索赔要求，而这些索赔要求将要靠某种第三方裁决来落实。即使所有的当事方（既包括那些互动中的当事方，也包括那些互动外的当事方）都预见到，继开创该创业性风险事业而带来的损害水平是相同的，这两种规则下的博弈力量差异仍将存在。

但是，在本文中，我们的重点并不直接在于对行为的这类**策略性**影响，也不在于对这类结果效应的种种预期影响。我们的重点在于那些**主观性**方面，尤其在于潜在的估计损害和实际损害之间有可能出现的可预见差异。[1]我们将论证，在有些限定的条件下，仅这些方面就造成了产权规则和责任规则在效应上的一种可预见差异。[2]在那两种理想化的法制情境中，对行为的策略性影响产生着种种效应，而我们此处所强调的效应则往往可以强化那些效应，或许还会在重要性上超过那些效应。

我们对诸法律安排的比较将为分析和考察那些集体性替代项提供基础。当制度性的"外部效应内部化"从一种由法律的运营来最佳刻画的情境转换为一种由发展决策的全面集体化来刻画的情境时，我们就能预见到，企业家创新受抑制，贯彻最佳期望的机会遭封闭，靠技术进步实现持续或加速增长的希望被扼杀。

## 二 实现外部效应内部化上不同类法律安排的利弊

现在，我们提议更细致地考察一下可能与这两类法律安排相关联的成本和获益。关于法律制度实际运行的讨论，我们推迟至第三节。在第四节中，我们引入对内部化过程的明确集体化。

我们返回科斯的例示并假定，小麦种植者本身是一个前企业家，他对自己的庄稼拥有一项权益，该权益靠一种严格的产权规则而得到保护。不先获得该农场主的许可，无人能破坏这项权益。或者，如果某人表现出了一种这样的意图，该农场主就可以寻求并期待获得一项禁令，它能有效地阻止该被禁活动。请设想，现在，有

---

[1] 斯塔夫和韦尔斯强调外部效应关系中成本和获益的这种主观性，并以此作为区分侵权行为法和契约的一种手段，因这两者是配置结果上效率的不同保障者。但他们并未将他们的讨论扩展至我们此处所考察的那些动态效应上去。请参见 R. Staaf and W. Wares, "Individual Choice, Social Choice, and Common Law Efficiency" (unpublished paper, University of Miami, Florida, December, 1979).
[2] 在一个完全不同的语境中，我们曾证明，在对不同制度的运行特性所做主观估计上出现的差异能对共同决策产生可预期的影响。请参见 James M. Buchanan and Roger Faith, "Subjective Elements in Rawlsian Contractual Agreement on Distributional Rules", *Economic Inquiry* 18 (1980): 23.

一个新的企业家，一位牧场主，提出要在邻近小麦的土地上放牛，但存在牛的游走和庄稼被毁的前景。没有任何理由假定，这两个当事方，对于庄稼被毁这一真正不确定的前景会赋予相同的预期价值。让我们假定，牧场主乐观地按一个低值估计预期损害，而农场主则悲观地按一个高值估计损害。相对更乐观的牧场主认为，在其较宽松的损害估计范围内，他的经营将能够赢利，但如果要求他按照农场主所估计的损害水平支付补偿，则不可能赢利。在严格的产权规则下，将要求该牧场主在能饲放任何牛*之前*先购买放牧权。在所说明的这种情势下，不可能达成任何交易。在邻近生长中小麦的土地上将不会有任何牛的饲放。

如果小麦种植者对损害价值的估计低于企业家牧场主，严格的产权规则就不会阻止饲放运营的启动，因为可以按照预期的"博弈价格"买到农场主的许可。总而言之，不管怎样，我们都将期望，由于同时考虑到了两个因素，企业家们倾向于乐观，一个因素是生产活动上自然产生的内在赢利潜能，另一个因素是可能发生的溢出损害的价值。但在任何情形中，严格的产权规则都将阻止某些项目的启动。

现在让我们假定，小麦种植者在其庄稼上的权益受严格的责任规则而非产权规则的保护。在这种情形中，如果牧场主即使在估计到要做赔偿损害时仍认为运营是可赢利的，他就会把牛放到那些土地上去。农场主不可能阻止这样的企业家行动。在责任规则下，如果证明牧场主的预期是正确的，"发展"就将发生，并将在**事后**获得合法性。在责任规则下，经济体的总产出将高于产权规则下的产出。另外，如果企业家的估计过分乐观了，该新事业将无法覆盖成本，且该经济体在责任规则下的产出值可能低于产权规则下的产出值。不过，错误的代价是由该企业家承担，而非由那些可能蒙受损害的人来承担。从净效果来看，不可能预见在这两种规则之下总产出价值上的级差效应（differential effects）。但是，在发展新项目上的级差效应则是清楚的;与产权规则相比,在责任规则下,将有**更多的**项目被付诸实施。

我们应当强调,我们对这两种法律安排的比较是有限定的,即我们只关注法律安排对启动新项目的企业家决策所产生的影响。我们假定,"企业家式愿景"限于特定活动的赢利潜能上。这一假设允许我们排除兼并选项(merger option)。因为,如果在对溢出损害的主观估计上存在任何差异,就会自然地出现交易获益的可能,而兼并则可能实现这种潜在的获益。而在我们的例示中,如果这位牧场主—企业家估计损害将少于小麦种植者所估计的水平,且如果在产权规则下直接购买允许饲放牛群的许可似乎并非有利可图,该牧场主也许能够抱着管理联合或合并活动的期望并购小麦种植运营。①不过,这种结果要求预设,该牧场主的企业家才能还要扩展至种植活动。而关于企业家专业化的假定之被设计出来,就是要排除这样的兼并选项。②

就此处这项讨论的目的而言,我们还要排除出现权变合同(contingency contracts③)的前景。当两种活动的相依性中含有不确定性时,对这种不确定性做不同评价的一个结果就是这种权变合同,它可以起的部分作用是开掘将拥有的共同获益(mutual gains)。牧场主可以向农场主提出一种合同,承诺他将按照第三方的测度,全额支付损害赔偿,**外加**一定的贴水(premium)。如果农场主认为第三方的裁决足够准确,他就可以接受。由此,产权

---

① 如弗伦奇所指出的,在关于科斯定理的讨论中,有许多是在兼并选项被交易成本差异排除的假定下推进的。例如,伯林斯基就倾向于忽略这种兼并选项。
② 在科斯定理分析中的那些限定性假设之下,无法认识到兼并之利的相互性,导致格林伍德和英格内争辩说,在对不确定性的不同态度下,关于资源配置的基础性科斯主义命题是不正确的。请参见 Peter Greenwood and Charles Ingene, "Uncertain Externalities, Liability Rules, and Resource Allocation", *American Economic Review* 68 (1978): 300。
③ 指在履约上视具体情况而定的合同,这里的具体情况主要指事后可能认定的损害赔偿。——译者

规则的某些减速效应可以被弱化，尽管这种效应的指向依旧不变。在存在交易成本的情况下，可以证明，建立起这样的权变合同是困难的。且不提那些普通类型的交易成本，在有的情形中，相依性的价值较之直接生产的价值隐约中显得很大，那时，破产的潜在可能就可以阻止实施权变合同。①

卡拉布雷希和梅拉米德提出，在有些情况下，责任规则可能更值得向往，因为严格的产权规则赋予既有权益持有者不让步权势（holdout power）。如上面所指出的，我们的论证强化着卡拉布雷希和梅拉米德对责任规则的支持。我们的做法是在对损害的主观估计上引入预期差异，因为恰恰是当企业家在新资源组合的赢利可能性上倾向于较既有产权的持有者相对更乐观时，这种差异变得重要起来。在一个停滞的经济体内，根据定义，不存在企业家活动，在权益保护上偏好产权规则。在这样的偏好氛围中，不可能存在多少赞同责任规则的论点。②如果一个资源单位的生产率已知，且运用它的产权也得到了充分的界定，那么，这样的权利若得到了严格产权规则的保护，其价值将较高。由于这适用于所有的资源单位，所以，与一个在保护任何或所有的权益上都允许责任规则的经济体相比，在一个产权规则无处不在的经济体中，总价值将更高。

只有当经济过程的种种动态特性得到认识的时候，才会出现支持于责任规则的理由。也许，新的、未经尝试的侵入（intrusions）在实现任何发展上都是最低限的必要条件，而对已

---

① 我们还将指出，在给定我们例示中所假设的产权分派（农场主拥有对其庄稼的全部权利）后，就不存在出现普通保险合同的空间。既然农场主的庄稼靠严格的产权规则得到了充分保护，他将永远不需要为防止游走牛可能带来的损害而支付保险费。只有在一种情况下，农场主和牧场主之间才会出现这样一类保险合同，即农场主预见到的损害超过了牧场主的估计，但农场主**既不受产权规则的保护**，**也不受责任规则的保护**。

② 这个结论要求有一个前提，即要由任何一种规则来保护的"可允许活动集"是以某种看似合乎效率的方式来定义的。如果某种普遍化了的产权规则被用来界定或分派过分限定性的权利，则即使是在一个停滞的情境中，责任规则的保护仍可以是被人向往的。

确立权益只提供责任规则保护的体制并不利于这类新事物。由于既存资源往往在某种普及化了的产权规则下价值更大，因而这种价值的历时性增长率往往也比在前一种体制下更高。

当名义产权受到严格产权规则的完全保护时，经济体极少能以增长和发展为特征。这样的法律安排往往将注定使摆脱现状的变革鲜有可能。种种新资源组合在赢利可能性和生产率上的潜能只能首先在企业家的头脑中得到想象。经济体中的其他人不可能共享这样的愿景。[1]而且，只要激活这类创业型项目就注定，其总效应必然带有不确定性。因此，看来没有任何理由假定，这些效应能够借企业家的责任和可问责性，被纳入（内部化在）受到严格界定的权益之内。溢出效应或曰外部效应几乎将必然地伴随着任何摆脱现状的发展和变革。

只要企业家预见到这样的效应，并按责任规则对可能发生的损害负责，他们就能继续他们的事业但不引发某种事后测得的净"社会损害"。他们承受自己行动的后果。如果他们的愿景错在过分乐观，他们就偿付全部代价，除非破产程序允许他们脱逃。

## 三 法律与外部效应

在现实世界的动态经济中，法律必然曾发生演变。因此，毫不奇怪，法律并不精确地映照出那些会出现在经济分析中的类型化区分。但是，在增进经济体的"动态效率"上，各种法律安排的作用程度似乎值得注意。从较广的范围内来看，普通法曾倾向于靠

---

[1] 可以看出，我们的企业家概念类似于熊彼特和柯兹纳的观点。它，尽管在细节上有所不同，但在总体上是相关的。请参见 J. A. Schumpeter, "Theory of Economic Development" (Redvera Opie trans. 1934); and Israel M. Kirzner, *Competition and Entrepreneurship* (Chicago: University of Chicago Press, 1973).

本质上是责任规则而非产权规则的安排来处理各种负外部效应。[1]对关于滋扰罪的法律所做出的诠释似乎已包含了这样一种认识，即类似于严格产权规则的那种限制性会窒息技术发展。在原则上，无人要求企业家们在启动新的风险事业前购买引发溢出损害的"权利"。尤其是当有希望获得的收益超过强加的溢出损害时，法院从不情愿超越使损害得到偿付的要求。而且，这种倾向，似乎只是在损害相对于收益较大的情境中，才会同意实施强制性解救。[2]

对责任规则的约束性限制在法律中看来是起作用的，而这也许是更令经济学家们感兴趣的。[3]责任规则的保护伞或多或少已按照经济学家们的效率标准得到了扩展。关于损害的责任往往被限定于按广义界定的"物质性"损害。并且，这些责任并没有被正式地扩展至覆盖由市场的投入和产出价格所传递的损害。在这个方面，适用于可诉讼索赔权的法律边界似乎，在一种非常粗糙的一级近似（first approximation）上，遵循着"技术性"外部效应和"金钱性"（价格或交易）外部效应之间的法律分界，该区分曾是理论福利经济学中为提出矫治措施而采用的传统标准。[4]尽管对于技术性外部效应和金钱性（或曰价格）外部效应间的精确差异，分析上的

---

[1] 从卡拉布雷希和梅拉米德的角度来定义对责任规则经济学所做的诠释会需要一些限制。而关于对滋扰（nuisance）和疏忽（negligence）的法律在某些情形中曾未被扩展至这些约束。如果有人的权益蒙受了按广义界定的物质性损害，而加害方却能在若干维度中的任一维度上证明其"合理性"，则那些受损者就可能无法就可强制履行的索赔提起诉讼。法院可以"平衡苦衷"（balance hardships），而非寻求保护在名义上界定的权益。对于滋扰罪法律中某些不适用严格责任规则的情况，其可能的逻辑根据也许在于，恰恰是在那些看上去最可能出现负外部效应（滋扰）的情境中，权益有着固有的或曰"本性上"的模糊性和暧昧性。
[2] 请参见纽约上诉法院中的多数派观点，*Boomer v. Atlantic Cemment Co.*, 26 N. Y. 2d 219 (1970)。
[3] 当然，责任规则易于因法律狂热派对它的过分扩展而被滥用。对损害赔偿权作人为策划和精心编排的扩展，使之超出那些在传统上被认为是合理的诉求，再加上成本递增的诉讼，也许会改变责任规则，使得它在压制潜在的企业家活动上，成为一种与产权规则旗鼓相当的工具。
[4] 据我们所知，法律学对外部效应的处理和规范经济学对外部效应的处理之间的准确关系，尚未有人考察过。这看来是个有点意思的课题。

处理始终不令人满意[①]，但是，政策上对金钱性外部效应是普遍忽略的。正统经济学论证这种忽略的要旨定位于这样一种观念，即种种市场力量的作用确保着潜在获益超过潜在损失。应该很明白的是，一种保护名义权益的综合性产权规则可能无法在这两类溢出损害之间做出区分。当然，将会有金钱性获益来抵消纯粹的金钱性损失，但是那些拥有着获取这些收益的潜在机会的第三方，却可能在直接加害方和受损害威胁方的法律互动中毫无地位。但是，即使在责任规则保护的范围之内，依然有意思且令我们略感奇怪的是，事实上，已经根据个人权利而演化了的法律，本应已将损害责任线大致地画在技术性—金钱性边界上，显然不涉及对总效应的任何"宏观性"或曰"全系统性"考虑。那些经由需求价格或供给价格上的外生变化强加给某一个人或某一企业的金钱性外部效应产生着"苦楚"和伤害，而这在个人的感觉上，与那些恰好变成向加害者索赔的合理依据的损害是无法区分的。在无法保护这类"权利"上，法律局限的根源是什么？给定我们此处的动态效率视角后，能使我们惊喜的是，法律，在其曾有的演化中，对于金钱性或曰由市场传递的外部效应，甚至连责任规则的保护都没有吸纳。若一种法律秩序试图在有资格受保护的权利上采用这样的笨拙定义，那么在这种秩序中，企业家活动的空间和范围将会极度地狭窄。并且，如果真存在这样的一种秩序，我们就可能仍处于经济发展的"黑暗时代"。

---

[①] 在经济学文献中，对这一区分的明确讨论或分析少得惊人，这或许归因于这方面的种种内在困难。要想了解至今仍然是这方面的最佳处理之一，请参见 Roland N. Mckean, *Efficiency in Government through Systems Analysis* (New York: Wiley, 1985).

## 四　产权规则的集体性制度化

对不同的法律安排做彻底的分析，对于经济学家和法学家来讲，似乎肯定是一个值得做更深入探讨的主题，但前两节中对诸替代性法律安排的比较并没有这么来呈现。尽管它在这方面的内容很多，但在我们关于明确的集体性或曰政府性内部化手段的讨论中，目的还是把它作为一个引子。

让我们设想，在那些可能发生溢出损害的模糊领域中，某种责任规则的近似等价物在历史上已经存在。在那些领域中，得到充分界定的权利，可以靠某些类似于产权规则的事物来护卫，但不可能在与之契合的相依性出现之前就已经存在。在这种情境中，那些认为他们或许有可能因种种发展性项目而在物质上或财务上蒙受损害的个人和群体，有可能寻求并成功实现内部化过程的公然集体化，从而有效地避开通常的法律运作。政治经济学家们曾强调市场和集体性部门间转换的深远意义，但好像很少有人去注意那种伴随而来的转变，即作为解决冲突的手段，从法律向政治的转换。此处讨论的这类基础性制度变化看上去是描述了六七十年代中趋向集体化管制性控制的运动。那些控制施加于环境中的许多方面，不管它是工作场所、产品的质量和范围，还是更抽象的生活"氛围"。在诸如职业或产品的安全、空气和水的质量以及"寂静"之类的事物上，再也不可能存在得到充分界定的产权。环境中见到的退化，尽管被定义得很笼统，但对它的强调被唤醒了，这导致了种种直接控制机构的建立，而不是对传统的法律补救措施做更有效的扩展和运用。[①]

---

[①] 传统的法律救济措施何以被认为是失败的？并且，如果这样的判断正确，则为了进行矫治，本来可以要求在法律中进行什么样的调整和扩展？思索这样的问题是很有意思的。

本质上，这些结果体现着某种极严格产权规则的集体化类似物，它们对企业家式的发展前景有着我们的分析所预言的种种影响。

直接控制制度并没有在技术性外部效应和金钱性外部效应之间做出清楚的区分。[1]相反，且如前面已指出的，在这方面，法律从来都没有一视同仁过。对各种"权益"的法律保护从来没有被扩展至囊括资本价值本身。社区性麦当劳的特许经营人很难期望关于滋扰罪的法律来保护他的资本价值，以使其免于因一家汉堡王在附近开张而可能蒙受的损失。但是，如果对外部效应的内部化以某种明确的政治方式而制度化了，对诸潜在损害的来源就不会做任何区分。随"市场环境"（需求价格或供给价格）中某种转变而来的私人成本是不可能与随"物质环境"中某种转变而来的那些成本区分开的。有可能受影响的个人或企业做出有意识反应的动机在这两种情形中是等同的。在任何一种情形中，企业都受到资本损失的威胁，而它将设法去影响那些政治后果。

请考虑一种熟悉的设定情境。最初假定，一城市中没有区域规划方面的法令，在某种相当于生效的责任规则之下，当企业家们认为合适，他们就可以开发地块。开发可能给财物带来的物质性损害成了合法索赔的基础。然而，现在假定，该城市中那些财物的所有者们，为了维护他们权利的资本化市场价值，寻求颁布一项关于区域规划的管制条例。他们共同任命了一个区域规划方面的管理者，任何项目的开发，只要含有对已知活动模式的任何偏离，都必须**事先**获得该管理者的批准。

请设想，在这一制度变革之后，一个企业家对一项可能给邻近所有者们带来某种溢出或曰外部损害的开发所做的前景展望。这些潜在的损害可以采取两种形式：（1）第一类损害会影响邻近区域

---

[1] 肯尼斯·戈尔丁讨论了交易或"价格"外部效应和旨在保护既存权益价值的政治性意图间的关系（Kenneth Goldin, "Price Externalities Influence Public Policy", *Public Choice* 23 (1975): 1）。然而，戈尔丁并未将他的分析与无政治行动情形中的法律情境联系起来。

中个人或企业的生产函数或效用函数;(2)第二类损害会影响邻近区域中生产者或消费者所用产出或投入的需求价格或供给价格,但不直接影响生产函数或效用函数。如前面已指出的,在无政治化的情况下,可以预期关于滋扰罪的法律将发挥作用,从而确保对这两类损害中第一类损害的赔偿支付。假定,那位企业家,即开发商,根据其在该开发项目本身启动前所做的主观估计,充分测算了第一类溢出损害,并将这些损害视为其项目成本的一部分。因此,他寻求那位区域规划管理者的批准。而那位管理者,我们现在假定,完全充当那批潜在受损当事方的代理人。在这个角色中,该区域规划管理者将根本不对这两类预期的外部损害做任何区分。

允许该管理者充当除那位企业家—开发商外所有当事方(那些有可能受到损害的当事方和潜在的溢出效应受益者)的代理人,可以使该管理者的角色得到某些扩展。如果把潜在的溢出效应受益者包括进来,则他们的预期获益,在该管理者的决策算计中,将抵消那些由市场传递的损失。该管理者将只对溢出获益所抵消不了的那部分溢出损害保持敏感。然而看来,在潜在受损当事方的利益和潜在获益当事方的利益之间将存在一种性质上的差异。前者面临着既存资本价值损失的威胁,无论这种损失是通过价格还是通过非金钱渠道而产生的。后者则是眼前并不存在的资本价值增量的潜在接受者;这样看来,这些当事方对政治代理人施加的影响和潜在受损当事方向该政治代理人施加的影响极少可能相互兼容。

在任何看似合理的情境中,该代理人都不会把企业家的利益纳入考虑,从而在这类情境中,有一点似乎是清楚的,即与严格产权规则在无政治化时的作用结果相比,这种情境中的结果对于积极的开发来讲**甚至更具**抑制性。在无政治化的严格产权规则下,开发商能够按照某种价格"购买"施加预期损害的权利,即使这种价格将不得不反映对于既存权益所有者的金钱性和非金钱性损害的主观估计。之所以在产权规则的保护下往往出现无效率,是因为它包含了种种由市场传递的效应，还因为在主观估计上存在着诸多差异。然而，如果在一种情形中，有一个行政官员充当诸潜在受损方的代理人，且任何项目都需要事先获得他的批准，则无效率甚至会更严重。在我们假设不存在公然腐败或贿赂的情况下，企业家不会获准**按照任何价格**购买"权利"以施加可能发生的预期损害。无论按企业家的预期某项目的潜在赢利性如何，都没有任何途径能把这种预期盈利的一部分，作为外部损害施加权的某种"购买价格"，方便地转移给那些可能受影响的人。没有任何空间来达成标准意义上的契约性或曰博弈出来的"协议"。在通常的制度安排下，该区域规划管理者不可能完全充当诸潜在受损当事方的博弈代理人。他不可能仅仅充当他的"客户委托人"与那位企业家之间的某种管道，至少不可能直接如此。在这些条件下，那位区域规划管理者将倾向于禁止任何项目的开发，哪怕它将造成的预期溢出效应是最小的，也不管这种效应是非金钱性的还是金钱性的，甚至当每一个人都明白对物质性损害的索赔是可以在法院中打官司时亦然。

如果我们假定，该区域规划管理者充当"代表整个共同体"的代理人，即也包括那位企业家，而非简单地充当其他当事方的代理人，我们就可以修改这种受到严格限定的结果。尽管这样一种真正"公众利益"管理者的看似合理性可能遭到质疑，但对于考察这样一种模型的逻辑蕴涵来讲，它将是有帮助的。如果该管理者对美元成本和美元获益都赋予同样的权重，因为无论谁都可能负担或接受它们，他将努力去估计，从净效果来看，一个拟议中的项目究竟是否能获益。与提议开发该项目的企业家相比，他往往将更悲观一点，原因很简单，提出开发建议的是企业家，不是管理者。但是，这种差异可能并不大，且对共同体中发展速度的影响，与无区域规划时的责任规则相比，可能相对有限。但其效应指向将一如既往。结果，该"公众利益"代理人便成了被改动后"产权规则"的制度性等价物。因为，为了做决策，所有的权益，而非那位企业家的权益，都被分派给了他自己。如果他估计，一个项目的净获益超过了净成本，这一算计所产生的结果就完全类似于在某种产权规则下对权利的"购买"，其唯一的差异是决策制定者上的不同，从而当然，激励结构上的不同。这样一种"公众利益"算计面对着两种预期价值，即作为企业家利润和专业化资源租金的正预期价值，以及作为既存权益的金钱性租金和种种物质性损害的负预期价值。"公共利益算计"将用前者冲抵后者，如果净符号为正，该项目将得到批准。

潜在外部效应的政治性内部化造成了种种有差异的限制效应，只有一种设定情境才倾向于排除这类效应，即那位政治性代理人或曰管理者代表潜在的企业家，而不代表潜在的受损当事方或"公众"。在这样一种"俘获"型情境中，区域规划管理者代表诸开发商，所要求的事先批准便成了敷衍性的，而实际起作用的是责任规则。

## 五 从一方决策变为多方决策

当代表集体的决策制定权不是被归属于某单一个人，而是被归属于一个按特定决策规则运行的委员会或理事会，则事先批准要求所具有的不同限制性既可能被增强，也可能被减弱。请考虑一个五人理事会，它被授权按简单多数票决的表决规则行事。在批准任何拟议中的开发项目之前，该理事会中必然会出现某种三位成员的联盟。

在这里，至少有两种效应有必要注意。在考虑任何项目上，某种多数票决规则使得理事会或委员会的成员中在某种"乐观—悲观"量分级上**处于中间位置**的那个人手中握有决定性的权势。我们可以预设，对于新开发项目的前景，那位提出新开发项目建议的企业家将比区域规划理事会中的任何成员都乐观。但理事会成员们本身则可能，至少是按项目，排列在某种乐观—悲观的量纲上。①只要该中位成员，如前面所定义的，按"公众利益"行事，多数票决规则的结果往往将等同于严格产权规则所产生的结果。因为，这样一个中位成员在行动上就好像他已经是那些权益的所有者，尽管毫无疑问，并不存在仔细考虑诸替代项的直接财务激励。与任何单一管理者相比，这样一个理事会或委员会里的中位成员既可能更乐观，也可能更少乐观。

然而，在一个理事会或委员会的构成上，一个关于个人行为的"公众利益"模型肯定要比单一个人模型更少似真性（plausibility）。通常，我们应预期这类理事会的成员们将他们自己视为特定选民的代表，这些选民构成一个系列，一头是企业家自身，另一头是既存权益的拥有者和保护者。在诸如区域规划申诉理事会或委员会的设定情境中，一种关于官僚或管制机构的"俘获"理论将主张，潜在开发商或企业家们有可能将兴趣集中于获取有效控制并且得到成功。另外，在潜在冲击是多样的从而影响着许多产业的情境中，如那些环境控制理事会所面对的情境那样，代表上的偏向可能会在相当程度上朝向那些主要寻求禁止变化的选民们。

只要在实现项目的事先批准上所必需条件不只是一理事会或委员会的某种简单多数裁定，则无论这样一种全覆盖型规则是正式的还是非正式的，都会强化决策权朝该量级中相对悲观端的转移。在极端情形中，如果规定要有全体无异议的一致同意，决定开发步伐

---

① 如果，一个集体性决策制定群体（一个委员会或理事会）的成员们，能够普遍地根据他们对一整套决策系列的相对乐观或悲观程度而各具特征，就可以对简单多数票决表决下的全套后果做出预测，且不涉及有关特定偏好的信息。有趣的是，这种设定情境提供了若干更熟悉的表决理论类问题的相似物。当选择项超出了是和否两个替代项时，这类问题就会出现。请参见罗杰·L. 费思和詹姆斯·M. 布坎南的"是—否表决活动理论"（Roger L. Faith and James M. Buchanan, "Toward a Theory of Yes-No Voting"），本书第六章。

的权力就被钉死在最悲观的成员手中。

## 六 全体无异议、多数裁定和个人行动

我们的分析揭示出,在使外部效应内部化上,任何公然的政治化都倾向于在总体上,也许是急剧地,减少企业家活动的种类和范围。因为,无论是对于某共同体中的全体人员,还是对于由被选出来代表既定选民(他们反过来又囊括了整个共同体)的代表们所构成的那部分人,当允许采用某种类似于全体无异议规则的制度时,增长抑制效应就变得最为严重。结果,由于对物质(技术)性效应和财务(金钱)性效应不做任何区分,全体无异议规则会使所有既存权益的现有价值得以久存,从而在新且未经尝试的风险事业带来溢出效应的情况下,不利于任何可能源于这些溢出效应的非可预见侵入。[1]

道格拉斯·雷、詹姆斯·菲什金和其他人提出的批评,在政治理论的普适情境中,强调了全体无异议规则的这样一种特征。[2]在达成全体无异议的一致同意上存在的公认成本可以使该规则"无效率"。因为,这种规则就算有过,也极少会在立宪层面上被选中。[3]且不提这一方面,该规则即使是作为政治性决策制定活动的理想化

---

[1] 在纳瓦霍(美国最大的印第安部落——译者)印第安人保留地上,相对缺乏有栅栏的放牧土地,这为我们的假说提供了引人注目的经验支持。尽管建栅栏的成本由政府负担,却很少有建好的栅栏。因为有一个前提条件,即在这样的行动之前,全部邻近区域中的牧人们必须达成全体无异议的赞同,再加上所有其他可能受影响者的赞同。参见 Gary D. Libecap and Ronald N. Johnson, "Legislating Commons: The Navajo Tribal Council and the Navajo Range", *Economic Inquiring* 18 (1980): 69。

[2] 参见 Douglas Rae, "The Limits of Consensual Decision", *American Political Science Review* 69 (1975); James S. Fishkin, *Tyranny and Legitimacy: A Critique of Political Theories* (Baltimore: Johns Hopkins University Press, 1979), esp. pp.67–72。

[3] 请对比詹姆斯·M. 布坎南和戈登·塔洛克的《同意的计算》(James M. Buchanan and Gordon Tullock, *The Calculus of Consent* (Ann Arbor: University of Michigan Press, 1962).)。

参照基准，雷和菲什金仍然要对它加以批评。他们论证说，尽管全体无异议规则可以有效地防止集体启动将损害个人利益的行动，即避免了"行为不当之罪"（sins of commission[①]），但由于某些悲观论者将实际上拥有决定性权势并顽固地进行抵制，该规则还将切实地阻碍集体采取最终可以证明是有获益的行动。请注意，这一论点并不等同于另一种论点，即基于达成全体无异议一致同意上可能存在难以承受的决策成本（交易成本）而提出的批评。即使完全没有这样的成本，悲观主义者的偏好往往仍将得到满足。

本文显然不是在规范性政治理论的语境中考察雷—菲什金论点的适宜载体。我们只是建议，关于"政治性外部效应"的全部分析，包括规范性分析和实证性分析，都必须在分类上与"经济性外部效应"相分立，因对后者的范围界定较为狭窄，且当然，它们永远被限定在某种法律秩序的界限以内。我们在此处所关注的是那组有限的论题，它们涉及潜在的"经济性"外部效应和不同的内部化过程。如我们已经指出过的，在反对采用多数票决规则的决策制定活动上所能做出的论证，即使在强调程度上稍弱一点，在本质上仍然是相同的。为我们的分析所划的分界线位于这样两种方式之间，一种是在内部化上公然的政治化试图（无论是借由某种行政性官僚机构、按多数票决规则行事的理事会或委员会，还是某种切实的全体无异议规则）；另一种是对显现的外部效应实施内部化，它预计将借由关于责任的法律而发生。我们已指出，任何政治化，在造成的结果上，往往都类似于某种具有严重限制性的产权规则。

我们应当指出，这些结论随之而来，无涉种种并可采用的控制机制。一般来讲，在控制外部效应上，经济学家们倾向于支持矫治性的税收和补贴，而反对较直接的方案，尤其是在大人数情境中。该论点基于这样一种观念，即凭借恰当设置的费率，私人决策

---

[①] 做了不该做之事。（网络版有道词典）——译者

制定者们能使自己最佳地校准于"真实"社会成本和获益方面的尺度。然而,关于不同控制手段的全部论证却认定,经济活动可能带来的溢出或曰外部成本或获益是完全可以事先预测的。根本没有认识到这样一种基本事实,即新的风险事业,在它们的内在营利性上和它们的溢出效应上,都将注定是不可预测的。对矫治性税率所做的任何政治性设定往往会体现着政治家—官僚—管理者的预见。而他们,相对而言,必然会倾向于比企业家更悲观。因为企业家是自己单独抱有愿景和想象,要去实现一个项目所代表的新资源组合。当然,同样的结论也适用于更直接的控制措施,如设定各种标准或限制。更进一步来看,或许也更具深意,经济学家们的整个论点必然认定,在区分"可矫治的"溢出效应和"不可矫治的"溢出效应上,相关的政治性决策已经被或者将要被正确地做出。

我们论点的要旨主张,是个人的企业家行为,而非由行政性管理机构按照多数票决表决或全体无异议原则推进的政治性行为,应当畅行无阻,除非受阻于侵权法所要求的那些**事后**调整,因为在那种场合,对他人造成物质性损害的那些人要承担责任。当潜在受损当事方的数目很大时,种种成本阈值有可能阻止由个人来启动索赔的。而对这一前景的认识则证明某些有利于集团诉法的制度安排是合理的。

大量的经济学家似乎忽略了这样一个基本事实,即许多帕累托相干的外部效应是靠法律自身的运营被内部化的。就负外部效应而言,我们的论点可被称为是对科斯"经济学"论点的"法学"补充。尽管他肯定并未忽略法律本身的作用,但科斯还是基本上被经济学家们诠释为是主张,在给定契约自由和无难以承受的交易成本后,市场或曰交易过程将使具有帕累托相干性的潜在外部效应被有效地内部化。对此,我们认为,对于那些权利仍然界定不良的领域,或者那些由于什么原因使缔约过程解体或存在不了的领域,如果诉讼不是花费高得难以承受,则法律本身就使**事后的**内部化做了准备，至少对于负外部效应来讲是如此。

如斯塔夫和韦尔斯所指出的，关于侵权的法律并不扩展至覆盖正外部效应或曰正外部经济效应。在这一点上，服务于内部化的法律制度被限定于契约方面的法律。然而，就我们的目的而言，法律的这种非对称性影响并不很大，因为在我们的"动态效率"框架中，恰恰是使负外部效应内部化的过程呈现出有主导意义的重要性。企业家活动，经济上增长和发展的基本源泉，似乎在相当程度上更可能因那些反对潜在负外部经济效应的法律性和/或政治性保护而蒙受不利影响，而非在企业家活动可能给他人带来溢出获益时因企业家无法收取偿付而受阻。

我们的论点不应被理解为是主张，对"得克萨斯风格"（texas-style[①]）的企业家们应当不加约束，并允许其信马由缰地侵入或干扰任何乃至所有的权益，只受制于某种责任规则的强制履行。企业家活动是有助于经济发展或增长的，但这样的增长，对于可行的社会秩序来讲，毫无疑问，只是若干目标之一。"个人和财产的安全"肯定具有同等的重要性，并且就权益的所有类别而言，这一目标也只能靠某种可强制履行的产权规则或其等价物来实现。我们的论点只是主张，在由技术进步所创造的法律—经济交界面上，有可能发生新且必然是不确定的"入侵"、"意外效果"或者"有害效应"，在这方面，责任规则保护提供着一种经济增长能在其中推进的风土，而产权规则对所有既定权益的保护却肯定将妨碍这样的增长。尤其是，在某种产权规则的政治化等价物下有意识地扩展"权利"会面临种种机会成本，对此应当有所认识。

---

① 这里的"得克萨斯风格"也许是指一种自由主义的市场经济环境，其具有低税、少政府管制、弱工会等有利于资本投资的特征。一般而言，美国的得克萨斯州是共和党的选票重镇之一，那里的政策似乎偏于这个方向。——译者

# 第三十一章 市场失灵和政治失灵*

## 一 引论

我曾在若干场合将世纪中期那些年代里的理论福利经济学概括为"市场失灵理论",将世纪中期后那些年代里的公共选择经济学概括为与之相对的"政治失灵理论"。这一表述捕捉到了这两种研究范式的核心要旨。但尽管如此,该表述仍有混淆之处,因为它意味着,对制度运行的实证分析和判断运行失灵的标准在这两种应用中是可兼容的。

人们普遍认为,理论福利经济学的从业者们在判断市场秩序的有效(success)从而失灵(failure)上所采用的标准是经济资源利用效率。但是,效率标准的含义和规范恰当性都是有问题的。如果"效率"仅凭市场过程的运行就能实现,怎么能将其确立为一个独立的标准,从而用它来评价市场过程本身的运行呢?即使这个基本问题的提出略显机巧,但在捍卫这个效率规范上,却是需要做出论证的。

在向政治活动和政治过程的扩展上,能全然乞灵于某种类似配置效率的东西吗?或者,这一方面所适用的是完全不同的有效标准吗?如果确实如此,那么对它要如何定义呢?并且,一旦做出定义后,如果不把这类评价规范本身简化为某种共同的尺度,如何才能在某种可比的基础上评估这两种可能的制度"失灵"呢?

---

* 感谢我的同事罗伯特·托里森、戈登·塔洛克以及尤其是维克托·范伯格对本文初稿的有益评论。

本文组织如下。在第二节中，我简要地考察了某些基本论题，它们都是在评估市场失灵或政治失灵的过程中出现的。本文的核心部分被包含在第三节中。其中，举出了一个关于市场失灵的特殊例示，并就针对该例示所采取的政治矫治措施，尝试运用标准的效率准则来评估其种种前景。第四节非常短，但引入了一项讨论，其内容是基础性规则结构（宪则）中的种种变革。因为，如果对市场失灵或者政治失灵的诊断有望产生效率获益，而要想使获取这类获益的任何前景得以实现，这样基本规则变革就会被提出来。第五节也很简短，它在评价市场结构和政治结构的表现绩效上，不是建立某种分配理想，而是引入了一种替代方法。第四节和第五节这两节的讨论都高度限定于本文，因为，且不提此处这个论点的核心主旨，对这两种研究领域中任何一个领域的恰当处理都会要求进行从头至尾的探讨。

## 二　理想的作用和可行性情境

即使我们依然停留于政治经济学的范围之内，当我们考察市场或者政治的失灵（或有效）时，我们必然会面对那些曾在许多世纪里成为哲学争论核心的议题。一种理想的定义可以不涉及能被观察到的事物吗？而如果这个问题得到肯定的回答，那么一种理想状态，被公认为超出了可达到状态的可行性范围，它还能对一种所见状态起到评价标准的作用吗？

对这些问题的考察可以专门参考出自理论福利经济学的市场失灵鉴定。请考虑某种经济资源利用上的效率——对理想化效率可以不按照概念上的那些正式术语来定义吗？当然，我们可以具体地陈述那些为了达到理想而必须满足的必要条件，即当每一种同质资源的单位在其被投入的所有用途上都产出了得到同等估价的回报时，各种资源就被置于它们获得最高评价的用途上了。价值在所有的调整边际上被均等化；最终用途上的边际替代率等于生产中的边际转换率。

但是，任何资源单位间的同质性是什么？我们是按某种观察到的市场价格均等化来定义同质性吗？如果我们是这样来定义的，那么如何才能把在价格上的任何眼见差异用作一种评价无配置效率状态的标准呢？除非经济学家们预设了关于偏好函数和生产函数的独立知识，否则他们就不可能给出理想化效率的定义。并且，如果承认分析上的这个认识论局限，则对于任何市场，如何才能判定其是失灵的呢？且不论通向效率定义本身的这个认识论障碍，有一个事实依然会存在，即以价值最大化为主旨的资源配置必然要依存于人们当中在禀赋上的前市场分布。赞同以效率为认定有效或失灵的标准，本身就暗含着对初始禀赋分布的规范性支持（或至少是默许），否则，它就会要求在矫治性步骤中包含种种分配性目标，而这些目标超出了靠效率标准本身界定的目标。

为了此处讨论的目的，我将像理论福利经济学家们一样，假定可以预设关于偏好函数和生产函数的所需信息，并且同意以禀赋的前市场分布为基础，并依此评价那些增进价值的变化。然后，能够不依赖对市场调节过程的任何观察定义出理想化的效率。而且，看来把这个标准用作有效性的指示器也是适当的。然而，即使是在这些限制的范围内，把这种理想化的效率规范用作评价所见状态的工具是适宜的吗？如果是如此来运用这个标准，就可以很容易地鉴定出市场"失灵"。几乎所有观察到的市场安排都产生着种种不足以实现该理想的结果。其原因是很熟悉的。然而，对失灵的这样一种评估，对于最终的制度或政策变革，不具有任何意义，除非能表明，出自另一套安排的结果模式被证明是可行的。如果证明，达到该理想化效率规范需要具备一些技术上—制度上和/或行为上的特征，而这些特征却不能被纳入那组可行安排之中，则靠诉诸该规范并将其用作判定有效或失灵的依据，有多大的帮助呢？

## 三 对市场失灵的政治性矫治：负外部经济效应情形

世纪中期的理论福利经济学家们并未提出这个问题，因为他们隐含地假定，市场顺畅运行的政治替代物本身运行得很理想。也就是说，他们简单地预设，在引导众市场参与者的规则上实施由政治引导的调整，就能够理想地矫治市场安排中的种种"失灵"。

任何可行的、矫治市场失灵的政治措施，当被与理想的效率标准相对比时，可能也是失灵的。但这样的前景并未被考察过。在能够在比较制度分析上迈出这一实质性步伐之前，需要在所见政治过程的运行上具备某种实证性理论。在某种意义上，公共选择理论已使这样一种分析成为可能。尽管如此，依然令人惊讶的是，公共选择经济学家们还未曾为了与那些熟悉的市场失灵命题作更具体的比较而把较多的注意力集中于对各种政治失灵的鉴别和分析。[①]

我提出引入一个关于市场失灵的单一模型，它非常的类型化和简化，且为人们所熟知。有一个小但充分竞争的产业，它生产一种最终物品，$X$。在完全均衡状态中，这种产品的买卖价格为$P_x$。没有任何资源专属于这个产业，这些资源投入的所有者们也得不到任何租

---

[①] 我在一篇早期的论文中就提出了这个论题，但总的来讲，我在那篇论文中的基本关注点是外部效应在政治决策过程中的存在，而不是那些针对各种具体市场失灵的、有意识的政治矫治。请见我的"政治、政策和庇古主义盈余"("Politics, Policy, and the Pigovian Margins", *Economica* 29 (February, 1962): 17–28.)。
在第二篇早期论文中，戈登·塔洛克和我分析了在互惠性正外部经济效应下可比的市场失灵和政治失灵。然而，那项分析主要聚焦于一种同等性世界的模型，我们并没有考察有关分配的政治活动，尽管这类政治活动伴有种种矫治市场失灵的意图。请参见James M. Buchanan and Golden Tullock, "Public and Private Interaction under Reciprocal Externality", in *The Public Economy of Urban Communities*, ed. Julius Margolis (Washington, D. C.: Resources for the Future, 1965), pp. 52–73.

金,哪怕是短期的准租金都没有。消费者们享有某些租金,因为他们能够在市场上按竞争价格获得这种产品。但是,生产$X$对许多人造成了溢出效应或曰引起了外部损害。那些生产厂商并未在他们的决策中考虑这些负外部经济效应。因此,相对于那个理想化的效率标准,有过多的资源被投入了对$X$的生产。在传统的庇古式语言中,那些厂商所面对的边际私人成本少于边际"社会成本"。

接下来的问题就是,对这种负外部经济效应的政治化能确保矫治吗?为了简化阐述,我最初将假定,控制手段是依托于产业产出量的单位平均税或补贴(per unit tax or subsidy)。要修改宪则,以允许靠政治决策规则的运转来强加这样的税种或补贴。

我将假定,该经济体和政治体中的所有人都完全清楚这项税收的发生范围和效果,而且所有的人都投票或采取政治行动以增进其自己经过权衡的经济利益。在这种预设的市场失灵情境中,按照这些限定的假设,对外部效应的政治化将确保上述效率标准只是在一组极其狭隘的环境条件下才得到满足。即如果该政治体中的**所有人**都受到这种负外部经济效应的伤害,且还是都**同等地**受到伤害;如果**所有**人还都是该产业产品的消费者—购买者,且还都购买同样的数量;如果源于该税种的总岁入是在**所有人**当中平等共享的,没有中间损耗;那么,无论政治决策规则是怎样的,政治化都将确保对市场失灵的完全矫治。在这样的设定情境中,征收理想化的庇古税符合每一个人的利益。市场价格将精确地随税收数量而上升,生产将下降,某些资源将转入其他用途。源于该税种的总岁入将由所有人平等共享。每一个人都将获得一笔收益,其数量取决于那个熟悉的福利三角形的大小。①

我们一旦超出了模型上这种同等性世界的限定,政治化将**不**

---

① 这个结果取决于这样一种预设,即单位税将改变购买该物品的行为,但是,尽管在一个人的收入转移支付和购买水平之间有着直接的关联,形式上体现为转移收入的总税收额返还将**不会影**响行为。换言之,只有税收才具有某种替代效应。

再作用于矫治由市场的非政治化运行所造成的效率损失。种种分配效应必然会进入个人的算计，且他们的利益中必然会如通常所测度的那样，既包括这些分配效应，也包括效率上的种种潜在获益和损失。而且，这些**分配性效应**必然会引入个人之间的潜在利益冲突。因此，任何政治决策规则运营的预期结果将取决于两个因素，一是该规则本身，二是在对该产业的产品征税并分配税收额的条件下将在分配上获益和受损的人数各有多少。

政治经济学家们可能被鼓励去探寻那样的可能性，即设计出某种补偿结构，从而即使在违反那些高限制性的同等性假定的情境中，仍能够就该效率标准所要求的理想化解决方案达成普遍的一致同意。请设想，该政治体的所有相关成员都能被区分为三组：（1）该产业产品的购买者；（2）生产所致外部损害的承受者；（3）全然不受该产业影响的人，既非购买者，亦非损害承受者。

我们知道，如果这种负外部经济效应是帕累托相干的，当该产业的产出削减带来价格变化并给产品购买者造成损失时，第二类成员将能够全额补偿第一类成员。①然而，请注意，这种补偿将要求向第一类成员的支付额高于按效率引致（efficiency-inducing）单位税率征得的总岁入返还。因为，这样一种岁入返还仍将使众购买者处于按熟悉的福利三角形所测得的净损失之中。如果在向理想化的效率解作帕累托更优的转换（the Pareto-superior shift）上达成普遍的一致同意，则这种限定于单一控制工具的做法就必然被舍弃。

不仅如此，更重要的是要注意，即使政治执行被限定于第二类成员和第一类成员间的"交易"，且安排了某种高于总岁入额返还的支付，补偿结构（税收额返还加补贴）仍必须包括第一类成员之间的个人化调整，以便容纳所购物品数量上和对应价格变化范围内需求弹性上的种种变化。要想确保收入效应对所有第一类成员呈中

---

① 借助于我们的简化假设，即不存在生产者租金，税收的发生范围将只落于购买者的身上。

性、收入转移支付上这些与购买相关联的级差就是必需的，且不论这样一种任意的假设，即尽管在支付额的规模和个人的购买水平之间存在所需的直接关联，转移支付却不具有任何替代效应。如果替代效应被扩大至那些与购买相关联的转移收入上，从而所有的第一类成员都充分地估计到，由更高价格产生的任何超额花费都将作为某种转移收入而得到返还，那么，通过征收单位税而矫正"行为"的整个意图将从一开始就陷入失败。

为了确保该税种的征收能改变行为以及出于那些更具普适性的政治理由，即使该转移收入能被限定于诸如第一类成员那样的某单一成员群体，但源于该税种的总岁入多半将根据某种基础广泛的分享方案被返还给个人。然而，对理想化方案的任何这类背离一旦被引入，则不管怎样，个人的分配性利益就被引了进来，而这可能与任何借由该政治过程的效率引致"交易"在方向上是背道而驰的。

将总税收额普遍地返还给第一类成员代表着一种不全面的政治干预，但即使是这样的局部性政治干预似乎也极少可能性。第三组中的个人，那些完全不受该负外部经济效应影响的人，几乎将必然被直接或间接地包含在该政治选择的过程之中，并且他们将拥有的利益都只是分配性的。请设想，政治经济学家建议对那个产业的产出征收一种效率引致单位税，同时，按照所要求的区分，把总税收额返还给产品购买者，再辅之以某种补充性支付来覆盖由那个福利三角形所测度的种种损失。换言之，假定第二类成员和第一类成员间的"交易"满足了达成一致同意的全部必要条件，并且对这种"交易"的政治性执行有望产生理想化的效率解。但是，第三组中的人也许不会默认所见的对第一类成员的现金收入转移。对于这笔来自显然是新发现岁入源的资金，他们将坚持要共享。只要第三类成员被带入该岁入共享群体，第一类成员将反对整个方案，其依据还是严格的分配性理由。他们再也不会因该产业产出变化带来的物品价格变化而获得完全的收入补偿。而第二类成员，那些承受负外部经济效应的人,极少能期望去充分地"贿赂"全部的第三类成员,从而确保那种效率引致税率能够存在。看来,在政治上,这种效率引致税种从一开始就无成功的希望。

我们可以扩展这项分析,并尝试就该例示中外部效应的政治化做出某些非常普适性的预言。我们保留对人员的三组分类,但我们现在引入一个假定,即该政治选择过程在运行上就像是一个简单多数票决表决。为了简化阐述,在开始时假设,这三组成员在人数上相等,一个人只在一个组中拥有成员身份。我们可以排列政策选项或曰替代项如下:

(1)$T_0$——放任竞争结果,征收零税率。

(2)$T_e$——征收效率引致税率;在一种经适当调整的个人化分享中,将全部税收额返还给第一类成员,即产品购买者。

(3)$T_m$——征收总岁入最大化税率;在政治主导联盟的所有成员中均等地分配岁入。

(4)$T_p$——征收禁止性高税率。

现在,我们可以按这三组成员来考察这些替代项的序数排序。根据$T_e$和$T_m$的关系,可以有两套可能的排列。在下面的第一套排列中,我假定,效率引致税率降至岁入最大化税率之下;在第二套排列中,这个关系颠倒过来。其排序如下:

| 第一组<br>产品购买者 | 第二组<br>受损害者 | 第三组<br>不受影响者 |
| --- | --- | --- |
| (一: $T_e < T_m$) |||
| $T_0$ | $T_p$ | $T_m$ |
| $T_e$ | $T_m$ | $T_e$ |

续表

| 第一组<br>产品购买者 | 第二组<br>受损害者 | 第三组<br>不受影响者 |
|---|---|---|
| $T_m$ | $T_e$ | $T_0$, $T_p$ |
| $T_p$ | $T_0$ | |

(二：$T_e > T_m$)

| 第一组<br>产品购买者 | 第二组<br>受损害者 | 第三组<br>不受影响者 |
|---|---|---|
| $T_0$ | $T_p$ | $T_m$ |
| $T_m$ | $T_e$ | $T_e$ |
| $T_e$ | $T_m$ | $T_0$, $T_p$ |
| $T_p$ | $T_0$ | |

考察这些排列，可以看得很清楚，在各组规模相等的假定下，$T_m$是稳定的多数派选项，对它的偏好是单峰的。而在任一其他替代项上，都存在着一个赞成$T_m$的双组多数派联盟（a two-group majority coalition）。

对于该税种征得总收入的分配变化和征税过程的中间损耗量，这个结果相对不敏感。如果，对第三类成员有任何正的净收入转移，则如表中所列的那样，他们的排序将保持不变。但请注意，这一组的成员是中位偏好持有者，在这两套排序的任何一套中，第一组和第二组中那些人的利益与他们的利益都正好相反。对于第一类成员，即产品购买者，如果有岁入额从他们手中流走，且如果他们不另外得到所要求的、超过总岁入简单返还额的补充性支付，他们将具有表中所列的排序。作为损害承受方的第二类成员将永远偏好禁止性高税率，除非处于他们可作为总岁入的主要分享者而偏好岁入最大化税率的情形中。

$T_m$结果对于这三个群体的相对规模也不很敏感。只要第一组或第二组本身都不大得足以强制执行某种多数派的选择，则第三组，即使其规模很小，就处于掌控地位上。如果第一组或第二组大得足以强加一项多数派的选择，$T_o$或者$T_p$就将出现。请注意，在任何情形中，$T_e$都不会借由那种表决规则的作用而产生出来。在这三个组的相对规模上发生的任何乃至所有变化下，效率引致税率都是靠那其他三个替代项中的一项而占优势地位的。

如果该效率引致税率跌至岁入最大化税率之下（上述排列之一），则外部效应的政治化将造成一种配置结果，它所包含的最终产业产出低于具有帕累托效率的产出水平。尽管未经矫治的市场结果含有产业的过度生产，而被政治化了的结果则，相对于标准的效率准则，包含着生产不足。如果效率引致税率处在高于岁入最大化税率的水平上（上述排列之二），则政治化所含有的产业产出将仍然高于该效率标准所指示的理想水平，但低于未矫治市场中的产出。在这种情形中，政治化至少是指向矫治的。

看来，在此处详细考察的这个单一例示中，政治化在矫治外部效应上的失灵是显而易见的。但是，所预言的那些解决方案与那些可以满足该效率标准的解决方案之间所出现的歧异是源于"外部效应的制度结构"吗？① **任何盈余的存在，无论其是生产者盈余还是消费者盈余，只要它源于某种市场形成的、引发大人数外部效应（或负或正）的活动，都肯定会使种种分配方面的因素直接进入任何政治性的控制过程。**政治性决策过程的参与者们，在给定其可用手段的条件下，寻求使他们自己的效用最大化。在理想化的市场矫治也有望带来的效率获益上，参与者对他们在其中有的份额只具

---

① 在一篇题为"外部效应的制度结构"的早期论文中，我着眼于每种情形中市场失灵的源泉这种角度考察了若干模型，但我没有进一步探讨和考察这同一批模型在政治控制之下所可能具有的蕴涵。请参见"The Institutional Structure of Externality"，*Public Choice* 14 (Spring, 1973): 69-82，及本书第二十八章。

有第二位的兴趣。[1]当然，除了上面这个得到一定程度详尽分析的单一模型之外，还可以引入其他模型来证明这些结果的普适性。

但是，总的结论依然是否定性的，即只要政治过程本身体现着公民们对相异利益的表达，对市场失灵的政治化将极不可能实现使经济体转向符合该理想化效率标准的目标。

## 四　能捕捉住潜在效率获益吗？

如这项讨论已表明的，在市场过程和/或政治过程的运行中将依然存在着未得到利用的效率获益。在这两种情形中，我们都可以想象或憧憬那些能被证明是对经济体或政治体中所有当事方都有利的理想化配置变革。并且，如这项简单的帕累托类别（Pareto classification）分析法所显示的，必然有办法，以无人因变革而受损的方式，从趋向某最佳解的状态开始转变。但是，完成任何这样的转变可能都要求具备某种复杂而精密的系统，它包括高度个人化的税收和补贴方案，种种补偿措施、报偿性支付和转型规则。按我们对市场系统或政治系统的了解，这些条件都超出了其中任何一种系统的能力。看上去市场失灵和政治失灵将种种效率损失强加于我们，但要想使对这些效率损失的捕捉超过某种小比例，在制度上可能做不到。[2]

然而，正是这类获益的存在将确保政治经济学家将始终有用

---

[1] 关于对这一点的普遍认识，请参见 Marilyn Flowers and Patricia Danzon, "Separation of the Redistributive and Allocative functions of Government: A Public Choice Perspective", *Journal of Public Economics* 24 (August, 1984): 373–380。

[2] 此处原文为"efficiency losses"（效率损失），但本节标题和本段前面的叙述都是将捕捉潜在的"效率获益"（efficiency gains），前后矛盾，使这句话的整个意思不好理解。——译者

武之地，因为他可以有能力提出体现互惠性的提案来。[1]如果政治经济学家估计到普通市场和普通政治中那些预期的运行特性，就可以预料，他将受引导去考虑在基本制度性—宪则性规则层面上的改革。在那个层面上，种种分配性方面即使不被完全排除出考虑，也能得到缓解。为什么任何人，作为政治过程的一个潜在参与者，都会对抽象的效率感兴趣呢？如该分析所已揭示的，在种种特定情形中，参与者首先注重的是分配份额。然而，如果考虑的是总体性规则，即要被用于大量且彼此独立的可能政治控制情形的规则，则参与者与某种有效率的结构确实是利益攸关的。由于政治决策会派生种种问题，而参与者个人却不可能知道这些问题中的任何一个在分配上对自己会有怎样的影响，这将促使个人不考虑其自身利益，而去增进该总括性制度结构中内含于种种预期运行特性的效率。[2]

如果这种被定义为覆盖整个共同体的制度约束集被处理为外生性的并因此不会有变化，就会让人觉得任何眼见的配置都是有效率的。给定参与者们在其范围内行动的种种约束后，只要参与者们追求他们效用的最大化，就依然不会有任何效率获益得到开掘。因此，提到潜在的效率获益就必然意味着坚信，某些约束是会变化的。[3]

---

[1] 在一篇很早的论文中，我定义了政治经济学家的角色，即为掌控赞同的变革找出可能的提案。请参见我的"Positive Economics, Welfare Economics, and Political Economy", *Journal of Law and Economics* 2 (October, 1959):124–138。

[2] 詹姆斯·M. 布坎南和戈登·塔洛克的《同意的计算》为这种效率和个人自利间的纽带提供了逻辑基础。(James M. Buchanan and Gordon Tullock, *The Calculus of Consent* (Ann Arbor: University of Michigan Press, 1962 ) )

[3] 关于进一步的讨论，请参见我的"Rights, Efficiency, and Exchange: The Irrelevance of Transaction Costs", in *Ansprüche, Eigentums- und Verfügungs- rechte* (Berlin: Duncker und Humblot, 1984), pp. 9–24，重印于我的 *Liberty, Market, and State: Political Economy in the 1980s* (Brighton, England: Wheat-sheaf Books, 1985; New York University Press, 1985), pp. 92–107。

## 五 效率规范和分配标准

至此为止,这项讨论完全被限定于这样一种范围之内,即承认效率规范是评价制度绩效的依据。曾经预设了对理论福利经济学家们的认识论要求,尽管对于我来讲,在某种更深奥的哲学探讨层面上,这些要求显然面临着严峻的挑战。由于绝大多数新古典经济学家都是在后福利经济学时代接受训练的,在运用效率规范来评价市场过程的绩效上就不会在任何事情上是不寻常或不可接受的。然而,这些同样的经济学家们却可能质疑将此同样的规范用于评价政治活动。为什么应当期望政治活动会产生资源运用上的效率?然而,如已指出的,若不采用同样的尺度,究竟如何才能判断相对的"失灵"或"有效"呢?

某种分配性的规范或曰标准也许最有可能成为效率的替代项。然而,按照此处的比较,在关于分配理想的精确定义上似乎没多少或根本没有任何一致意见。如果这样的理想能够被定义出来,就可以将市场的运行与政治过程的运行做比较。但在达到这一标准上,这两种过程还是肯定会被判定为是失灵的。

然而,在争取实现任何分配规范上,必须小心地定义这两种分立制度的分配潜能。市场总在运行,且在运行的过程中形成一种特殊的盈余分配。这些盈余源于运用前市场资源禀赋上的社会合作。而这些资源禀赋是在分立个人的法定所有权下被拥有的。市场不可能,也确实不,直接作用于个人禀赋的分布。与此相反和对照的是,政治活动可以很少或根本不区分社会合作盈余的分布和个人间初始禀赋的分布。普通政治活动在运行上所受到的任何约束都根本不同于那些由法律系统强加于市场运行的约束。因此,当从某种有关分配理想的标准出发对市场和政治活动做不适宜的比较时,实现政治性再分配上相对无限的潜能鲜有人提及。

然而，即使当这样的比较被做得很恰当时，讨论也常常是集中于分配理想的理想化达成前景上，而不是集中于对可在民主政治的运行中得到执行的分配性变革进行务实的分析。如在涉及效率的情形中一样，一般而言，当人们参与政治决策时，多半不会对那些面向全社会的抽象分配理想表现出兴趣，相反，他们更可能寻求增进他们自己那些得到充分界定的利益。政治过程是否真有能力"改善"由市场决定的分配结果，依然是一个没有定论的问题。令人奇怪的是，社会科学家们还未曾情愿认真地分析这个问题。[1]若不能证明，政治活动按其实际的运行而非按其在理想中被想象的运行，造成了比市场更好的分配结果，且这种"更好"是依据某种可合理接受的标准，政策建议者们就不应该去鼓励分配性的政治活动。

这篇文章并不是以这四分之一世纪的经验为背景来评估分析的发展，尽管这种评估是作为一个论题而分派给我的。这项分析旨在提出更多的问题，而非试图得出答案。且本文中的信息也最好被理解为是概述了一项似乎未曾启动过的研究计划。根据推断，这项论证可能会被当作是在批评两方面的幼稚性，即批评主张市场失灵的福利经济学家，以及许多现代公共选择论经济学家和新的新古典经济学家们所持的市场有效—政治失灵立场。通过与那些理想化的标准做比较，市场和政治都是失灵的。认识到这一简单的道理，标志着某种"科学的"进步。这样的认识将注意力引向了比较制度分析，引向了约束集的结构，因为市场行为或政治行为都是在其这些约束之内发生的。"宪则经济学"领域在召唤，让我们与之并进。

---

[1] 关于从实证角度来分析收入转移或曰再分配性政治过程的初步尝试，请参见杰弗里·布伦南和詹姆斯·布坎南的《规则的理由》中的第八章（Geoffrey Brennan and James Buchanan, *The Reasons of Rules* (Cambridge: Cambridge University Press, 1985, chapter 8.)）。这个论题上的进一步工作正处于计划阶段。有一个相关的论点推断说，市场过程可能是唯一免于冲突的分配系统。关于这一论点，请参见 Dan Usher, *The Economic Prerequisites to Democracy* (Oxford: Basil Blackwell, 1981)。

# 索 引

abstention, rational: in vote buying 弃权、理性的：在选票收买中
activist policy. 参见 policy activism, Alchian, Armen
能动主义政策、政策能动主义，阿门·阿尔奇安
Allocational neutrality: theory of, 394 Arrow, Kenneth, J.
配置中性、的理论，肯尼思·阿罗
Arrow impossibility theorem 阿罗不可能性定理
Austen-Smith, David 大卫·奥斯丁—斯密斯
Bailey, Martin 马丁·贝利
balance sheets: criticized 资产负债表：被批评的
Barone, E. E. 巴龙
Barone theorem. 参见 excess-burden 巴龙定理，参见 超额负担
Barro, Robert: and method of investigation public debt; role of, in public debt theory
罗伯特·J.巴罗：及政府债务调查方法、的作用、在政府债务理论中的
Becker, Gary 加里·贝克尔
bahavior, voting 行为、投票行动
Black, Duncan 邓肯·布莱克
borrowing, private. 参见corporate borrowing 借款、私人的。参见 团体借款
borrowing, public. 参见public debt, Breton, Albert
借款，政府的。参见 政府债务、艾伯特·布雷顿
budget balance: as a rule in fiscal policy 预算平衡：作为财政政策上的一项规则
budget deficits: relationship of, to government growth
预算赤字：的关系、对政府增长
bureaucratic agencies: behavior of 官僚机构：的行为
capital accumulation: effect of public debt on 资本积累：政府债务的影响
capital taxation: for national defense 资本税：用于国防的

classical political economy: purpose of 古典政治经济学：的目的
club theory: as an analogy to Tiebout's theory
俱乐部理论：作为对蒂伯特理论的一种类比
Coase, Ronald H. 罗纳德·H. 科斯
Coase theorem: defined 科斯定理：被定义的
coercive tax instruments: choice of, under different constraints; legitimacy of
强制性税收工具：的选择，在不同的约束下；的合法性
commodity money: common brick as ideal; ideal system of; labor as a standard of value for; and precious metals vs. common brick
商品性货币：作为理想的普通砖；的理想系统；作为价值标准的劳动；及与普通砖相对的贵金属
common usage: and centralized ownership of the resource; and competitive ownership of the resource; and decentralized ownership of the resource; declining average productivity in; and optimum resource allocation
设施共用：与集中化的资源所有权；与竞争性的资源所有权；与分散化的资源所有权；下降的平均生产率；与最优资源配置
comparative statics: in voting 比较静态学：在表决活动中
constitutional attitude: for monetary predictability
宪则性态度：对于货币可预测性的
constitutional economics: application of; assumptions of; and budgetary policy; choice of constraints in; choice within constraints; compared with other disciplines; defined; and taxation
宪则经济学：的应用；的假设；与预算政策；对约束的选择；约束范围内的选择；与其他学科对比；被定义的；与税收
constitutional rules: role of, in an organization; role of, in setting fiscal and monetary policy; success of, dependent on absence of policy activism. 还参见 constitutional economics
宪则性规则：的作用，在一个组织中的；的作用，在设定财政政策和货币政策上的；的成功，取决于不存在政策能动主义。还参见宪则经济学。
corporate borrowing: internal and external 团体借款：内部的和外部的
Council of Economic Advisers; abolition of, proposed; history of policies of; historical significance of; and Keynesian mindset; and monetarists; role for, under a balanced-budget amendment or money growth rule
经济顾问委员会；的废除，提议的；的政策历史；的历史意义；与凯恩斯主义

思维方式；与货币主义者；的作用，平衡预算修正案或货币增长规则下
debt burden. 参见public debt, burden of debt finance: effect of, on public spending
债务负担。参见 政府债务、债务融资负担：的效应、对政府支出的
debt/GNP ratio: use of, in public debt theory
债务/国民生产总值比：的运用、在政府债务理论中
demand deposits: expected value of, reflected in T-accounts; properly treated as assets
　　or liabilities
需求存款：的期望值、被反映在T型账户中、被适当处理为资产或负债
democratic state: choice in, versus private organizations
民主国家：中的选择、与民间组织相对
Department of Commerce: and method of evaluation of public goods and services
商务部：评价公共性物品和服务的方法
Dewald, William G. 威廉·G. 德瓦尔德
differential rents: from provision of public goods; due to government action
级差租金：源于公共品供应的、归因于政府行动的
double-entry bookkeeping: value to economists of 复式簿记：对经济学家的价值
earmarking: of taxed funds 专款型的：的税收基金
economics, normative 经济学、规范性的
efficiency: of alternative tax instruments; of Tiebout adjustment
效率：不同税收工具的、蒂伯特调整的
electoral constraints: role of, in setting fiscal and monetary policy
选举约束：的作用、在设定财政政策和货币政策上
Ellickson, Bryan 布莱恩·埃里克森
Elster, J. J. 埃尔斯特
employment index 就业指数
excess burden; in tax analysis. 还参见 welfare loss
超额负担、在税收分析中，参见 福利损失
excess-burden theorem: in public finance; extended to the community
超额负担定理：在政府财政中、扩展至共同体
expectations, rational: in public debt theory 预期、理性的：在政府债务理论中
external diseconomies: from common usage; and inefficient resource allocation;
　　Pareto-irrelevant
负外部经济效应：源于设施共用的、与无效率的资源配置、帕累托不相干
externalities; correcting; exploitation of, in public goods supply; with many

generators, many consumers; with many generators, one consumer; and market failures; nonseparable; with one generator, many consumers; with one generator, one consumer; and reasons for government provision of goods. 还请参见 fiscal externalities; Pareto-relevant externalities

外部效应：矫治活动；的利用；在公共品供应中；有许多生产者，许多消费者；许多生产者，一个消费者；与市场失灵；不可分立的；有一个生产者，许多消费者；有一个生产者，一个消费者；与政府供应物品的理由；参见 财税外部效应；帕累托相干外部效应

external marginal product: defined; and secession decisions of taxpayers
外部边际产出：被定义了的；与纳税人的分离决策
expressive voting. 请参见 vote buying 表现性投票。参见选票收买
failures, government and market 失灵、政府和市场
Federal Reserve; and budget deficits 美联储；与预算赤字
Federal Reserve Board 美国联邦储备委员会
fiscal constitution: call for establishment of 财税宪则：呼吁建立
fiscal externalities: collective internalization of 财税外部效应：集体性内部化
fiscal institutions: analytical approach to evaluation
财税制度：对评价的分析性把握
fiscal mobility: efficiency limits of; and models of migrational adjustment; and Pareto optimality of public goods provision under. 还请参见 Tiebout models
财税流动性：的效率边界；与迁徙调整模型；公共品供应的帕累托最优；蒂伯特模型
Fiscal policy: under different institutional constraints; versus monetary policy
财税政策：在不同的制度约束之下；与货币政策相对的
Foley, Duncan 邓肯·弗里
free goods: measurement of, in national income accounting
免费品：的测度；在国民收入核算中
free-ride dilemma: in correcting externalities; in externalities
搭便车困境：在矫治外部效应上；在外部效应中
Friedman, Milton 米尔顿·弗里德曼
full income: nonmeasurability of 全收入：非可测度性
gains: from trade in vote buying 获益：源于选票收买中交易的
game theory: in analysis of nonseparable externalities
博弈论：在对非可分立外部效应的分析上

General sales tax: relative efficiency of 一般销售税：的相对效率
gold standard 金本位制
Gordon, Donald 唐纳德·戈登
Gordon, H. Scott H. 斯科特·戈登
Government failure: theory of. 还请参见 failure, government and market
政府失灵：的理论。参见 失灵、政府和市场
government spending: and tax instruments as constraints
政府开支：与作为约束的税收工具
Hardy, C. O. C. O. 哈迪
Hartwell, Max 马克斯·哈特维尔
Hayek, F. A. F. A. 哈耶克
Hicks, J. R. J. R. 希克斯
Hobbes, Thomas 托马斯·霍布斯
Hobbesian anarchy 霍布斯式无政府状态
Hume, David 大卫·休谟
income: nonmeasurability of full 全收入的非可测度性
income tax: proportional versus progressive 所得税：比理性的相对于累进性的
indirect taxation 间接税
information failure 信息失灵
interdependent production: in common usage 相互依存的生产：在设施共用中
interdependent utility: in common usage 相互依存的效用：在设施共用中
internal marginal product: defined 内部边际产出：被定义的
Johnson, Harry G. 哈里·G. 约翰逊
Kahn, R. F. R. F. 卡恩
Keynes, John Maynard: influence of 约翰·梅纳德·凯恩斯：的影响
Keynesian economics: in the U. S. 凯恩斯主义经济学：在美国的
Keynesian policy: consequences of; operation of, in democracy
凯恩斯主义政策：的后果；的运行，在民主制中
Keynesian theory: assumptions of; effect of, on Council of Economic Advisers;
    history and message of
凯恩斯主义理论：的假定；的效应，对经济顾问委员会；的历史和信息
Knight, Frank 弗兰克·奈特
Kuznets, Simon; and evaluation of public goods and services
西蒙·库兹涅茨；与公共性物品和服务的估价

索 引　513

law of nuisances: in correcting externalities 滋扰法；在矫治外部效应上
law of variable proportions: in common usage 可变比例法则：在设施共用上
Leoni, Bruno 布鲁诺·利奥尼
Leviathan: control of spending of 利维坦：的支出控制
liability rules: versus property rights 责任规则；与产权相对
Lindahl conditions: and proportional income tax 林达尔条件；与比例性所得税
locational rent: and allocation of public goods; defined; effect of migration on; role of, in locational choice; shares
　区位租：与公共品的配置；被定义的；迁徙效应；的作用，在区位选择上；份额
macroeconomic policy. 请参见 fiscal policy; Keynesian policy; monetary policy
宏观经济政策。参见财税政策、凯恩斯主义政策、货币政策
majority voting: cycles in; discount rate in; and selecting length of term. 还请参见 voter choice
　多数票决表决：中的循环；中的贴现率；与选择任期长度。参见投票者选择
market failure; interdependent productivity and utility in. 还请参见 failures, government and market
　市场失灵；中相依的生产力和效用；参见 失灵、政府和市场
median voter: domination of results by; in yes-no voting. 还请参见 voter choice
　中位投票者：主导结果；在是一否表决中；参见投票者选择
medical service: public provision of 医疗服务：的政府供给
Mill, John Stuart 约翰·斯图亚特·穆勒
Minasian, Jora R. 乔拉·R. 米纳西亚
minimax principle 极小极大原则
Mints, Lloyd 劳埃德·明兹
monetarists: challenge Keynesian theory; and Council of Economic Advisers
　货币主义者：挑战凯恩斯主义理论；与经济顾问委员会
monetary constitution: as automatic system of economic control; managed versus automatic; monetary rules as ideal managed system under; price predictability as criterion for; with discretionary managed system. 还请参见 monetary predictability
　货币宪则：作为经济控制的自动系统；受管理的相对于自动的；作为理想的受管理系统的；作为标准的价格可预测性；自由裁量型受管理系统。见货币的合预测性

monetary policy: versus fiscal policy; under various institutional constraints
货币政策：相对于财税政策的；在多种制度约束下的
monetary predictability; attainability of; contrasted with stability; efficiency of; ideal conditions for; through wage and price control
货币可预测性；的可实现性；与稳定性相反的；的效率；理想条件；借由工资和价格的控制
monetary rule, Simons-Mints 货币规则，西蒙-明兹
monetary stability: attainability of, in democracy; versus predictability
货币稳定性：的可实现性，在民主制中；相对于可预测性的
money creation: and expansion of government spending
货币创造：与政府支出的扩张
monopoly: social costs of 垄断：的社会成本
monopoly behavior: model of; theory of 垄断行为：的模型；的理论
Musgrave, R. A. 理查德·A. 马斯格雷夫
national income 国民收入
national income accounting 国民收入核算
national product 国民产出
Niskanen, William; and public debt theory 威廉·尼斯卡宁；与政府债务理论
Niskanen bureaucracy model 尼斯卡宁官僚制模型
normative principles: of public choice 规范性原则：公共选择论的
Niskanen bureaucrats 尼斯卡宁官僚
Nozick, Robert 罗伯特·诺奇克
optimum resource allocation: under common usage 最优资源配置：在设施共用下
organizational efficiency 组织效率
organization theory: in investigation of public debt
组织理论：在政府债务调查上的
Pareto optimality: attainment of; conditions for, in locational choice theory; conditions for, in provision of public goods; of monopoly-provided excludable public goods; of provision of public goods; and provision of TV signals; under Samuelson conditions; violation of conditions for, in competitive provision of excludable public goods
帕累托最优性：的实现；实现的条件，在区位选择理论中；实现……的条件，在公共品供应上；垄断性地供给的可排他公共品的；公共品供给中的；与电视信号的供给；在萨缪尔森条件下的；违反了实现……的条

件，在可排他公共品的竞争性供给中

Pareto-relevant externalities; defined; theoretical example of
帕累托相干外部效应；被定义的；理论性例示

paternalism: in choosing tax instruments 家长主义：在选择税收工具上

Patinkin, Don 唐·帕廷金

perfect foresight: versus predictability 完美预测：相对于可预测性

Pesek, Boris P. 鲍里斯·P. 佩塞克

Phelps, E. S. E. S. 费尔普斯

Pigou, A. C. A. C. 庇古

policy activism: and constitutional rules; under despots; with discretionary agents; and electoral constraints; possible success of; and socially ordering policy options; and success of policy rules
政策能动主义：与宪则性规则；在暴君下；伴有自由裁量代理人；与选举约束；的可能成功；与社会协调政策选项；与政策规则的成功

policy making: reforming political economy of 政策制定活动：的改革政治经济学

political failure model 政治失灵模型

political institutions: assumptions in analyzing 政治制度：分析上的假设

political process: examples of; market analogy of
政治过程：的例示；的市场类似物

predictability, price. 请参见 monetary predictability
可预测性，价格。参见 货币的可预测性

price index; and evaluation of public goods and services
价格指数；与对公共性物品和服务的估价

price-level predictability: Simons-Mints rule for
价格水平的可预测性：西蒙-明兹规则

progressive income tax: analysis of 累进性所得税：的分析

property rights: administrative authority over; assignment of; differences between, and liability rules; liability rule versus; nominal versus actual; violations
财产权：行政主管当局；的分派；之间的差异，与责任规则；相对于……的责任规则；名义上的相对于实际上的；违反

proportional income tax: analysis of 比例性所得税：的分析

public choice: defined; models and predictive power; in public debt theory
公共选择：被定义的；模型与预测力；在政府债务理论中

public debt; and capital accumulation; external and internal; in Keynesian view; optimal tax instrument for service of; versus private debt
政府债务：与资本积累；外部性的和内部性的；在凯恩斯的观点中；适于……的服务的最优税收工具；相对于私人债务的
public goods: classification of; consumption units of; excludable; medical services as; production units of; Samuelsonian
公共品：的分类；的消费单位；可排他的；合条件的医疗服务；的生产单位；萨缪尔森式的
public goods and services: alternative approaches to; evaluation of, in national income accounting; 请参见 national income accounting; Department of Commerce; Kuznets, Simon
公共性物品和服务：替代性把握方法；的估价，在国民收入核算中；见 国民收入核算；商务部；西蒙·库兹涅茨
public goods supply; and nonreciprocal externalities; under nonsurplus-maximizing government; under progressive and proportional income taxes; under pure surplus-maximizing government; and reciprocal externalitie; role of tax instruments, in; satisfaction of efficiency conditions for, under proportional income tax
公共品供给；与非互惠外部效应；在非盈余最大化政府下；在累进性和比例性所得税下；在纯盈余最大化政府下；与互惠性外部效应；税收工具的作用，在其中；所需效率条件的满足，在比例性所得税下
public goods theory: convexity constraints of preferences in
公共品理论：对偏好的凸性约束
rational abstention: in vote buying 理性的弃权：在选票收买上
rational behavior: in voting 理性行为：投票上
rational choice models; assumptions of; constraints in; extensions of; limitations of; uncertainty in; utility maximization under
理性选择模型；的假定；在……中的约束；的扩展；的局限；……中的不确定性；……下的效用最大化
rational expectations: in public debt theory 理性预期：在政府债务理论中
rational voter: defined; ignorance. 还请参见 information failure
理性投票者：被定义的，无知 参见 信息失灵
Rawls, John; criticized 约翰·罗尔斯；被批评的
Rawlsian analysis: of taxation for redistribution

罗尔斯式分析：关于实现再分配的税收
Rawlsian difference principle 罗尔斯式差异原则
redistribution of income: and government spending; through coercive taxation
收入再分配：与政府支出；通过强制性征税
rent: differential; locational; social rent; spatial
租金：级差；区位性的；社会租；空间的
rent seeking 寻租
Ricardian equivalence theorem: criticized 李嘉图等价定理：被批评的
Roberts, Craig 克雷格·罗伯茨
Rousseas, Stephen W. 斯蒂芬·W. 罗西斯
rule of law 法治
rules, macro-policy. 请参见 constitutional rules
规则；宏观政策。参见 宪则性规则
sales tax 销售税
Samuelson, Paul A.; and preference convexities in public goods theory; on proper theoretical treatment of public goods; on provision of TV signals; on Tiebout hypothesis; on Tiebout process
保罗·A. 萨缪尔森；公共品理论中的偏好凸状；对公共品的适当理论处理；电视信号的供给；蒂伯特假说；蒂伯特过程
Samuelson conditions: and convexity constraints; for optimal provision of public goods
萨缪尔森条件：与凸状约束；为了公共品的最优供给
Saving, Thomas R. 托马斯·R. 塞弗英
Schelling, T. T. 谢林
secession: from a tax system 分离：从某一税收系统
Shefrin, A. M. A. M. 谢夫林
Simons, Henry 亨利·西蒙斯
Simons-Mints rule 西蒙—明兹规则
striking fund: for debt amortization 偿债基金：为债务的分期偿还
Smith, Adam 亚当·斯密
social rent; distribution of 社会租；的再分配
social welfare functions: use of 社会福利函数：的运用
spatial rents 空间租
speculation: stabilization of 投机：的稳定化
Spencer, Herbert 赫伯特·斯宾塞

state, the: man's vulnerability to; membership in; models of; relationship of, to individuals; rules of
国家：人的脆弱性；在……中的成员身份；的模型；的关系，与个人；的规则
taxation. 请参见 tax instruments 税收。参见税收工具
tax base: role of, in controlling government spending
税基：作用，在控制政府支出上
taxing power, coercive: legitimacy of 征税权，强制性：的合法性
tax instruments: as constraints on disposition of revenues; choice of, in a dynamic setting with certainty; choice of, in a dynamic setting with uncertainty; choice of, to finance general spending; choice of, to finance public debt; comparisons of alternative; efficiency of; problems of choosing, in an aggregate setting
税收工具：作为岁入处置上的约束；的选择，在一个具有确定性的动态情境中；的选择，在一个具有不确定性的动态情境中；的选择，为全面支出融资；的选择，为政府债务融资；替代项比较；的效率；选择行动的问题，在某种总和性情境中
tax limits: choice of 税收限界：的选择
tax policy: suggestions for 税收政策：关于……的建议
Thaler, R. R. 塞勒
Tiebout, Charles M. 查尔斯·M. 蒂伯特
Tiebout models; criticized 蒂伯特模型；受批评的
Tiebout process: with congestibility of public goods
蒂伯特过程：因公共品的拥挤可能性
Thompson, Earl 厄尔·汤普森
Tobin, James 詹姆斯·托宾
Tullock, Gordon 戈登·塔洛克
TV signals: as a public good 电视信号：作为一种公共品
uncertainty: in rational choice models 不确定性：在理性选择模型中
utility maximization: limitation on; in rational choice models
效用最大化：对其的限制；在理性选择模型中
veil-of-ignorance: use of, by Rawls 无知之幕：的运用，由罗尔斯
vote buying; and buyer preference; expressive voting and; gains from trade of votes with; large-number example of; majority position in; minority position in; multiple buyers under; rational abstention and; rational ignorance and
选票收买；与收买者偏好；表现性投票与；选票买卖获益；大人数例示的；

在其中的多数派立场；在其中的少数派立场；其下的多位收买者；理性的弃权与；理性的无知与
vote gathering 选票汇集
voter choice: implications of, for public choice theory; and policy activism
投票者选择：的寓意，对于公共选择理论；与政策能动主义
voter rationality: defined 投票者理性：被定义的
voters: contrasted to members in democracy 投票者们：与民主之中的成员正相反
voting: comparative statics of; group behavior in; and outcome of election; power index of; preferences over outcomes; rational behavior in; returns to; revealed preference in; utility from; with varying number of propositions. 还请参见 majority voting
投票行为：的比较静态学；其中的群体行为；与选举后果；的权势指数；对后果的偏好；在其中理性行为；的回报；在其中显露的偏好；派生的效用；伴有不同建议数的。参见多数票决表决
voting cycles: choice option in; predictability of; stages in; starting rules for; stopping rules for
表决循环：在其中的选项；的可预测性；其中的阶段；启动规则；停止规则
voting outcomes: costs pf change in 表决后果：变化成本
voting, yes-no; compared to majority rule
投票行为，是—否；与多数票决规则相对比
wage and price controls 工资和价格控制
Weldon, J. C. J. C. 威尔登
welfare: as a criterion for measurement in national income accounting
福祉：作为国民收入核算中的一个测度标准
welfare loss; aggregation bias of; estimates of; Harberger triangles; measurement of; prediction of; prediction of biases in; problems of predicting
福祉损失；的总合偏差；的估计值；哈伯格三角形；的测度；的预测；在其中的偏差预测；对其预测中的问题
Wicksell, Knut; contributions of, to constitutional economics
克努特·维克塞尔；的贡献，对宪则经济学
Wicksellian unanimity: criterion; in the assignment of property rights
维克塞尔式全体无异议：准则；在产权分派上的
Wicksellian unanimous consent rule: for limiting tax power
维克塞尔式全体无异议同意的规则：为了限制征税权